기업처벌
법리의 재구성

기업처벌 법리의 재구성

| 한성훈 지음

한국학술정보

머리말

    오늘날 우리 사회에서 기업은 사회경제적 측면뿐만 아니라 정치적인 측면에서도 매우 중요한 위치를 차지함과 동시에, 경제영역 등 많은 영역에서도 중요한 역할을 담당하고 있다. 이렇듯 기업이 사회에서 중요한 역할을 함으로써 우리는 생활에서 보다 풍요로운 경제적·물질적 혜택을 누리고 있다. 그러나 기업이 우리 사회에서 차지하는 비중만큼이나 기업의 범죄로 인한 사회경제적 피해 규모도 점점 확대되어 가고 있는 것이 현실이다. 이로 인하여 기업처벌의 필요성은 날로 증대되고 있고, 따라서 다양한 규제방법을 통하여 기업범죄에 대처하는 것이 세계적 추세이다.

    우리나라의 경우 대륙법계의 영향으로 형법전이 아닌 부수형법상의 기업처벌규정인 양벌규정을 통하여, 실행행위를 담당한 직접적 행위자를 처벌하는 외에 그 영업주인 법인이나 개인에 대하여도 위반행위자에 적용되는 해당 벌칙에 따라 처벌하고 있다. 하지만 이러한 규정은 기업을 직접적으로 처벌하는 규정이 아니기에 결과적으로 점증하는 기업범죄에 효율적으로 대처하지 못할 뿐만 아니라 형법상 책임주의 원칙에 반하는 문제도 야기하고 있다. 이 문제들은 결국 기업처벌의 본질과 구조를 명확히 하지 못해서 발생하는 것이라고 생각된다.

한편 기업처벌의 본질과 구조와 관련하여 2007년 11월 29일 헌법재판소가 양벌규정의 유형 중 '업무주의 고의·과실 유무에 상관없이 실제 행위자와 함께 업무주도 동일하게 처벌'하는 유형인 보건범죄단속에관한특별조치법 제6조에 대해 '형법상 책임주의'에 반한다는 이유로 위헌결정을 내렸다. 이에 입법자는 개정작업을 통해 양벌규정에 '상당한 주의와 감독을 게을리하지 않은 경우'라는 표현을 추가함으로써, 학설에 맡겨져 논의되어 왔던 기업처벌의 성격이 과실책임임을 명백히 했다고 평가된다.

하지만 책임주의원칙과의 조화를 위해 개정 기업처벌의 규정의 단서에 '상당한 주의와 감독'이라는 면책규정을 추가하였음에도 불구하고, 그 내용과 판단기준에 대해서는 여전히 침묵하고 있어, 기업처벌의 본질과 구조가 과연 무엇인지에 관한 견해 대립은 지속되고 있는 실정이다.

따라서 본서에서는 현행 기업처벌의 본질과 구조의 문제점을 검토하여 다음과 같은 과정을 통해 이러한 문제를 해결하고자 한다. 첫째, 기업에 고유한 처벌근거의 필요성 검토, 둘째, 기업처벌의 본질과 구조에 관한 새로운 귀속책임이론 검토, 셋째, 기업처벌의 본질과 구조에 관한 명확화의 필요성과 함께 그 기준으로 준법프로그램을 검토하여, 준법프로그램이 기업의 감독의무 내용의 명확화와 기업의 감독의무 이행 여부를 판단하는 기준이 될 수 있는지를 검토하고자 한다.

이 책은 필자의 박사학위 논문을 수정·보완하여 책으로 출판하는 것이다. 필자는 박사학위논문을 2011년 8월에 취득하여 아직 걸음도 제대로 걷지 못하는 신생아와 같은 단계에 있다. 그럼에도 불구하고 책을 출판하게 된 계기는 필자 자신이 가지고 있는 무지함과 게으름이라는 한계에 대해서 계속적인 주의를 갖기 위함이다. 또한 이 책의 상당수의 내용들이 법제사의 성격을 취할 것이 분명하다는 회의적인 생각도 용기를 북돋아 주었던 것 같다. 모쪼록 이 책이 기업처벌과 관련한 법적문제들을 해결하는 데 있어 하나의 참고자료가 되기를 소망한다.

이 자리를 통해 감사의 말씀을 전할 분이 많이 계신다. 먼저 오늘날의 필자를 있게 해 주시고, 지금까지도 사랑과 헌신으로 필자의 버팀목이 되어 주시는 부모님께 깊은 감사를 드린다. 부족한 필자가 학자의 길을 선택하고 그 길을 가는 데 있어서 등대 같은 역할을 해 주신 한양대학교 김재봉 지도교수님께도 깊은 감사를 드린다. 또한 형사법의 주요쟁점들에 대한 깊이 있는 가르침뿐만 아니라 인생을 사는 데 있어서 올바른 방향을 제시해 주신 한양대학교 오영근 교수님과 이은모 교수님께도 감사드린다. 아울러 필자의 학위논문 심사에 기꺼이 시간을 할애해 주신 한양대학교 임광주 교수님, 정규원 교수님과 성균관대학교 김성돈 교수님께도 이 자리를 빌려 감사의 말씀을 전해 드리고 싶다. 그리고 필자의 개인적인 일임에도 불구하고, 자기 일처럼 꼼꼼히 교정 작업을 도와 준 연구실 후배들, 한양대학교 석사과정에 재학 중인 김민주 군과 황준섭 군에게 고맙다는 말을 전한다.

　마지막으로 어려운 출판환경에도 불구하고 흔쾌히 이 책의 출간을 허락해 주신 한국학술정보(주)의 모든 관계자 분들께 깊은 감사를 드린다.

2012.10.

연세대학교 법학연구원 연구실에서

한성훈

CONTENTS

CONTENTS

제1장 서 론

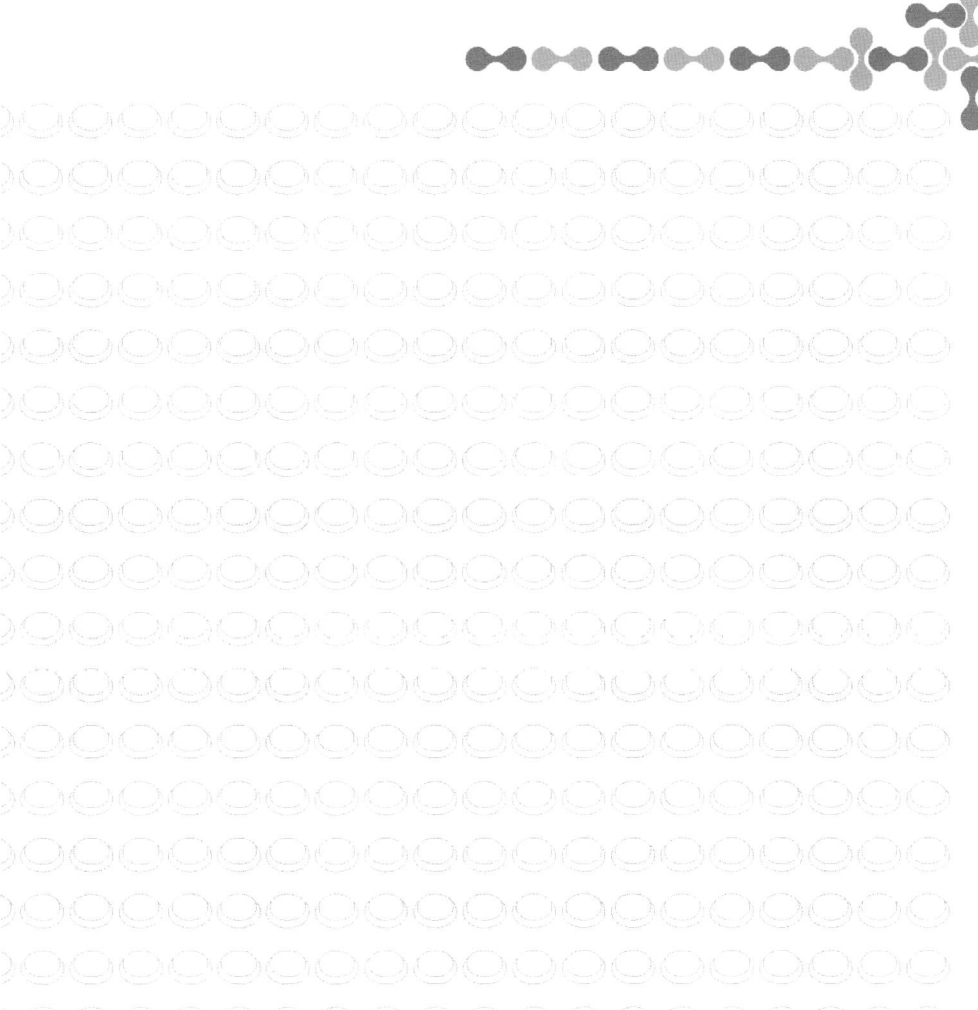

오늘날 우리 사회를 일컬어 기업사회라고 한다. 이는 기업이 현대사회에서 자연인과 함께 사회활동의 주체로서, 사회경제적 측면뿐만 아니라 정치적인 측면까지 활동영역을 점차 확대하여, 사회적으로 중요한 위치를 차지하고 있기 때문이다. 즉 과거 사회경제활동의 중심이 개인이었다면, 현대사회에서의 사회경제적 활동의 중심이 기업으로 전환되었다는 것이다. 이로 인해 국민들의 생활은 이제 기업과 분리하여 생각할 수 없게 되었다.

한편 기업의 수가 기하급수적으로 증가하고, 기업의 규모 또한 거대해졌다. 뿐만 아니라 기업은 눈부신 고도의 성장과 함께 엄청난 부를 축적하게 되었으며, 기업은 막강한 자금력과 조직력으로 사회에 엄청난 영향력을 행사하고 있다. 현재 기업의 사회적 영향력은 역사상 유례가 없을 정도이다.

하지만 이러한 기업의 사회적 영향력은 인간생활에 보다 풍요로운 경제적·물질적 혜택을 준다는 점에서 긍정적인 측면도 있지만, 기업의 목적인 이윤추구에 수반하여 기업에 의해 생명·신체가 침해되는 범죄가 발생하는 부정적인 측면도 있다. 이러한 기업활동에 수반하여 발생하는 기업범죄는 과거에도 존재했고, 그중에는 우리의 기억에 깊게 각인된 중대한 사건들도 적지 않다.[1]

한편 과학기술이 발달하고 경제구조가 복잡·다양해지면서 기업범죄도 점점 변화하여 그 수법 및 형태가 더욱 다양해지고 피해규모도 점점 커져 심각한 상태에 이르렀다. 따라서 이러한 기업범죄를 적절히 예방하고 처벌하지 못한다면 지금과는 비교할 수 없을 정도로 국가적인 막대한 손실이 발생하게 될 것이다.[2] 과거 우리나라가 조성했던 성장 중

---

1) 대표적으로 1991년 낙동강 페놀 오염사건, 1994년 성수대교 붕괴사건, 1995년 삼풍백화점 붕괴사건 등을 들 수 있다.

2) 최근 10년 사이 발생한 대우그룹 분식회계사건, SK글로벌의 분식회계사건, 신동아그룹 외화도피사건, 현대그룹 비자금사건, 공적자금 비리사건, 2007년 삼성중공업 서

심의 경제환경에 따른 폐해를 받고 있는 이때, 우리는 기업의 범죄행위가 매우 심각함을 인식하고, 그 빈도 또한 점증하고 있는 현실을 직시하여 그에 대한 적절한 해결방안을 논의해야 한다.[3]

현재 우리나라의 기업범죄가 점증하고 있는 여러 가지 요인들 중 가장 큰 요인은 기업범죄의 처벌근거에 대한 불명확성이라고 할 수 있다. 왜냐하면 기업범죄로 인하여 중대한 법익침해가 야기되고 있음에도 불구하고 형벌법규에 의할 경우 규제의 대상조차 되지 않는다는 것, 즉 기업범죄를 예방·처벌하기 위한 법적 장치나 시스템이 제대로 작동하고 있지 않다는 것이다.[4]

그 이유는 현재 기업활동의 일환으로 범해질 수 있는 범죄행위들은 현행 형법전 그 어디에서도 이를 규정하고 있지 않기 때문이다. 법인인 기업을 처벌하는 양벌규정이 형사특별법이나 행정형법에 산재되어 있기는 하지만, 이는 극히 예외적인 규정일 뿐 법인이 범하는 범죄에 대한 성립요건이나 처벌내용은 거의 전무하다.[5] 그 이유로는 현행 형법이 전

해안기름유출사건 등이 대표적으로 국가경제에 막대한 피해를 준 기업범죄들이다.

3) 우리나라의 경우 1980년부터 기업범죄에 대한 규제와 예방으로 형사적 규제 및 행정법적·상법적 규제와 더불어 특별법을 제정하여 입법적으로 대처하고 있기는 하지만 그 실효성에 관해서는 최근 이슈화되었던 기업범죄를 보면 의문이 든다.

4) 자연인의 범죄와 비교할 수 없을 정도로 기업범죄는 대규모이고 사회적 파장도 크지만 무엇보다도 근절되지 않고 계속 발생하고 있다. 그러한 이유로 자본주의사회에서 기업이 더 많은 이윤을 추구하는 것을 당연시하여 불법인식이 희박하고, 그 피해가 광범위하게 희석됨으로써 피해의식도 희박하며 적절한 형사제재가 부과되지 못함으로써 다른 범죄에 비해 낙인효과도 약하다는 특징을 가지고 있다고 한다(정용기, "기업범죄와 형사책임론", 한국공안행정학회집 제31권, 한국공안행정학회, 2008, 196면); 기업의 범죄행위는 경미하게 처벌됨으로 인해서 지금까지는 기업범죄를 규제하기 위한 대부분의 법규들이 단지 선언적 의미만을 갖게 되고, 기업은 이윤추구의 목적을 달성하기 위한 제반행위들을 행함에 있어 별다른 제약을 받지 않고 행해졌다고 한다(원혜욱, "기업대표이사의 형사책임귀속을 위한 형법이론 연구", 형사법연구 제19권 제3호 上(통권 제32호), 한국형사법학회, 2007(가을호), 204면).

5) 이천현·임정호·박기석, "기업의 경제활동에 관한 형사법제 연구(I)", 한국형사정책연구원, 2009.12, 86면.

통적인 대륙법계에 따라 범죄를 범하는 주체로 자연인만을 상정하고, 그 자연인 행위자를 처벌하면 족하다는 입장을 취하고 있기 때문이다. 이러한 입법형식에 대해 당시에는 입법자가 법인 단위의 단체가 범죄를 범할 수 있다는 것을 예측하지 못했을 것이라고 생각된다. 왜냐하면 전통적으로 범죄는 자연인만이 범하는 것으로 당연히 생각했을 것이고, 또한 사회적 환경도 자연인의 활동이 대부분이었던 상황에서 기업의 범죄행위와 기업처벌을 생각하지 못했음은 어쩌면 당연한 귀결이기 때문이다.

그러나 현대사회에서 사회적 활동의 중심축이 개인에서 기업으로 전환되었음은 부인할 수 없는 것이 현실이다. 이에 기업처벌에 관한 전통적인 형법이론에 따라 자연인에 대한 처벌을 전제로 하여 기업의 형사책임을 부과하는 종래의 형법상의 대응방식에도 변화가 요구된다 할 것이다. 왜냐하면 오늘날 기업범죄는 기업범죄의 특성으로부터 나타나는 피해의 중대성 때문에 더 이상 자연인에 대한 처벌만으로는 기업범죄를 억지하는 일반 예방적 효과를 충분히 기대하기가 힘들고, 또 기업의 조직구조상의 결함으로 인하여 자연인을 처벌하는 것이 불가능하거나 불합리한 경우가 있기 때문이다.

한편 우리나라는 형사특별법이나 행정형법에서 기업을 처벌하는 양벌규정을 두고 있다. 양벌규정은 불완전한 기업처벌규정이지만, 현재 우리나라에서의 기업처벌은 대체로 그것에 의해서 이루어지고 있다. 기업처벌의 형사법적 틀이라고 할 수 있는 양벌규정은 기업범죄를 억제하기 위한 입법정책상의 필요성에 의하여 만들어진 규정으로, 그 구조는 자연인이 법인의 업무에 관하여 위법행위를 행한 경우에 행위자인 자연인은 물론 그 업무의 주체인 기업도 처벌하는 형태를 띠고 있다.

그런데 여기에는 해결되어야 할 근본적인 문제가 내포되어 있다. 즉, 자연인만 범죄주체로 인정하고 있는 형법으로 법인을 처벌하는 것이 이론적으로 가능한 것인가, 다시 말해 법인의 범죄능력이 법률을 통하여 승인되었다고 볼 수 있는지에 관한 문제가 발생한다. 이러한 문제는 결국 기업처벌규정인 양벌규정이 법인의 범죄능력 인정 여부와는 별도로 입법을 통하여 실현되었기 때문에 생겨나는 문제이다. 그러한 이유 때문에 기업의 범죄능력에 관한 문제는 종래부터 많은 논의가 있어 왔고, 현재는 특히 현행 기업처벌규정인 양벌규정의 법적 성격, 즉 기업처벌의 본질의 근거가 무엇인지와 연결되어 논의되고 있다.

이러한 논의형태[6]는 예전부터 기업처벌의 규정을 둘러싼 해석론에 있어서 제기되어 왔던 것으로, 결국 법인의 범죄능력의 문제와 법인처벌의 근거의 문제는 서로 다른 문제가 아니라 밀접한 상관관계에 있는 것임을 알 수 있다. 즉, 법인의 범죄능력을 인정할 때 법인처벌의 근거는 법인 자신의 행위책임을 묻는 것이라고 해석할 수 있지만, 범죄능력을 부정한다면 법인에 대한 형사처벌은 불가능한 것으로 해석해야 하기 때문이다.

현재 기업처벌의 본질, 즉 근거와 관련하여 학설상 무과실책임설과 과실책임설이 주장되어 왔고, 판례는 면책규정의 유무에 따라 과실책임설 혹은 무과실책임설을 취하고 있었다. 그러던 중 2007년 11월 29일 헌법재판소는 양벌규정의 유형 중 '업무주의 고의·과실 유무에 상관없이 실제 행위자와 함께 업무주도 동일하게 처벌'하는 유형인 보건범죄단속에 관한 특별조치법 제6조에 대해 '형법상 책임주의'에 반한다는 이유로 위헌결정을 내렸다. 이후 개정작업을 통해 양벌규정에 '상당한 주의와 감독을 게을리하지 않은 경우'라는 표현을 추가함으로써, 학설에 맡겨져 논의되어 왔던 기업처벌의 본질과 구조는 과실책임임이 명백해졌다.

하지만 책임주의원칙과의 조화를 위해 개정 기업처벌의 규정의 단서

---

6) 川崎友巳, "企業の刑事責任", 成文堂, 2004, 25頁.

에 '상당한 주의와 감독'이라는 면책규정을 추가하였음에도 불구하고, 그 내용과 판단기준이 무엇인지를 구체적으로 제시하지 않고 있어, 여전히 기업처벌의 본질과 구조가 무엇인지에 관한 견해의 대립이 예상된다.[7] 결국 위헌결정 이후 개정된 기업처벌규정은 책임주의원칙에 일정 부분 부합하지만, 이러한 개정이 종국적으로 기업범죄의 형법적 대응에 합리적이고 효율적인 방안인지는 의문이 든다.

우리는 당장 기업의 활동에 수반하는 다양한 법익침해행위를 예상할 수 있다. 그리고 그 결과에 대한 법적 책임을 부과해야 하는 것이 당연하다고 생각한다. 따라서 본 연구는 이러한 당위성을 가지고 기업처벌의 본질과 구조에 대한 이론적 고찰을 통해, 형법상의 책임주의원칙에 부합하는 기업처벌의 본질과 구조에 관한 새로운 기준을 제시하고자 한다.

---

7) 이주희, "양벌규정의 개선입법에 관한 고찰(양벌규정과 개선입법에 관한 고찰로 표기함)", 한양법학 제20권 제4집, 한양법학회, 2009.11, 116면.

제1절 용어의 정리

이 책에서는 주제와 관련하여 기업, 법인, 조직체, 법인범죄, 기업범죄, 사업주, 영업주, 업무주, 준법프로그램 등 다양한 용어들이 사용되고 있다. 이러한 다양한 용어들의 사용은 문맥에 따라서 그 의미를 정확히 표현하여 이해시키기 위함이나, 그 의미를 표현함에 혼돈을 미연에 막고자 이하에서 그러한 용어들의 의미를 정리하고자 한다.

첫째, 기업, 법인, 단체, 법인격 없는 단체

법인의 개념은 민법학적으로 해석할 수밖에 없다고 본다. 민법상 법인은 "자연인 이외의 것으로서의 법인격(권리능력)이 인정되어 권리와 의무의 주체가 될 수 있는 것"을 의미한다. 또한 자연인은 개인의 능력에 한계가 있으므로 사회생활을 하면서 일정한 공동목적의 달성을 위해서 단체를 결성할 수가 있다. 이러한 단체에 대한 권리 및 의무의 주체로서의 지위를 부여하자는 것이 법인제도이다.[8] 이러한 법인제도에 의하면 법인에는 기업 이외에도 비영리법인(재단법인, 사단법인)이 있다.[9] 그러나 본 논문에서 사용되는 법인, 기업, 단체는 민법상 법인 개념을 바탕으로 하되, 형법상의 법인, 기업, 단체의 개념을 재설정하여 사용하고자 한다. 즉, 인적·물적 구성원의 총체로서 적어도 법적으로 살아 있는 실체로서 기능하고 있는 존재라는 의미로 사용하고자 한다. 범죄의 주체로서 사회에서 문제가 되고 있는 것은 기업이고, 모든 기업은 법인이라고 할 수 있다. 따라서 본 논문에서는 문맥에 따라 법인, 기업,

---

8) 곽윤직, 민법총칙(제7판), 박영사, 2002, 117면; 김형배, 민법학강의(제10판), 신조사, 2011, 121면; 지원림, 민법강의(제9판), 홍문사, 2011, 117면.

9) 민법상 법인은 영리법인과 비영리법인으로 나눌 수 있다. 민법은 비영리법인에 대해서만 규정하고 있고, 영리법인에 대해서는 상법이 규율하고 있다.

단체의 용어를 같은 의미로 혼용하여 사용하고자 한다.

한편 법인격 없는 단체는 현재 등기 여부에 의한 형식적인 요건으로 법인과 구분하여, 법인에 의한 범죄와 상응하는 행위를 하더라도 법률에 규정이 없다는 이유만으로 제재를 가하지 않고 있는데 이는 바람직하지 않다고 생각된다. 따라서 기업처벌이라는 관점에서 법인격 없는 사단과 조합의 경우에도 법인격 유무라는 형식적 요건보다는 사실적 상태라는 실질적 요건을 중시하여 판단할 필요가 있다고 생각된다.[10] 따라서 본 논문에서는 법인격 없는 단체를 실질적으로 파악하여 법인과 동일하게 취급하여 법인격 없는 단체에 의한 법익침해행위가 발생하면 기업처벌 규정의 적용대상에 포함시켜 처벌하는 것이 바람직하다고 생각한다.

둘째, 기업범죄, 법인범죄

기업범죄의 개념은 현재 학문적으로 확립되어 있지 않아, 문헌에서 다양한 개념으로 정의되고 있다. 즉, 행위자를 기준으로 한 입장에서 기업과 기업의 구성원, 즉 기업 또는 기업의 대표자, 사용인 또는 사람의 대리인, 사용인 기타의 종업원이 그 기업의 업무와 관련해서 범하게 되는 모든 범죄를 기업범죄라고 하기도 한다.[11] 이에 대하여 기업의 구조적 특색을 고려하지 않은 채 단지 행위자를 기준으로 하여 형식적으로 개념을 정의하는 것을 비판하고, 기업범죄의 개념을 구조형 기업범죄와 사고형 기업범죄로 유형화하여 설명하기도 한다. 이에 의하면 기업범죄란 기업활동에 의한 가해행위 모두를 의미하는 것으로 본다. 즉, 기업활동이나 그 계획 자체에 법익침해의 원인이 내재하고 있는 범죄를 구조형 기업범죄라고 하고, 기업활동이 파생적 또는 우발적으로 법익을 침해하게 되는 범죄를 사고형 기업범죄라고 한다.[12] 이와 같이 다양하

---

10) 오영근, 형법총론(제2판), 박영사, 2009, 150면.

11) 김광준·원범연, 한국의 신종 기업범죄의 유형과 대책, 한국형사정책연구원, 2002, 28면.

게 정의되는 기업범죄의 개념 중에서 가장 많은 지지를 얻고 있는 개념은 "합법적으로 조직된 기업 또는 그 구성원이 기업체의 목적을 추구하는 과정에서 작위 또는 부작위에 의해 고용인, 소비자, 일반대중, 그리고 타 기업에 대해 인적·물적 손해를 가하는 행위로서 국가에 의하여 처벌되는 행위"라고 정의되고 있다.[13]

한편 법인범죄는 민법상의 법인개념에 의하면 법인격을 취득한 단체가 주체가 되는 범죄라고 이해할 수 있다. 기업범죄가 사회적으로 가장 널리 쓰이는 용어인 반면에 주체의 법적 명확성 측면에서 법인범죄가 죄형법정주의 원칙에 부합하는 개념이라고 할 수 있다.[14] 그러나 이 논문에서는 기업범죄(법인격 없는 기업범죄를 포함)와 법인범죄를 동일한 용어로 혼용하여 사용하며 그 개념은 기업의 구성원이 기업을 위하여 행한 범죄와 기업 자체가 행한 범죄로 정의한다.

셋째, 사업주, 영업주, 업무주

현행 기업처벌규정인 양벌규정에 의하면 실제 위반행위를 저지른 종업원 외에 그 위반행위로 인하여 발생한 이익의 귀속주체인 법인 또는 개인도 함께 처벌된다고 규정하고 있다. 이때 종업원과 함께 처벌되는 법인 또는 개인을 지칭하기 위한 용어로 사업주, 영업주, 업무주 등의 용어가 혼용하여 사용되고 있다. 그 이유로써 문헌과 판례에서 통일된 용어를 사용하고 있지 않기 때문이다. 예를 들어, 수산업법위반사건(대법원 1992.11.10. 선고, 92도2034 판결)에서 '법인 또는 개인'이란 함은 자기의 계산으로 어업 또는 수산업을 경영하는 자를 가리킨다고 판시

---

12) 정성근, "기업범죄와 형사책임", 경희법학 제18권 제2호, 경희대학교 법학연구소, 1983, 102면.

13) 김광준·원범연, 앞의 책, 29면; 원혜욱, "기업대표이사 형사책임에 관한 판례분석", 기업소송연구, 자유기업원, 2005.3, 389면 이하.

14) 박기석, "판례와 사례분석을 통한 기업범죄 처벌의 개선방안(이하 판례와 사례분석으로 표기함)", 형사정책 제20권 제2호, 한국형사정책학회, 2008, 72면.

함으로써 기업처벌규정의 대상은 영업을 통하여 얻는 이익의 귀속주체 및 자기계산에 의해 영업을 하는 자, 즉 영업주를 의미한다고 한다.[15]

반면에 기업처벌규정의 형식에 따라 법인 또는 개인을 벌하기 위해서는 종업원의 위반행위가 '그 법인 또는 개인의 업무에 관하여' 행하여진 것임을 요구하고 있다는 점에서 법인 또는 개인에 대하여 '업무주'라는 용어를 사용하는 것이 바람직하다는 점과 오늘날 우리 법질서에서 만들어지고 있는 기업처벌규정들이 대체로 업무주라는 개념을 상정하고 있는 것으로 보아 업무주라는 용어를 사용하는 것이 바람직하다는 견해도 있다.[16]

하나의 논의에 대하여 그 의미가 비슷한 다양한 용어들이 사용될 때에는 예상하지 못한 혼란이 야기될 수 있다. 이러한 혼돈을 사전에 막기 위해서는 가급적 통일된 용어를 사용하는 것이 바람직하다고 생각된다. 그러나 아직 우리나라 문헌과 판례에서 그 개념을 통일하여 사용하지 않고 있거니와, 문맥에 따라서 그 의미를 정확히 표현하여 이해시키기 위해, 본고에서는 법인 또는 개인을 지칭하기 위한 용어로 사업주, 업무주, 영업주를 혼용하여 사용하기로 한다.

넷째, 준법프로그램

준법프로그램은 미국의 컴플라이언스 프로그램(Compliance Program)의 번역어로 문헌마다 다양한 용어, 즉 법령준수프로그램, 법준수프로그램, 자율준수프로그램, 준법감시프로그램, 준법감시시스템, 준법감시제도 등으로 사용되고 있다. 본 논문에서는 준법프로그램이란 용어를 주로 사용하나, 문맥에 따라 위의 용어를 혼용하여 사용한다.

---

15) 같은 취지의 판결로는 대법원 2007.8.23. 선고 2007도3787 판결이 있다; 강창웅, "행정형벌에 있어서 한시법, 업무주 책임의 제 문제", 사법논집 제12집, 1981, 523면.

16) 이주희, "업무주 처벌의 의미, 근거, 성립요건", 외법논집 제30집, 한국외국어대학교 법학연구소, 2005.5, 262면.

제2장 기업처벌에 관한 비교법적 고찰

현재 우리나라는 법인, 즉 기업의 범죄능력을 부정하고, 오로지 자연인만이 범죄의 주체로서 행위능력, 책임능력 및 수형능력을 인정하고 있다. 다만, 기업의 범죄능력 인정 여부와 상관없이 다수의 부수형법인 행정형법, 경제형법 및 조세형법 등에서는 "법인의 대표자, 법인, 개인의 대리인・사용인 및 기타 종업원은 그 법인 또는 개인의 업무에 관하여 제( )조의 위반행위를 한 때에는 그 행위자를 벌하는 외에 그 법인이나 개인에 대해서도 각 해당조의 벌금형을 과한다"라는 조항으로 양벌규정에 의한 입법형식에 따른 벌금형을 부과하고 있다. 이러한 우리나라의 입법형식은 대륙법계의 영향을 받은 것이라고 할 수 있고, 이는 기업처벌이론에 대해서도 동일하다. 즉, 기업처벌규정이 존재함에도 불구하고 오랫동안 기업의 범죄능력은 부정되어 왔던 것이다. 하지만 현재 기업에 의한 경제환경 등 다양한 분야에서 발생하고 있는 기업범죄로 인해 이를 효과적으로 규제할 필요성을 절실히 느끼고 있고, 이로 인해 과거 기업의 범죄능력을 부정해오던 대륙법계 국가들도 기업범죄 억제를 위한 다양한 방법으로 입법화를 시도하였다. 이미 몇몇 국가들은 기업처벌에 관한 명문규정을 입법화하여 이를 시행하고 있는데, 대표적인 국가로 프랑스, 스위스, 오스트리아를 들 수 있다.

　　한편 우리나라를 포함한 대륙법계 국가와는 달리 영미법계 국가에서는 일찍이 기업범죄로부터 대중을 보호해야 한다는 대의명제를 받아들여 기업에 의해 발생되는 다양한 범죄행위에 적절히 대응하고 있다. 이처럼 각국의 법률적 문화 차이로 인해 기업처벌의 전개과정과 입법유형 및 기업형벌 등이 상당한 상이점을 보이기에, 해석론에 대한 선행연구로서 영미법계와 대륙법계의 관련규정에 대해 비교법적 고찰을 하고자 한다.

제1절 영미법계의 기업처벌론

영미법계의 기업처벌론을 살펴보면 영국과 미국은 기업에 대한 형사
책임귀속원칙의 발달 및 전개과정에 있어 상당한 차이가 있음을 확인할
수 있다. 즉, 기업에게 형사책임을 귀속시키는 영미법계는 초기에는 기
업의 범죄능력을 인정하지 않았으나 산업혁명 이후 점차 그들의 범죄능
력을 인정하게 되면서 영미법계는 각국의 상황에 맞게 독자적인 특징으
로 변화하였다. 하지만 현재 급증하는 기업범죄로부터 대중을 보호해야
한다는 측면에서는 비슷한 견해를 보이고 있다. 그러므로 각자의 기업
처벌이론이 가지는 문제점을 분석하여 이를 보완하고자 한다.

Ⅰ. 영미의 기업처벌론

1. 산업혁명 전후 영미의 기업처벌 법리의 형성[1]

산업혁명 이전, 영미는 기업의 형사책임이 인정되지 않았다.[2] 그러나

---

[1] 영국과 미국의 법인에 대한 형사책임의 발전경위는 3단계로 나눌 수 있다고 한다. 첫째, 부작위(의무불이행)범에서 작위범으로 적용범위의 확대(19세기 중엽까지), 둘째, 엄격책임에서 대위책임으로의 귀책원리의 명확화(20세기 초엽), 셋째, 대위책임에서 직접책임으로의 귀책원리의 다양화(20세기 중엽 이후)이다(Celia Wells, *Corporations and Criminal Responsibioity*, 2d. ed., Oxford, 2001, pp.87～99).

[2] 19세기 이전에 기업의 형사책임이 인정되기 어려웠던 이유는 세 가지가 있다. 첫째, 산업혁명 이전에는 법인이 설립되기 위해서는 국왕의 특허장이나 의회제정특별법이 필요했기 때문에 법인의 수가 한정되어 있었다. 둘째, 법인의 설립목적은 공익적인 목적에만 한정되었기 때문에 영리적인 기업체가 법인격을 취득한다는 것이 어려웠다. 셋째, 근대 보통법(common law)이론상 범죄가 성립하기 위해서는 주관적 요소(mens rea)와 객관적 요소(actus reus)를 필요로 한다는 사고가 17세기경부터 형성되

산업혁명 이후 급속한 사회구조의 변화로 인해 기업의 폐해는 증가하였고, 이로부터 대중을 보호하기 위한 필요성이 점차 중시되어 기업의 범죄주체성을 인정하기 시작하였다.[3]

(1) 영국의 법인처벌의 기원 및 형성

영국에서의 법인처벌의 법리형성은, 17세기 무렵 도로의 정비 등을 태만히 한 지방자치단체의 기관에 대하여 '공적생활방해(public nuisance)'를 발생시켰다고 하여 형사책임을 인정하는 움직임에서 시작되었다. 이러한 '공적생활방해'는 일정한 의무의 불이행이라는 부작위에 의해 가능하다고 이해되었으므로, 범의(mens rea) 및 행위의 귀속 등이 엄격하게 요구되지는 않았다. 그러한 이유로 인해 법인에게는 자연인과 같은 범죄성립요건을 충족했는가라는 근본적인 문제에 대한 상세한 검토도 거치지 않은 채 형사책임을 부과하는 것이 가능했다. 위법행위의 성질이나 보통법(common law)상의 원칙에서 볼 때, 이러한 사례[4]는 극히 예외적인 현상이라 할 수 있다.[5] 하지만 19세기 들어 이러한 예외적인 현상, 즉 예외적인 범죄유형들이 법인처벌법리의 발전에 기초가 된다. 왜냐하면 영국에서는 산업혁명의 진전과 함께 회사설립의 붐이 일기 시작하고, 특히 공익적 사업분야를 중심으로 기업이 설립되고, 19세기 들

었다(L. H. Leigh, *The Criminal Liability of Corporation in English Law*, London: Weidenfeld, 1969, pp.9~12).

3) 송기동, "영미의 기업범죄 형사책임의 전개", 형사정책 제20권 제2호, 한국형사정책학회, 2008, 44면.

4) 17세기 법인 혹은 단체의 책임이 문제가 된 경우로는 17세기에는 카운티나 borough 등의 지방자치단체의 책임, 18세기에는 운하의 청소를 해태한 운하회사사건 등을 예로 들 수 있다(L. H. Leigh, 앞의 논문, pp.20~21).

5) Kathleen F. Brickey, Corporate Criminal Accountability: A Brief History and an Observation, *60 Wash. U. L. Q. 393*, 1982~1983, pp.405~406.

어 철도나 운하의 건설·정비 등 공적인 사업이 민간기업에게 도급됨에 따라 기업에 의한 대중들의 피해가 발생하였고, 이러한 배경하에 기업의 형사책임을 인정하게 되었기 때문이다.

영국에서 기업의 형사책임이 처음으로 인정된 판례는 기업의 부작위책임을 인정한 Birmingham & Gloucester Railway Co. 사건[6]으로, 이 사건은 부실한 철도공사로 인해 분단된 지역을 연결하는 육교건설에 있어 제정법상의 의무를 태만히 하여 기업이 기소된 사건이다. 위 판례는 부작위범에 관해서는 형사책임을 인정한다는 종전의 기준을 기업에 대해서도 답습했다.

그러나 이후 Great North of England Railway Co. 사건[7]을 통해 부작위에 한정되었던 기업의 책임을 작위의 경우에도 인정하는 것으로 변화하였다. 위 사건은 당시 철도회사가 인부를 고용하여 철로 주변환경을 정리하고 있었기 때문에, 이로 인해 주민들에게 공적생활방해를 하였다는 이유를 들어, 법원이 철도회사에게 주민들의 생활방해에 관한 책임을 인정한 사건이었다. 이 사건에서 덴만 판사는 부작위와 작위의 구별은 불명확한 것이고, 만일 그러한 구별이 가능하다면, 기업의 책임을 부작위에 한정할 이론적 근거는 존재하지 않는다고 판결하였다.

이 판결을 계기로 영국에서는 부작위범뿐만 아니라 작위범에 대해서도 법인의 형사책임을 인정하게 된다.[8] 또한 이 판결로 인해 기업의 형사책임이 인정되는 범위가 새로이 한계를 획정하게 된다. 즉, 덴만 판사가 예시한 범죄는 범의를 성립요건으로 한다는 점에서 그 책임영역의 한계가 범의의 존재 여부에 의하여 획정된다고 이해하였다. 이후 영국은 18세기와 19세기에 걸쳐 발전된 대위책임이론이 형법의 영역에 응

---

6) *Queen v. Birmingham & Gloucester Railway Co.*, 3 QB 23 (1842).

7) *Queen v. Great North of England Railway Co.*, 9 QB 32 (1846).

8) 川崎友巳, 前揭書, 123頁.

용되어 자연인인 행위자 외에 회사법인 자체에 형사책임을 부과해야 할 정책적 필요성이 있음을 인식하게 된다.

이때부터 영국 법인처벌론9)은 급속한 생산화·도시화의 진전과 함께 일정한 행동기준을 법정화할 필요가 생겼다. 이로 인해 많은 기준들이 법률에 의해 규정되었고, 이 기준을 위반할 경우 범죄로서 형벌을 부과하였다. 영국에서는 그러한 유형의 범죄를 '공공복지범죄(public welfare offence)'라고 불렀다.10)

이 공공복지범죄는 다수의 경우 엄격책임(strict liability)의 법리를 적용했고 효과적인 법집행 보장을 위해 범죄의 주관적 성립요건인 범의를 요구하지 않았다. 또한 규정된 형벌도 경미한 벌금형에 지나지 않았다. 그랬기 때문에 법인이 범의를 형성하는 능력이 있는가라는 어떠한 물음도 없이, 법인의 활동을 규제하는 목적이 이론적으로 타당하다면 큰 문제는 되지 않는다고 판단하여 법인에게 형사책임을 부과하는 것이 가능하다고 하였다.11)

(2) 미국의 법인처벌의 기원 및 형성

미국은 영국과 마찬가지로, 19세기 이전에는 적극적으로 기업의 형사책임이 인정되지 않았다. 그 당시 미국도 기업의 단순한 부작위책임만

---

9) 이와 같은 변화는 형법의 적용범위를 크게 확대하고, 형사책임의 일반원칙에도 중대한 영향을 미쳤다. 그중 하나가 엄격책임과 대위책임을 도입한 것이다. 또한 새로운 성문법에 의해 인정된 범죄는 진정한 범죄가 아니라 공적생활방해와 유사한 성질을 갖는 준범죄(quasi criminal act)에 지나지 않는 것으로 인식되었다고 한다(L. H. Leigh, 앞의 논문, pp.22～23).

10) 이러한 범죄들에 대해서는 고의의 증명을 엄격히 요구하지 않는다고 해석되었다. 또 엄격책임과 병행하여 종업원의 위반행위가 있으면 사업주의 책임도 인정하는 대위책임이 적용되었다.

11) 비판적 견해로 성문법의 증대에 의한 형벌부과영역의 확대는 전통적인 책임원리에 대한 예외를 폭넓게 허용하는 것으로 기업처벌을 확장하는 길을 열었지만 그 이론적 기반을 명확히 설정하지는 못했다고 한다(Kathleen F. Brickey, 앞의 논문, p.410).

이 인정될 뿐이었다. 즉, 미국의 경우도 기업의 형사책임은 도로나 운하의 보수 등을 태만히 했다는 공적생활방해의 영역 내에서 부작위범에 대한 예외를 인정한 것에서부터 시작되었다. 예를 들어 기업이 공적생활방해[12]의 부작위범으로서 유죄를 선고받은 대표적인 사례로 Albany Co. 사건[13]이 있다. 본 사건은 당시 Albany시가 허드슨 강을 청소하지 않아 강 주변에 많은 쓰레기가 생겨났고, 뿐만 아니라 죽은 동물들의 사체로 인해 메케한 냄새가 진동하여 주민들의 건강에 나쁜 영향을 주었다는 이유로 기소된 사건이다.

당시 뉴욕법원은 이 사건에서 법인의 부작위책임을 인정하였다. 기업의 형사책임을 전혀 인정하지 않던 시대적 상황으로 볼 때 기업의 부작위책임을 인정한 것은 커다란 진전이었다고 할 수 있다.[14] 한편 위 판결은 기업의 형사책임 유무를 가리는 데 있어 공익성과 규제의 필요성에 중점을 둔 판례로서 주목할 만한 가치가 있는 사건이었다.[15]

이 판결 이후 미국 또한, 영국에서 작위범에 대해서 법인의 형사책임을 긍정한 시점으로부터 불과 6년 후인 1852년에 Morries & Essex Railroad Co. 사건[16]에서 작위범에 대한 법인의 형사책임을 긍정하게 된다. 본 사건은 공공도로에 건축물을 건조하여 철도차량으로 도로를 차단했다 하여 Morries & Essex Railroad社가 기소된 사건이었다. 이 판결에서는 이하의 두 가지를 근거로 하여 정관상의 목적범위 외의 행위에 대해 자

---

12) 미국에서는 이러한 공적생활방해에 대해 법인의 형사책임을 묻는 움직임이 영국보다 1세기 이상 앞선 18세기 초부터 나타났다고 한다. 그러한 요인으로는 ① 공공사업의 민간기업에 대한 관리이전이 영국보다도 빠르게 진행된 점, ② 영국과는 달리 법인을 기소할 때 동시에 특정 자연인을 기소하는 것을 필요로 하지 않는 운용이 이루어진 점 등이 제시되고 있다(Thomas J. Bernard, The Historical Development of Corporate Criminal Liability, *22 Criminology 3*, 1984, pp.6~7).

13) *People v. Corporation of Albany*, Ⅱ Send. 539 (N. Y. Sup. Ct. 1834).

14) 송기동, 앞의 논문, 45면.

15) Kathleen F. Brickey, 앞의 논문, p.406.

16) *State v. Morris and Essex Railroad Co.*, 23 N. J. L. 360 (1852).

연인이 아닌 이익을 취한 기업만이 책임을 물어야 한다고 하여 同 회사에 유죄가 선고되었다. 이유인즉, 첫째, 불법행위에 있어 기업에게 이미 민사책임이 인정되므로 따로 형사책임만을 부정할 수는 없다는 것이다. 둘째, 공적생활방해에 대한 소추의 주된 목적은 공해의 제거를 강제하는 것에 있다는 것이다.

위 판결은 내용 면에서 영국과 유사한 전개를 찾아볼 수 있다. 첫째, 작위와 부작위를 엄격하게 구별하는 것은 불가능하다는 점을 근거로 하여 형사책임범위의 확대가 도모되었다. 둘째, 판단취지에 있어 "법인은 그 성질상 반역죄, 중죄 또는 실행에 악의(malus animus)를 동반하는 기타 범죄에 대해 유죄라고 할 수 없다" 하여 새로운 기업형사책임의 한계로 범의를 요하는 범죄를 실행하는 것이 불가능하다는 기준이 제시된 점이다.[17]

한편 2년 후 Proprietors of New Bedford Bridge 사건[18]에서도 위와 동일한 취지의 판결이 내려졌다. 위 사안은 하천에 위법으로 철교를 건설하여 선박의 항해를 방해했다고 하여 법인이 기소된 사건으로, 이에 피고법인은 기업의 부당한 행위에 대해서는 기소할 수 없다고 하여 무죄를 주장했다. 그러나 이에 대해 법원은 지금까지의 전제는 기업의 수가 매우 적었고, 영향력이나 그 목적 또한 제한되어 있었던 시대에 만들어졌기 때문에 근본적인 수정이 필요함을 이유로 유죄를 선고했다. 이 판결을 통해 미국은 기업의 형사책임을 작위범에 대해서도 묻게 되었다.

한편 작위범에 대한 적용범위의 확대는 공적생활방해의 틀을 넘는 다른 여러 형태의 범죄유형에도 적용됨을 긍정하게 된다. 이러한 현상은 공적생활방해 이외의 범죄유형에 대해서도 기업처벌에 대한 강한 사회적 요청이 있었기 때문이다.[19]

---

17) 川崎友巳, 前揭書, 158頁.

18) *Commonwealth v. Proprietors of New Bedford Bridge*, 68 Mass. 339 (1854).

Ⅱ. 영미 기업의 형사책임 전개

영미에서는 19세기 후반 이후, 성문법의 증대로 인하여 전통적인 범죄개념과는 다른 '공공복지범'의 영역을 확장하여 형법에 엄격책임, 대위책임을 도입하게 된다. 이로 인해 19세기부터 20세기에 걸쳐 법인의 형사책임을 광범위하게 인정하게 된다. 이는 전통적인 책임원리에 대한 예외가 확장된 것에 기인한 것이었다.[20] 하지만 범의를 요하지 않는 범죄뿐만 아니라 범의를 요하는 범죄도 처벌이 가능한 것인가에 대해서는 영미의 법원은 각기 다른 방법으로 이 문제를 해결하였다.

영국법원의 경우 대위책임과 함께 기업과 동일시할 수 있는 소수의 기업구성원의 행위에 한하여 기업이 책임을 부담하게 하는 동일성이론을 제시하였다. 이와 달리 미국법원은 기업 내에서 아무런 직급이나 직무의 차별 없이 종업원이 직무범위 안에서 기업을 위해 행하는 모든 행위에 대하여 기업에게 책임이 귀속되는 대위책임론으로 기업의 형사책임을 인정하였다.

미국법원의 이러한 태도는 영국법원보다 기업의 형사책임범위를 넓게 파악하는 것으로, 기업범죄로부터 대중을 가능한 한 폭넓게 보호해

---

19) 이러한 변화에 대해 미국에서도 19세기 동안에는 영국판례의 영향을 받아 기본적으로 공적생활방해의 범위 내에 한정시켰고, 고의를 요건으로 하는 통상의 범죄에 대해 법인의 형사책임을 부정해 왔다. 그러나 남북전쟁을 거치면서 형사법 영역에서도 처벌범위나 기본원칙의 측면에서 큰 변화가 생겼고, 일환으로 법인의 형사책임에 관해서도 중요한 변화가 생겼다고 한다. 즉, 다수의 규제입법을 통해 공공복지범에 대하여 고의를 요구하지 않는다고 해석하여 법인의 형사책임을 용이하게 하고, 19세기 말부터 20세기 초에 걸쳐 고의를 요건으로 하지 않는 엄격책임범죄가 아닌 특정의도(specific intent)를 요건으로 하는 범죄까지 법인의 형사책임이 판례상 인정되기에 이르렀다. 또한 셔먼법 위반의 거래제한 공모, 외설물의 배포, 법정모욕죄 등 많은 범죄에 대하여 법인의 형사책임이 긍정되었다(川崎友巳, 前揭書, 159頁; 이기헌·박기석, 법인의 형사책임에 관한 비교법적 연구, 한국형사정책연구원, 1996.7, 25면).

20) 이기헌·박기석, 앞의 책, 22면.

야 한다는 미국법의 특징인 실용주의적인 측면을 잘 보여주는 것이라고
생각된다.[21]

1. 영국 기업의 형사책임 전개

(1) 대위책임원칙의 대두

영국법원은 전술한 Great North of England Railway Co. 사건에서
기업의 형사책임을 인정하는 범위를 정하는 기준으로 범의를 요하는 범
죄와 요하지 않는 범죄[22]라는 구분을 제시하였다. 그러나 이러한 기준
도 기업의 형사책임이 미치는 범위에 관하여 절대적인 기준이 되지는
못하였다. 이로 인해 영국은 20세기에 들어 판례상 고의와 기업의 책임
관계가 문제시되었다.

이에 대한 대표적인 판례로는 1917년 *Mousel Bros. v. London and North
Western Railway Co.* 사건이 있다.[23] 위 사안은 범의를 요하는 범죄에
관하여 기업이 기소된 사건으로, 구체적인 내용으로는 Mousel Brother
社의 대리인이 정규수송자금의 지급을 피하기 위해서 상품에 부정표시

---

21) 바강우, "최근 미국 기업범죄 실태와 규제동향", 법학연구 제17권 제2호, 충북대학
   교 법학연구소, 2006, 304면.

22) Chuter v. French & Pocock Ltd (1911)은 상품 판매 시 허위보증서가 구입자에게
   교부되어 회사 자신이 식품·약품판매법 위반으로 기소된 사건으로, 본 법에서는
   보증서의 기재내용이 진실한 것으로 믿기에 족한 이유가 있었음을 피고인이 증명
   하면 무죄항변이 인정된다는 취지의 규정이 존재했다. 제1심에서는 "항변규정은 내
   심의 의사를 가질 수 없는 법인에게는 적용될 수 없다"고 판시했고, 항소심에서는
   "법인은 기관을 통하여 보증서를 교부하며 그 보증서의 내용이 진실한가의 확신을
   갖는 것이 가능하며, 따라서 본 범죄의 주체를 자연인에 한정하는 것은 타당하지
   않다"고 보아 파기 환송했다. 본건에서 법원은 불법행위의 영역에서 원칙화된 대위
   책임에 관해 언급하고, 법인 자신의 고의는 문제 삼지 않고 법인의 형사책임을 인
   정하였다(L. H. Leigh, 앞의 논문, p.22).

23) *Mousel Bros. v. London and North Western Railway Co.*, 2 K. B. 836 (1917).

를 하였는데, 그러한 대리인의 행위에 대한 형사책임을 당시 제정법에 의해 기업에게 부과하는 것이 가능한지가 문제가 된 사건이다. 이에 법원은 당시 대리인의 행위가 범죄를 성립하기 위해서는 '수송자금의 지급을 피하려는 의도'라는 범의가 필요하고, 또 "해당법률의 조문 및 목적에 비추어 보면 입법자가 금지한 행위를 종업원이 직무의 범위에서 실행한 경우 준범죄(quasi-criminal)[24] 행위에 대한 책임을 고용주에게 부담시키는 것이 입법자의 취지이다"라고[25] 판단하였다. 또한 "그 판단이 적절하다면 기업(유한회사)과 기타 고용주의 차이는 존재하지 않는다"고 하면서, 대리인의 범의가 인정된다면 범의를 성립요건으로 하는 범죄에 대해서도 기업 자신의 주관을 문제시하지 않고, 법인에게 책임을 인정할 수 있다는 '대위책임(vicarious liability)'의 법리를 인정하였다. 위 판결은 입법취지에 착안하여, 해당 제정법이 법인에 책임을 부과하는 것을 의도하고 있는가라는 관점에서 결론을 찾았다고 볼 수 있다.[26] 이후 *The King v. Cory Brothers & Co. Ltd.* 사건[27]에서도 법원이 범의를 요하는 범죄에 있어서, 준형사범(공공복지범)에 대해서 대위책임의 법리를 인정하고 있음을 재차 확인한다.

---

24) 본 판결에서 말하는 준범죄란 형법상의 한 영역으로서 인정되고 있으나, 개인의 본질적인 부정행위를 기초로 한 자연범죄와는 특성이 다르며, 형사책임을 부과할 때의 조건이 시대마다 사회의 가치관에 의거하는 범죄유형이라고 한다(川崎友巳, 前揭書, 125頁).

25) *Mousel Bros. v London and North Western Railway Co.*, 2 K. B. 836, 845 (1917).

26) 川崎友巳, 前揭書, 124頁; 이 판결 이후 범의를 성립요건으로 하는 범죄에 대해서도, 이 준범죄에 대해서는 불법행위의 영역에서 발전되어온 대위책임의 법리에 기초하여 행위자만 범의를 구비하고 있다면 법인의 범의를 고려하지 않고 직접 법인 자신에 책임이 있을 수 있다고 이해하였다(*See also Griffiths v. studebackers Ltd.*, 1K 102 (1924)).

27) 본 사건은 회사가 이사회의 결정에 근거하여 회사부지 내에 타인의 침입을 방지하기 위해 전류가 흐르는 담을 설치하고, 이 설치물에 의해 피해자가 감전사한 사안이다. 법원이 교살죄와 인신에 대한 준범죄 위반죄로 회사 자신의 책임을 문제시하였던 사건이다. 이 판례에서 인신에 대한 법인의 기소는 인정할 수 없다고 판시했다(*The King v. Cory Brothers & Co., Ltd*, 1 K. B. 810 (1927)).

이처럼 20세기 들어 영국은 위에서 살펴본 판례를 통해 알 수 있듯이 엄격책임이 적용되는 영역뿐만 아니라 범의를 요하는 범죄에 대해서도 대위책임을 인정하여 법인처벌의 범위를 확장하였다. 하지만 당시 판례에서는 법인 자신의 범의가 검토되지 않았고, 단지 범의를 요하는 범죄에 관해서는 준범죄에 한해 대위책임의 법리에 의해 종업원의 책임이 법인에 대해 전가됨을 인정하는 것에 지나지 않았다. 즉, 이 시기의 판례는 전통적인 범죄에까지 기업의 형사책임을 확장한 것은 아니었다.[28]

(2) 동일성원칙의 대두

전술한 바와 같이 영국은 법인의 형사책임을 인정하는 영역을 제한하는 태도를 취하고 있었다. 즉, 범의를 요하는 범죄에 대해서는 대위책임을 인정하고 있었다. 그러나 1940년대에 이르러 3건의 사건[29]으로 인해 법인의 형사책임에 관한 판례의 태도가 대위책임이 아닌, 기업의

---

28) 이기헌·박기석, 앞의 책, 23면.

29) 법인의 행위책임을 인정한 판례로는 *Kent & Sussex Contractor Ltd.*, 1 K. B. 102 (1924). 본 사건은 차량기록의 보고서를 감독관청에 제출함에 있어서 허위내용을 기재한 행위에 대해 기망의 의도를 성립요건으로 하는 제정법상의 범죄에 해당한다고 하여 법인인 Kent & Sussex Contractor Ltd. 社가 기소된 사건이다. 본 사건에서 운송부장에게는 기망의 의도가 인정되었으나, 제1심은 법인이 범의를 성립요건으로 하는 범죄를 실행할 수 없다고 하여 법인의 형사책임을 부정했다. 이에 대해 항소심은 법인이 자연인인 대리인을 통해 인식을 가지고, 의도를 형성하며, 그 대리인의 의식이나 의도가 법인에 귀속되는 경우가 가능하다고 하여 법인의 형사책임을 인정하여 회사에 대해 유죄를 선고했다. 다른 판례로는 *Moor v. I. C. R. Haulage Ltd.*, 2 All E. R. 515 (1944). 본 사건은 비서 및 판매부장이 회사를 속일 목적으로 회사의 상품을 판매했으나, 판매에 동반되는 양도세에 관한 보고서를 작성 제출하는 과정에서 중요사항에 대한 허위기재가 있었기 때문에 기망의 의도를 성립요건으로 하는 제정법상의 범죄에 해당한다고 하여 I. C. R. Haulage Ltd.社가 기소된 사건이다. 본 사건에 있어서도 판매부장들의 허위기재행위를 직무의 범위 내로 인정하여 법인을 속일 의도로 실행된 행위가 있더라도 판매부장들이 대리인인 사실은 변함없다고 하여 법인의 형사책임을 인정해 유죄를 선고했다.

분신(alter ego)을 찾는 과정을 통하여 특정종업원의 행위책임을 기업의 행위책임으로 귀속함으로써, 본격적으로 기업의 형사책임의 근거를 찾기 시작하게 된다. 즉, 기업 자신의 고유책임(personal liability)을 인정하게 된다. 한편 비단 제정법상 범죄뿐만 아니라 보통법(common law)상의 범죄에서도 기업 자신의 행위책임을 인정하는 판결도 있다.

보통법상의 범죄에 대한 법인의 책임이 문제된 대표적인 판례로는 *Rex v. I. C. R Haulage Ltd.* 사건[30]이다. 이 사건은 회사의 전무이사(managing director) 외 9명이 사기를 공모하여 자연인 행위자와 함께 기업이 사기죄로 기소된 사건이다. 본 사건에서는 회사 자신이 공공복지분야의 성문법이 아닌 보통법상의 범죄로 기소될 수 있는가가 쟁점이었는데, 법원은 다음과 같이 판시하여 법인의 형사책임을 긍정했다.

첫째, 회사를 기소할 수 없는 범죄는 예외적인 것으로서 위증죄라든가 중혼죄와 같이 성질상 회사가 범할 수 없는 범죄 또는 자유형만이 부과되기 때문에 회사를 처벌할 수 없는 범죄이다. 둘째, 기관의 행위가 의도, 인식, 확신을 포함하여 회사 자신의 행위라고 할 수 있는가를 판단함에는 혐의의 성질, 직원·기관의 상대적 지위 기타 중요한 사실이나 사정이 고려되어야 한다고 판시하였다. 법원의 판시내용을 볼 때, 위 사건에서의 전무이사의 행위를 회사의 행위로, 그 사기는 회사의 사기로 보아 법인의 형사책임을 인정하고 있다. 위 판결은 보통법상 회사에 책임을 귀속시킬 수 없는 경우도 일부 있지만, 그 외의 신체의 거동이 수반되지 않는 범죄이고, 보통법상의 범죄라고 하더라도 기업에 형사책임을 귀속시킬 수 있다고 한 점에서 그 의미가 크다.[31]

앞서 전술한 판례들은 명확히 고의를 요하는 범죄에 한정된다는 것과 법인의 상급간부의 행위 및 고의를 근거로 하여 동일성원칙[32]에 의

---

30) *Rex v. I. C. R Haulage Ltd.* 1 K. B. 554 (1944).
31) 송기동, 앞의 논문, 52면.

해 법인의 책임이 부여된다는 공통점을 가지고 있다. 위 판례들로 인해 당시 영국의 판례이론인 대위책임을 근거로 해서 기업의 형사책임을 인정해 오던 입장이, 기업 내의 일정한 지위에 있는 개인(책임 있는 기관, responsible agent)의 행위 및 고의를 기업 자체의 것으로 보아 기업의 고유한 행위책임을 인정하는 방향으로 변경된다. 실제 당시 영국법원은 위 판례 이후 동일성원칙에 근거하여 기업의 형사책임이 인정되는 범죄 유형을 비약적으로 확대하는 효과를 가져왔다.[33] 또한 준형사범에 관하여 예외적으로 인정되어 온 기업책임이 이론상으로는 모든 범죄에서 인정하게 되었다.[34]

한편 영국에서는 앞서 언급한 판례를 통해 자연스럽게 회사의 중요 관리자의 행위는 회사에 귀속될 수 있다는 이론이 전개되기 시작하였지만, 누가 회사의 분신(alter ego)인지 정확한 정의가 내려진 것은 아니었다. 즉, 회사의 분신이라는 기업 내의 수많은 종업원 중 누구의 행위를 회사의 행위로 간주하여 회사에 책임을 귀속시킬 수 있는가에 대한 명확한 기준을 제시하지 못하고 있었던 것이다. 이에 대한 명확한 기준을 제시한 것은 *H. L. Bolton Co Ltd. v. T J Graham & Sons Ltd.* 사건에서

---

32) 동일성원칙이란 기업의 종업원은 단순한 손(hand)에 불과한 것으로 관리직 종업원 내지 임원을 두뇌에 비유·히어 관리직 종업원이나 임원의 행위만을 기업이 행위로 귀속시키는 이론이다. 이 원칙은 *Lennards Carrying Company Limitted v. Asiatic Petroleum Co. Ltd* 사건에서 제일 먼저 형성되었다. 본 사건은 운송회사가 주유회사를 위해 벤젠을 운송 중이었는데 운송회사의 엔진에 문제가 있어 벤젠이 제대로 운반되지 못하고 운송 중에 불에 타서 소실된 사건이었다. 이 사건에서 법원은 "기업은 추상적인 개념체"에 불과한 것으로 기업의 행위는 인간에 의해 표현되어야만 하며, 기업을 대표하는 사람은 기업 자체라고 볼 수 있는 사람과 단순한 대리인에 불과한 사람으로 나눌 수 있다고 하였다. 그리고 주주총회에서 선출된 기업의 이사진은 그들의 행위는 비록 주주들의 지시하에 있을지라도 기업 자체를 대표하는 사람으로 볼 수 있다고 판시하였다. 이 판결은 비록 민사책임에 관한 것이었지만, 최초로 기업의 분신(alter ego)을 파악하려는 시도였다는 점에서 의미가 크다(송기동, 앞의 논문, 51면).

33) 川崎友巳, 前揭書, 127頁.

34) 이기헌·박기석, 앞의 책, 24면.

였다. 본 사건에 대해 법원은 "회사는 여러 가지 점에서 자연인과 유사한 구조를 가지고 있고, 두뇌와 손으로 분리가 가능하다"고 하면서, 회사의 두뇌에 해당하는 자는 이사나 매니저(manager)들이고 이들의 행위는 회사의 행위로 간주된다고 판시하였다.[35]

이 판결을 통해서 기업 내의 수많은 종업원 중에서 누구의 행위를 회사의 행위로 간주하여 회사에 책임을 귀속시킬 수 있는가에 대한 하나의 명확한 기준이 제시되었고, 이러한 '분신이론'은 많은 형사사건[36]에 중대한 영향을 미치게 된다.

이후 어떠한 사람이 회사의 관리자로 파악될 수 있는지에 관한 구체적인 예를 들어 판결이 내려진 것은 1971년 Tesco 사건[37]이었다. 이 판결을 통해 동일성이론이 명확하게 채용되기 시작했다. 이 사건은 전국에 수백 개의 지점을 가진 슈퍼마켓회사의 한 지점에서 종업원 및 지점장의 과실에 의하여 상품의 실제 가격보다도 저가로 판매되고 있다는 취지의 표시를 함으로써, 거래표시법(Trade Description Act, 1968) 위반으로 기소된 사건이었다. 동법에서는 위반행위를 타인(ander person)이 실행하였다는 점과 위반방지를 위하여 합리적인 예방조치를 강구하여 상당한 주의를 기울였다는 점을 항변으로서 인정하고 있었다.

본 사건의 쟁점으로는 첫째, 지점장이 타인에 해당하는지 여부, 둘째,

---

35) *H. L. Bolton Co Ltd v. T J Graham & Sons Ltd*, 1 Q. B. 172 (1957).

36) *John Henshall(Quarries) Ltd. v. Harrey* (1964) 판결에서는 종업원인 계량기사가 법정 중량을 초과한 화물을 실은 트럭의 사용을 허용함으로써 회사 자체가 법률에 규정된 공범에 해당하는지가 문제가 된 사건이었다. 이 사건에서 법원은 회사의 두뇌로서의 지위에 있는 자의 인식이 회사 자체의 인식이 되는 경우가 있는 것은 명백하지만, 당해 종업원은 데닝 경 재판관이 말하는 손에 지나지 않는 자로서 회사는 무죄라고 판시하였다. *Reg v. McDonell* (1965) 판결에서는 회사와 한 사람의 이사의 공모가 문제되었다. 본 판결에서는 데닝 경 재판관의 의견을 인용하면서 거기에는 한 사람의 인격(person)밖에 존재하지 않으므로, 공범관계는 성립할 수 없다고 보았다. 그러나 이러한 두 가지 판례에서도 누가 두뇌에 해당하는지는 명확하게 밝혀지지 않았다(이기헌·박기석, 앞의 책, 35면).

37) *Tesco Supermarkets Ltd v. Narrrass*, 1 Q. B. 133 (1971).

회사가 종업원의 범죄행위를 방지하기 위하여 성실한 주의의무를 다했는가의 여부였다. 이에 대해 제1심 법원은 슈퍼마켓의 지점장은 Tesco 슈퍼마켓과 동일한 주체라고 인정하였다. 따라서 지점장의 허위기재 상품판매행위는 당연히 Tesco에 귀속되고, 슈퍼마켓은 지점장의 허위기재 상품판매행위에 대한 책임을 부담하게 되었다. 이에 Tesco는 항소하였고, 제2심에서는 Tesco가 수많은 체인점을 보유하고 있는 대형슈퍼마켓이고, 개개의 지점장은 Tesco 슈퍼마켓과는 다른 주체이기에 개개의 지점장과 Tesco 슈퍼마켓 체인회사와는 동일성을 인정할 수 없으므로 Tesco는 지점장의 행위에 대한 책임이 없다고 판시하여 제1심과는 다른 결론을 내렸다. 그리고 이에 대해서 대법원은 '동일시원리'를 적용하면서도 수백 개 중의 한 지점장은 법인업무의 관리운영에 관한 권한을 가지는 것으로 볼 수 없기 때문에, 그를 법인과 동일하게 볼 수 없는 '타인'에 해당한다고 보았다. 또한 Tesco는 지점장을 분별 있게 선임하여 충분히 교육시켜 왔고, 또한 매장의 자체감독관이 충분히 정기적으로 매장을 감시하는 등 충분한 위반행위방지를 위한 시스템을 구축하고 운영하여 왔기 때문에 범죄방지를 위한 충분한 주의의무를 다했다고 인정하여 무죄라고 판시하였다.

위 판결에서 비록 기업의 형사책임은 인정되지 않았지만 몇 가지 큰 의미를 가진다고 할 수 있다. 첫째, 동일시원리는 대위책임의 인정 여부와는 전혀 다른 원리로서 위 판례와 같이 절대책임을 완화하기 위해 도입된 '무과실면책규정'의 적용에 정면으로 '동일시원리'를 원용하고 있다. 둘째, 동일시되는 기업의 구성원을 이사회로부터 관리적 기능의 일부분에 대하여 완전한 재량권을 위임받은 자 혹은 회사의 관리 또는 그 일부분을 현실적으로 총괄하는 지위에 있는 자라고 하여, 법인의 형식적인 조직상의 지위에 한정하지 않고 기능적·실질적 기준에 의하고 있다. 마지막으로, 특정한 개인을 법인 자신으로 볼 것인가 아니면 단순한 피용자로 볼 것인가의 판단은 법적 문제라는 점을 확인하였다는 점이다.[38] Tesco 판결 이후 동일시원리가 영국의 판례이론으로 정착되기 시작하였을 뿐만 아니라, 더 나아가 1940년대의 판례를 계기로 발전해온 법인 고유의 책임법리가 동일시원리로서 확립되게 되었다.[39]

2. 미국 기업의 형사책임 전개

(1) 대위책임의 대두[40]

미국은 19세기 중반까지 영국판례의 영향으로 기업의 형사책임에 관해 기본적으로 '공적생활방해'의 범위로 한정하고, 범의를 요하는 통상의 범죄에 대해서는 기업의 형사책임을 부정해왔다. 그러나 1870년부터 시작된 급격한 산업화로 인하여 형사법 영역에서의 처벌범위나 기본원칙 등 법인의 형사책임에 있어서 큰 변화가 일어나게 된다. 즉, 다수의 규제입법을 통해 '공적생활방해'와 유사한 '공공복지범'에 대하여 범의를 요하지 않는다고 해석함으로써 기업의 형사책임을 긍정하는 것이 가능해졌다. 하지만 법인의 형사책임의 범위가 확대됨에도 불구하고, 법인이 범의를 요하는 범죄를 저지를 수 없다고 하는 기준은 유지되었

---

38) 본 판결의 의미는 종업원의 범죄행위를 기업에 귀속시키기 위해 계층적 구조를 가지고 있는 기업조직을 세분하여 최고정점에 있는 조직원의 고의와 행위만이 기업행위로 파악될 수 있다는 것을 명시적으로 드러낸 판결이다(송기동, 앞의 논문, 53면).

39) 동일시원리의 구조 및 실천적 의의에 대한 보다 자세한 내용은 이기헌·박기석, 앞의 책, 37면 이하 참조.

40) 미국의 대위책임의 기원은 불법행위책임, 즉 계약상 책임에서 사용자 책임에 비교될 수 있는 것으로 사용자 책임의 역사는 Edward 1세 때로 거슬러 올라간다. 당시 웨스트민스터법에 의하면 하급자가 그의 직무수행 중 범한 직무에 관한 misfeasance의 경우, 하급자가 그의 행위에 대해 배상을 할 수 없는 경우에 한하여 상급자가 책임을 부담하도록 되어 있었다. 이러한 사용자 책임에 뿌리를 둔 대위책임은 미국의 기업범죄에 적용되게 되었다(송기동, 앞의 논문, 44~45면).

다. 그러한 기준의 유지배경에는 법인이 가공의 존재라는 점과 범의를 형성할 수 없는 법인에게 범의를 요하는 범죄에 대해 형사책임을 인정하는 것이 불가능하다는 생각이 뿌리 깊게 반영되었기 때문이다.[41]

반면 19세기 말부터 20세기에 걸쳐 범의를 요하는 범죄 가운데 일정한 범의에 대해 법인의 형사책임을 인정하는 방향이 제시되기 시작했다. 즉, 특별한 의도(special intent)를 요하는 범죄와 일반적인 의도(general intent)만을 요하는 범죄를 구별하여 후자에 대해서는 법인에게도 형사책임을 부과하는 것이 가능하다고 인식하기 시작했다.[42]

법인의 형사책임의 확장은 1908년 N. Y. Central & Hudson River Railroad Co. 판결[43]을 통해 법인의 형사책임이 더욱 넓게 인정되기 시작했다. 위 사안은 철도운송에 관한 리베이트의 공여를 금지한 법률(Elkins Act 제1조, 1907년)을 위반하여 철도회사가 기소된 사건이었다. 당시 Elkins Act에 의하면, 운송회사의 매니저(manager), 대리인 혹은 종업원의 행위는 회사에 귀속된다고 하는 대위책임규정이 규정되어 있어 철도회사는 종업원의 불법행위에 대해 당연히 책임을 부담해야 했다. 이러한 규정에 대해 철도운송회사의 변호인은 Elkins Act 제1조의 규정이 헌법상 적법절차를 위반한 규정이라고 주장함으로써 대위책임규정에 의한 법인처벌의 합헌성이 문제가 된 사안이다.

한편 이러한 주장에 대해 법원은 철도운송회사의 주장을 배척했다. 즉, 법원은 동 규정이(Elkins Act) 개인의 리베이트만을 처벌한다고 해석한다면, 리베이트 공여를 금지하고 있는 법의 실효성이 문제가 될 수 있다고 판단하였을 뿐만 아니라, 불법행위영역에서 기관(agent)의 직무범위에 대하여 법인이 손해배상책임을 지는 원칙(사용자책임, 대위책임)

---

41) 川崎友巳, 前揭書, 159頁.

42) Brickey, Corporate Criminal Accountability: A Brief History and an Observation, *60 Wash. U. L. Q. 393*, 1982~1983, p.411.

43) *N. Y. Central & Hudson River Railroad Co. v. United States*, 212 U. S. 481 (1909).

과 마찬가지로 형사책임에 있어서도 정책적 관점에서 이와 같은 원칙이 적용된다고 하였다.[44] 그리고 법인은 그 성질상 법인이 수행할 수 있는 범죄가 아닌 경우를 제외하고는 법률에 의해 금지된 행위를 고의로 실행함으로써 범죄를 성립시킬 수 있다고 보았다. 그러므로 법인의 권한의 범위 내에서 행위를 하는 기관의 고의나 인식에 따라서 법인의 형사책임을 인정할 수 있다고 하였다. 또한 법원은 법인에 의해 이루어지고 있는 경제활동에 있어서 법률이 법인의 형사책임부과에 소극적이라면, 이는 법 이론상 그리고 정책상 타당하지 못하다고 판시하였다.

이에 대해 연방대법원은 당시 경제활동의 주체인 법인에 대한 법적 규제의 정책적 필요성과 법인처벌이 형사정책적으로 유용하다고 판단하고, 그러한 법 원리의 기초로서 불법행위에서 확립된 대위책임의 법리를 형사책임에 원용하여, 고의를 요하는 범죄에 대해서도 직무범위 내에서의 기관 또는 종업원의 행위에 대한 법인의 형사책임을 인정하게 되었다.

위 판결이 가지는 의미로 대위책임을 인정하는 명문규정이 존재하는 특수한 사정에 기초한 것이라는 점과 동 판결 이후 대위책임규정이 없는 경우에도 고의를 요건으로 하는 범죄에 대해 법인의 형사책임을 긍정하는 판례로서 인용되고 있다는 점이다.[45]

(2) 대위책임의 확대 및 완화

범의를 요하는 범죄에 대해 법인의 형사책임을 인정하는 경향은 급속히 확산되어 갔다. 즉, 그 대상이 일반적인 의도를 요건으로 하는 범죄에 그치지 않고 법정모독,[46] 연방 및 州의 독점·거래제한금지법 위

---

44) 이기헌·박기석, 앞의 책, 26면.
45) 川崎友巳, 前揭書, 160頁.

반 공모 등의 특별한 의도를 요건으로 하는 범죄에 대해서도 법인의 형사책임을 인정하게 되었다.

이로 인해 법인의 형사책임의 적용범위는 비약적으로 확대되게 된다. 즉, 범의를 요하는 범죄에 있어서 법인의 대리인이나 종업원 등의 위반행위자가 범의를 가지고 있는 것만으로 법인의 형사책임을 인정할 수 있게 되었기 때문이다.

한편 이때 자연인인 행위자의 범의는 '기업(법인)의 범의(corporate mens rea)'로서, 이후 법인에 대한 귀책원리의 발전과 함께 변용을 거듭한다. 그러한 귀책원리의 발전과 변용으로 미국법원은 기업의 형사책임을 인정하기 시작하였고, 앞서 N. Y. Central & Hudson River Railroad Co. 사건에서 제시된 다음의 요건에 해당하게 되면 광범하게 법인에게 형사책임을 부과하는 것이 가능하다고 보았다. 즉, 법원은 첫째, 자연인 행위자가 대리인 또는 종업원일 것, 둘째, 위법행위가 직무 또는 권한 범위 내에서 발생할 것, 셋째, 범죄행위는 법인의 이익을 도모하기 위해 행해진 것이어야 함을 요건으로 제시하였다. 이러한 요건을 법인의 대리인이나 종업원이 충족하는 경우에는 범의를 요하는 범죄에 대해서도 대위책임의 법리에 근거하여 기업 자신의 형사책임을 묻는 것이 가능하게 되었다.

이와 같이 법인범의라고 하는 새로운 개념을 탄생시키면서까지 범의를 성립요건으로 하는 범죄유형에 대해 본래 범의를 형성할 수 없는 법인에게 형사책임을 부과하려 한 배경에는 법원이 이러한 유형의 범죄에 있어서 법인에게 형사책임을 부과하지 못할 수 있다는 위기감 때문이었다.[47]

---

46) *Telegram Newspaper Co. v. Commonwealth*, 172 Mass. 294, 52 N. E. 445 (1899).

47) V. S. Khanna, Is the Notion of Corporate Fault a Faulty Notion?: The Case of Corporate Mens Rea, 79 *B. U. L. Rev. 355*, 1999, pp.360~377.

(3) 대위책임의 한계

법원은 N. Y. Central & Hudson River Railroad Co. 판결 이후, *United States v. Nearing* 사건이나 *Egan v. United States* 사건 등에서 법인기관의 주관적 불법구성요건[48]이 법인에게 귀속되는 대위책임의 원칙이 확립되었다. 이는 판례의 주류가 법인범죄에 대해 고의를 요하는가의 여부와는 상관없이 법인에게 형사책임을 부과하는 일반원칙으로 대위책임·사용자책임을 형법영역에 널리 도입한 것을 의미한다.[49] 현재까지도 대위책임의 법리를 원칙으로 한 법인의 형사책임은 판례에서 유지되고 있으며, 광범위한 범죄유형에 적용되고 있다.

한편 대위책임의 법리를 형법영역에서 넓게 적용하는 것에 관하여 형법의 기본원칙인 책임주의 관점에서 용인될 수 없다는 비판이 제기[50]되었다. 이는 영국의 판례이론과 비교했을 때 다음과 같은 차이점이 있기 때문이다. 첫째, 영국은 법인의 형사책임을 부과함에 있어 전통적인 책임원리와 조화시키려는 동일성원칙을 채용하여 법인에게 직접적인 형사책임(행위책임)을 인정하는 방향을 제시하였다. 즉, 법인에 대한 형사책임부과의 필요성과 형법의 기본원칙과의 조화를 도모하였다.[51] 둘째, 영국과 달리 미국은 처벌요건에 있어서도 법인의 형사책임의 기초가 되는 행위자, 즉 행위자의 법인 내부에서의 지위나 역할에 있어 하위종업원의 행위나 고의도 법인의 행위로 인정한다는 점에서 영국과는 차이가

---

48) 미국판례가 제시한 법인의 형사책임의 근거인 대위책임의 법리 외에 주관적 불법구성요건으로서 집단인지론, 엄격책임론, 악의회피론 등이 제시되고 있다. 자세한 내용은 송기동, 앞의 논문, 47~50면 참조.

49) *Old Monastery Co. v. United States*, 147 F. 2d 905 (1945), *United States v. Armour & Co.*, 168 F. 2d 342 (1948).

50) 川崎友巳, 前揭書, 161頁 참조.

51) John C. Coffee, Jr., *Corporate Criminal Responsibility, in Encyclopedia of Crime and Justice,* Sanford H. Kadished, 1983, p.255.

있기 때문이다.

그러한 지적에도 불구하고 미국법원은 United State v. Chapman Dodge Center, Inc. 판결[52]을 통하여 명시적으로 영국법원의 판단에 반대한다고 판시하였다. 즉, "기업구조를 의인화시켜 두뇌에 해당하는 관리직 이상의 간부의 행위만을 기업행위로 파악하고 기업에게 형사책임을 부과하는 동일성이론은 부당하다"고 하였다. 비판의 근거로 동일성이론에 의하면 단순한 종업원(손)은 스스로 판단할 수 있는 능력이 없기에 관리직 이상 직원(두뇌)의 행위만 기업책임에 귀속될 수 있다고 판단하지만, 실제 기업의 손(종업원)은 각자의 판단능력을 갖고 있다고 보았기 때문이다.

한편 이러한 판례전개에 대해 이론적 근거 없이 전통적인 책임원리를 무시한 채 정책적 요청에 의해 엄격책임·대위책임을 인정하는 것에 대해 많은 비판을 받게 된다.[53] 이에 20세기 후반에 이르러 미국은 대위책임에 대한 비판과 영국의 법인처벌의 변화의 움직임을 계기로 법인형사책임에 대한 변화가 일어나게 된다.

Ⅲ. 현재의 기업처벌론

전술한 바와 같이 과거와 현재의 영국의 법인의 형사책임을 다음과 같이 정리할 수 있다. 첫째, 공공복지범 또는 준범죄로 불리는 범죄유

---

52) 법원은 "기업의 지위에 따른 종업원의 구분, 즉 간부직원과 평직원 등 다양한 구조를 가지고 있다. 하지만 실질적으로 기업의 범죄행위는 간부직원에 의해 행하여지기보다는 평직원에 의해 행하여지는 경우가 많으며 기업의 계층적 구조 때문에 각자의 업무에 책임을 부담하여야 한다"고 판시하였다(US v. George F Fish Inc, 154 F. 2d 798 (1946)).

53) 이러한 비판에 대한 자세한 내용은 이기헌·박기석, 앞의 책, 28면 이하 참조.

형에 대하여는 행위자의 범의를 요하지 않는다. 그러나 범의를 요하는 범죄에 관하여 대위책임의 법리를 적용한다. 둘째, 형사범을 중심으로 한 기타의 범의를 요하는 범죄에 관하여는 '동일시원리'를 적용하여 기업의 형사책임을 부과하였다. 하지만 동일성원칙은 1980년 후반 들어 그 한계가 드러나고, 이에 따라 기업의 형사책임에 관한 새로운 움직임이 나타나게 된다. 즉, 점차 복잡해지는 기업의 조직구조 속에서 종래 동일성원칙에 의한 기업처벌은 기업의 분신확정이 필수적이었으나, 분신확정 없이도 기업처벌이 가능한 '기업살인법'을 입법·시행하게 된다.

미국의 기업의 형사책임은 초기에 영국판례의 영향을 받았기 때문에 그 전개는 비슷했다. 그러나 1940년 이후 미국법원은 동일성원칙을 비판하고, 기업 내에서 직급이나 직무에 관한 차별 없이 종업원이 직무범위 내에서 기업을 위하여 행하는 모든 행위에 대해 기업에게 책임을 귀속하는 대위책임론을 전개하였다. 이러한 태도는 영국보다 기업의 형사책임의 범위를 넓게 파악해서 기업범죄로부터 대중을 보호하고자 하는 실용주의적 측면이 잘 나타난 것이라고 볼 수 있다. 하지만 대위책임은 지나치게 기업책임의 범위를 확대한다는 비판을 받게 된다. 이러한 비판으로 인해 모범형법전에 '상당한 주의(due diligence)의 항변규정'과 '동일성원칙'을 규정하여 기업의 형사책임범위를 제한하는 노력을 하였으며, 현재 새로운 형사책임 귀속이론이 주장되고 있다.

1. 영국 기업처벌의 변화

(1) 동일시원리의 수정

영국에서는 1940년대 중반 동일시원리에 의해 광범한 영역에서 법인에게 형사책임을 물을 수 있게 되었다. 그러나 동일시원리에 대해서 종

래 여러 가지 문제점이 지적되었다. 그러한 동일시원리의 문제점으로
첫째, 법인과 동일시할 수 있는 관리자의 범위가 불명확하다는 점,[54]
둘째, 대규모 기업의 복잡한 구조에 있어서 동일시해야만 하는 자연인
을 특정하는 것이 곤란하다는 점,[55] 셋째, 일정한 관리자의 행위를 일
방적으로 행위자 자신의 직접책임으로 파악하면서, 한편으로는 법인의
직접책임으로도 파악하는 것을 이론적으로 규명하지 않았다는 점,[56] 넷
째, 기업의 활동방침을 결정하는 것은 특정개인이 아니라는 현실을 무
시하고 있는 점,[57] 다섯째, 자연인 행위자의 특정을 요구하는 한 진정
한 의미로 법인 고유의 책임을 근거지우는 것은 있을 수 없다는 점,[58]
여섯째, 동일시원리에 의한 한정은 형사정책적인 법인의 형사책임에 대
한 요구와 합치되지 않는다는 점 등이 지적되었다.[59]

위와 같은 동일시원리가 가지고 있는 내재적 문제들이 해결되지 않
은 가운데 1980년대 후반 P & O European Ferries Ltd. 사건을 계기로
동일시원칙의 적용의 한계가 구체적으로 밝혀졌다. 이 사건은 1987년
에 P & O European Ferries Ltd. 소유의 페리가 차량승강구를 연 채로
벨기에의 Zeebrugge항을 출항한 것이 원인이 되어 항구 밖에서 침몰해
192명의 승객들이 사망한 사건으로, 차량승강구의 개폐를 확인하지 않

---

54) L. H. Leigh, The Criminal Liability of Corporation and Other Groups. A
    Comparative View, 80 *Michigan Law Review* 1508, 1982, pp.1514~1515.

55) 동일시원리에 관하여 가장 필요로 하는 사례에는 그다지 효과가 없고, 그다지 필요
    로 하지 않는 사례에는 가장 효과가 있다고 비판한다(James Gobert, Corporate
    Criminality: Four Models of Fault, 14 Legal Study 393, 1994, p.401).

56) Eliezer Lederman, Criminal Law, Perpetrator and Corporation: Rethinking a Compiex
    Triangle, 76 *Journal of Criminal Law and Criminology* 285, 1985, pp.296~305.

57) C. M. V. Clarkson, Kicking Corporate Bodies ang Damning their Soul, 59 M. L.
    R. 557, 1996, p.561.

58) Brent Fisse, Reconstructing Corporate Criming Law: Deterrence, Retribution, Fault
    and Sanctions, 56 Southern California Law Review 1141, 1983, p.1187.

59) Celia Wella, The Decline and Rise of English Murder: Corporate Crime and Individual
    Responsibility, Crim. L. R. 788, 1998, pp.799~801.

은 책임을 누구한테 부과할 것인가가 문제가 되었다. 위 사건 당시 차량승강구의 개폐에 대한 임무를 맡은 자는 부갑판장(assistant bosun)이었으며 객실에서 취침 중이였고, 차량승강구의 개폐확인의 책임자인 항해장(chief officer)도 확인에 태만했다. 나아가 함교의 선장이 차량승강구의 개폐를 확인할 방법이 없는 것에 대한 회사의 안전관리체계도 문제가 되었다. 위 사안에 대해 법원은 승무원 개개인의 형사책임을 특정할 수 없고, 현행법상 법인은 고의살인죄로 기소될 수 없는 점 등을 들어 피해자의 死因을 범죄에 의한 것으로는 말할 수 없다고 결론지었다.[60] 그러한 판단의 이유로 기업의 안전관리시스템의 문제로 밝혀졌음에도 불구하고, 동일시원리에 의하면 법인과 동일시되는 자를 특정하지 못함으로써 법인에게 형사책임을 물을 수 없었기 때문이다.

이러한 법원의 판단에 대해 기업의 안전관리 시스템의 문제점이 밝혀졌음에도 불구하고, 최종적으로는 누구의 형사책임도 묻지 않았다는 점에서 학계 및 실무자들의 강한 비판을 받게 되었다.[61] 위 판결 이후 동일시원리가 기업규제수단으로 적절하지 못하다는 비판이 제기되었고, 그 근거로서 전술한 동일시원리가 가지고 있는 내재적 문제점을 들고 있다.

한편 위 판결에서 드러난 문제를 해결하기 위해 복수의 상급관리자의 과실을 결합하는 것을 통해 기업의 범의의 존재를 긍정한다고 하는 집합체원리가 제시되기도 하였으나 판례는 동 견해를 부정하고 현재까지도 채용하지 않고 있다.[62]

---

60) *P & O European Ferries (Dover) Ltd.*, 93 Cr. App. R 72 (1991).

61) 川崎友巳, 前揭書, 61頁.

62) *R v. H M Coroner for East Kent, ex parte Spooner*, 88 Cr. App. R 10, 16 (1989).

(2) 「기업살인죄」의 제정배경

Tesco 판결[63]에서 동일시원리 채용 이후, 영국법원은 동일시원리에 의해 법인의 형사책임을 인정해 오고 있었다. 그러나 관리시스템 불비나 조직구조상의 결함에서 기인하는 기업범죄에 대해 동일시원리로 형사책임을 법인 자신에게 부과하는 것이 곤란하게 되는 경우가 발생하자, 영국은 1990년대 중반부터 기업의 형사책임에 대한 귀책원리에 대해 새로운 입법을 모색하는 움직임이 활발해졌다.[64] 특히 법률위원회는 1994년 '과실치사죄'[65] 제안서를, 1996년 '과실치사죄의 입법화'[66] 보고서를 공간하여 고살죄의 구성을 큰 폭으로 변경하는 제안을 내놓았고, 사회적으로 큰 주목을 끌었다. 또한 동 제안들의 주안점으로 동일시원리에 의한 법인의 형사책임을 부과하는 귀책원리의 극복이 도모되었다. 구체적으로 비고의적 살인죄라고 하는 범죄유형을 전면적으로 폐지하고 새롭게 '부주의한 고살죄(reckless manslaughter)'와 '중대한 부주의에 의한 고살죄(gross carelessness manslaughter)'[67]라고 하는 새로운

---

63) *Tesco Supermarkets Ltd v. Narrrass,* AC (1972).

64) 영국은 위 판결이 있은 이후에도 기업살인을 비롯한 기업범죄가 나날이 증가하자, 이에 대한 대책으로 법원은 다음과 같이 대처한다. 첫째, 대위책임의 법리를 적용하는 범위의 확대와 둘째, 동일시원리 하에서 법인과 동일시되는 자연인의 범위의 확대라는 방법을 선택한다. 기업살인을 둘러싼 논의와 함께 이루어진 이러한 움직임들은 '조용한 개혁(quiet revolution)'이라고 불리게 되었다(Celia Wells, A Quiet Revolution in Corporate Liability for Crime, 145 NLJ 1326, 1995, pp.1326~1327).

65) Law Commission, Involuntary Manslaughter: A Consultation Paper, *Law COM. Consultation Paper No. 135,* 1994, paras. 4.1-4.15.

66) Law Commission, Legislating the Criminal Code: Involuntary Manslaughter, *Law Com. NO. 237,* 1996, paras. 8.1-8.77.

67) 영국법원은 고살사건을 판결하면서 중과실을 산정하는 기준으로 5가지를 제시한다. 첫째, 피해자를 구호할 의무가 있고, 둘째, 가해자의 구호의무 위반이 있고, 셋째, 가해자의 행위가 피해자를 사망에 이르게 하였고, 넷째, 가해자의 과실행위가 중과실로 불릴 수 있을 만큼 심각한 것이었고, 다섯째, 가해자의 의무위반이 피해자를 사망에 이르게 할 것을 요건으로 한다(R v. Adomako, 1 AC 171 (1995)).

살인죄의 유형을 입법화하여, 이를 기업에 대해서도 적용하게 하였다. 하지만 이러한 입법 또한 동일시원리를 전제로 하여 법인에게 형사책임을 부담하게 함으로써 법인을 처벌하지 못하는 경우가 발생했다. 특히 1980년대 중반 이후 계속되는 기업재해에 의해서 법인관리시스템의 부재 및 조직구조상의 결함이 법익침해를 초래하는 원인임을 인식하게 되었음에도 불구하고, 그러한 기업재해는 법인의 상급관리자의 과실에 의해서 발생했다고는 평가될 수 없었기 때문에 법인에게 '고살죄'를 묻는 것은 불가능했다.

한편 법률위원회는 이러한 문제들을 해결하고자 법인에게만 적용되는 살인죄의 유형인 '기업살인죄(corporate killing)'의 신설을 제안[68]했다. 기업살인죄의 성립요건으로 첫째, 법인에게 죽음의 결과와 인과관계가 있는 관리상의 과실이 존재함을 요구한다. 이는 작위·부작위를 따지지 않고 법인의 활동을 관리 또는 조직화하는 방법이 법인에 종사하는 종업원 또는 그 활동에서 영향을 받는 자의 위생 및 안전을 확보할 수 없는 경우를 의미하는 것이다. 둘째, 그러한 과실이 당시의 상황에서 법인에게 합리적으로 기대될 수 있는 행위의 기준을 크게 下廻해야 함을 요건으로 하고 있다.

한편 기업살인죄에 관하여 성립요건의 불명확성[69] 및 실효성미약[70] 등에 대한 의문이 제기되기도 하였다. 하지만 기업살인죄 규정은 종래의 기업의 형사책임의 규정인 중대한 부주의에 의한 고살죄를 기초로 하고, 나아가 법률위원회가 법인 본질을 고려하여 명확한 위험의 존재

---

68) Law Commission, Legislating the Criminal Code: Involuntary Manslaughter, *Law Com. NO. 237*, 1996, paras. 8.1-8.35.

69) Celia Wella, Law Commission on Involuntary Manslaughter: (2) The Corporate Manslaughter Proposals: Pragmation, Paradox and Peninsurity, *Crim. L. R. 545*, 1996, p.553.

70) Paul Matthews, Involuntray Mansulaughter: A View from the coroner's Court, *60 Journal of Criminal Law 189*, 1996, p.199.

와 그 인식가능성이라는 범의를 제거하는 한편, 법인활동에 의해 영향을 받는 자에 대한 위생 및 안전의 확보에 관한 관리상의 과오라는 객관적 요건을 부여함으로써, 동일시원리에 있어서 상급관리자와 같은 법인 내부의 자연인과는 분리된, 법인 자체의 형사책임을 묻고 있다는 점에서 그 의미가 크다고 생각된다.[71]

(3) 「기업살인죄」의 현재

기업살인죄 제안과 함께 기업처벌에 대한 개혁은 이루어지고 있었지만, 여전히 동일시원리를 유지[72]함으로써 1990년 중반 이후부터 지금까지 기업범죄에 적절히 대처하지 못했다. 즉, 동일시원리로는 기업살인에 대해 적절히 대처하지 못한다는 비판[73]과 함께 영국에서의 기업살인[74]은 날로 증가[75]하고 있었기 때문이다. 이러한 결과는 마침내 새

---

71) 川﨑友巳, 前揭書, 137頁.

72) 동일시원리가 판례에 채용된 이후 처음 기업살인을 인정한 사건은 1인이 운영하는 소규모 카누대여회사인 Kite and OLL Ltd.가 카누대회를 개최한 대회에서 참가학생들이 카누를 체험하던 중 전복사고로 사망한 사건이었다. 당시 카누강습자는 자격증을 갖추지 못한 직원이었고, 적절한 안전교육조치도 실습하지 않아 동일성원리에 의해 회사사장의 과실을 인정하여 기업살인을 인정하였다(R v. kite and OLL Ltd., Winchester Crow n Court (1994.12.8)).

73) 송기동, 앞의 논문, 61면.

74) 처음 보고된 기업살인사건은 1926년 광산회사사건이었다. 본 사건은 광산회사가 채굴된 석탄의 절취를 방지하기 위하여 전기담장을 설치하였는데, 어느 날 채굴장 주변을 배회하던 실업자 한 명이 전기담장에 감전되어 쇼크사한 사건으로 광산회사가 기소된 사건이었다. 하지만 당시 법원은 기업책임을 인정할 수 없었는데, 법률에 따르면 기업의 범죄행위 자체를 인정하지 않고 있었기 때문이었다(R v. Cory & Co Ltd., 1KB 810 (1927)).

75) 이후에도 영국에서는 기업살인으로 처벌받은 회사가 두 개 더 있다. 잭슨·트랜스포트社 사건과 로이·보레스 운송회사 사건이다. 전자는 잭슨·트랜스포트社의 종업원이 탱크로리의 탱크 내부를 청소하던 중, 탱크 내에 잔존했던 유독화합물질을 흡입, 사망했다는 사안이었으며, 후자는 로이·보레스 운송회사의 트레일러가 차량 7대와 연쇄 추돌하는 교통사고를 일으켜, 2명의 사망자가 발생한 사안이었다. 어느

로운 '기업살인법'을 제정하는 계기가 되었다.[76] 기업살인법이 가지는
의미로는 기존의 동일성원리에 의해 기업살인을 처벌하기 위해서는 기
업분신으로 간주가 가능한 이사나 고위경영자의 고의의 확정이 필수적
이었으나, 새로이 입법된 기업살인법은 기업분신의 확정 없이도 기업의
중요한 의무위반이 있는 경우에 기업살인을 인정할 수 있도록 했다는
점에서 의미가 있다.[77]

2. 미국 모범형법전과 새로운 형사책임 귀속이론

(1) 모범형법전의 제정배경 및 내용

미국의 연방대법원의 판례는 전술한 바와 같이 대위책임을 더욱 철
저히 일반화시키는 방향으로 나아갔다. 다만 소수의 판례에서 법인은
당해 종업원의 행위가 법인의 방침(policy)에 반하고, 법인은 위반행위가
발생하지 않도록 적절한 조치를 취했다고 하는 상당한 주의(due diligence)
의 항변을 제기하였으나, 현재까지도 인정되지 않고 있다. 그러나 예외
적으로 이와 같은 항변을 인정한 판례[78]도 있다.

사안에 있어서도 기업법인의 안전관리에 중대한 문제점이 존재했으며, 그 문제점을
상급관리자가 파악하고 있던지, 혹은 파악해야만 하는 경우였다. 때문에 동일시원
리에 의해 법인도 고의적 살인죄로 유죄를 선고받았다; 기업살인이 부정된 판례로
는 Grate Western Train's Ltd. 사건으로 본 사건은 행위자인 기관사를 법인과 동
일시할 수 없다고 하여 기업살인을 부정했다.

76) http://www.legislation.gov.uk/ukpga/2007/19/contents.

77) 기업살인을 인정하기 위해서 기업이 사망사고를 야기해야 하고, 기업이 사망을 방
지해야 할 상당한 주의의무가 있어야 하며, 그러한 주의의무수행에 상당한 과실,
즉 중과실이 있어야 하고, 기업의 위반은 기업분신의 행위로 인한 것임이 확인되어
야 했다. 그러나 새로운 기업살인법에 의하면 보증인적 지위가 있는 기업이 의무위
반이라는 중과실로 인해 사망사고를 초래한 경우 기업의 분신확정 및 그의 과실유
무에 상관없이 기업살인을 인정할 수 있다.

78) 이들 판례의 공통점은 종업원의 행위가 명시적이고, 직접적인 지시에 반하는 것이

한편 미국은 50개의 州와 워싱턴 D.C.가 각각 독립된 법 영역을 구성하여 독자적인 형법을 가지고 있기 때문에 법인에 대한 귀책원리를 연방과 병행하여 각 州의 동향을 살펴볼 필요가 있다. 각 州[79]에서 기업의 형사책임에 관하여 채용하고 있는 귀책원리를 정리하면 다음과 같다. ① 연방과 같이 대위책임의 법리를 채용하는 州,[80] ② 종업원의 범죄행위와 직무상의 권한과의 관련성에 착안한 분석을 채용하는 州,[81] ③ 모범형법전의 규정을 채용하는 州,[82] ④ 이외의 기준을 채용하는 州[83] 등이 있다.

살펴본 바 각 州의 대부분이 연방판례와 같이 대위책임의 법리를 사

었다는 점과 중요한 법령을 알게 하는 사내보의 배포와 법령에 관한 토의를 정기적으로 했다는 점 등이 고려되어 항변이 인정되었다(*John Grand Brewing Co. v. United States* (1912), *Holland Furnace Co. v. United States* (1946)).

79) 8개의 州에 있어서는 제정법 및 공간된 판례집에서 법인의 형사책임을 어떻게 취급하는지 명확하지 않지만, 법인의 형사책임을 부정하는 州는 존재하지 않는다(川崎友巳, 前揭書, 164頁).

80) 대부분의 州가 법인의 형사책임을 판단함에 있어서 연방차원과 동일하게 대위책임의 법리를 사용하고 있다. 특히 이들 州에서는 고살죄, 절도죄, 사기죄 등 범의를 구성요건으로 하는 보통법(Common Law)상의 범죄에 있어서도 대위책임의 법리에 기하여 법인의 형사책임의 유무를 검토하고 있어 그 적용범위는 넓다(川崎友巳, 前揭書, 165頁).

81) 매사추세츠州, 플로리다州에서는 행위와 권한의 관련성에 착안한 분석이 이용되고 있다. 이러한 기준은 종업원의 행위와 의도의 존재를 전제로 법인에게 형사책임을 묻는 점에서 대위책임의 법리와 유사하다. 그러나 귀속을 한정하는 조건으로 종업원의 범죄행위와 직무상 권한의 관련성을 요구한다는 점에서 구분된다(川崎友巳, 前揭書, 166頁).

82) 25개의 州에서는 모범형법전의 법인형사책임에 관한 규정이 포함되었다. 다만 이 규정들은 이제까지 판례상 인정되어온 광범한 법인의 형사책임에 대해 제동을 거는 것을 목적으로 했기 때문에, 적용에 있어서는 전체적으로 엄격한 요건에 기초하는 것이 요구되었다(川崎友巳, 前揭書, 167頁).

83) 루이지애나州는 판례상 법인의 형사책임의 판단기준으로 모범형법전의 동일시원리를 채용하였으나, 모범형법전에 규정된 규정 중 동일시원리가 가능한 자연인을 이 사회나 일정한 상급관리직원에 한정하였다. 또 워싱턴 D.C.에서는 대위책임을 채용함과 동시에 특정영역에 있어서 이와는 다른 기준을 채용하여 넓게 법인의 형사책임을 부과하고 있다(川崎友巳, 前揭書, 169頁).

용하거나, 각기 다른 귀책원리를 채용하고 있음을 확인할 수 있다. 그리고 대위책임의 법리 및 모범형법전의 규정을 채용하고 있더라도 각주의 특성을 고려하여 몇 가지 수정을 가하여 법인의 형사책임을 부과하고 있었기 때문에 연방판례와는 약간의 차이가 나타나고 있었다.[84]

이러한 결과 즉, 기업의 형사책임에 대한 州마다 다른 판결에 대해서 비판과 함께 일관성을 요구하는 주장이 제기되었다. 그러한 결과로 미국법연구소(American Law Institute)가 구성이 되고, 동 연구소에 의해 1962년 모범형법전(Model Penal Code)이 제정되었다.

모범형법전에는 기업의 형사책임에 관한 중요한 3가지 기초가 형성되었다. 첫째, 기업에 대한 형사책임부과의 기준이다. 동 조항[85]에 의하면 기업에 형사책임을 귀속시키는 입법자의 의사가 명백히 법령에 규정되어 있고,[86] 회사의 종업원이 회사를 대리하여 자기직무의 범위 내에서 법률이 금지한 행위를 한 경우, 그러한 행위의 결과에 대하여 회사는 책임을 부담한다고 규정하고 있다. 한편 회사의 고위관리책임자가 범죄를 방지하기 위하여 적절한 주의를 기울인 것이 입증된 경우 이러한 원칙의 적용이 배제된다.[87][88] 또한 모범형법전에는 구체적으로 엄격책임(strict liability)이 과해지는 범죄를 제외하고 범행의 중요사실에 관

---

84) 川崎友巳, 前揭書, 165~169頁.

85) Model Penal Code §2.07(1)(a).

86) 입법자의 의사는 법조문을 통해 가능하다고 판시하고 있다. 예를 들어 *State v. Workes' Socialist Pub Co.* 판결에서 "미네소타법은 명시적으로 ~한 행위를 한 자에게는 명백히 문맥상 기업으로 인정할 수 없는 경우를 제외하고는 기업도 포함한다"고 판시하면서 기업의 형사책임을 인정하였다.

87) Model Penal Code §2.07(5).

88) 이러한 면책규정의 적용을 위하여 1991년 연방양형위원회(U.S. Sentencing Commission)는 기업의 형사책임을 강화하는 한편, 기업에 의해 발생한 범죄의 발생을 사전에 억제하기 위한 목적인 정책과 프로그램을 시행한 증거를 제시할 경우 기업범죄의 책임을 경감시켜줄 수 있는 권한을 판사에게 부여하였다고 한다(박강우, 앞의 논문, 307면).

하여 감독책임을 갖고 있는 고위관리자가 그 범행을 방지하기 위한 상당한 노력을 기울였다는 사실을 입증하였을 때, 기업의 면책이 가능하다고 인정하고 있다. 이러한 내용은 연방판례에서 거부하고 있는 무과실항변을 명문화한 것이고, 법인처벌의 필요성과 책임원칙의 타협의 산물이라고 볼 수 있다.[89]

둘째, 모범형법전에서 기업의 형사책임은 법에 의해 기업에게 부과된 특별한 의무의 이행을 기업이 해태한 경우에도 인정된다는 부작위책임을 규정하고 있다.[90]

셋째, 전술한 두 가지 외에 영국의 동일성원리를 도입한 규정으로, 이사회나 직무범위 내에서 법인을 위해 행위하는 고위관리자가 당해범죄의 실행을 수권, 요구, 명령, 수행 혹은 부주의(recklessly)를 용인한 경우에 기업의 책임이 인정된다.[91]

이상에서 살펴본 모범형법전의 법리는 첫째, 모범형법전 이외의 성문법상의 범죄에 대해 무과실항변을 명문화하고 있고, 둘째, 대위책임보다도 제한적인 요건하에 법인의 고유한 책임을 기초 지우는 원리를 확립하였다. 즉, 모범형법전에 있어서 '고위관리자'라는 개념이 기업의 책임확정에 중요한 기능을 했기 때문이다.[92]

---

89) 이기헌·박기석, 앞의 책, 43면.
90) Model Penal Code §2.07(1)(b).
91) Model Penal Code §2.07(1)(C).
92) 이기헌·박기석, 앞의 책, 44면.

(2) 모범형법전에 의한 기업의 형사책임 제한[93]

연방판례는 종업원이 직무범위 내에서 기업을 위하여 범죄를 범하고 최소한 기업의 이익을 위한다는 의사를 가지고 범행을 한 경우에는, 범행동기가 비록 개인적 이익을 위한 것일지라도 범죄이익이 기업에 귀속되었는지의 여부와 상관없이 대위책임의 법리를 통해 기업에게 형사책임을 부과하였다.

이러한 판례에 대해 전통적인 책임원리를 무시한 채 정책적 요청에 의해 엄격책임·대위책임을 인정하여 기업의 형사책임의 범위를 지나치게 확대했다는 비판이 제기되었다. 그러한 문제를 해결하기 위해 종래 판례[94]는 물론이고, 새로운 입법을 통해 기업의 대위책임을 축소시키기 위한 일환으로 모범형법전이 제정되었다.

모범형법전에는 영국의 판례법리가 채용하고 있는 동일시원리를 도입하여 고위관리자의 고의는 기업의 고의를 구성한다고 하여 기업의 형사책임범위를 제한하고 있다.[95] 그리고 모범형법전은 실질적으로 기업의 의사결정을 부담하는 지위에 있는 개인의 책임을 기업에 귀속함으로

---

93) 기업범죄에 대한 입법 중 중요한 발전이라고 평가되는 Sarbanes-Oxley Act는 회사법 급증에 대한 법적 대응을 위한 노력의 결과라고 평가된다. 동법에는 2가지 중죄가 새로이 규정되어 있다. 첫째, 연방기관이나 파산수사관의 수사나 절차진행을 방해하거나 간섭할 목적으로 고의로 회계서류나 기타 입증서류들을 변경, 파기, 훼손, 은폐한 사람이나 법인에 대한 처벌규정이다. 동 규정은 분명히 동법의 가장 혹독한 처벌규정이다. 둘째, 중죄규정은 회사의 회계보고서의 악의적 파기나 은폐이다. 처벌은 1급 범죄에 대하여 최고 20년형, 2급 범죄에 대하여 10년형을 부과할 수 있도록 규정되었다. 그러나 이러한 기준들은 연방의 양형기준에 의하여 공허하게 될 수 있는바, 동법은 연방양형위원회에 대하여 처벌을 좀 더 엄중하게 하기 위한 지침의 재검토를 요구하고 있다(Zeitler, Ethan G. The Sabanes-Oxley Act: accounting for corporate corruption?, Loyola Comsumer Law Review 15, 2002, pp.27~55).

94) 무과실항변을 인정한 판례로 *John Grand Brewing Co. v. United States (1912), Holland Furnace Co. v. United States* (1946).

95) 송기동, 앞의 논문, 63면.

써 기업 고유의 책임을 확립하고 있다. 뿐만 아니라 연방판례와 달리 전통적인 책임원리와의 조화도 꾀하고 있다. 하지만 이러한 모범형법전에 의한 기업의 형사책임제한도 동일성원리가 안고 있는 문제점을 그대로 안고 있었다.96)

(3) 새로운 형사책임 귀속이론

전술한 바와 같이 기업의 형사책임귀속은 대위책임, 모범형법전에 의한 책임범위 제한, 그리고 대위책임의 법리가 전제하고 있었던 위법행위자의 특정이라는 요건을 완화하는 것과 범죄행위자의 특정 없이 기업의 형사책임을 인정하는 집단인지론 등 기업에게 형사책임을 귀속시키려는 다양한 방법이 모색되었다.

대위책임의 법리를 극복하는 새로운 법인귀책이론에 관한 학설 중 주요한 것으로 '예방적 법인과오(proactive corporate fault)이론',97) '응답적 법인과오(reactive corporate fault)이론',98) '법인정신이론',99) '구축

---

96) 모범형법전의 법리는 연방판례에 비해 기업의 형사책임에 근거를 명확히 하고 있지만, 기업의 행위로 볼 수 있는 자연인의 범위를 고급관리직원이라고 한정하여 규정하고 있는데, 이는 구체적인 상황에서 증명되어야 할 문제를 형식적인 문구로 확정함으로써 구체적 타당성을 기하기 어렵고, 또 고급관리직원의 의미도 불명확하다고 비판한다(이기헌·박기석, 앞의 책, 45면).

97) 예방적 법인과오이론이란 대위책임법리에서는 억제와 적절한 대응이라는 형법의 주요목적을 달성하지 못하고, 법인의 형사책임을 묻는 것은 의미가 없다고 지적한다. 또한 대위책임의 법리를 전제로 하면서도 법인의 활동방침 및 활동내용에 있어 범죄발생을 예방하기 위한 합리적인 노력을 충분히 수행한 점이 증명된다면, 법인의 형사책임을 면책해주는 이론이다(Developments in the Law-Corporate Crime: Regulation Corporate Behavior through Criminal Sanctions(hereinafter Developments in the Law), 92 *Harv. L. Rev.* 1227, 1979, p.1253).

98) 응답적 법인과오이론은 예방적 법인과오이론의 문제점을 극복하기 위해 새롭게 주장된 것이다. 이는 법인의 범의는 명시 또는 묵시의 활동방침에 의해 표명된다고 하고, 기업의 조직적인 활동방침에 의해 제시된 법인의 범의는 '전략적 범의(strategic mens rea)'로, 법인의 이사 및 상급관리자에게는 환원될 수 없는 법인 고유의 정신상태로 파악되었다. 그리고 법인의 범죄에 대한 대응이 법인의 활동방침

적 법인책임(constructive corporate liability)이론',[100] '3면구조형이론'[101]
등이 있다. 그중에서도 최근에 일반화되어 있는 법준수프로그램을 간략
히 살펴본다. 법준수프로그램은 기업의 법령준수를 위한 내부통제시스

을 반영하고 있다면, 그러한 대응이 불충분하였다는 것에 의해 전략적 범의의 존재
가 인정되어 법인에 대한 비난가능성의 근거가 된다고 주장한다(Brent Fissse,
Restructure Corporate Criminal Law: Deterrence, Retribution, Fault and Sanctions,
56 S. Cal. L. Rev., pp.1190, 1198).

99) 법인의 조직구조에 착안하여 법인의 형사책임을 도출하는 것을 시험한 새로운 귀책
이론의 제안으로 '법인정신이론'이 있다. 이 이론은 법인에게 법인조직 내의 자연인
과는 별개로 법인 자체의 정체성으로서 '정신(ethos)'이 존재하는 것을 전제로 한다.
그러한 정신이 종업원의 위법행위를 촉진하는 작용을 초래한 경우 법인에게 형사책
임을 물을 필요가 있다고 설명한다. 정신내용에 대해서는 범죄예방조치 및 위법행
위가 발생한 후의 구제노력만이 아닌 조직구조, 활동방침, 법령준수를 위한 대처 등
다양한 사실이 총합적으로 고려되고, 그 결과 법인의 위법행위를 촉진하는 정신의
존재가 영속적으로 인정된 경우 범죄의도가 존재한다고 하여 법인에 형사책임을 묻
고, 그러한 정신의 존재가 인정되지 않는다면 범죄의도가 존재하지 않는다고 하여
형사책임을 묻지 않는 이론이다(Brent Fissse, Restructure Corporate Criminal Law:
Deterrence, Retribution, Fault and Sanctions, 56 S. Cal. L. Rev., pp.1123~1124).

100) 구축적 법인책임(constructive corporate liability)이론이란 법인의 형사책임을 도출
하기 위해 법인의 조직구조, 활동방침, 의사결정과정 등을 고려한 점에서 법인정
신이론과 공통된다. 그러나 법인정신이론은 범의의 요소인 정신상태와의 대응관계
가 명확하지 않기 때문에 이 점을 명확히 함으로써 법인 고유의 범의의 성립을 도
모한 것이다. 이 이론에 있어서 법인의 형사책임을 도출하기 위해서는 법인의 위
법행위의 존재가 전제되고, 그 존재를 확정한 다음 구축적 법인책임이 문제된다.
이 가운데 법인의 위법행위존재는 법인의 조직규모, 조직구조, 의사결정과정 등을
판단자료로 하여 법인조직 내 자연인의 위법행위를 법인 자신에 귀속하는 것이
합리적인가라는 관점에서 판단된다(川崎友巳, 前揭書, 181頁).

101) 법인에게 형사책임을 부과하는 이유로 법인의 시스템 그 자체가 범죄행위를 조장
하는 경우가 있다는 것을 지적한다. 한편 많은 사건에서 법인은 대리인이나 종업
원 등의 위법행위자와 함께 기소되어 형사책임이 부과되지만, 양자의 형사책임은
동일한 범죄의도의 존재를 전제로 도출됨에도 불구하고 한쪽의 형사책임만을 부
정하는 판결이 내려진 경우가 있다는 것을 지적한다. 이러한 모순으로 이해할 수
있는 판결이 나타나는 것은 법인의 활동을 완전히 자연인에게 환원하는 것이 불
가능함을 인정하는 것이라고 주장한다. 이러한 전제를 세운 후 3면구조형은 기업
의 실태를 근거로 하여, 세 가지 측면에서 법인의 형사책임의 틀을 구성할 것을
제안한다. ① 법인의 활동실태 및 활동방침이 법령에 위반하는가의 여부, ② 법인
의 활동실태 및 활동방침에서 법인의 대리인이 법령위반을 야기하는 것이 합리적
으로 예견 가능한지의 여부, ③ 법인이 대리인에 의한 법령위반을 승낙했는지의
여부 등으로 파악한다(川崎友巳, 前揭書, 182~183頁).

템을 말한다. 즉, 기업 측에 의하여 자주적으로 실시되는 법을 준수하기 위한 체계적인 조직활동을 의미한다. 이 이론은 대위책임법리를 전제로 법인활동에 수반하여 위법행위가 실행된다고 해도, 해당법인이 법준수프로그램을 적절하게 운용한 경우에는 상당한 주의의 항변을 인정하여 면책을 인정한다.

법준수프로그램은 ① 법령준수 매뉴얼의 작성과 운용, ② 법령준수를 위한 사람과 조직의 정비, ③ 위반행위자가 발각된 경우의 처리절차 등으로 구성되어 있다. 따라서 법준수프로그램은 책임주의에 반한다고 비판받아 온 대위책임법리의 한계를 극복 가능하게 만들어줄 수 있다고 한다.[102) 즉, 상당한 주의의 항변의 내용을 법준수프로그램으로 하면, 법인 고유의 성질을 고려해야만 한다는 학설상의 요청에도 부응할 수 있기 때문이다.[103)

한편 최근의 판례나 제정법률이 법준수프로그램을 고려하여 법적 효과를 인정하기 시작하였다는 점에서 법준수프로그램은 단지 이론에만 그치지 않는 실천적인 의미를 갖추고 있다.[104) 한 예로 법령준수기본규정을 실시했음에도 불구하고 종업원이 위법행위를 저지른 경우, 그 종업원의 행위가 '법인의 이익을 도모하기 위해서' 한 행위가 아니고, 또 그 위법행위가 '직무범위 내'의 행위라고 말할 수 없다고 하여 기업의 형사책임을 부정한 판결을 들 수 있다.[105) 그리고 연방법원은 위법행위가 발생한 경우 독점금지법 및 환경법 영역에서 법준수프로그램을 실시한 사실이 해당법인의 기소 여부를 결정하기 위한 요소로서 매우 중요

---

102) Charles J. Walsh and Alissa Pyrich, Corporate Compliance Program as a Defence to Criminal Liability: Can a Corporation Save Its soul?, 47 *Rutgers L. Rev. 605*, 1995, pp.665~666.

103) *United States v. Gypsum Co.*, 438 U.S. 422 (1978).

104) 川崎友巳, 前揭書, 184頁.

105) *United States v. Willi Beusch and Deak & Company of California, Inc.*, 596 F. 2d 871 (9th Cir. 1979).

하다는 취지의 지침서를 공표했다.[106] 더욱이 1991년 '조직체에 대한 연방양형가이드라인'은 법준수프로그램을 실시한 사실을 벌금액의 경감 사유로 인정하고 있다.[107]

그럼에도 불구하고 연방법원의 판례는 법인의 형사책임 유무를 판단함에 있어 법준수프로그램을 고려하는 데 있어서 현재까지도 매우 소극적인 태도를 보이고 있다. 이는 법준수프로그램의 상당한 주의의 항변을 인정하여 기업의 형사책임이 면제되면, 연방판례의 일관된 입장이었던 종업원의 위법행위에 대한 무과실전가책임을 부정하게 되어 기업의 형사책임을 적극적으로 묻지 못하게 되기 때문이다.[108]

하지만 최근의 학설동향은 기업시스템이나 조직구조 등 종래의 대위책임이 아닌 법인 고유의 성질에 근거한 책임귀속이론이 계속해서 주장되고 있고, 이러한 움직임과 더불어 법준수프로그램을 기업에 대한 형사책임의 존부를 판단하는 기준으로 고려하는 입장이 늘고 있다. 오늘날 법준수프로그램에 대해 학설과 판례가 일치하고 있지는 않지만, 적어도 기업이 법준수프로그램을 실시하면 통상 위법행위는 발생하지 않는다고 생각되는 정도의 범죄예방효과는 인정되고 있다고 한다.[109]

---

106) U.S. Department of Justice, *Antitrust Division Corporate Leniency Policy*, 1993.

107) United States sentencing Comission, *U.S. Sentencing Guidelines Manual*, 1998, USSG §8B2,1(a).

108) 최대호, "법인처벌의 판단기준으로서의 법준수프로그램에 관한 연구", 중앙대학교 박사학위논문, 2010.8, 114면; 조재호, "기업범죄에 대한 효율적 대처방안에 관한 연구", 성균관대학교 박사학위논문, 2011.2, 79면.

109) 川崎友巳, 前揭書, 283頁.

Ⅳ. 소결

영미에서는 19세기 이전까지는 기업의 형사책임이 인정되지 않았다. 그러나 산업혁명 이후 사회구조가 급속하게 변화하기 시작했고, 이로 인해 기업폐해의 증가로부터 대중을 보호하기 위한 필요에 의해 기업의 범죄주체성을 인정하기 시작했다. 즉, 영미국가에서 기업의 형사책임은 도로나 운하의 보수 등을 태만히 했다는 공적생활방해의 영역에서 부작위범에 대한 예외를 인정한 것에서 시작되었다. 또한 19세기 후반 이후 성문법의 증대로 인하여 전통적인 범죄개념과는 다른 공공복지범의 영역을 확장하여 형법상 엄격책임, 대위책임을 도입하게 되었다. 이후 영미의 기업의 형사책임은 1940년 전후로 나누어서 설명할 수 있다.

1940년대 기업의 형사책임에 관한 전개는 다음과 같이 정리할 수 있다. 첫째, 공공복지범 또는 준범죄로 불리는 범죄유형에 대하여 행위자의 범의를 요하지 않는 엄격책임의 범죄 및 범의를 요하는 범죄의 쌍방에 관하여 대위책임의 법리를 적용한다. 둘째, 형사범을 중심으로 한 기타의 범의를 요하는 범죄에 관하여는 영국은 동일시원리를 적용하여 기업의 형사책임을 부과하고, 미국은 대위책임을 채용하였다.

하지만 1940년 이후부터 기업범죄에 관하여 영미는 다른 방법으로 이를 해결하게 되는데, 영국의 경우 1980년 후반에 대위책임과 함께 기업과 동일시할 수 있는 소수의 기업구성원의 행위에 한하여 기업이 책임을 부담하게 하는 동일시이론으로, 미국은 영국과 달리 직급이나 직무에 관한 차별 없이 종업원이 직무범위 안에서 기업을 위하여 행하는 모든 행위에 대하여 기업에게 책임이 귀속되는 대위책임을 확대함으로써 형사책임을 인정한다.

그러나 영미국가는 기업이 대규모화되어 다양한 계층과 구조를 갖고 있는 기업에 의해 발생하는 범죄에 종래의 방법으로 형사책임을 부과할 수 없는 일이 발생하게 된다. 이에 영미에서는 기업의 형사책임에 관한 새로운 움직임이 나타나게 된다.

즉, 영국의 경우 종래의 대응방식인 동일시원리가 기업에 의한 범죄에 대해 무력함이 구체적 사건을 통해서 드러나자, 기업의 분신확정 없이도 기업의 처벌이 가능한 기업살인법을 입법하여 시행하게 되었다.

미국 또한 기존 대위책임은 지나치게 기업책임의 범위를 확대한다는 비판이 제기되자, 모범형법전에 상당한 주의의 항변규정 및 동일시원리를 규정함으로써 기업의 형사책임범위를 제한하려는 노력과 함께 새로운 형사책임 귀속이론이 주장되었다. 이러한 새로운 귀속이론 중에서 최근 학설의 동향은 기업의 시스템이나 조직구조 등에서 법인 고유의 성질에 근거한 책임귀속이론을 계속해서 주장하고 있고, 그러한 움직임과 더불어 법준수프로그램을 기업에 대한 형사책임의 존부를 판단기준으로 고려하는 입장이 확대되고 있다.

제2절 대륙법계의 기업처벌론

Ⅰ. 독일의 기업처벌론

독일형법상 법인의 가벌성은 인정되고 있지 않다. 다만 질서위반법 제30조에 의해 법인에 대해 형벌과 구별되는 질서위반금(Geldbuß)을 부과하고 있다. 이는 과거와 달리 현재 법인의 위법행위에 대한 제재라는 현실적 필요성과 사회적 책임이 무엇보다도 강조되고 있는 시점임에도 불구하고, 독일은 기존의 법인처벌의 원칙을 고수하고 있는 것이다. 그러한 이유로 전통적인 형법이론에 의하면 범죄와 형벌은 윤리적 인격체로서의 자연인만을 상정하고 있어, 스스로 윤리적 판단과 구체적 행위를 실행하지 못하는 법인은 "범죄능력을 갖지 않는다"[110]는 法諺에 따라 법인의 범죄능력을 인정하지 않고 있기 때문이다. 그럼에도 불구하고 현재 독일형법은 법인에 대해 재산적 이익의 박탈(제73조 제3항)과 몰수(제75조)를 부수적 강제수단으로 채택하고 있다.

독일은 산업혁명과 제2차 세계대전 이후 영미법이론의 계수로 법인의 형사책임에 관해 법인처벌에 대한 논의가 시작되었고, 1990년대 들이 법인처벌을 둘러싼 논의가 급속히 활발해졌다. 그리고 법인처벌에 관한 논의의 가속화는 기업활동의 효과적인 규제의 필요성과 형사법에

---

110) 이 법언은 로마법에서 유래한 것이 아니라 후기주석학파시대 Bartoius(1314~1357)에 의해 처음으로 형성되었다고 하는 것이 오늘날 일반적 견해이다. 이 법언은 13세기부터 서서히 조직적인 통일체로 발전된 공동체 내지 도시들과 관련된 것이지, 사법에 의해 형성된 단체와 관련된 것은 아니라고 한다. 사적 단체구성원에 대해 제재를 가하고자 했던 후기주석학파의 견해는 인적단체의 가벌성을 인정하고 있던 게르만법, 중세 이탈리아법 및 시민법에 영향을 끼쳤다(Jescheck, Zur Frage der Strafbarkeit von Personenverbänden, DÖV, 1953, S. 539ff; Sechroth, Unternehmen als Normadressaten und Sanktionsobjekt, 1993, S. 169ff).

서 그 역할을 담당할 것을 요구하는 목소리가 높아지기 시작하고, EU 통합과 맞물려서 독일을 포함한 가맹국 내에서 기업활동의 법적 규제의 방안에 대해 함께 고민할 것을 요구받게 되자, 그 일환으로 법인처벌제도 정비의 필요성이 더욱더 가속화되었다.

이러한 과정을 거쳐 현재 법인의 위법행위에 대해 형벌이 아닌 질서 위반금이라는 제재를 부과하는 것으로 결론지었다. 이하에서 독일의 기업처벌의 연혁 및 기업처벌규정의 현황과 학설을 살펴보고자 한다.

1. 기업처벌론의 연혁

(1) 근대 이전 및 19세기 이후의 전개

오늘날 법인의 형사책임을 부정하고 있으나, 형사책임의 대상을 자연인에 한정하는 귀결은 독일을 포함한 대륙법계의 형법에 있어 자명한 귀결이라고는 말할 수 없다. 왜냐하면 11세기 말 이후 '주석학파'에 의해 법인 등의 인적단체에 대한 형사절차의 가능성이 검토되었고, 또한 카논법학자들은 그 구성원과는 다른 '우니베르시타스(universitas)'라는 개념[111]을 만들어 이에 대한 '성찬정지처분'을 가하는 것이 가능한가라는 문제에 대해 논의를 반복했기 때문이다. 그 결과로 후기주석학파는 인적 집단체의 수형능력을 긍정하였고, 카논법학자의 다수도 우니베르시타스의 수형능력을 긍정하였다. 이러한 결과는 로마법의 계수 시 독일에 그대로 받아들여졌고, 독일에서도 18세기까지는 지방자치단체나 길드 등의 단체에 대한 형벌이 인정되었다.[112]

---

111) 우니베르시타스(universitas)라는 개념은 자치단체 또는 조직화된 길드를 의미한다.

112) Hans Joachim Hirsch, Die Frage der Straffähigkeit von Personenverbände, 1993, S. 7ff.

한편 19세기 들어 법인의 범죄능력을 부정하는 견해가 강하게 주장되기 시작했다. 그러한 이유로는 군주권력의 증대에 의해 법인 등의 단체활동이 억제되어 형벌을 부과하는 정치적·현실적인 필요성이 낮아진 점이 지적된다.[113] 또한 이론적으로 형벌을 도의적인 비난과 결부시킨 칸트의 영향도 있었다. 그 후 도의적 비난의 대상이 되는 객체는 자연인만이 형법의 수범자로 인정된다는 견해가 지배적이게 되었다.

(2) 제2차 세계대전 전후의 전개

1) 제2차 세계대전 전의 상황

20세기 들어 법인의 형사책임을 최초로 인정한 것은 조세법영역으로, 1919년에 제정된 제국조세기본법(Reichsabgabenordnung, RAO)에 의해서였다.[114] 즉, 동법 제393조는 조세법영역에 있어 법인이 업무로 인해 조세규칙위반행위가 있는 경우 자연인의 책임을 확정할 필요 없이 법인에게 직접 형벌을 부과할 수 있도록 규정하고 있었기 때문이다. 한편 동법 시행 이전에 자연인인 기관에 대해 벌금형을 부과하면서 법인에게는 '보충적 책임(Subsidiärhaftung)'을 적용하는 제도가 있었다. 하지만 동법 제393조처럼 법인에게 직접 형벌을 부과하는 것은 아니었다

한편 동법 제393조 또한 처음부터 적용범위가 명문으로 한정되었을 뿐만 아니라 제정 당시에도 어떠한 근거에 기초하여 법인의 형사책임을

---

113) Matthias Korte, Juristische Person und Strafrechtliche Verantwortung, 1991, S. 11ff.

114) RGBI. S. 1993. 제국조세기본법 제393조는 법인 또는 인적단체인 기업체에서 위반행위가 행해진 경우에 법령이 자연인의 책임의 확정을 요건으로 함 없이 형벌을 과하는 것으로 하고 있을 때에는 법인 또는 인적단체 자신에게 벌금형을 과함과 동시에 소송비용을 부담시킬 수 있다고 규정하고 있다(Klaus Tiedemann, Die Bebußung von Unternehmenn nach dem 2. Gesetz zur Bekämpfung der Wirtschaftskiminalität, NJW, 1988, S. 1169ff).

인정하는지가 불명확했다.[115] 더욱이 1939년 7월에 제국조세기본법이 개정되고, 동법 제396조 제5항의 책임추정에 근거하여 법인의 처벌을 인정하는 '추정적 구성요건(Vermutungstatbestand)'의 규정이 삭제되어 동법 제393조의 적용범위는 더욱 축소되었다.[116]

개정 이후 법인처벌에 관한 규정은 제414조, 제416조만이 남게 되었다. 하지만 위 두 규정은 법인에 대한 진정한 형벌이 아닌 보안처분의 일종으로 책임과 무관하게 자연인 기관에 부과된 벌금형의 집행에 대한 재정확보를 목적으로 하는 것이었다.[117]

그 밖에 법인의 처벌은 제한된 영역에서 인정되기도 하였다. 즉, 첫째, 타인의 행위인 기관의 위반에 대해 대위책임을 근거로 법인에게 질서벌이 부과되는 경우,[118] 둘째, 단체기관에 벌금형이 부과되는 경우,[119] 그 집행에 있어 법인에게 보완적인 책임을 물어 간접적인 형사제재가 가해졌다.

2) 제2차 세계대전 후의 상황

전술한 바와 같이 법인의 범죄능력을 부정하는 견해가 다수였지만, 제2차 세계대전 이후 법인의 형사책임에 관한 논의는 중대한 전환점을 맞게 된다. 그러한 이유로는 법인에 대한 형법상의 대응가능성 및 필요성과 함께 영미법상의 원칙에 기초해 제정된 '점령형법(Besatzungsstrafrechts)'의 규정 때문이었다.[120] 특히 점령형법의 규정 중 외환법 및 카르텔법의

---

115) Anne Ehrhardt, Unternehmensdelinquenz und Unternehmensstraf: Sanktionen gegen juristische Personen nach deutschen und US-amerikanishem Recht, 1994, S. 30ff.

116) 川崎友巳, 前揭書, 87頁.

117) Jescheck, Die Strafrechtliche Verantwortlichkeit der Personenverbände, ZStW 65, 1953, S. 201ff.

118) 1923년 카르텔령 제17조, 1938년 외국환율관리령 제39조 제1항, 1938년 외국환율관리법 제74조.

119) 제국조세기본법 제416조, 제417조.

영역에서 자연인과 같이 법인에 대해서도 형사제재를 부과하도록 되어 있었기 때문이다.

이로 인해 당시 법인의 형사책임에 관하여 소극적인 자세가 적극적으로 전환되었으나, 점령형법 제정 당초부터 이러한 규정들이 효력을 가질 것인지에 관해서는 의문이 제기되기도 하였다.[121]

2. 기업처벌규정의 현황

제2차 세계대전 이후 특히 경제영역을 중심으로 기업의 영향력이 강화되어 이에 대한 법적 대응의 필요성이 높아졌다. 따라서 형법의 기본원칙과의 조화를 도모하면서 법인활동을 규제하기 위한 제재규정을 포함하는 법제를 정비하자는 의견이 제시된다. 특히 1953년 제40회 독일 법률가대회(DJT)에서 법인처벌에 관한 문제를 제기하였다. 즉, 법인에 대한 규제의 필요성을 강조하였다. 하지만 이 대회에서 Heintz나 Engisch 의 의견서와 토론과정에서 법인처벌 부정론이 우세하였다.

한편 법인처벌을 부정하는 측면에서도 법인에 대한 법적 조치의 필요성을 인정하였다. 다만 그러한 법적 조치를 형벌이 아닌 보안처분을 통해 해결하자고 주장하였다. 특히 Hartung은 기존 법규와는 별도로 법인에 직절한 보안처분의 체계를 신설할 것을 제안하기도 했다.[122]

독일에서 법인의 형사책임에 관한 논의에 있어서 중요한 의미를 갖는 것은 '경제형법'의 신설이다. 1949년 E. Schmidt는 Goldschmidt, E. Wolf에 의해 전개된 이론을 승계하여, 범죄행위와 질서위반행위를 구별

---

120) Klaus Tiedemann, Die Bebußung von Untermehmenn nach dem 2. Gesetz zur Bekämpfung der Wirtschaftskriminalität, NJW, 1988, S. 161ff.

121) 川崎友巳, 前揭書, 88頁.

122) 이기헌·박기석, 앞의 책, 58면.

하였다. 이와 같은 사고를 토대로 해서 1945년 경제형법 제6조(후에 1954년의 경제형법 제3조)는 구체적인 범죄행위와 질서위반행위의 구별을 규정하였고, 당시 입법자도 범죄행위와 질서위반행위 및 그 법적 효과로서 형벌과 질서위반금을 질적으로 구분하였다. 이러한 구별을 기초로 1949년의 경제형법정비법은 제23조에서 사업주, 관리자 또는 법정대리인의 감독의무위반에 대해서는 법인에게 질서위반금을 부과하도록 규정했다. 동 규정에 의해 법인에게 형벌이 아닌 질서위반금을 부과하는 것은 가능하다고 판단한 것이다.

하지만 동 규정에 따라 질서위반금이 부과됨에도 불구하고, 법인에게 질서위반금 부과에 대해 비판하는 견해들이 있었다.[123] 이러한 비판의 근거는 범죄와 질서위반 사이에는 본질적인 차이가 없고, 상대적인 차이가 있을 뿐이라는 것이다. 한편 그러한 견해에 의하면 질서위반행위는 경미한 범죄로서 범죄와 질적 차이가 아닌 양적 차이만 있을 뿐만 아니라, 질서위반행위를 인정하기 위한 하나의 요건으로서 필요한 책임도 결국 부주의에 대한 비난이기 때문에 범죄를 인정하기 위한 책임과 기본적으로 차이가 없다고 한다.

이러한 논쟁 이후에도 법인에게 질서위반금을 부과할 것인가에 대해서는 이론적으로 계속 논의가 되어 왔고, 실질적으로 많은 특별형법에 의해 법인에게 질서위반금이 부과되었다. 그러나 이러한 특별형법에 의해 법인에게 질서위반금을 부과하는 것이 모든 경우에 적용되는 일반적 규정이 아니었기 때문에 특별형법상의 법인처벌규정의 통일성을 기하기가 어려웠다.

하지만 이러한 문제는 1968년 10월 질서위반행위를 규제하기 위한 질서위반법 제정으로 해결되었다.[124] 현재 독일에서는 국내법인 질서위

---

123) R. Scmitt, Strafrechtliche Maßnahmen gegen Verbänd, 1958, S. 125ff.
124) 川崎友巳, 前揭書, 89頁.

반법과 EU법이라는 두 가지 법규로 기업활동을 규제하고 있다. 따라서 질서위반법에 의한 기업처벌과 EU법에 의한 기업처벌규정을 알아보고자 한다.

(1) 질서위반법에 의한 기업처벌

1) 질서위반법의 입법 및 개정

1968년의 질서위반법은 제26조를 통해 법인 등의 단체에 대한 처벌규정을 입법화했다.[125] 하지만 동 규정에 의해 법인에게 부과한 질서위반금은 자연인 행위자에 대한 형사절차 혹은 과태료절차(Bußgeldverfahren)에 비추어 보았을 때, 비독립적 절차로 작용하는 취지가 규정되어 있었다. 즉, 법인에 대한 제재는 가치중립적인 '부수효과(Nebenfolge)'로 자리 잡았기 때문이다. 다시 말해 1968년 질서위반법은 자연인의 위반행위가 발생했을 때 법인에게 질서위반금을 부과하는 것은 인정했으나, 그와 동시에 법인 고유의 행위로 파악하는 이론에 대해서는 부정했던 것이다.[126]

한편 당시 질서위반법이 법인의 형사책임을 부정하고 과태료를 윤리적인 색채를 띠지 않는 부수효과로 본 것에 의해서, 자연인과 동시에 법인에 질서위반금을 부과해도 일사부재리의 원칙 및 이중처벌의 금지원칙에 저촉되지 않는다는 일단의 이론적 근거정립이 도모되었다.[127]

하지만 이러한 근거가 반드시 충분한 설득력을 갖춘 것은 아니었다는 점

---

125) BGBI. S. 481ff.

126) Hans-Jürgen Schroth, Der Regelungsgehalt des 2. Gesetzes zur Bekämpfung der Wirschaftskriminalität im Bereich der Ordnungswirdrigkeitenrechts, wirstra, 1986, S. 162ff.

127) Ekkehard Müller, Die Stellung der juristischen Personen im Ordnungswidrigkeitenrecht, 1985, S. 45ff.

에서, 1968년 질서위반법에는 다음과 같은 문제점이 나타났다. 첫째, 본조의 규정이 단체에 대한 질서위반금 부과요건인 '관련행위(Anknüpfungstat)'를 대표권을 가지는 기관 등의 범죄 혹은 질서위반행위에 한정하였기 때문에, 기관에 해당하지 않는 자에게 실질적인 권한을 부여한 경우 본조의 적용이 회피된다. 둘째, 실제 수사에 있어서 법인에 대한 과태료 부과의 전제조건인 구체적인 개인행위자를 특정할 수 없는 경우가 많다. 셋째, 부수효과라고 불리는 과태료를 법인에게 부과하는 경우 그 이론적 근거의 미약함으로 인해 명칭의 차이로 발생하는 '상표사기(Etikettenschwindels)'나 마찬가지라는 비판을 면하기 어렵다.[128]

한편 이러한 문제들을 해결하기 위해 법인의 '관리적 분야(Leitungsbereich)'에서 활동하는 모든 자연인의 행위까지 관련행위로 인정할 수 있도록 범위를 확대하거나 혹은 특정이 곤란한 자연인 행위자의 입증책임을 완화하고, 간부 중 누군가가 행위를 한 것이 확정되어야 충분하다는 등의 의견이 제안되기도 하였다. 그러나 그러한 의견에도 불구하고 질서위반법이 1975년에 개정되었을 때 - 제26조의 규정이 제30조로 바뀌었다 - 내용의 실질적인 변경이 없었다고 한다. 이로 인해 법인제재규정의 개정은 초미의 과제로서 넓게 인식되었다.[129]

이후 1986년 8월 1일부터 시행된 제2차 경제범죄대책법은 앞에 나타난 문제점의 지적 및 해결책의 제안들을 받아들여 실체형법 및 절차법의 개정과 동시에 법인에 대한 질서위반금부과규정인 질서위반법 제30조에 대해서도 개정작업을 거쳐 법인에 대한 제재의 적정화 및 확대를 도모했다.

제2차 경제범죄대책법에 의한 질서위반법 제30조의 주요개정안은 세

---

128) Ulrich Weber, Konzeption und Grundsätze des Wirtscaftsstrafrechts (einscließlich-Verbraucherschutz), ZStw 96, 1984, S. 414ff.

129) 川崎友巳, 前揭書, 91頁.

가지로 정리할 수 있다. 첫째, 질서위반금 최고액을 인상했다. 즉, 질서
위반법 제30조의 두 항목에 있어서 질서위반금의 최고액을 10배 상향
조정하여 고의범죄행위에 100만 유로 이하, 과실범죄행위에 50만 유로
이하의 질서위반금을 법인에게 부과할 수 있도록 하였다. 둘째, 자연인
에 대한 형사·질서위반금절차로부터 독립하여 법인에 대한 질서위반
금 부과가 가능하게 되었다. 셋째, '부수적 효과'의 문구가 삭제되었다.

한편 질서위반법 제30조는 1994년에 재차 개정[130]되었다. 그 배경으
로는 1986년 개정 당시 부상했던 엄격한 평가를 간과할 수 없었던 것
과 EU통합에 따른 국내법의 정비가 필요하게 되었다는 점 등을 들 수
있다.[131] 구체적으로는 1986년의 개정에서 미처 손대지 못했던 관련행
위 범위가 확대되었고, 관련행위의 주체가 대표권을 가진 기관에서 실
질적인 권한을 가진 자의 범위까지 넓어졌다. 그러나 이러한 개정에 대
해서는 여러 비판이 가해진다.[132]

---

130) 개정된 질서위반법 제30조(법인 및 단체에 대한 과태료) 내용은 다음과 같다.
  [1] 누구든지 또는 법인의 대표권을 가진 기관 또는 그 기관의 구성원으로서, 권
    리능력이 없는 사단의 이사회로서 또는 그 이사회의 구성원으로서, 또는 인적
    상사회사의 대표권을 가지는 사원으로서 범죄행위 또는 질서위반행위를 행하고
  1. 법인 또는 법인격 없는 사단에 관련된 의무를 침해하거나,
  2. 법인 또는 법인격 없는 사단이 이득을 얻게 됨이 분명한 때에는 법인 또는 법
    인격 없는 사단에 대해서 질서위반금을 부과할 수 있다.
  [2] 질서위반금이 액수는 이하와 같다.
  1. 고의의 범죄행위의 경우, 100만 유로 이하
  2. 과실에 의한 범죄행위의 경우, 50만 유로 이하 질서위반행위의 경우, 최고 액
    수는 각각의 규정에 의한다.
  [3] 제17조 4항 및 제18조를 준용한다.
  [4] 범죄행위 또는 질서위반행위에 인한 절차가 개시되지 않거나 중지되거나 형
    이 면제된 경우에는 질서위반금이 독자적으로 확정될 수 있다. 그러나 범죄행
    위나 질서위반행위가 법적인 근거로 소추되지 않을 경우에는 그러하지 아니
    하다. 다만 제33조 1항 2문은 적용된다.
  [5] 법인 또는 법인격 없는 사단에 대한 질서위반금의 확정은 동일한 행위에 대한
    형법전 제73조 이하와 제73조a, 질서위반법 제29조 a조에 따른 추징의 명령
    과는 무관하다.
131) 川崎友巳, 前揭書, 92頁.

2) 질서위반법에 의한 기업처벌

질서위반법에서 규정하고 있는 기업처벌 요건과 절차는 다음과 같다. 질서위반법 제30조는 법인 또는 인적단체의 대표권한이 있는 기관이나 이사 등이 이러한 단체의 책임에 속하는 의무를 위반하거나 또는 단체의 이익을 위하여 범죄행위를 저지른 경우에 해당 법인 또는 인적단체를 처벌하고 있다. 법인 또는 인적단체에 부과되는 제재로서의 질서위반금은 최고 1백만 유로를 부과한다고 규정하고 있다.

질서위반법 제30조에 의해 법인에게 질서위반금을 부과하기 위해서는 첫째, 단체를 위하여 행위하는 자의 범죄행위가 있어야 한다. 이러한 단체처벌의 전제로서 범죄행위는 법인의 대표권한이 있는 기관이나 기관의 구성원, 권리능력 없는 사단의 이사회 또는 이사, 그리고 합명회사의 대표권한이 있는 업무집행사원 등의 행위주체로서의 행위를 요구한다. 그러한 범죄행위는 법인 또는 인적단체의 사업과 관련된 의무를 위반하거나 단체의 부당이득을 위한 행위를 전체범죄행위로 정의하고 있다.[133] 둘째, 이러한 전체범죄행위는 단체의 사업관련의무를 반드시 기업의 활동영역과 관련된 것에 국한하지 않는다. 즉, 행정법규가 법인 등을 명의인으로 부과하고 있는 업무에 관련된 의무 및 일반적 금지명령으로서 모든 사람에게 부과되는 의무도 포함된다.

사업관련의무와 관련된 전체범죄행위의 구체적인 예로, 질서위반법 제130조[134]가 있다. 동 규정은 사업주의 감독의무에 대한 책임을 통일

---

132) 질서위반금 개정에 대한 비판은 이기헌·박기석, 앞의 책, 59~63면 참조.

133) 이주희, "기업범죄 방지대책(이하 기업범죄 방지대책으로 표기함)", 법학논집 제29집, 청주대학교 법학연구소, 2007.11, 103면.

134) 질서위반법 제130조의 내용은 다음과 같다.
　　(1) 영업체 또는 기업체의 소유자로서 소유자 자신과 관련될 뿐 아니라 형벌이나 질서위반법에 의해 그 위반이 제재를 받는 의무들에 대한 기업체와 영업체 내부의 위반행위들을 방지하기 위한 감독조치들을 고의나 과실로 조치하지 않은 자는 이상의 감독이 있었다면 그러한 위반행위를 방지할 수 있었을 것이라는

적으로 규정하고 있고, 사업주에게 일반적인 감독의무를 부과한다. 동 규정에 따르면 필요한 감독조치를 취할 의무를 부담하는 자는 사업주 또는 기업주이다. 만약 사업주 또는 기업주가 법인이나 인적단체일 경우, 실제로 감독의무를 이행하지 않은 경우에는 질서위반법 제130조에 의한 질서위반행위가 존재하게 되고, 이 행위는 질서위반법 제30조에 의한 단체처벌의 전체범죄행위가 된다. 다시 말해 법인기관의 감독의무 위반은 동조 2항 2호에 의해 질서위반금이 부과되지만, 제30조와 연계하여 해석할 때 법인에 대한 질서위반금의 부과도 가능해진다. 왜냐하면 법인 기관의 감독의무위반이 법인업무에 관한 것이고 그 기관의 지위에 따라 법인의 행위로 볼 수 있는 경우에는 법인에 대해서도 질서위반금을 부과할 수 있기 때문이다. 특히 예를 들어 제130조에 의해 위반행위가 기관 이하의 말단 종업원에 의해 위법행위가 행해지는 경우에 상급기관의 감독의무위반에 의해 법인에 대한 질서위반금이 가능하기 때문에 본조의 존재 의의는 매우 크다고 할 수 있다.

셋째, 기관의 위법행위로부터 법인이 얻은 재산적 이익을 요구한다. 위 요건은 법인에게 현실적으로 이득이 생긴 것으로 족하고, 기관이 이익을 의도하였는가는 문제가 되지 않는다고 규정하고 있다. 즉, 기관의 범죄행위가 법인이나 인적단체의 업무와 관련하여 행해지지 않아도 법

가정이 성립되는 경우에는 질서위반금에 처해진다. 필수적인 감독조치에는 감독요원의 고용과 주의 깊은 선택과 통제도 역시 포함된다.
(2) 영업체와 기업체의 소유자와 동등하게 취급되는 자는
1. 그의 법정대리인
2. 법인의 법정대리기관의 구성원 및 인적 상사회사의 대표권을 가지는 사원
3. 영업체 및 기업체의 전부 또는 일부의 경영을 위임받은 자로서 그의 의무수행이 그의 책임하에 있는 자이다.
(3) 제1항과 제2항의 의미의 영업체와 기업체에는 또한 공공기업체가 포함된다.
(4) 의무위반이 형벌의 제재를 받도록 되어 있는 경우에는 상기의 질서위반행위는 100만 유로 이하의 질서위반금에 처해진다. 의무위반이 질서위반금의 제재를 받도록 되어 있는 경우에는 상기의 질서위반행위는 각각의 질서위반금 액수에 따라 질서위반금에 처해진다.

인처벌을 위한 전체범죄행위가 될 수 있다는 것이다. 그러나 법인이나 인적단체의 업무와 상관없이 오로지 자기 자신의 이익을 위한 행위라고 한다면 그 행위는 사인의 행위로서 법인 또는 단체의 행위로 볼 수 없다고 해야 한다. 왜냐하면 단체의 부당이득에 있어서도 기관의 전체범죄행위와 법인의 부당이득 사이에 인과관계가 존재하여야 하기 때문이다.

마지막으로 질서위반법 제30조에 의한 단체처벌의 전체범죄행위는 형벌 또는 질서위반금으로 처벌되는 행위일 것을 요구하지만, 그 전체범죄의 행위자 특정이 불가능하거나 또는 불명확한 경우에도 단체의 처벌은 가능하다. 즉, 법인의 사업과 관련된 의무의 위반이 발생한 경우, 그 의무이행을 책임지는 자들 중에서 실제로 의무를 위반한 자가 불확실한 경우, 그들 중 한 사람이 의무를 위반한 것이 확실한 경우에는 법인을 처벌할 수 있다.[135]

한편 단체에 대한 질서위반금 절차의 관할권은 기관 등의 관련행위가 질서위반행위인 경우에는 당해 질서위반행위에 대한 제재를 부과하는 행정청에 있다. 관련행위가 범죄인 경우 소추는 검찰관이 행하고, 질서위반금의 부과는 법원이 행한다.

질서위반법 제130조의 감독의무위반에 있어 그 원인이 기업 내부의 흠결에 있는 것은 분명하나 어느 기관에 감독조치의 권한이 있었던 것인지가 명확하지 않은 경우에는 모든 기관에 그 책임이 있다고 보아 행위자가 불특정한 대로 법인 등에 대한 질서위반금이 독자적으로 부과될 수 있게 된다.[136]

3) 질서위반법에 대한 평가
현재 독일은 법인에 의한 범죄발생 시 형사법과 구별되는 질서위반

---

135) 이주희, 기업범죄 방지대책, 104면.
136) 이기헌·박기석, 앞의 책, 66면.

법으로 법인범죄에 대처하고 있다. 특히 법인처벌을 규정하고 있는 질서위반법 제30조는 법인의 기관이 저지른 범죄를 통하여 법인이 취득한 불법수익을 박탈해야 한다는 점[137]과 법인의 행위능력, 책임능력, 책임주의, 이중처벌, 일사부재리의 문제점을 형식적으로나마 회피하면서 법인제재라는 형사정책적 요청을 고려했다는 점에서 긍정적으로 평가될 수 있다. 그러나 동 규정은 법인의 행위능력과 형벌능력을 부정하는 전통적인 형법해석론과 충돌하는 문제점을 안고 있다.

학설들 또한 질서위반법 제30조에 법인처벌을 명문으로 규정하고 있음에도 불구하고, 법인의 처벌을 부정하는 견해[138]와 조직의 결함에 대한 법인의 책임을 법인처벌을 근거로 삼아 독자적인 '조직책임(Organisitionsverschulden)'으로 인정하는 견해[139]가 대립하고 있다. 현재 독일의 다수 견해는 법인은 자신의 기관이 행한 범죄행위로부터 발생하는 불법수익을 취득하는 자이기 때문에 기관의 범죄행위는 단체에 귀속되고 단체도 처벌될 수 있다고 한다.[140] 과거 판례 중에서도 단체를 위해 행위를 한 자연인의 행위를 단체의 행위로 보거나, 기관 개인의 과실이 인정되는 한 법인처벌규정은 책임주의에 반하지 않는 것이라든가, 기관의 행위는 단체를 위한 행위이며 단체가 행위자의 위반행위를 경제적으로 이용할 수 있는 점 및 자연인과 단체를 동등하게 취급해야 한다는 평등의 원칙으로부터 법인 등 단체처벌의 정당화를 판시한 경우도 있었다.[141]

하지만 법인에 대한 제재로 질서위반금을 부과하는 것은 몇 가지 문

---

137) 이주희, 기업범죄 방지대책, 101면.

138) Jescheck/Weigend, Lehrbuch des Strafrechts AT, 5 Aufl.,1996, S. 228ff.

139) Tiedemann, Die Bebussung von Unternehmen nach dem 2. Gesetz zur Bekampfung der Wirtschaftskriminalität, NJW, 1988, S. 1169ff.

140) Karlsruher, Kommentar zum Gesetz über Ordnungswirdrigkeiten, hrsg von K BOUJONG, 1989, S. 11ff.

141) BGHSt. 5. 67, BVerfGE 20, 323. Tiedemann,, NJW, 1988, S. 1170ff.

제점이 있다.

첫째, 유책한 행위자를 요건으로 하여 단체에 질서위반금을 부과한다는 점에서 실질적으로 형벌과 다르지 않다. 둘째, 개정을 통해 '부수효과'라는 명칭을 삭제함으로써 법인에 대한 제재의 직접성을 강조하지만, 결국 기관의 개인의 행위를 여전히 요건으로 삼고 있어, 기업의 위반행위를 직접적으로 확정하지 못한다는 점에서 불충분한 제재라고 생각된다. 셋째, 처벌되는 행위자가 확정되지 않을 때는 단체만 처벌된다고 하는 독립절차의 경우, 단체에게 질서위반금을 부과하는 기준이 무엇인지가 불명확하다. 위와 같은 질서위반법이 안고 있는 문제들은 본 법이 기업범죄에서 나타나는 행위와 책임의 분리라는 전형적인 법인범죄에 대처하는 제재로서 불충분하다는 것을 여실히 드러내고 있다고 생각된다. 결국 현재 독일의 법인처벌규정은 법인의 범죄능력을 부정하는 입장에서 하나의 해결방법으로 제시된 것으로 현재의 기업범죄에 대처하기에는 그 한계가 있다.

현대사회에서 법인의 실체가 분명히 존재하고, 그 행위로 인해 형법상의 법익침해가 발생하고 있는 만큼 법인의 범죄능력을 긍정하여 점증하는 법인범죄에 적극적으로 대처할 필요성이 있다고 생각한다.

(2) EU법에 의한 기업처벌

1) EU경쟁법

독일을 포함한 EC(EU)가맹국에서는 EC권내에서 경제질서의 통일을 도모하기 위해 기업의 경제활동규제법규를 EC각료이사회 및 EC위원회를 통해 정립해왔다. 그중에서도 특히 가맹국 간 외교 통상에 영향을 미치는 카르텔행위를 규제한 1957년의 EEC(유럽경제공동체)조약 85조 및 86조는 오로지 기업 등의 사업자를 대상으로 규정하였기 때문에 주목해 둘 필요가 있다.[142] 1962년의 EC이사회규칙 17호 15조 2항은 EEC 조약 85조 및 86조를 고의 혹은 과실에 의해 위반한 '사업자단체(Unt-ernehmensvereinigungen)'에 대해, 1,000유로 이상 100만 유로 이하 혹은 위반사업자의 전년도 매출액의 10퍼센트 이하 중, 어느 쪽이든 액수가 많은 쪽의 과태료를 EC위원회가 부과하는 취지를 규정하고 있다.

한편 본 규칙에 따르면 EC위원회는 일반의 자연인에 대해서 과태료 및 구금을 부과할 권한이 없다. 또한 동 규칙하에서는 사업자와 사업자단체는 규범의 수범자, 권리와 의무의 담당자, 그리고 협정의 당사자로서 인정된다.[143] 즉, 동 규칙은 사업자 및 사업자단체를 법적으로 독립된 권리주체·행위주체로서 인정한 것이다. 또한 동 규칙은 그 적용범위를 사업자로 한정하고 있는 것에서 동조 위반을 진정신분범의 범죄로 파악한다는 것을 유추할 수 있다.[144] 이 때문에 사업자라는 신분은 중요한 의미를 가지게 되지만, 본 규칙하에서는 사업자의 특성으로서 경제활동에 대한 관여를 필요로 할 뿐 영리의 목적까지는 묻지 않는다. 따라서 공적인 기관, 스포츠 및 문화단체 그리고 공적사업체도 EEC조약 제85조 및 제86조의 구성요건의 주체로서 포함된다. 동 규칙에서 말하는 '사업자'는 법인격과는 별개로 공통된 지배하에서 경제활동을 영위하는 통일체를 의미한다. 때문에 공통된 지배하에 있는 모회사, 자회사 및 관련회사는 단일의 사업자로 본다. 이렇듯 굉범위한 사업자 개념에 의해 소매점에서 대기업까지 포함하여 제85조 및 제86조의 광범위한 적용이 가능하게 되었다고 볼 수 있다.[145] 또한 사업자에 책임을

---

142) 川崎友巳, 前揭書, 93頁.

143) Gerhard Dannecker/Jutta Fischre-Fritsch, Das EG-Karteller in der Bugeldpraxis, 1989, S. 253ff.

144) Klaus Tiedemann, Der Allgemeine Teil des europäischen surpranationalen, Strafrechts, in: Bd. Ⅱ. 1985, S. 1419ff.

145) Gerhard Dannecker/Jutta Fischre-Fritsch, 앞의 논문, S. 254ff.

묻기 위한 요건으로서의 자연인 행위자는 법정대리인 및 기관에 한정되지 않으며, 넓게는 스스로의 권한 범위 내에서 기업을 위해 일하는 종업원까지 포함한다.[146] 그러나 종업원이 권한을 위반하여 행위 한 경우에만 사업자는 책임을 회피할 수 있다.

이와 같이 비교적 완화된 요건에 기초하여 사업자에 대한 제재를 부과하는 것은 EU경쟁법이 제정될 때 미국의 셔먼법(Sherman Act)을 모범으로 하여 실질적인 대위책임의 법리를 채용한 결과라고 할 수 있다.[147] 따라서 EU경쟁법의 적용범위는 전술한 질서위반법 제30조보다도 적용범위가 넓다고 할 수 있다.[148] 이처럼 EU경쟁법이 넓은 적용범위를 규정한 배경에는 경제활동의 국제화에 발맞추어 국제적인 경제질서의 통일이라는 관점에서 기업활동을 적극적으로 규제하는 미국의 취지에 보조를 맞출 필요성이 있었기 때문이라고 생각된다.[149]

2) 유럽 이사회의 권고

기업처벌에 대한 움직임은 국경을 넘어 유럽 전체는 하나라는 시각에서 출발하여, 1988년에 유럽이사회의 각료조약위원회에서 「기업활동의 수행 중에 실시된 법인격을 가지는 기업의 책임에 관한 권고」[150]가

---

146) Gerhard Dannecker/Jutta Fischre-Fritsch, 앞의 논문, S. 258ff.

147) Klaus Tiedemann, 앞의 책, S. 1419ff.

148) Bernd Schünemann, Die Strafbarkeit der juristischen Personen aus deutscher und europäischer Sicht, in: Bausteine des europäischen Wirtschaftsstrafrecht, hrsg. von Bend Schünemann/Carios Suàrez, Gonzàez, 1994, S. 291ff.

149) 川崎友巳, 前揭書, 94頁.

150) 이하의 권고는 그 적용 밖에 있는 기업의 민사책임에 관한 현행제도와는 별개로 업무수행에 있어 실행된 범죄의 책임을 묻기 위한 법적 수단의 마련을 촉진하기 위하여 만들어진 것이다. 본 권고는 법인격을 가지는 공동 및 민간기업의 경제적 활동의 수행에 적용된다. 권고내용은 책임과 제재로 나뉘어져 있다.
  I. 책임
  1. 기업은, 범죄에 기업의 목적과의 관련성이 인정되지 않는 경우에도 그 수행에 있어서 실행된 범죄에 대해 책임을 지녀야만 한다.

2. 기업은, 범죄를 구성하는 행위 또는 부작위를 저지른 자연인의 특정가능 여부에 관계없이, 책임을 져야만 한다.

3. 기업의 책임을 묻기 위해서는, 특히 다음에 유의해야 한다.

a. 범죄의 성질, 기업책임의 중대성, 사회에 미치는 결과 및 재범방지의 필요성이 요구되는 경우에는, 기업에 대해 형사책임과 형사제재를 적용한다.

b. 특히 위반자를 범죄자로서 취급할 필요가 인정되지 않는 위법행위에 대해서는, 행정기관에 의해 부과되는 제재 및 사법감독과 같은 형사 이외의 책임 및 제재의 제도를 적용한다.

4. 기업은 그 경영자가 범죄에 관여하지 않고, 범죄의 발생을 방지하기 위해 필요한 모든 수단을 구성한 경우에는 면책되어야만 한다.

5. 기업에 대한 책임의 부과에 의해, 범죄에 관여한 자연인을 면책해야만 하는 것은 아니다. 특히 감독권한을 가지는 자는 범죄와 관련된 의무위반에 대해 책임을 져야만 한다.

Ⅱ. 제재

6. 기업에 대해 부과되는 적절한 제재를 규정하는 데 있어서는, 재범의 방지 및 범죄피해자가 입은 손해의 변상이라는 처벌 이외의 목적에도 특별한 주의를 기울여야만 한다.

7. 기업에 적용하는 것이 적절한 제재 및 처분의 도입을 고려해야만 한다. 여기에는 이하가 포함된다.
- 경고, 문책, 계약서의 제출
- 제재를 면제한 유죄의 선고
- 벌금 또는 그 외의 금전적 제재
- 범죄의 실행에 사용한 도구 또는 위법활동에 의해 취득한 수익의 몰수
- 일부 활동의 금지, 특히 공공사업에서의 배제
- 재정상의 우대조치 및 보조에서의 배제
- 상품 또는 기업활동에 대한 광고의 금지
- 허가, 인가의 취소
- 경영자의 해임
- 사법기관에 의한 임시 경영감독자의 임명
- 기업의 폐쇄
- 기업의 해산
- 피해자에 대한 손해배상 및(또는) 피해변상
- 원상의 회복
- 제재 또는 처분을 부과하는 판결의 공표 이들 제재 및 처분은 단독으로, 또는 병렬 부과하며, 집행유예에 부과, 또는 부과하지 않으며, 주요 명령으로서 또는 부수적인 명령으로서 채용되는 것이 가능하다.

8. 해당사안에 어떠한 제재 또는 처분을 적용할 것인지를 결정할 때, 먼저 금전적인 성질의 제재 또는 처분에 있어서는, 필요에 따라, 기업이 위반활동에서 취득한 경제적 이익을 산정하여 고려해야 한다.

9. 계속되는 범죄 또는 재범의 방지를 위해 필요한 경우, 제재 또는 처분의 집행을 확보할 필요가 있을 경우, 관할기관은 가처분의 적용을 고려해야만 한다.

발표됨에 따라 더욱 가속화되었다. 위 권고는 사회와 개인의 쌍방에 큰 피해를 초래하게 된 기업범죄에 대해 기업 조직구조가 복잡화해지는 가운데, 기업의 구성원인 개인에게 적절한 법적 책임을 묻고 제재를 가하는 것이 곤란한 사례가 존재하는 것을 고려하여, 기업 자신의 책임을 묻는 것에 의해서 재범방지와 손해의 회복을 도모하기 위함이라고 한다. 또한 동 권고는 기업의 목적과의 관련성의 유무 및 자연인 행위자의 특정여부에 관계없이, 기업활동의 수행 가운데 위반한 범죄에 대해 넓게 기업의 책임을 묻고 있다. 그러한 책임의 성질로는 형사책임을 명시적으로 요구하는 한편, 비형사적인 책임이라는 선택지도 열거되었다.

한편 범죄방지를 위해 경영자 등이 필요한 조치를 취한 경우에 대해서는 기업의 면책 여지를 인정하고 있다. 또 기업책임을 묻는 것이 개인의 책임을 묻는 것과 배타적 관계가 아니라는 것을 강조한다. 이는 법적 책임을 부과할 수 있는 기업에게 당연히 제재가 가해져야 하기 때문이라고 한다.

오늘날 유럽이사회는 유럽공동체에 있어서 공식적인 최고의사결정기관으로서 기능하고 있다. 따라서 이러한 권고가 독일에 있어 법인처벌의 존재형식에 미치는 영향은 적지 않다고 생각한다. 물론 권고는 법인처벌을 인정하지 않는 국가가 존재하는 것을 고려하여 형벌 이외의 제재방법을 채용하는 여지도 인정하고 있다. 그러나 이외의 국가에서 형사책임을 묻기 위해 실시되는 재판절차 및 형벌로서 채용되고 있는 제재방법을 명칭만 바꾸어 운용하는 것은 '상표사기'라고 비난받을 가능성이 있다.[151] 이러한 인식에 의해, 독일에서는 1990년대를 맞이할 무렵부터 법인처벌에 관한 논의가 활발해졌다.

---

10. 관할기관이 기업에 대해 이전에 부과한 기록이 있는 제재 또는 처분을 충분히 인식하여 결정할 수 있도록, 그 모든 제재 또는 처분을 범죄기록에 등록할 것인지, 등록부화 할 것인지를 고려해야만 한다.

151) 川崎友巳, 前揭書, 97頁.

(3) 현재의 기업처벌론

유럽이사회의 권고와 함께 1990년 이후 독일에서는 기업형벌을 도입하여 법인의 형사처벌을 찬성하는 목소리가 높아졌다.[152] 이러한 목소리는 1993년 스위스 바젤에서 열린 독일어권 형법학자대회에서 다시 기업의 형사책임에 관한 논의가 이루어지도록 하였으며, 여기에서 다수의 학자들이 기업의 형사처벌규정의 도입에 찬성하였다.[153] 그러한 동향은 현대사회에서 기업이 차지하는 비중과 기업에 요구되는 사회적 역할 및 기업에 의한 범죄사례가 점차 증가 하고 있어, 기업에 대한 인식의 변화가 있었기 때문이다. 즉, 기업이 '진정한 범죄자'로 인식됨으로 해서 기업형벌의 도입이 더욱더 요구되고 있기 때문이다.[154] 뿐만 아니라 기업이 스스로 부담해야 하는 형벌을 기업을 위해 행위 한 자연인에게 전가시킴으로써 기업은 무소불위의 권력을 행사하면서 그에 따른 책임은 회피한다는 비난을 면하기 어렵기 때문이기도 하다.[155]

한편 이러한 논의 이후 독일에서도 기업형벌의 도입을 위한 입법이 이루어졌다. 대표적인 입법으로 1997년 8월 Hessen 주정부가 제안한 입법초안을 눈여겨볼 필요가 있다.[156] Hessen 주정부 초안 제76조의 b 제1항[157]은 법인과 인적단체의 형사책임을 명백히 인정하고 있다. 동

---

152) Sechroth, 앞의 논문, S. 159ff.

153) Alwart, Strafrechtliche Haftung des Untermehmens-vom Unternehmenstäter zumTäterunternehmen, ZStW 105, 1993, S. 752ff; Vitt, Diskussionsbericht zum Vortrag auf der Strafrechtslehrertagung 1993, ZStW 105, 1993, S. 813ff.

154) 김재윤, "법인의 형사처벌에 관한 유럽국가의 입법동향(이하 '유럽국가의 입법동향'으로 표기함)", 법제연구 제36호, 한국법제연구원, 2009, 275면.

155) Hirsch, Strafrechtliche Verantwortung in Unternehmen, ZStw 107, 1995, S. 286ff.

156) Hessen 州정부초안은 형법총칙편 제3장(범죄에 대한 법률효과)에서 제76조의 b 이하의 조항을 제8절로 새롭게 규정하고 있다.

157) Hessen 州정부초안 제76조의 b ① 법인 또는 인적단체(권리능력 없는 사단 또는 인적회사)를 운영함에 있어 법인 또는 인적단체가 부담해야 하는 의무위반에 의해

규정은 단체형벌과 단체해산의 법적제도를 새롭게 규정하고, 일정한 전제조건을 충족할 때에 형사제재가 부과될 수 있다고 한다.[158]

한편 주정부의 입법초안과 상관없이 1998년 당시 야당이었던 독일 사회민주당(SPD)은 대정부질문에서 법인 및 인적단체가 그 책임을 져야 하는 범죄에 대해 지금까지의 형법으로는 효과적으로 대처할 수 없다는 취지의 견해를 피력하였다.[159] 또한 같은 해 6월에 개최된 제69회 법무장관회의에서도 법인에 대한 제재가능성은 효율적으로 개선될 필요성이 있다고 결정하였다.

그 결과로 형사제재 체계의 개혁을 위한 위원회가 설치되었고, 2000년 3월에 최종보고서가 제출되었다. 최종보고서에는 전통적인 형법이론에 의하며 일반적인 기업형벌의 도입은 원칙적으로 부인한다는 내용을 채택하고 있고, 법인의 형사책임에 대한 형사정책적인 필요성에 대해서도 다수에 의해 이를 부인하는 결론을 내리게 된다. 그 이유로 이른바 '조직화된 무책임(organisierte Unverantwortlichkeit)'은 결코 일반적인 현상이 아니고, 진정한 제재의 결함은 단지 개별사례에서만 존재한다는 것을 그 이유로 제시하면서 현행 질서위반법 제30조, 제130조에 의해 기업을 제재하는 데 충분하다는 결론을 내린다.[160]

3. 기업처벌 법리에 관한 학설 동향

주지하다시피 현재 독일은 법인의 범죄능력을 부정[161]하고, 형법이

범죄행위가 범하여진 경우에 단체형벌이 부과되며, 행위자가 그 직무를 수행함에 있어 행한 경우에 단체처분이 부과된다.

158) 보다 자세한 내용은 김재윤, 유럽국가의 입법동향, 276~277면 참조.
159) Wenger, Strafrecht für Verbänd? Es wird kommen, ZRP, 1999, S. 186~187ff.
160) Abschlussbericht, März, Hrsg. Vom Bundesministerium der Jurstiz, 2000, S. 199ff.
161) 현재 독일의 통설은 법인의 형사책임을 부정하고 있다. 부정설의 근거로 첫째, 법

아닌 질서위반법에 의해서 기업범죄를 규율하고 있다. 현행 법인처벌규 정인 질서위반법은 여러 번의 개정에도 불구하고 이 법에 의한 기업처 벌에 대해서는 학설대립이 끊이지 않았다. 1970년 중반부터 1980년까 지 법인처벌부정설이 우세하였으나 그 이후 기업활동의 확대로 인하여 법인처벌을 긍정하는 견해가 증가하기 시작했다.[162] 그럼에도 불구하고

인에게는 책임능력이 결여되어 있다. 즉, 독일형법은 책임원리 및 답책성 원리에 기한 형사책임을 전제로 하고 있고, 현재의 규범적 책임론하에서 형사책임은 의사 형성 및 의사활동에 대한 비난가능성으로 정의되고 있는데, 이와 같은 비난은 답 책성을 가진 자연인만이 가능하다고 한다. 둘째, 법인에게는 형사적인 의미에서의 행위능력이 결여되어 있다. 즉, 행위라는 것은 목적적인 의사를 기초로 할 때 성 립할 수 있는 것으로, 법인은 그 기관을 통해서만 행위를 할 수 있다고 보아, 법인 에게는 자연적·형법적인 행위능력이 없다고 본다. 셋째, 형사정책적으로 법인처 벌의 필요성이 없다고 한다. 이는 형법의 겸억성(謙抑性)을 전제로 하여 현행법상 행정처분으로서 집행되고 있는 몰수, 추징 등의 제재로도 법인의 위법행위에 대응 으로 충분하다고 본다. 넷째, 법인에게는 수형능력이 존재하지 않는다. 즉, 법인에 게는 자유형을 부과할 수 없고, 형벌의 기능이 충분히 발휘될 수 없다고 본다. 이 외에도 법인에 대한 처벌이 결과적으로 책임이 없는 종업원 및 주주에 의해 부담 되는 점이나 자연인 행위자와 법인이 같은 행위를 근거로 처벌받는 것이, 이중처 벌금지원칙에도 반한다는 것을 근거로 해서 법인의 형사책임을 부정하고 있다 (Claus Roxin, Strafrecht, Allgemeiner Teil Bd. I, 3. Aufl., 1997, S. 208ff); 판례 또한 법인에 대하여 형사벌을 부과하는 것은 독일에 있어서 발전되어 온 사회윤리 적 책임 및 형벌의 관념에 적합하지 않고, 독일의 법사상과 모순되는 것으로 본다 (BGHSt. 5, 28(32)(Urt. v. 27. 1953)).

162) 종래의 법인처벌을 긍정하는 대표적인 견해로는 첫째, Jürgen Baumann은 형법상 의 책임을 사회적 책임으로 파악하는 것에 의해 법인의 책임능력을 인정하였다. 둘째, Bernd Schünemann은 조직체책임이라는 종래와는 다른 접근방법으로서 기 업 등의 법인의 형사책임에 대한 근거를 제시하여 법인처벌긍정설의 선구자로 평 가받고 있다. 이에 의하면 기업에 형벌을 부과하는 이상, 그 정당화에 있어서는 책임원리가 타당해야 하나, 기업에 대해서 그것을 요구하는 것이 불가능하다는 것 을 솔직히 인정했다. 그렇지만 일정한 경우 '법익긴급피난(Präventionsnotstand)' 상 황이 인정되는 것을 근거로 하여, 기업에 대한 형벌을 정당화했다. 또한 Schünemann 은 조직체책임을 법인 자체를 향한 고유책임으로 이해할 수 있다고 한다. 즉, 법 인에 대한 책임피난은 책임능력의 전제가 되는 답책성을 사전예방행위의 부적절 함 및 결여에서 찾음으로써, 법인에 대해서도 인정하는 것이 가능하고 또한 행위 능력도 기관 등의 법인을 대표하는 일정한 자연인의 행위에 환원하는 것에 의해 인식 가능하다고 주장한다(Bernd Schünemann, Ist ene direkte strafrechtliche Haftung von Wirtschaftsunternehmenzulässig und erfolderlich?, in; The Taiwan/ROC chapter, International Association of Penal Law (AIDP), International Corferance on Envir-

독일은 법인의 형사책임에 관하여 부정설이 통설로서 확고한 지위를 유지하고 있었다.

그러나 1990년대 들어서 독일은 경제범죄나 환경범죄가 심각해지면서 기업 등의 법인에게 처벌을 가하는 것을 포함, 효과적인 대책의 목소리가 높아졌고, 유럽의 통합이 진행되는 가운데 법인에 대한 제재의 강화를 요구하는 유럽평의회 권고 등과 맞물려서 법인의 범죄능력을 긍정하고 형사책임을 물어야 한다는 주장이 많아졌다.[163] 이와 관련하여

---

onmental Criminal Law, 1992, S. 236ff, 437ff); 셋째, Klaus Tiedemann은 법인의 활동영역의 확대 등을 배경으로 종래의 행정종속적인 대응으로는 불충분하다는 인식에서 형벌의 주요한 목적은 법인에 대한 벌금 등의 부과에 의해서도 달성 가능하다는 점을 강조했다. 또 Klaus Tiedemann에 의하면 개정된 질서위반법 제30조의 해석으로서, 법인에 대한 질서위반금은 질서위반행위에 대한 진정한 주된 효과(Hauptfolge)라고 이해하여, 법인 자신을 규범의 수범자로 간주하는 것이 가능하게 되었다고 주장하였다(Klaus Tiedemann, Die Bebußung von Untermehmenn nach dem 2. Gesetz zur Bekämpfung der Wirtschaftskiminalität, NJW, 1988, S. 170ff).

163) 1990년 법인처벌에 관한 논의가 활발해지면서 종래와 달리 법인의 범죄능력을 긍정하고 법인의 형사책임을 부과해야 한다는 주장들이 대두되었다. 대표적으로 긍정설을 주장하는 학자들의 견해는 다음과 같다. Hirsch는 법인의 범죄능력을 긍정하는 입장을 명확히 표명하고, 법인처벌과 관련한 현대적 과제는 법인의 범죄능력 유무가 아니라 법인에 형사책임을 과하기 위한 요건은 무엇인가를 논하는 것에 있다고 주장한다. 구체적으로는 ① 법인의 행위능력, ② 법인의 책임능력, ③ 법인의 수형능력에 대해 고찰하여 다음과 같이 모두를 긍정하였다. 첫째, 법인의 행위능력에 대해서는 법인이 사회적 또는 법질서상의 의무의 수범자이며, 자신에게 부과된 규범의 명령을 다하지 못한 경우에는, 의무위반을 범한 것이 된다고 주장한다. 그리고 법인이 대외적인 활동을 행함에 있어, 기관이 법인을 대표하는 점을 고려, 기관인 자연인의 행위가 곧 법인의 행위라고 주장하였다. 둘째, 책임능력에 대해서는 현대사회에서는 이미 단체도 윤리적으로 무관한 존재가 아닌 도덕적 규범과 밀접하게 되어 있다는 점에서, 범죄능력부정설이 주장하는 "책임비난의 대상은 도덕상의 인격과 연결된 자연인에 대해서만 연결될 수 있다"는 전제는 무너졌다고 지적하였다. 또 질서위반에 대한 제재는 '가치중립적'이라는 이유로, 현행법상 인정되고 있으나, 윤리적 가치를 수반하지 않는 비난가능성이라는 사고 자체가 형용모순에 빠져 있고 이를 인정하는 이상 형사책임을 부정하는 것은 타당하지 않다고 주장하고 있다. 셋째, 수형능력에 대해서는 일반예방·특별예방 모두 법인에 대해 그 효과를 기대할 수 있으므로 결과적으로 책임에 상응하는 처벌이 요구될 수 있다고 본다. 더욱이 형벌을 감수하는 능력은 대표자 및 종업원으로 구성된 법인의 경우 내부에서 반작용으로써 기능할 수 있다고 하여 법인의 수형능력을 긍정하였다. 이러한 고찰을 근거로 Hirsch는 법인의 기관에 의한 행위는 법인의 목적

에 한정되는 것이 아닌, 넓게는 법인 자신의 행위로서 귀속되며, 그 행위에 의해 법익침해가 야기된 경우에는 재산형 외에, 활동제한 및 해산 등의 형사제재를 부과해야만 한다고 주장하고 있다(Hans Joachim Hirsch, strafrecht als Mittel zur Bekämpfung neuer Kriminalitätsformen?, in: Neue Strafrechtsentwicklungen im deutch-japanischen Vergleich, hrsg. von Hans-Heiner kühne/Koichi Miyazawa, 1995, S. 16ff, 27ff); Ehrhardt는 미국이나 영국의 비교법적 검토를 근거로 하여 Hirsch 견해를 보충하였다. Ehrhardt는 먼저 현행법상으로도 질서위반법 제30조에 의한 질서위반금, 행정처분으로서의 추징, 몰수, 해산 등이 단체에 대한 제재로서 존재하는 것을 지적한다. 또한 독일에서는 학설상, 법인의 행위능력, 책임능력, 수형능력이 부정됐지만, 기업범죄의 효과적인 규제의 관점에서 최근에는 이러한 종래의 지배적인 견해에 비판이 지속되는 것에 대한 현상분석을 통해, 도덕적으로 중립인 비난과 사회윤리적인 비난의 차이에서, 질서위반법상의 제재와 형법상의 제재(형벌)의 차이를 찾는 통설에 대해 설득력이 빈약하며, 양쪽을 충족시킬 수 있는 합리적이고 통일적인 원리에 따른 해결을 도모하는 것이 필요하다고 주장한다. 또한 동 논문 190면 이하에서 개인의 행위에 근거(비난의 대상이 될 수 있다는 세 가지 근거로 ① 모든 법적 의무를 도덕상 의무로 보는 점, ② 집단적 인격은 모욕 가능하다는 점, ③ 독일민법 138조에도 공공질서양속에 반하는 법인의 거래가능성이 인정되었던 점을 제시하고 있다)한 수사의 문제점과 법인도 규범의 수범자이고 사회윤리위반에 관한 비난의 대상이 될 수 있다는 점을 근거로 해서 법인을 처벌해야 한다고 주장한다. Ehrhardt는 이러한 사고하에 기업처벌의 구체적 요건으로 대표자에 의한 '관련행위(Anknüpfungstat)'의 필요성을 주장한다(Anne Ehrhardt, 앞의 논문, S. 31ff, 42ff, 66ff); Schroth는 앞선 두 견해와 달리 현행법상 기업이 윤리적인 규범행위에 대해 형법적으로 답책적인가 혹은 어떻게 답책적으로 될 수 있는가라는 점에서 검토를 시작했다. 그리고 기업도 규범의 명령을 이해하고, 규범상의 의무를 이행할 수 있다는 것을 근거로, 기업이 전체로 규범의 수범자라는 결과를 도출한다. 게다가 기업은 신분범죄의 수범자뿐만 아니라 질서위반법 제30조와 같은 일반적 규범의 수범자도 될 수 있다고 한다. Schroth는 이러한 전제에서 기업이 범죄일반 및 개별의 범죄에 대해 가벌적 또는 질서위반금 부과가 가능한 명령 및 금지의 수범자가 될 수 있는지 또는 현행법상 기업형법상의 구성요건이 존재하는가에 대한 증명을 시도했다. Schroth는 ① 경쟁제한방지법의 질서위반규정, ② 연방광업법의 벌칙규정, ③ 州출판법의 벌칙규정의 영역에 있어서의 금지 및 명령이 기업(사업자)으로 향하는 구성요건을 찾았다. 더욱이 형법전에 있어서 기업형법상의 구성요건을 검토하고, 이들의 구성요건에서 기업형법적인 다수의 특징을 찾을 수 있다고 한다. Schroth에 의하면, 기업이 규범의 수범자인가라는 관점에서 세 가지의 구성요건 그룹을 구분할 수 있다고 한다. 이는 ① 기업에 대한 특별한 규범을 내용으로 하여, 기업이 유일한 규범의 수범자인 그룹(신분범죄)이 그룹의 모든 구성요건이 기업형법의 일부이다. ② 기업과 개인에 적용되는 특별의무를 규범으로 하는 그룹, ③ 모든 자를 규범의 대상으로 하여, 거기에 기업 및 기업단체가 포함된다는 그룹 등으로 구분하고 있다. Schroth는 이들의 구성요건들은 행위명령이 기업 및 기업단체를 향하고 있는 한, 기업형벌의 일부라고 주장한다. 그리고 이들의 기업형법적 구성요건에 있어서, 규범의 수범자에 기업을 포함하고 개

독일에서는 법인의 형사책임에 관한 다양한 학설들이 주장되고 있다.[164][165]

인에 대한 규제와의 조화를 도모하는 것의 중요성을 주장했다. 다음으로 Schroth는 법인범죄능력의 문제에 대해서도 검토했다. 여기에서는 역사상으로도, 법인의 성질상에도, 헌법상에도, 사법상으로도, 단체처벌을 완전히 부정하는 근거는 찾을 수 없다고 하여, 법인의 (파생적) 행위능력이 부여된다는 것으로 평가하여, 법인의 책임능력에 대해서도 긍정했다. 이러한 결론은 기업에는 행위능력이 있고, 기업에 대해 법적 의무가 부과되며, 그 결과로 책임비난을 동반하는 작위의무를 태만히 할 수 있다는 점에서 찾을 수 있다고 주장한다. Schroth에 의하면, 책임대상의 범위는 일반적 예방효과와 특별예방효과에 있어서 중요한 역할을 달성한다. 또 Schroth는 평균적인 가능성에 초점을 맞춘다는 의미에서 '책임비난의 일반인 기준화'는 당연히 최종적으로는 개인의 범위 설정에 있어서도 전면에 나타난다는 것을 주장했다. 단 여기에서 기업에 대한 책임으로 규정되는 것은 '조직책임(Organisationsschuld)' 이다. 이러한 주장을 근거로, Schroth는 마지막으로 형법전의 개정안을 제시한다. 해당결론은 형법전 제75조와 질서위반법 제29조, 제30조의 조화에 귀착하고 있다. Schroth는 다음과 같이 14a조항을 제안한다. "기업의 경영자, 기관, 수탁자가 기업 내 직무상의 권한을 행사하여, 범죄를 실행하고, 그 범죄가 기업의 업무상의 의무에 위반하는 경우, 기업은 처벌될 수 있다"고 한다. 여기에서도 종속적인 단체의 가벌성이 출발점이 되고 있다고 한다(hans-Jüngen Schrot, 앞의 논문, S. 22ff, 37ff, 48ff, 50ff, 171ff, 173ff, 199ff, 200ff, 223ff).

164) 그 외 긍정하는 견해들은 Lütolf는 부작위범적인 구성에 의하여 법인에 형벌을 과할 것을 주장한다(Sandra Lütolf, Strafbarkeit juristischen Person, 1997, S. 348ff); Günther Jakobs는 형법해석상의 형태로 자연인과 법인 간에 행위와 책임에 관하여 차이는 없다고 하여 법인기관의 행위를 법인의 행위로 보고 법인 자신에게 형사책임을 귀속하는 것을 인정한다(Günther Jakobs, Strafbarkeit juristischer Personen?, in: Festschrift für Klaus Lüderssen,, hrsg. von Cornelius Prittwitz u.a., 2002, S. 559ff); Stratenwerth는 법인에 대하여 형벌이 아닌 보안처분을 과할 것을 주장하고 그 전제로서의 법인의 책임을 지지한다(Günther Stratenwerth, Strafrechtliche, Unternehmenshaftung?, FS R. Schmitt, hrsg. von K. Geppert/J. Bohnert/R. Rengier, 1992, S. 300ff); Günther Heine는 형법에 있어서의 제2의 조류(zweite Spur)로서 개인형법과 대응하는 구조를 가지는 독립한 기업형법(단체형법)이론의 구축에 의한 단체처벌을 주장한다. Günther Heine는 논의의 출발점으로 기업 내에서 권한 분배에 의하여 공동정범 등으로 개인의 책임을 묻는 것의 난점을 인정한다. 그리고 이러한 억지를 통하여, 법인처벌의 필요성 때문에 단체의 처벌을 인정하면 핵심형법에 있어서도 처벌을 부과하기 위해 요구되는 요건이 완화될 수 있다는 것에 심히 우려를 표한다. 한편 복잡한 조직구조 및 권한의 분산 등, 오늘날의 대기업에서도 보이는 특징이 종래의 개인에 대한 귀책의 학설에서도 짐작할 수 없다는 점도 지적하고 있다. 결론적으로 Günther Heine는 법인을 처벌하는 근거로 기업 내의 자연인의 행위를 매개로 하는 것이 아니라 기업의 위험시스템의 설치나 운용에 의해 창출된 자신이 만든 위험 때문에 책임을 진다고 한다. 이러한 책임에 대하여 단체에 과해진 제재에 관해서도 고유의 체계화를 도모해야 한다고 주장하고, 구체적으로 기업폐쇄, 기업후견, 재산형, 환경감사 등의 도입을 제안한다(Günther

4. 소결

지금까지 독일의 기업처벌론의 연혁과 기업처벌규정의 현황 및 학설의 동향을 살펴보았다. 독일은 현재 질서위반법과 EU경제법으로 기업범죄에 대처하고 있다. 주로 기업범죄에 대해서는 질서위반법에 의해 규율하고 있다.

하지만 현행 법인처벌규정인 질서위반법 제30조가 누차 개정되었음에도 불구하고 갈수록 진화·점증하는 기업범죄, 특히 기업의 전형적인 유형의 범죄로서 위반행위자를 특정하는 것이 곤란한 경우나 불가능한 경우에 관하여 적절히 대처하지 못함을 대부분 인식하고 있다. 이러한 문제인식을 전제로 무엇인가 구체적인 방법을 강구할 필요성이 요구되면서 학설상 격렬한 논쟁이 전개되고 있다.

오늘날 학설대립은 과거처럼 법인의 범죄능력부정이냐 긍정이냐는 단순한 대립이 아니라, 부정하는 입장에서도 형벌 이외의 제재의 적극화를 지지하는 견해와 법인의 대표자 등 자연인의 처벌을 지향하는 견해로 나누어지고, 긍정하는 견해에서도 과거와 달리 자연인을 매개로 하지 않고 법인 자체에서 책임을 도출하고자 하는 다양한 학설들이 제시되고 있다. 대표적인 예로 관리시스템의 불비 등에서 법인의 책임을 찾는 견해가 바로 그것이다. 이러한 접근법이 유력화되어가고 있다고 한다.[166]

현재 독일에서 기업처벌에 있어 주장되는 학설들은 결과적으로 현행 제도가 기업범죄에 대한 대처가 충분하지 않다는 것을 증명해주고 있는

Heine, Die Strafrechtliche Verantwortlichkeit von Unternehmen, 1995, S. 21ff).

165) 이외에도 기존의 부정설의 입장에서 새롭게 주장된 긍정설을 반박하는 견해들이 있다. 대표적인 학자로는 Harro Otto와 F. von Frier가 있으며 이들 견해에 대한 자세한 내용은 川崎友巳, 前揭書, 108~109頁.

166) 川崎友巳, 前揭書, 110頁.

것이다. 다시 말해, 법인의 범죄능력을 부정하는 입장에서 하나의 해결방법으로 제시된 것으로 현재의 기업범죄에 대처하기에는 한계가 있다.

현대사회에서 법인의 실체가 분명히 존재하여 활동하고 있고, 법인의 행위로 인해 형법상의 법익침해가 발생하고 있는 만큼, 법인의 범죄능력을 긍정하고, 나아가 점증하는 기업범죄에 적극적으로 대처할 필요성이 있다고 생각한다. 그러한 인식하에서 독일의 질서위반법상의 규정과 학설들의 논의들은 우리나라의 법인처벌의 규정인 양벌규정과 비교법적인 검토를 통해 그 장단점을 비교하여 정책적·입법적 발전방향을 제시하는 데 많은 참고가 될 수 있다고 생각한다.

Ⅱ. 프랑스의 기업처벌론

프랑스도 '단체는 죄를 범하지 못한다'라는 법언에 따라 신형법전이 제정·시행되기 전까지는 형법전에 법인처벌규정이 존재하지 않았다.[167] 그러나 법인에 의한 범죄가 점증하고 이에 대한 처벌의 필요성이 높아지자, '단체는 죄를 범하지 못한다'는 법언을 포기하고, 1791년의 혁명법전과 1810년의 제국형법을 기초로 하여 1994년에 신형법전을 제정하였다.

신형법전 제121-2조에 법인의 형사책임규정[168]과 제131-37조부터 제

---

167) 프랑스 신형법전의 제정 및 개정에 대한 자세한 내용은 법무부, 프랑스 형법, 2008.11, 3～9면 참조

168) 프랑스 신형법 제121-2조(법인의 형사책임) ① 국가를 제외한 법인은 제121-4조 내지 제121-7조의 구별에 따라 법인의 기관 또는 대표가 법인을 위하여 행한 범죄에 관하여 형사상 책임이 있다. ② 전항의 규정에도 불구하고 지방자치단체 및 그 연합기구는 위탁협약의 대상이 되는 공공서비스 제공(예로 대중교통수단의 운영, 물의 공급, 학교급식의 공급 등을 들 수 있다)의 업무수행 중에 이루어진 범죄에 관하여만 형사상 책임이 있다. ③ 법인의 형사책임은 제121-3조 제4항 규정의

131-41조에 법인에게 적용되는 형벌 및 특별형벌의 내용과 적용방법[169]을 규정하고 있다.

이하에서는 법인의 형사책임규정과 함께 법인에게 부과되는 형벌을 간략히 살펴보고자 한다.

1. 법인의 형사책임규정

신형법 제121-2조 제1항에 따른 법인의 형사책임규정은 '누구든지 자기의 행위 이외의 행위에 대하여는 형사책임이 없다'고 규정하고 있다. 이는 명백하게 정범과 독자적인 자기책임을 인정하고 있는 것이다. 또한 동조의 범죄행위는 '법인의 이익을 위하여 행하여져야 한다'는 행위표지를 요구하고 있다.

이러한 요구로 인하여 과거 1978년 형법초안에 '기업의 이름으로(im Namen)' 또는 '집합적 이익으로(im kollektiven Interesse)'라는 용어를 사용하여, 당시 집합적 이익이 무엇을 의미하는지에 관하여 논의되었던 여러 가지 견해에 의해, 두 가지 측면에서 해결이 되었다.

첫째, 자연인이 그의 독자적인 행위로 범한 범죄에 대해서는 법인의 가벌성이 명백히 부정된다. 둘째, '법인을 위하여'라는 행위표지의 요구가 법인에 의해 추구된 집합적 이익을 난지 내부적으로 연결시킴으로써 그에 대한 입증곤란을 해소하게 하여 입증과정을 현저히 경감시키고 있다.[170] 나아가 신형법 제121-2조 제1항은 그 구성요건의 광범위성으로

유보하에 동일한 사실에 대하여 정범 또는 공범이 되는 자연인의 형사책임을 배제하지 아니한다고 규정하고 있다(법무부, 앞의 책, 18~19면).

169) 프랑스 신형법 제131-37조(법인에게 적용되는 중죄, 경죄의 형벌), 제131-38조(법인에게 적용되는 벌금형의 액), 제131-39조(법인에게 적용되는 특별형벌).

170) Delmas-Marty, Die Strafbarkeit juristischer Personen nach dem neuen französischen Codepeß, in: Bausten des europäischen Wirtschaftsstrafrechts, Madrid-Symposium für Klaus Tiedemann, 1994, S. 306ff.

인하여 생명과 신체는 물론이고 소유권과 재산에 대한 범죄행위, 그리고 고의와 과실의 위반행위에 이르기까지 서로 다른 범죄유형을 포섭할 수 있다.[171]

또한 신형법 제121-2조 제1항의 법문에 의하면 법인은 고유한 과실행위와 같이 자신의 기관 또는 대표의 위반행위에 귀속될 수 있어야 한다. 따라서 법인의 기관 또는 대표를 제외한 그 밖의 구성원, 즉 중간관리자나 말단종업원의 과실행위에 대한 법인의 형사책임은 원칙적으로 부정한다. 다만 감독의무위반으로 인한 범죄행위에 대해서는 그러지 아니한다고 해석된다. 그러므로 만약 종업원의 위반행위가 있더라도 그러한 범죄가 종업원의 선임·감독의무라는 주의의무의 준수에 의해 면책될 수 있었을 경우 법인의 형사책임은 부정된다.[172] 즉, 감독의무위반과 위반행위 사이의 인과관계의 입증은 요구되지 않고, 오히려 종업원에 의해 불법행위가 행해질 경우 감독의무위반이 있는 것으로 추정된다는 것이다. 하지만 법인의 기관이 문제되는 책임의 범위가 완전히 위임되고 법인의 조직구조상 전혀 감독이 불가능한 상황임을 법인이 입증하면, 종업원의 불법행위로부터 형사책임을 면할 수 있다.[173]

전술한 바와 같이 이런 특수한 경우를 제외하면 법인은 단지 자신의 기관과 대표에 대해서만 책임을 진다. 법인의 대표에는 법률상 대표뿐만 아니라 대리권이 수여된 법인의 대표를 포함한다. 한편 법인의 집행기관이 아니라 법인의 대표로서 자신의 대표권한을 넘어서 행위한 경우에 있어서, 다수의 학자들은 법인의 형사책임은 면제되지 않는다고 한다. 그 근거로서 법인의 형사책임이 면제된다면 중대한 가벌성의 흠결

---

171) 프랑스 신형법각칙에는 매춘영업(제225-5조 내지 10조), 사생활침해(제226-1조 내지 5조)와 같이 법인을 처벌하는 여러 범죄를 규정하고 있다(정성근, "법인의 범죄능력 재고", 유일당오선주교수정년기념논문집, 2001, 6면).

172) Heine, Die Strafrechtliche Verantwortlichkeit von Unternehmen, 1995, S. 223ff.

173) Heine, 앞의 논문, S. 224ff.

이 발생하기 때문이라고 한다.

한편 실질적으로 집행권한을 가진 자가 법인의 가벌성으로부터 면제될 수 있는지 여부가 논란이 되고 있는데, 이에 대해 몇몇 학자는 기업을 '범죄행위자라기보다는 오히려 희생자'로 간주하고 있다. 이에 대해 다수의 학자들은, 실질적 대표는 뒤에 숨어 있고 그에 의해 조종되는 무늬만 대표인 자의 행위가 문제가 되는 상황에서의 가벌성의 흠결이 발생하는 것을 막기 위해서, 기업에 대해 형벌이 부과될 수 있다고 한다.

판례 역시 법률상 그리고 실질적 대표에 대해 같은 입장을 취하고 있다. 그러나 판례는 법률상 또는 실질적 대표의 행위에 대해 기업에 형사책임을 묻기 위해서는 최소한 기업의 양해 하의 행위로 간주될 수 있는 암묵적인 임명행위가 있을 것을 요구하고 있다.

위와 같은 경우는 기업경영에 있어 행정적인 기업운영과 기술적인 기업운영의 구별에서 큰 의미를 갖는다. 즉, 행정적인 기업대표는 진정한 결정권한을 가진 자이고 작위 또는 부작위에 의해 기업의 가벌성을 발생시키는 반면에, 기술적인 기업대표는 단순한 결정권한을 가진 자로 대리인에 불과하기 때문에 기업 내에서 그의 위반행위는 법인이 아닌 자기 자신의 고유한 형사책임이 문제될 뿐이라고 한다.[174]

2. 법인의 형벌과 특별형벌

프랑스 신형법 제131-37조, 제131-38조, 제131-39조는 법인에 대한 형벌과 특별형벌을 규정하고 있다. 이는 법인의 수형능력을 인정함과 동시에 법인의 독자적인 행위능력과 책임능력 또한 명백히 인정하는 것으로 해석된다.

---

174) Delmas-Marty, 앞의 논문, S. 308~309ff.

왜냐하면 신형법 제131-38조에 의하면 법인에 대한 벌금은 자연인에 대한 벌금의 5배까지 선고할 수 있다고 규정하고 있기 때문이다. 구체적인 예로 과실치사죄의 경우에 있어서 자연인이 범한 경우 자연인에 대한 벌금이 30만 프랑 이하이다. 그러나 법인에 대해서는 150만 프랑 이하의 벌금이 선고될 수 있다. 또한 재범의 경우 10배까지 가중될 수 있다.

프랑스 신형법은 이외에도 법인에 대해 법인해산, 영업활동이나 사회활동의 포괄적 또는 부분적인 수행의 금지, 영업소의 폐쇄, 공계약 배제, 기업자금 공모금지 등 다양한 특별형벌을 규정하고 있다.[175]

3. 소결

프랑스 신형법전은 행위주체로서 법인(또는 인적단체를 포함하여)의 범죄능력을 인정하고 있다. 또한 기업에 대한 형벌에 있어서도 주지하다시피 독일은 법인처벌과 관련하여 형벌의 성격보다는 행정처분으로 인식되는 질서위반금이 부과되고 있음에 반해, 프랑스는 벌금이라는 전통적인 형벌뿐만 아니라 법인의 해산, 영업활동이나 사회활동의 영구적 또는 5년 이하의 직접 또는 간접 수행의 금지, 사법감시, 영업소의 폐쇄, 공계약 배제, 기업자금 공모금지 등(신형법 제131-39조) 다양한 형태의 특별형벌을 부과하는 것을 인정하고 있다.

이를 우리나라의 경우와 비교하면 매우 다른 점을 발견할 수 있다. 우선 신종범죄에 대한 우리나라의 대처방식이 대부분 특별법의 제정형식을 띠고 있다. 이 부분은 프랑스도 마찬가지이다. 그러나 프랑스의 경우 우리나라처럼 형사특별법이 형법과 독립된 형태로 존재하는 것이 아니라, 대부분 형법전에 그대로 수용되고 있는 점에서 큰 차이가 있다.

---

175) Delmas-Marty, 앞의 논문, S. 305ff.

이러한 점은 범죄를 규율하는 구성요건체계와 형벌체계가 통일적이라는 장점을 갖추고 있기 때문이라고 생각한다.[176] 특히 우리나라의 경우 기업의 형사책임과 그에 대한 효율적 제재방안이 논의되고 있는 시점에서 프랑스 신형법전에 규정된 법인의 형사책임과 그에 대한 형벌 및 특별형벌의 규정들은 우리의 기업처벌법에 관한 입법방향에 중요한 시사점을 준다고 생각한다.[177]

Ⅲ. 스위스의 기업처벌론

스위스는 우리나라와 같은 대륙법계에 속하고 독일과 동일한 법전통을 계수하고 있는 국가 중에 하나이다. 그러나 동일한 법전통을 가지고 있는 독일은 (기업을 포함하여) 법인이 범죄주체가 되는 범죄에 대해 형법이 아닌 질서위반법에 의해 법인에게 질서위반금을 부과하고 있는 반면, 스위스는 2003년에 기업처벌규정을 형법전에 규정함으로써, 과거와 달리 직접적으로 기업에게 형사책임을 물을 수 있게 되었다.

스위스의 기업처벌에 관한 법적 근거규정의 입법화 배경은 오래전부터 기업처벌의 문제를 실용주의적 입장에서 처리해 왔던 영미법계의 법질서[178]와 기업처벌의 확대를 요구하는 유럽연합(EU), 유럽의회 및 경제개발협력기구(OECD) 등 기업처벌의 세계적 요청에 영향을 받은 것으로 생각된다. 같은 대륙법계 국가인 우리나라에게, 스위스의 기업처

---

176) 법무부, 앞의 책, 7면 이하 참조.

177) 우리에게 독일식보다는 프랑스나 네덜란드의 입법이 보다 많은 시사점을 준다고 한다(조국, "법인의 형사책임과 양벌규정의 법적 성격", 서울대 법학 제48권 제3호, 서울대학교 법학연구소, 2007.9, 64면).

178) Schmidt, Strafverfahren und Strafrecht in den Vereinigten Staaten, Heidelberg, 1993, S. 189ff.

벌에 관한 일반적 근거규정의 도입은 우리의 기업처벌제도가 나아가야
할 방향을 제시함에 있어 시사하는 바가 크다. 따라서 이하에서 스위스
의 기업처벌규정의 연혁을 살펴보고자 한다.

1. 스위스 기업처벌규정의 연혁

(1) 입법배경

스위스도 다른 대륙법계의 국가들과 마찬가지로 '단체는 범죄를 저지
르지 못한다'는 법원칙에 입각하여 기업의 형사책임을 부인해 왔다.[179]
이는 전통적인 형법이론에 따르면 행위능력과 책임능력을 가진 자연인
만이 범죄와 형벌의 주체가 될 수 있기 때문이다. 그럼에도 불구하고
스위스는 기업의 처벌에 관한 보편적인 타당한 법적 근거가 입법화되기
전부터, 핵심형법분야가 아닌 부수형법분야에서는 기업을 형벌로 처벌
하고 있었다.

그 예로 행정형법 제7조에 "최고 5,000스위스 프랑의 벌금이 예상되
고 제6조에 의해 처벌되는 행위자를 수사할 때 필요한 처분이 부과될
형벌에 비추어 지나치게 과도한 경우에는, 이러한 행위자에 대한 수사
를 하지 않고 그에 대신하여 법인, 합명·합자회사 또는 개인회사를 벌
금으로 처벌할 수 있다"고 규정하고 있었고, 많은 부수형법들이 이 행
정법의 규정을 준용하고 있다고 한다.[180] 그러나 행정형법분야에 기
업처벌에 관한 규정이 존재함에도 불구하고 모든 기업에 적용되는 일반

---

179) 스위스는 행정법 및 세법을 제외하고 기업의 형사책임이 인정되지 않았다(Stratenwerth,
    Schweizerisches Strafrecht Allgemeiner Teil Ⅰ, 1982, S. 129ff).
180) 이주희, "스위스 형법상의 기업책임(이하 스위스 형법상의 기업책임으로 표기함)",
    법학논총 제23집 제3호(下), 한양대학교 법학연구소, 2006, 2면.

적 법적 근거가 아니기 때문에 여전히 기업처벌에 관한 문제들은 존재하고 있었다.

(2) 입법전개과정

하지만 1991년 3월 11일 스위스 정부는 돈세탁과 조직범죄에 대한 조치로 기업의 형사책임을 긍정하는 법률안을 제출하였다.[181] 이 법률안에 따르면 기업의 형사책임은 기업의 기관 또는 준기관(기업을 실질적으로 운영하거나 기업의 운영에 있어 독자적인 결정권한을 행사하는 자)이 영업행위와 관련하여 중죄 또는 경죄를 범하고, 이러한 범죄행위가 기업조직의 하자로 인하여 특정인에게 귀속될 수 없는 경우에 성립한다고 한다.

그러나 이때 기업에 대한 제재는 불법에 대한 형벌이 부과되는 것이 아니라, 기업의 영업정지 또는 기업폐쇄와 같은 상당히 침해적인 조치를 취하는 데 그친다. 그 이유는 개인책임을 전제로 하는 형벌은 기업에 대해 결코 고려될 수 없었기 때문이다. 1991년에 도입된 이 법률안은 이후 기업의 자유에 대한 중대한 침해와 기업의 과잉범죄화를 초래할 수 있다는 경제단체의 반대에 부딪히게 되어 사장되고 말았다.[182]

한편 기업이 형사책임의 문제는 1998년 스위스 형법총칙의 전면개정과 관련하여 다시 논의되었다. 그 결과 1998년 9월 8일자 스위스 형법 전면개정안은 제102조 제1항에 "기업경영으로 범죄를 범하고 이 범죄가 기업의 하자 있는 조직으로 인하여 특정인에게 귀속될 수 없는 경우, 즉 기업의 조직화된 무책임의 경우에는 기업은 최고 5백만 스위스 프랑으로 처벌된다"고 규정하여 '기업의 부수적 책임(subsidiäre Untern-

---

181) BBl 1989 Ⅱ, S. 159ff.

182) Eidam, Straftäter Unternehmen, 1997, S. 30ff.

ehmensverantwortlichkeit)'을 인정하였다.

이에 대해 연방정부(Bundesrat)는 기업의 형사처벌과 관련하여 등장하는 법 해석상의 문제들과 학설의 대립을 알고 있었음에도 불구하고, 문제가 된 상황을 사안에 합당하게 규율하고, 이러한 규율방법의 허용여부에 대해 결정하는 것은 법도그마틱이 아닌 입법자의 의지라는 것을 입법이유서에 분명히 하였다.[183] 나아가 그 다음 해인 1999년에 州대표회의(Ständerat)는 형법개정안 제102조 제2항에서 "부정부패(형법 제322조의3, 제322조의5, 제322조의7), 범죄조직(형법 제260조의3), 그리고 돈세탁(형법 제350조의2)이라는 범죄행위가 있고 이러한 범죄행위를 막기 위해 필요하고도 기대가능한 모든 조직적 예방조치를 취하지 않았다는 것에 대해 기업을 비난할 수 있는 경우에 기업은 자연인의 처벌과 상관없이 처벌된다"고 규정함으로써 기업의 부수적 책임과 구별되는 '기업 고유의 독자적 책임' 규정을 마련하였다.

또한 2년 후 2001년 국민회의(Nationalrat)는 州대표회의에서 의결된 부수적 책임과 독자적 책임으로 구성된 법안에 대한 동의와 함께 기업처벌의 실체적 규정인 제102조[184]와 관련된 절차적 규정[185](제102조a)

---

183) BBl 1999 Ⅳ, S. 2145ff.

184) 스위스 형법 제102조 제1항은 기업(내)에서 기업목적과 관련된 영업업무의 수행으로 중죄 또는 경죄가 행해지고, 이 행위가 하자 있는 기업조직으로 인하여 특정한 자연인에게 귀속될 수 없는 경우에 이러한 중죄와 경죄는 기업에게 귀속된다. 이 경우 기업은 최고 5백만 스위스 프랑으로 처벌된다. 제2항은 관련된 범죄행위가 제260조의3(범죄조직), 제260조의5(테러자금조달), 제350조의2는 부정경쟁방지를 위한 1986년 12월 19일 연방법 제4a조 제1항에 해당할 때에는 기업이 그러한 범죄행위를 방지하는 데 필요하고 기대가능한 모든 조직상의 예방조치를 취하지 아니하였다는 데에 대하여 기업에 대하여 비난 가능한 때에는 그 기업은 자연인의 가벌성과는 별도로 처벌된다. 제3항은 법원은 특히 행위 경중과 조직상의 결함의 경중과 초래된 손해 그리고 기업의 경제적 지불능력에 따라 과료를 정한다. 제4항은 본장에서 기업이란 다음 각 호의 1에 정한 경우에 해당하는 것을 말한다: a. 사법상의 법인, b. 공법상의 법인, 단 지역별 사단은 제외한다. c. 회사, d. 1인 회사 (김유근, 스위스 형법전(번역총서6), 한국형사정책연구원, 2009, 69면).

185) 스위스 형법 제102조a 제1항은 기업에 대한 형사소송절차에 있어서 기업은 민사

을 마련할 것을 주장하였다. 그리고 연방정부는 2002년 6월 26일 테러자금조달억제를 위한 국제협약 및 폭탄테러억제를 위한 국제협약 가입과 함께 앞서 언급한 형법개정안을 골자로 하는 입법이유서를 의회에 제출[186]하고, 연방의회는 2002년 12월 13일 이를 의결하였고, 마침내 2003년 10월 1일부터 효력을 발생하게 된다. 이로써 스위스는 마침내 기업처벌에 관한 새로운 전환점을 맞이하게 된다.[187]

2. 소결

개인책임원칙에 따라 기업의 책임능력을 부정하는 대륙법계의 국가 중 하나인 스위스가 부수형법도 아닌 형법전에 기업을 처벌할 수 있다는 법적근거를 입법화한 것은 대륙법계의 법전통을 계수하고 있는 우리나라에게 시사하는 바가 매우 크다고 할 수 있다. 현재 우리나라는 과거 스위스처럼 부수형법에서 양벌규정이라는 형식으로 기업을 처벌하고 있기 때문이다. 특히 스위스 기업처벌법에서 주목할 만한 점은 스위스 형법 제102조 제1항에서 그동안 기업처벌의 난점으로 지적되어 왔던

에 관하여 기업을 대표하는 무제한의 권한을 갖는 자 1인에 의하여 내리된다. 기업이 상당한 기간 내에 그러한 자를 지정하지 아니한 때에는 수사관청 또는 법원이 민사에 관하여 대리할 권한을 갖는 자들 중에서 형사소송절차에서 기업을 대리할 자를 정한다. 제2항은 형사소송절차에서 기업을 대리하는 자는 피의자와 동등한 권리와 의무를 갖는다. 제1항에 정한 자들 중 다른 사람들은 기업에 대한 형사소송절차에서 증언할 의무를 갖지 아니한다. 제3항은 형사소송절차에서 기업을 대리하는 자에 대하여 동일한 사안 또는 동일한 사안과 관련 있는 사안으로 인하여 형사상 수사가 개시된 때에는 기업은 다른 대리인을 지정하여야 한다. 필요한 경우 수사관청 또는 법원이 제1항에 정한, 동 기업을 대리할 다른 사람을 정하거나 또는 그러한 자가 없는 때에는 적절한 제3자를 정한다고 규정하고 있다. 동조 제1항과 제3항은 기업의 소송대표에 관한 규정이고, 제2항은 소송대표가 가지는 권리와 의무에 관한 규정이다(김유근, 앞의 책, 69~70면).

186) BBl 2002 Ⅳ 5390~5455ff.
187) 이주희, 스위스 형법상의 기업책임, 4면.

소위 '조직화된 무책임'의 문제를 입법적으로 해결하였다는 점이다.

오늘날 기업범죄는 조직체계에서 지배적인 분업화 및 권한위임 등의 현상으로 기업에 의한 범죄행위가 발생하더라도 행위자를 특정하지 못해 그 누구에게도 책임을 물을 수 없는 경우가 비일비재하게 발생하고 있기 때문에 그러한 난점을 해결할 실마리를 제공했다는 점에서 그 의미가 더 크다고 할 수 있다.[188] 또한 스위스 기업처벌법이 기업의 형사책임에 대한 실체적 구성요건과 절차적 문제[189]에 대해 비교적 상세한 규정을 두고 있기 때문에, 같은 대륙법계 국가인 우리나라의 경우 스위스의 기업처벌에 관한 비교법적 검토는 앞으로 우리나라의 기업처벌에 관한 입법논의에 있어 많은 영향을 미칠 것으로 생각한다.

IV. 그 외의 유럽국가의 기업처벌론

유럽에서도 법인의 사회적 책임이 무엇보다도 강조되고 있는 현 시점에서, 법인의 형사책임을 긍정하여 기업형벌을 도입하는 방향으로 선회하는 국가들이 많아지고 있다. 그중 전술한 대륙법계 국가 외에 오스트리아, 네덜란드, 벨기에[190] 등이 있다.

---

188) 김재윤, 유럽국가의 입법동향, 283면.

189) 스위스 기업처벌법의 실체적 구성요건과 절차적 문제에 관한 상세한 내용은 이주희, 스위스 형법상의 기업책임, 131~139면.

190) 벨기에는 1999년 5월 4일 법률에 의한 법인의 가벌성의 근거규정을 도입하였다. 벨기에 형법 제5조 제1항에 따르면, 법인 또는 법인과 동일한 지위에 있는 조직은 법인의 목적의 실현 또는 법인의 이익의 보호와 필요불가분하게 연결된 모든 법률위반, 나아가 법인이 법인의 이익을 위해 범한 사실상의 증거가 존재하는 위반행위에 대해 형사책임을 진다고 규정하고 있다. 덴마크도 우리나라와 같이 부수형법에서 단체의 가벌성을 긍정해 왔으나 1996년에 덴마크 형법전의 총칙(덴마크 형법 제25조 내지 제27조)에서 단체의 가벌성을 새롭게 도입하게 되었다. 덴마크 형법 제26조 제1항에 따르면, 모든 법인은 원칙적으로 범죄능력이 인정된다고 규

1. 오스트리아

오스트리아는 기업형벌을 형법전으로 도입하는 것을 포기하고, 2006
년 1월 1일부터 시행되는 단체책임법이라는 특별법을 통해 단체에 대
한 형사책임을 인정하고 있다. 이 법률은 단체형벌에 대한 형사제재를
위한 형법적 일반적 규정과 특별규정뿐만 아니라 소송법적 절차규정도
포함하고 있다. 이 법률 제3조에 따르면, 단체는 의사결정권자 또는 종
업원의 범죄행위가 단체의 이익을 위하여 이루어진 경우 또는 범죄행위
에 의해 이 단체 자체에게 부과된 의무들이 위반된 경우 단체의 책임을
인정하고 있다. 이러한 경우 단체의 책임으로는 일수로 계산되는 단체
질서위반금(Verbandsgelfbusse), 조건부 내지 부분조건부 단체질서위반금
의 유예, 지시 등을 부과할 수 있다고 한다.[191]

2. 네덜란드

네덜란드에서도 기업의 형사책임을 긍정하고 있다. 다만 법인의 가벌성에
관한 규정은 부수형법인 경제형법전(niederländisches Wirtschaftstrafgesetz)

정하고 있다. 그러나 1인 회사의 경우에는 그 크기와 조직이 법인과 비교할 수 있
을 정도에 한하여 범죄능력이 인정된다고 규정하고 있는 특징이 있다(덴마크 형법
제26조 제2항). 법인의 경우에는 조직상의 결합에 의해 발생한 경우의 범죄에 대
해서도 책임을 진다. 또한 종업원의 위반행위를 고유한 책임으로 귀속할 수 있어
야 한다(덴마크 형법 제27조 제1항). 다만 공법상의 법인은 그 행위가 자연인의
행위 또는 사법상 조직된 법인의 행위와 기능적으로 일치한다는 조건하에서 형벌
이 부과될 수 있다고 한다(덴마크 형법 제27조 제2항). 법인에게 부과하는 형벌로
는 벌금만을 유일한 제재로 규정하고 있다. 단 법인처벌과 별도로 기관행위자에
대해 제재의 부과를 할 수 있다고 규정하고 있다(김재윤, 유럽국가의 입법동향,
285~286면).

191) 오스트리아 입법에 관한 자세한 내용은 김재윤, 유럽국가의 입법동향, 284~285
면 참조

제15조 제1항과 제2항에서 규율하고 있었다. 구체적인 내용으로는 제15조에 의하면 법인 또는 법인의 구성원에 의해 경제범죄 행위가 행해진 경우 법인의 형사소추와 제재가 가능하다고 규정되어 있다.

한편 법인을 처벌하기 위한 요건으로 법인의 구성원이 법인을 위해 행위한 것이어야 하고, 그 행위는 업무범위 내에 있는 행위면 족하고, 그 행위자의 법인 내부에서의 지위에 따라 좌우되는 것은 아니다. 즉, 단순한 말단종업원에서부터 법인을 대표하는 자에 이르기까지 모든 법인의 구성원은 형사책임을 부담할 수 있다고 한다. 게다가 예를 들어 각각의 개별적인 법인구성원의 행위가 존재함에도 불구하고 누구의 행위에 의해 범죄가 성립하는지를 증명하지 못할 때, 다수 행위의 상호작용에 범죄구성요건이 충족된 것으로 보아, 동법 제15조 제2항에 의해 기업에게 형사책임을 물을 수 있다고 한다.[192]

네덜란드 법원 또한 이러한 경우에 있어 법인의 가벌성을 긍정하는 판결을 내렸고, 이때 합목적성을 최우선적으로 고려한다고 한다. 그 이유로는 경제범죄행위가 대부분 다수에 의해서 행해지고 있고, 경제관련 법령위반에 대해 개별적으로 개인책임을 입증하기 곤란함을 이유로 해서 법인이 형사법적 결과의 수범자가 되어야 한다는 것이다.[193]

네덜란드는 1976년 이래로 법인의 가벌성에 관하여 형법전에 규정하게 된다. 네덜란드 형법 제51조 제1항과 제2항에서 법인의 형사소추와 제재를 규정하고 있다. 그 내용은 제51조 제1항에 자연인과 법인은 범죄행위를 할 수 있다고 규정하고, 제2항에서는 자연인 또는 법인, 그리고 양자 모두에 대해 형벌을 부과할 수 있다고 규정하고 있다.

한편 판례도 1987년에 법인에 대한 과실치사죄를 인정하기도 했

---

192) Ackermann, Die Strafbarkeit juristischer Personen im deutschen Recht und in ausländischen Rechtsordnungen, Peter Lang, Franckfurt, 1984, S. 254ff.

193) 김재윤, 유럽국가의 입법동향, 283면.

다.[194] 네덜란드에서는 기업의 형사책임을 긍정하기 위한 조건으로 첫째, 피고회사가 종업원이 문제의 행위를 하거나 하지 말도록 결정할 권한이 있었는가, 둘째, 피고회사가 그러한 행위를 수용하였는가의 두 가지 기준을 제시한다고 한다.[195] 네덜란드의 이러한 기업범죄의 형사책임부과기준은 유럽에서 점차 지지를 받고 있다고 한다.[196] 형사제재에 있어서도 법원은 형량 선택에 법인의 형량은 자연인에 대한 형량보다 상향될 수 있다고 하면서 동시에 형벌이 부과되는 기업은 권리와 이익의 박탈에서부터 영업면허의 박탈까지 부과할 수 있다고 한다.[197]

---

194) S. Field & N. Jorg, Corporate Liability and Manslaughter: Should We Be Going Dutch?, Criminal Law Review 1991, pp.156~158.

195) 박강우, 앞의 논문, 313면.

196) Khanna, Victor S., Corporate criminal liability: What purpose does it serve?, Havard Law Review, 1996, p.1491.

197) Heine/Waling, Die Durchertzung des Umweltstrafrechts in den Niederlanden, JR, 1989, S. 402ff.

제3절 일본의 기업처벌론

일본은 최근 계속되는 기업범죄로 인해 기업처벌에 대한 사회적 관심이 증가하고 있다. 현재 일본의 기업처벌은 양벌규정이라는 형식을 통해 기업을 처벌하고 있고, 이에 이론상 여러 가지 학설들이 대립하고 있다. 이는 우리나라와 매우 유사하다. 그러므로 일본의 기업처벌제도를 고찰하는 것은 동일한 법체계를 가지고 있는 우리에게 그 의미가 크다고 할 수 있다. 이하에서 일본의 기업처벌의 연혁과 해석론 및 입법론 등을 순차적으로 고찰하고자 한다.

Ⅰ. 기업처벌론의 연혁198)

일본의 기업처벌론의 역사는 명치(메이지)시대 후반인 1880년대에 시작되었다. 이 시기에 일본은 근대적 법제의 정비를 목표로 독일 형법학의 수입이 급속하게 진행되었고, 그 수입품의 하나로 법인본질론과 함께, 법인의제설에 의한 기업의 범죄능력부정설과 법인실재설에 따른 기업의 범죄능력긍정설에 대한 논의도 함께 들어왔다. 그러나 일본에서는 실제 기업의 범죄능력 유무에 관한 논의와는 별개로, 이미 만들어져 있는 법인처벌규정199)에 의해서 일본 고유의 기업처벌이론이 전개되었다

---

198) 일본의 기업처벌의 연혁은 맹아기(1880년대~1930년대 무렵(메이지 후반부터 소화 10년 무렵)), 발전기(1930년대 무렵~1960년대), 융성기(1970년대), 정체기 (1980년대), 재연기(1990년대 이후)를 거쳐 현재에 이른다.

199) 이를테면 구미제국(歐美諸國)의 형법학을 본보기로 하여 일본에서도 드디어 형법학이 움트기 시작했고, 舊 형법전을 대신해 현행 형법전이 시행된 1907년(메이지 40년) 이전부터 이미 행정목적달성의 필요성의 의해 법인처벌규정인 양벌규정이

고 한다.[200]

　그 후 제2차 세계대전 전후인 1930년대 무렵부터 1960년대에 걸쳐 일본의 기업처벌론은 발전기를 맞이하게 된다. 즉, 기업처벌론이 활발한 논의의 대상이 되었다. 이러한 논의의 구체적인 결과로 우선, 법인의 범죄능력에 대해서는 부정설이 통설적 위치를 차지하게 되었고, 그 근거로 법인의 본질론과 행위론 및 책임론이 제시되었다. 이러한 동향은 이미 1940년대 무렵부터 행위론과 책임론이 활발히 논의되기 시작하면서 이어져 왔다고 한다. 즉, 자연인의 의사나 인격 등을 전제로 한 행위론에 관한 논의와 함께 도의적인 비난을 전제로 하는 책임론에 관한 논의가 진행될수록 자연인과 다른 성질을 가진, 신체와 의사가 없는 법인은 필연적으로 범죄의 주체에서 배제되었다고 한다.[201]

　한편 제2차 세계대전이 시작되어 경제적 통제가 강화되면서, 이미 기업처벌규정으로 존재하고 있는 양벌규정의 해석을 둘러싸고 법인처벌의 근거가 재차 논의되기 시작하였다. 즉, 기업의 범죄능력을 부정하면서 수형능력을 인정하여 기업을 처벌하는 현행 양벌규정에 의한 무과실전가책임에 의문이 제기되었던 것이다. 이윽고 제2차 세계대전 이후, 새로운 헌법하에 '책임주의의 관철'이 도모되기 시작하면서 과실책임설이 주장되기 시작했고 서서히 지지가 확대되었다. 나아가 과실책임설 중에서도 법인업무주의 부과실을 입증하며 면책되는 과실추정설이 책임주의 원칙과 행정감독의 목적달성이라는 양벌규정이 요구했던 두 가지 요구들에 부합한다고 하여 통설적 지위를 차지했다.[202]

　또한 판례에 있어서도, 최고재판소의 소화 40년 3월 26일 판결이

　　존재하고 있었기 때문이다(川崎友巳, 前揭書, 16頁).
200) 이러한 이유로 인해 이후의 기업처벌을 복잡화시키는 원인이 되었다고 한다(川崎友巳, 前揭書, 12頁).
201) 川崎友巳, 前揭書, 13頁.
202) 東條仲一郎, 兩罰規定, 立花書房, 1985, 7頁.

"자연인 업무주의 처벌근거를 종업원의 위반행위에 대한 선임·감독상의 과실이 추정되는" 것으로 해석하였고, "최고재판소의 소화 32년 11월 27일 판결의 법적취지 또한 법인업무주에 대해서도 추급된다"고 판시하여 과실추정설의 입장을 명백히 하였다. 그러나 과실추정설을 명백히 한 판례가 나온 이후에도 일본은 기업의 범죄능력에 대해서 부정설이 통설적 지위를 차지하고 있었다.

하지만 1960년대 공해 및 약해·식품 재해 등 기업활동에 의해 야기된 중대한 법익침해가 사회문제화되고, 그 규제수단의 하나로 기업처벌의 중요성이 높아졌고, 1970년대에 들어오면서 학설에서도 이익의 향유주체인 기업의 활동을 효과적으로 규제하기 위해 기업 자체를 처벌할 필요성이 요구된다는 주장과 함께, 기업의 범죄능력을 긍정하는 견해가 대두되기 시작했다. 1970년대 들어와 학설에 의해 기업처벌의 필요성이 높아진 가운데, 충분한 효과를 올리지 못한 양벌규정에 기초한 현행 기업처벌시스템의 한계가 명확해짐에 따라 입법론이 활발히 주장되기 시작하였다.[203]

그러나 이러한 논의도 1980년대 들어 각각의 법령을 신설 혹은 개정하는 과정에서 양벌규정을 다수 포함시킴으로써, 어느 정도 포괄적인 기업활동의 형사규제가 도모되었다고 판단하여 기업처벌론에 대한 관심은 급속히 수그러들고 말았다. 이에 대한 원인으로는 최고재판소 소화 40년 3월 26일 판결에서 채용한 과실추정설이 판례와 학설에 의해 넓은 지지를 얻으면서, 기업처벌에 대한 관심은 급속히 약화되는 결과를 발생시켰다고 한다. 한편 이러한 결과는 형법개정의 논쟁 가운데 기업처벌과 관련된 논의는 결론이 나지 않은 채 가라앉게 되었고, 오히려 현행 양벌규정의 해석상 기업의 범죄능력의 존재 여부에 따른 기업범죄

---

203) 법인독립처벌이론 및 기업조직체 책임이론 등 주목해야 할 주장이 제기된 것은 이 무렵이었다고 한다(川崎友巳, 前揭書, 13頁).

및 처벌에 대한 논의의 실익이 없다는 의문을 던지는 견해[204]도 조금씩 제기되었다고 한다.[205]

일본은 1990년대에 들어 다시금 기업처벌에 관한 논의가 시작된다. 그런데 이전까지의 주된 관심사가 기업의 범죄능력 및 과실추정설에 관한 것이었다면, 1990년대의 논의는 이와 다른 경향을 보인다. 즉, '현실적이고 실효성 있는 기업범죄에 대한 대책이 무엇인가'라는 실무적인 입장에서 주로 논의가 전개되었다. 예를 들면 1990년에 공정거래위원회는 형사고발에 대한 기준을 발표하였는데, 이는 독점금지법 위반죄의 중대성을 환기시키고, 이를 억제하기 위해 종래의 방침을 바꾸어 적극적 형사고발을 행하는 자세를 분명히 하고 있다.[206] 또 1991년에 '법제심의회형사법부회재산형검토소위원회'는 현행 양벌규정에 있어서 위반행위자와 법인업무주의 벌금형 다액의 연동의 분리에 대해 검토하여, 양자의 분리가 가능하다는 결론을 내렸다. 그리고 소위원회의 승인을 거쳐, 독점금지법, 증권거래법, 부정경쟁방지법, 저작권법 등의 위반범죄에 대해 벌금액의 다액이 1억 엔 내지 5억 엔으로 규정되었다.[207] 나아가 최근에는 쉽게 적발이 어려운 기업범죄의 적발을 통해 법인의 형사책임을 적극적으로 묻기 위해서 절대적으로 필요한 정보수집을 용이하게 하기 위한 과징금제도[208]와 내부고발자 제도의 도입[209]이 강려치

---

204) 靑木紀博, "現在の法人處罰の在り方とその實務上の問題点", 京都學園法學 第16号, 1994, 56頁.

205) 東條仲一郎, 兩罰規定, 立花書房, 1985, 227頁.

206) 또 공정거래위원회는 1991년에 사건의 효과적 처리를 지적하여 검찰청과 '고발문제협의회'를 설치, 독점금지법위반에 대한 고발에 대처하기 위한 실무적인 협의의 장이 준비되어 있었다고 한다(實方謙二, 獨占禁止法(第4版), 有斐閣, 1998, 450頁).

207) 양벌규정에 대한 '연동의 분리'에 관한 논의 및 법제심의회의 답신의 내용에 대해서는, 岩橋義明, "兩罰規定における罰金額の連動切り離しについて", 商事法務 第1270号, 商事法務研究會, 1991, 2頁 이하.

208) 企業犯罪研究會, "獨占禁止法の制裁制度に關する研究-企業犯罪研究會報告書", 2001, 16頁.

주장되고 있다.

일본에서의 이러한 새로운 논의가 전개된 원인으로 몇 가지를 지적할 수 있다고 한다. 첫째, 기업활동의 글로벌화와 형사법을 포함해 기업활동을 엄격하게 규제해야만 한다는 국제적인 조류를 일본만 모른 척하기가 곤란해졌고, 둘째, 경제불황의 장기화를 통해 기업의 범죄 및 처벌에 대한 세간의 이목이 엄격함을 더해 맺고 끊음이 확실한 대응을 요구하는 목소리가 커졌으며, 셋째, 일본의 사회구조가 '호송선단 방식', 즉 감독관청에 의한 사전조정형의 규제방법을 사용하는 사회에서, 규제완화와 자기책임의 원칙에 사후확인형의 규제방법을 취하는 사회로 변화되어감에 따라 그러한 흐름에 맞게 기업처벌에 대한 의의가 다시 파악되기 시작했기 때문이라고 한다.[210]

한편 최근 현실적이고 실효성 있는 기업범죄대책을 모색하는 논의의 움직임에 호응하여 기업처벌의 근거를 둘러싼 논의에 대해서도 새로운 조짐이 보이기 시작했다. 즉, 기업범죄대책의 유효성을 높이기 위해서 기업의 형사책임을 적정하게 묻는 것이 필요하다는 이해로부터, 현행기업 처벌시스템의 검증을 통해 그러한 문제점을 도출해내고, 그것을 극복하기 위한 새로운 접근법이 제안된 것이다. 이러한 새로운 접근법은 오늘날의 대규모 기업의 활동에 있어서, 특정의 개인에 환원되지 않는 기업조직 시스템상의 결함 등에서 중대한 법익침해가 발생하는 경우와 이러한 시스템상의 결함이 해당 기업법인의 자금 및 조직규모에서 판단하여 충분히 회피 가능한 경우, 그리고 현실에서 기업에 의해 발생한 법익침해에 대한 형사책임을 기업에 물을 필요성으로 이해할 수 있다고 한다.

그러나 또 다른 논의로서 현행 기업처벌시스템이 그러한 시스템의

---

209) 丸田 降, "企業の不正行爲と內部告發責任", 法學セミナー 第45卷 第9号, 日本評論社, 2000, 82頁.

210) 川崎友巳, 前揭書, 15頁.

결함을 고려할 여지가 없다는 견해들이 제기되었고, 이와 관련하여 다양한 논의와 함께 그러한 문제점을 극복하기 위한 새로운 기업처벌 모델이 제시되었다.

II. 현행 기업처벌규정의 해석론

1. 서설

일본은 현재 기업범죄에 관하여 법인처벌규정인 양벌규정으로 기업을 처벌하고 있다. 그러나 법인처벌규정인 양벌규정은 해석론적으로 두 가지 문제를 합리적으로 설명하지 못하는 문제점을 안고 있다. 하나는 법인의 범죄능력 문제이며, 다른 하나는 법인처벌의 근거의 문제이다. 이러한 문제에 대해 일본 판례 및 학설은 오래토록 어떠한 입장도 취하지 않은 채 법인의 범죄능력을 부정하면서도 법인처벌규정의 존재를 인정하고, 그 근거를 법인 자신의 행위책임 이외에서 구한다는 제3의 길을 걸어왔다고 볼 수 있다.

생각건대 양자는 분리해서 생각할 수 없는 상관관계를 가진 것이라고 생각된다. 즉, 법인의 범죄능력을 인정한다면 법인처벌은 법인 자신의 행위책임을 묻는 것으로 이해될 수 있고, 법인의 범죄능력을 인정하지 않는다면 법인처벌은 있을 수 없다고 이해하는 것이 가장 자연스럽기 때문이다. 그럼에도 불구하고 일본 판례 및 학설이 이러한 문제에 대해 침묵한 배경에는 일본 고유의 사정이 있었다고 한다. 즉, 舊 형법전을 대신해 현행 형법전이 시행된 1907년(메이지 40년) 이전부터, 이미 행정목적달성의 필요성에 의해 법인처벌규정이 존재하고 있었기 때문이다.

한편 독일 형법학의 영향을 받아 법인의 범죄능력을 부정하는 견해
가 통설화된 이후에도 실제 존재하는 법인처벌규정을 합리적으로 설명
할 필요가 있었다. 이를 위해 일본에서는 법인의 범죄능력을 부정하는
한편 법인의 수형능력만을 인정하고, 법인처벌의 근거에 대해서는 종업
원의 위반행위에 대한 책임이 업무주인 법인에 전가되는 것(이른바 '타
인의 행위에 대한 책임')으로 이해했다. 현재는 약간의 예외를 제외하고
는 거의 모든 법인처벌규정이 양벌규정의 형식을 채택하고 있어 법인의
범죄능력에 관해서도 긍정설이 유력시되고 있다고 한다.[211] 그러나 이
러한 환경의 변화에도 불구하고, 법인처벌론의 해석론상의 문제들은 여
전히 존재한다고 한다. 따라서 입법의 전개과정과 학설 및 판례를 통해
오늘날의 법인처벌규정 해석이 어떠한 문제를 안고 있는지에 대해 검토
한다.

2. 입법의 전개과정

(1) 대벌규정

일본에서 최초로 법인처벌을 규정한 입법례는 1900년에 제정된 「법
인에 있어서의 조세 및 연초전매사범에 관한 법률」(메이지 33년 법률
제52호)이었다. 동법 제1조는 "법인의 대표자 또는 고용 기타 종업원이
법인의 업무에 관하여 조세 및 연초전매에 관한 법규를 위반한 경우에
는 각 법률에 규정된 벌금을 법인에 적용한다. 단, 그 법률에 관하여
벌금, 과료 이하의 형에 처하여야 할 것을 규정한 때에는 법인을 3백
엔 이하의 벌금에 처한다"고 규정하고 있었다. 동 규정은 현재의 양벌

---

211) 川崎友巳, 前揭書, 25頁.

규정과는 달리 대벌규정, 즉 종업원이 법인의 업무에 관련하여 위반행위를 저지른 경우에는 사업주만이 처벌되는 형식을 취하고 있다.

위 법률 이후 법인의 활동을 효과적으로 규제하기 위해 보험업법(메이지 33년 법률 제69호) 제100조의2, 광업법(메이지 38년 법률 제45호) 106조, 어업법(메이지 43년 법률 제58호) 제65조, 약매법(다이쇼 3년 법률 제14호) 제19조, 전신법(메이지 33년 법률 제59호) 제42조, 독극물 영업감독규정(메이지 33년 내무소령 제5호) 제20조, 도장법(메이지 39년 법률 제32호) 제16조, 중앙도매시장법(다이쇼 12년 법률 제33호) 제25조 등의 법률에서 재차 "명치(메이지) 33년 법률 제52호는 본법 또는 본법에 기초하여 발하여진 명령에 의거한 범죄에 준용한다"고 규정하였다.

그러나 大正(다이쇼) 연간(1912～1926) 유지되었던 사업주만을 처벌하는 법인대벌 형식은 이후 사라지고, 다이쇼 말기부터는 "본법에 의하여 적용될 벌칙은 그 자가 법인인 때에는 이사, 기타 법인의 업무를 집행하는 종업원에게 적용한다"고 규정하는 형식이 일반화되었다. 동 규정은 법인에게 형사책임을 묻지 않고 자연인 대표자 및 업무집행자에게 그 책임을 묻는다는 점에서 사업주만이 처벌되는 방식과는 구별되는, 이른바 대표자 대벌형식이 등장하게 되었다. 이러한 규정형식이 등장하게 된 배경은 확실하지는 않지만, 법인의 범죄능력을 부정하는 내법원 판례의 입장에 동조하기 위함이 주요인의 하나라고 보고 있다.[212)

(2) 양벌규정의 등장

종래의 전가벌규정에 대한 문제점으로 인해 법인처벌의 필요성이 제기되면서 법인의 업무와 관련한 대표자 및 종업원이 위반행위를 저지른

---

212) 川崎友巳, 前揭書, 27頁.

경우, 그 행위자와 함께 법인업무주도 처벌하는 양벌규정이 등장하게 되었다.

일본에서 법인처벌의 형태를 양벌로 규정한 최초의 입법은 1932년 (소화 7년) 법률 제17호 「자본도피방지법」(이 법은 후에 개정되어 '外換管理法'이 되었다)이다. 동법은 "법인의 대표자 또는 법인, 또는 사람의 기관, 사용인, 기타 종업원이 다른 법인 또는 사람의 업무에 관하여 前條의 위반행위를 한 때에는 행위자를 벌하는 외에 법인 또는 사람에 대하여 前條의 벌금형을 과한다"라고 규정하고 있다.

3. 현재의 법인처벌형식

양벌규정에 의한 법인처벌은 제2차 세계대전 전후의 입법에도 불구하고 종래의 입장을 계속해서 유지하였다. 그러한 가운데 양벌규정의 개선 및 새로운 법인처벌규정의 도입 등이 검토과제로 대두됨에 따라 법인처벌의 입법론이 활성화되었다. 이 시기에 일시적으로 종업원이 위반행위자일 경우, 종업원과 법인만이 아닌 법인의 대표자도 형벌을 적용한다는 삼벌규정이 주목받기 시작하였으나 삼벌규정을 채용한 법령은 실제 소수에 그쳤다.

현재는 "법인의 대표자 또는 법인 혹은 사람의 기관, 사용인 기타 종업원이 그 법인 또는 사람의 업무에 관하여 前條의 위반행위를 한 때는, 행위자를 벌하는 외에 그 법인 또는 사람에 대하여 각 본조의 벌금형을 과한다"라는 형식으로 규정되어 있다. 즉, 현재 법령 전체의 3분의 2가 행위자 자신의 처벌을 기본으로 하고, 이에 더하여 법인을 처벌하는 양벌규정의 형식을 채택하고 있으며, 시행된 기간을 보더라도 법인 대벌시대 20년, 대표자 대벌시대 20년에 비해 안정된 지위를 얻고 있다고 할 수 있다.[213]

4. 학설의 전개

(1) 명치·대정·소화 시기의 학설

일본에서는 1970년대 중반까지 학설상 법인의 범죄능력부정설이 다수를 차지하고 있었다. 법인의 범죄능력부정설이 압도적인 우위를 점한 것은 명치(메이지)시대로부터 이어져 온 것이었다.

명치·대정·소화 시기의 학설 및 판례는 법인의 범죄능력을 부정하면서 법인의 형사책임의 성질을 '타인의 행위에 대한 책임', 즉 무과실책임으로 이해했다. 이는 우선 명치(메이지) 시기의 학설이 법인의 범죄능력에 관한 귀결을 법인의 본질에서 찾고 있었기 때문이다.[214] 그러나 당시의 학설은 법인의제설을 지지하고 법인의 범죄능력을 부정하면서, 법인의 형사책임의 성질을 법인에 부당한 이익귀속방지 혹은 일반적 예방의 관점에서 법인을 처벌할 필요가 있다고 보아, 법인의 범죄능력은 인정하지 않았다. 하지만 수형능력은 인정함으로써 범죄주체와 수형주체가 동일할 것을 요구하는 형법의 일반원칙의 예외로 생각하였다. 그런데 대정(다이쇼) 말기가 되어 법인의 범죄능력의 유무를 법인의 본질론이 아닌 행위론 및 형사책임의 본질 등 범죄성립의 기본적 요건과의 관계에서 보아야 한다는 견해가 차례차례 세기되기 시작했다. 이후 소화시대에 들어서면서 대벌규정의 법인처벌의 형식이 양벌규정으로 대체

---

213) 川崎友巳, 前揭書, 29頁.

214) 법인의 범죄능력에 관한 귀결을 법인의 본질에서 찾는 경우 법인의 본질을 법률상의 의제로 이해하는 법인의제설에 의하면, 법인은 적법한 목적의 범위 내에 있어서만 존재하고 범죄의 성립요건인 자연적 의사를 가지지 않으므로 범죄능력이 없다는 결론에 이르게 되고, 법인의 본질을 기관의 의사 및 행위를 통해 나타나는 실재로 파악하는 법인실재설에 의하며, 법인의 의사 및 행위가 존재하는 것으로 인식되어, 법인에는 민법상의 불법행위능력뿐만 아니라 범죄능력도 있다는 결론에 이르게 된다.

된다. 그러나 학설에서는 여전히 법인의 형사책임의 성질을 무과실전가책임으로 이해하는 입장이 통설에 있었다.

하지만 범죄능력을 부정하면서 법인업무주의 형사책임의 성질을 무과실전가책임으로 파악하는 것은 책임주의를 경시한다는 비판이 제기되어 이후 책임주의의 원칙을 존중하는 입장에서 법인업무주의 형사책임의 성질을 과실책임에서 구하는 견해가 논의되기 시작하였다. 한편 과실책임설215) 중에서도 법인업무주의 형사책임의 성질을 위반행위를 행한 종업원에 대한 법인 자신의 선임·감독상의 과실, 즉 과실추정설로 파악한다.

과실책임설은 책임주의의 원칙과 행정목적의 달성이라는 양벌규정이 요구했던 두 가지의 요청을 조화시켰다고 하여 전후에도 지지를 확대하며 통설적 지위를 구축해갔다. 그러나 과실책임설의 통설화가 법인의 범죄능력긍정설의 유력화로 직결되지 않았던 점은 유의할 필요가 있다.216) 이는 과실책임설이 범죄능력긍정설뿐만 아니라 부정설도 취하고 있었기 때문이다. 즉, 범죄능력긍정설의 입장에서는 법인이 기관을 통해 의사를 가지고 행위한다는 것을 근거로, 종업원의 위반행위에 대한 기관의 감독상 과실이 법인 자신의 감독상의 과실이라고 이해하였고, 이에 대해 부정설은 법인은 의사 및 육체를 가지고 있지 않기 때문에 법인 자신의 과실이라는 것은 있을 수 없으나, 법인의 무과실전가책임을 부과하는 것은 법인과 기관의 관계를 고려하여 종업원의 위반행위에 대해 기관 감독상의 과실이 인정될 수 있다고 이해했기 때문이다.

---

215) 과실책임설은 다음 세 가지의 학설로 세분화하여 이해할 수 있다. ① 법인업무주의 과실은 의제된 것으로 법인의 면책은 허용되지 않는다는 과실의제설, ② 법인업무주의 과실은 행정감독상의 필요성에서 추정되어 있어, 법인이 무과실을 입증한다면 면책될 수 있다고 하는 과실추정설, ③ 법인업무주의 과실도 통상의 과실과 같이 검사에 의해 입증될 필요가 있다는 순과실설이다.

216) 川崎友巳, 前揭書, 38頁.

(2) 현재의 기업처벌에 관한 학설

오늘날 양벌규정에 의한 법인의 처벌근거에 관하여 학설은 종업원에 대한 선임·감독상의 과실책임으로 이해하는 입장이 넓은 지지를 얻고 있다. 그중에서도 종업원의 위반행위에 대해 법인의 과실이 추정된다는 과실추정설이 통설화되어 있다.

한편 과실추정설에 의한 법인의 주의의무의 내용에 있어서, 학설은 단순히 일반적, 추상적인 주의로는 부족하며 구체적으로 법인에 대한 주의의무의 내용을 업무 전반에 있어 일체의 위반행위를 하지 않도록 주의 감독할 의무라고 한다. 다시 말해 모든 종업원들이 일체 위반행위를 일으키지 않도록 '전체의 주의 감독을 해야 할 의무'라고 하거나, 혹은 과실추정의 실패가 불가항력에 기초한 경우 또는 감독이 전혀 불가능한 경우라는 견해 등이 제시되고 있다. 판례 또한 그 금지에 있어서는 '적극적·구체적으로 위반행위 방지에 매진할 필요가 있다'고 판시하고 있다.

그러나 판례가 법인에게 요구하는 주의의무가 평균적인 일반인이 준수 가능한 주의의무를 전제로 하는 형법상 통상의 과실과는 성질이 다른, 법인에게만 극히 고도의 주의의무를 요구한다는 비판이 제기되었다. 이를 비판하는 대표적 견해로서 두 가지가 주장되었다. 하나는 대표자의 과실을 요하지 않는 무과실전가책임설로의 회귀였다. 이 견해는 과실추정설을 비판하는 입장에서 제기된 것으로 주로 검찰 측에서 주장하였다.[217] 그러나 무과실전가책임설로의 회귀는 과실추정설이 지지를 확

---

217) 이 견해는 대표자의 선임·감독상 과실책임의 존재를 전제하지 않는 낡은 무과실전가책임설으로의 회귀를 지지하는 입장으로, 대부분 과실추정이 이루어지는 판례의 현상을 행정감독목적의 실효성을 확보, 범죄의 억지효과를 높이기 위한 것으로 이해할 수 있다고 한다. 따라서 낡은 무과실전가책임설이 적절하며 실태에 가장 가깝다고 주장한다.

대했던 과거의 경위를 완전히 무시했다는 비판과 행정감독목적의 실효성을 확보하기 위해 책임주의와의 조화를 도모한 과실추정설을 파기하는 것은 책임주의를 경시하는 것이라고 비판하는 견해에 부딪혀, 무과실전가책임설로의 회귀라는 주장은 문제제기로서의 효과를 발휘하지는 못했다.[218]

한편 또 다른 견해로 책임주의를 포용하면서 현행 규정에 의해 발생한 문제해결을 목표로 하는 주의의무의 내용의 실질화를 주장하는 견해가 있다. 이 견해에 의하면 과실추정설이 형해화되는 원인이 대규모화·복잡화된 기업법인의 실태를 무시하고 법인의 과실을 전제로 하여 대표자에게 말단 종업원의 위반행위를 방지하기 위한 직접적인 선임·감독상의 주의의무를 요구하는 것에 있다고 한다. 따라서 주의의무를 실질화하기 위해서, 즉 법인이 면책받기 위한 주의의무를 평균적인 대표자가 준수 가능한 범위로 한정하는 한편, 그러한 주의의무를 대표자가 직접 이행할 필요 없이 제도·조직을 통해 실행해도 무방하다고 본다. 한편 주의의무의 구체적 내용을 '위반행위를 방지 감독하기 위한 제도상 내지 조직상의 조치의무와 그 조치가 유효하게 기능하도록 주시 감독하는 조치의무'에 있다고 주장한다. 이 견해는 근래 지지를 넓히고 있다고 한다.[219]

---

218) 川崎友巳, 前揭書, 41頁.

219) 이 견해를 지지하는 경우에도 행정감독상의 필요성을 근거로 하여 전통적인 과실 개념을 완화한다는 부분이 타당한지에 대해서는 고민해야 한다고 한다. 한 걸음 더 나아가서 이 견해의 연장선으로 "반드시 대표자에 의해 위반행위의 방지조치가 직접적으로 설명될 필요 없이, 시스템으로서의 방지작용이 뒷받침된다면 무리가 없다"고 하여, 주의의무의 내용을 자연인에 대한 것과는 다른 성질로 구성할 가능성이 존재한다는 지적도 있다(川崎友巳, 前揭書, 42頁).

(3) 현행 기업처벌규정의 해석론의 문제점

양벌규정으로 법인의 형사책임을 인정하는 과정에 있어서 해석론상
의 문제로 두 가지를 지적할 수 있다. 첫째, 법인의 범죄능력긍정설과
부정설의 구분에 의한 것으로, 법인의 범죄능력긍정설과 부정설의 그
어느 쪽의 견해에 의하더라도 종업원이 위반행위를 한 경우와 법인의
대표자가 위반행위를 저지른 경우를 전제[220]로 하고 있다. 그러나 법인
의 범죄능력긍정설[221]과 부정설[222]의 인정과정은 그다지 크게 차이가
없는 것으로 판단하고 있다. 다만 차이는 대표자의 책임을 법인의 책임
으로 동일시하는가, 아니면 법인에 무과실책임, 즉 전가책임을 인정하
는 것에 차이가 있을 뿐 실제 양벌규정의 운용에 있어서는 차이가 발생
하지 않는다고 한다.[223]

---

220) 대표자가 위반행위를 저지른 경우 형사책임의 인정과정은 다음과 같다. ① 대표자
의 고의·과실에 의한 위반행위를 특정한다. ② 대표자의 고의·과실책임을 법인
에 전가한다. ③ 대표자의 행위책임과 법인의 무과실전가책임을 묻는다.

221) 법인의 범죄능력을 긍정하는 견해에서는 종업원이 위반행위를 저지른 경우, 법인
의 형사책임은 다음과 같은 인정과정을 거친다. ① 위반행위를 저지른 종업원을
특정한다. ② 종업원의 위반행위에 대해, 선임·감독상의 주의의무를 가진 대표자
를 특정한다. ③ 대표자의 선임·감독상의 과실을 인정한다(과실추정설에서는 대
표자가 충분한 주의의무를 다한 경우를 입증하지 못하는 경우 ㄱ 과실을 묻는다)
④ 대표자의 과실을 법인의 과실과 동일시한다. ⑤ 종업원의 행위책임과 법인이
선임·감독상의 책임을 묻는다. 반대로 대표자가 위반행위를 저지른 경우, 법인의
형사책임은 다음의 과정을 따라 인정된다. ① 대표자의 고의·과실에 의한 위반
행위를 특정한다. ② 대표자의 고의·과실책임을 법인의 고의·과실책임과 동일
시한다. ③ 대표자의 행위책임과 법인의 행위책임을 묻는다.

222) 법인의 범죄능력을 부정하는 견해에서는 법인의 형사책임은 다음과 같은 인정과
정을 거친다. ① 위반행위를 저지른 종업원을 특정한다. ② 종업원의 위반행위에
대해 선임·감독상의 주의의무를 가진 대표자를 특정한다. ③ 대표자의 선임·감
독상의 과실을 인정한다. ④ 대표자의 과실을 법인에 전가한다. ⑤ 종업원의 행위
책임과 법인의 무과실전가책임을 묻는다.

223) 이에 관해 대표자의 주의의무와는 별개로 법인의 성질을 고려한 법인 고유의 주의
의무를 전제로 하는 것이 가능하다고 보는 견해가 있다. 또한 양벌규정의 합리적
인 해석을 위해서는 법인의 선임·감독상의 과실인정과 대표자의 선임·감독상의

오늘날 일본의 판례 및 통설은 양벌규정에 있어서 법인의 형사책임의 성질을 종업원의 위반행위에 대한 선임·감독상의 과실로 이해하고 있다. 그리고 종업원이 업무상 저지른 행위가 통상 법인의 선임·감독에 기초한 행위라는 점을 근거로, 종업원의 위반행위에 대해 법인과실이 추정된다는 과실추정설이 행정감독목적과 책임주의 요청에 대한 배려를 조화시켰다는 점에서 넓은 지지를 얻고 있다. 하지만 양벌규정의 실제 운용에 있어 법인이 주의의무를 다한다고 하여도 면책되는 경우는 거의 드물다고 한다. 이러한 운용의 실태는 지금까지 법인·업무주에 대해 개별적이고 극히 고도의 주의의무가 요구되어 온 것을 반영하고 있다고 할 수 있다. 따라서 실질적인 무과실책임을 묻는 것과 같다는 문제점을 가지고 있다.[224]

(4) 판례의 동향

판례는 법인처벌 형식이 대벌규정인 경우에 있어서 법인의 범죄능력을 부정하면서, 업무주의 의사유무와는 상관없이 업무와 관련한 종업원의 위반행위가 있는 경우 업무주에게 무과실전가책임을 인정하였다. 또한 자연인 업무주뿐만 아니라 법인 업무주에 대해서도 무과실전가책임을 부과하는 한편, 책임주의 원칙의 예외라고 보았다.

그러나 법인처벌규정 방식이 양벌규정으로 대체되고 양벌규정의 방식을 채용한 법률이 급증하면서, 법인처벌규정을 책임주의원칙의 예외

과실인정을 완전히 분리할 필요가 있다고 주장하기도 한다. 그리고 해석상의 문제로 양벌규정에 있어서 법인의 형사책임을 면책하는 주의의무의 실질화를 주장하고 있다(川崎友巳, 前揭書, 44～46頁).

224) 이러한 문제점을 비판하면서 법인에 대해서도 현실적 무과실면책의 가능성이 보장되어야 한다고 주장한다. 이에 관한 자세한 내용은 川崎友巳, 前揭書, 47～48頁 참고

로 이해하는 것에 많은 비판이 제기되었다. 이러한 비판을 수용하여 판례는 과실추정설을 채용함을 명백히 하였으며, 나아가 업무주가 책임을 면하기 위해 종업원의 위반행위를 방지하기 위해 어느 정도 주의의무를 다해야 하는지에 관한 기준을 대판 소화 3년 3월 20일 판결[225]을 통해 제시한다. 동 판결에서는 법인의 면책을 인정받기 위해서는 일반적·추상적인 주의·감독으로는 부족하고 상당의 주의를 요한다는 기준을 제시하고 있다. 이러한 기준은 그 이후 판례에서 법인의 형사책임을 판단하는 기준이 되었다.

하지만 이러한 판례의 입장은 다수의 사건에서 무과실면책이 부정되었다.[226] 한편 종래 판례의 기준에 따라 업무주의 무과실면책을 인정한 경우도 있다.[227] 이처럼 무과실면책을 인정한 사건이 있기는 하지만 대부분 사건에서 무과실면책을 부정하고 있어, 일본 판례의 태도는 실질적으로 무과실책임을 묻는 것과 같다는 비판을 가할 수 있다.[228]

---

225) 製絲제조·판매를 업으로 하는 법인의 종업원이 잠사업법 39조 2항을 위반하여 누에의 육성에 필요한 위생조치에 태만히 한 사건이다(大判 昭和 3年 3月 20日).

226) 이때 주로 문제가 된 것은 노동기준법상(제121조 제1항 단서 및 제2항)의 면책요건으로 사업주가 위반방지 또는 시정에 필요한 조치를 취하였는지 여부였다. 1973년 동경고등법원 판결은 18세 미만의 자에 대하여 심야작업을 하도록 했다는 이유로 사업주가 기소된 사건에 대해, "심야사용 금지에 관하여 단지 일반적, 추상적으로 주의를 준 것만으로는 족하지 않고 그 금지에 관하여 적극적·구체적으로 지시를 하여 위반방지를 위한 노력이 필요하다"고 하면서 대표자 등 간부가 연소자를 심야에 사용하지 않으려는 의향을 가지고 있었다는 것만으로는 부족하다고 판시하였다(東京高判昭和 48年 2月 19日 (判例タイムズ 제302号), 1974, 310頁).

227) 예를 들어 18세 미만의 시간 외 노동금지위반 사건에서, 노동기준법 시행 이전에 전국의 공장에 노동기준법 준비위원회를 설치하고 위반방지대책을 연구하게 한 점, 전국의 공장장과 인사과장을 모아놓고 노동기준법에 대한 설명회를 실시한 점, 노동기준법 시행 후 사장회람에 의하여 전국의 공장에 전달보급을 도모한 점, 공장에서 각 과의 대표를 모아 지도교육을 행한 점, 종업원 기숙사와 휴게소에 노동기준법을 발췌하여 게시하고 그 보급을 철저히 한 점, 월 2회의 과장회의에서 인사과장에게 노동기준법을 설명하게 한 점 등을 인정하여 법인사업주의 면책을 인정하였다(大阪地判 昭和 24年 7月 15日).

228) 김재봉, "양벌규정의 기업처벌의 근거·구조", 법학논총 제24권 제3호, 한양대학교 법학연구소, 2007, 6면.

5. 기업처벌 입법론의 동향

일본에서는 과거부터 현행 법인처벌규정, 즉 기업처벌의 존재방식에 다양한 입법론이 제시되어 왔다. 전술한 바와 같이 일본은 1970년대 들어 공해 및 약해 등의 기업범죄에 대한 사회적인 관심이 높아졌다. 이러한 관심은 현행 법인처벌규정이 기업에 의한 범죄를 효과적으로 규제하지 못하는 결과에 대해 효과적인 규제의 요청으로 나타났다.

일본은 이때부터 본격적으로 법인처벌규정에 관한 입법논의가 활발히 진행되었다고 한다. 더욱이 1976년 6월, 법제심의회의 형법개정에 대한 검토결과를 받은 법무성이 법인처벌규정을 '계속 검토해 나아가야 할 사항'이라고 표명, 형사국에 설치한 법인처벌문제에 관한 소위원회의 검토결과가 정리되었고, 이 검토결과에 대한 평가를 포함하여 법인처벌입법에 관한 논의가 가속화되었다. 그러나 그 후 개개의 법령을 신설 혹은 개정할 때 양벌규정을 포함하는 것에 의해 어느 정도 기업활동의 형사규제가 도모되었고 입법론에 대한 관심은 급속이 약화되었다고 한다.[229]

한편 이러한 이유의 결과로 현행 법인처벌규정에 대한 해석론을 통해 해결하지 못하는 제도상의 본질적인 문제가 존재하게 되고 이로 인해 기업범죄가 점점 심각해지자 적정한 대응을 요구하는 여론이 다시 일어나게 되었다고 한다.[230] 이러한 동향은 새로운 입법에 의한 기업범

---

229) 1991년에 법제심의회 형사법부회 재산형 검토소위원회가 달성한 "현행 양벌규정에 있어서도 위반행위자와 법인업무주의 벌금형의 다액 연동을 분리하는 것은 가능"하다는 결과를 같은 법부회가 승인하고, 사적 독점의 금지 및 공정거래의 확보에 관한 법률(독점금지법), 증권거래법, 부정경쟁방지법, 저작권법 등의 법인에 대한 벌금다액이 1억 엔 내지 5억 엔으로 상승함으로써 법인처벌에 있어 입법적인 조치를 긴급히 실시할 필요성이 점점 저하되었다. 또한 이러한 대응은 종래의 기업처벌시스템이 가졌던 문제점의 근본적인 해결을 목표로 한 것이 아닌, 오히려 수명을 연장시키기 위한 응급조치에 지나지 않는다는 비판을 가한다(川崎友巳, 前揭書, 64頁).

죄시스템 그 자체의 근본적인 개선을 요구하는 경향으로 나타나고 있다. 즉, 자연인을 매개로 하지 않고 '시스템' 및 '조직구조'라는 법인 고유의 성질을 어떻게 고려해야 하는 것인가에 관한 것으로서, 이미 일본에서는 첫째, 법인 고유의 성질에서 범죄성립요건을 찾는 접근방법, 둘째, 법인 고유의 책임요소를 통한 접근방법, 셋째, 법인 고유의 주의의무를 통한 접근방법 등이 주장되고 있다.[231] 그러나 이러한 제안들에 대한 의견이 분분하여 아직까지 결론이 나고 있지 않다고 한다.[232]

---

230) 종래 일본에서 현행 법인처벌규정의 한계를 인식하고, 제안된 기업처벌 입법론은 크게 4가지로 정리할 수 있다. 첫째, 삼벌규정일원화설, 둘째, 법인행위책임, 셋째, 법인독립처벌설 그리고 기업조직체책임설 등이 있다. 이에 관한 자세한 내용은 川崎友巳, 前揭書, 66~77頁 참조; 종래 기업처벌에 관한 입법 중에서 행위책임설이 다수설의 위치를 차지하고 있었다. 그러나 다음과 같은 문제점이 있다. 법인처벌규정이 종업원의 위반행위를 전제로 하고 이에 대한 법인과 동일시되는 자의 범위가 대표자로 제한되어 있어 실질적으로 무과실책임을 인정하게 되었다. 이에 기업의 구조가 복잡화되면서 위반행위자를 특정하지 못할 경우 기업을 처벌하지 못하는 경우가 생기게 되므로 해서 새로운 입법론이 대두되기 시작하였다.

231) 이에 관한 자세한 내용은 川崎友巳, 前揭書, 77~80頁 참조.

232) 오늘날 일본에서 제기되고 있는 기업처벌에 관한 새로운 입법제안들은 대규모기업들의 위법행위를 적정하게 감독하기 위한 다양한 방법을 모색하고 있는 것으로 보인다. 특히 이러한 입법제안들은 현재 발생하고 있는 기업범죄들이 기업의 조직시스템상의 결함에 의해 이루어지고 있어, 종래처럼 자연인을 특정하지 못할 경우 법인을 처벌할 수 없는 흠결을 방지하고 기업의 형사책임을 적극적으로 묻기 위한 것으로 판단된다. 또한 종래와 달리 법인처벌의 근거를 자연인을 매개로 하여 찾지 않고, 법인 고유의 성질을 전제로 한, 즉 법인을 직접적으로 처벌할 근거의 필요성을 제기하고 있으며, 위법행위자를 특정할 수 없었던 사안에 있어서도 기업의 형사책임을 물을 필요가 있는 기업처벌의 현실적 필요에도 부합하는 것이라고 생각된다.

제3장 현행 기업처벌에 관한 일반적 고찰

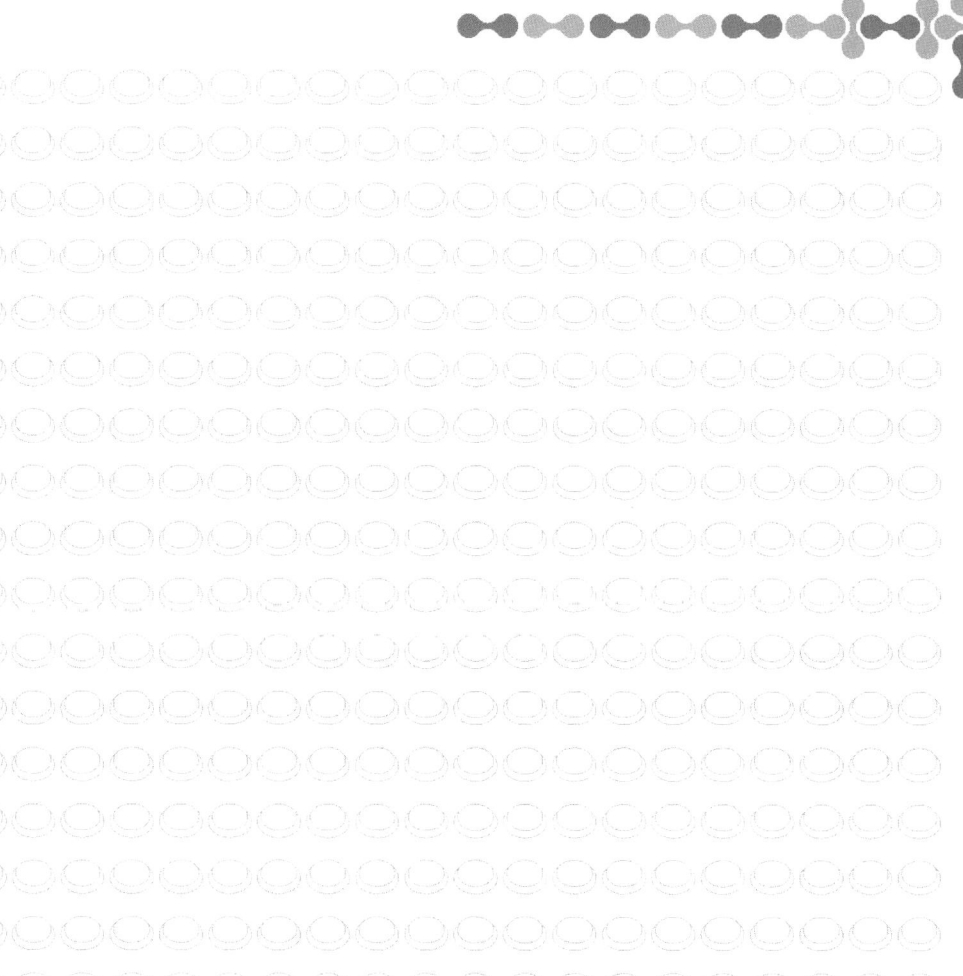

제1절 서설

오늘날 자본주의 사회에서 기업은 사회경제적 측면뿐만 아니라 정치적인 측면에서도 매우 중요한 위치를 차지하고 있다. 기업은 경제활동의 주역으로서 활동의 내용과 범위가 매우 다양하고 광범위하다. 그러나 이러한 다양하고 광범위한 기업활동으로 인해, 오늘날 경제생활에서 기업이 차지하는 비중만큼이나 기업범죄로 인하여 사회경제적 피해규모 역시 매우 크다고 할 수 있다. 이에 기업에 대한 처벌의 필요성과 형사정책적인 요청에 따라 다양한 방법으로 기업범죄를 억제하기 위한 노력을 하고 있다. 이는 비단 우리나라뿐만 아니라 다른 나라에서도 기업을 처벌하기 위한 입법활동을 통하여 기업형벌을 도입하는 방향으로 나아가고 있음을 확인할 수 있다.

기업처벌에 있어서 기업범죄의 주체는 기업이다. 따라서 기업이 범죄의 주체가 될 수 있는지의 여부는 기업처벌에 있어서 매우 중요한 문제이다. 기업에 의한 범죄는 현행 형법전에서 규율하고 있는 전통적 범죄의 개념을 벗어나, 전통적 사고에 따라 범죄로 포착하기 매우 어려운 반사회적 현상이다.[1] 따라서 기업에 의한 범죄는 전통적인 범죄보다 법익침해 및 그 결과가 사회에 미치는 파장이 훨씬 크다. 또한 피해범위가 자연인에 한정되는 것이 아니라 우리 사회뿐만 아니라 全 세계에 미치기도 한다.[2] 그럼에도 불구하고 우리나라는 기업처벌에 있어서 여

---

[1] 같은 견해로 법인범죄는 종래 전통적으로 취급되어온 범죄형태와는 그 성질과 내용에 있어 매우 다른 측면을 가지고 있다고 한다(천진호, "기업범죄와 형사적 규제", 법학논고 제16집, 경북대학교 법학연구소, 2000, 70면).

[2] 2001년 경영진의 방만한 경영과 분식회계 등 고의적인 범죄행위로 인해 거대 에너지기업인 엔론(Enron)社가 파산했다. 직접적이진 않더라도 국내경제에 간접적인 영향을 미쳤다고 할 수 있다(이천현·임정호·박기석, 앞의 책, 47면); 박강우, 앞의

전히 형법전이 아닌 부수형법을 통하여 기업을 처벌하고 있다.[3] 이는 전통적인 근대형법이론에서 범죄주체를 자연인만으로 규정하고 있는 대륙법계의 영향 때문이다. 그러나 비교법적 관점에서도[4] 대륙법계를 계수하고 있는 많은 국가들이 형법전에 법인을 범죄주체로 인정하고 있고, 영미법계에서도 기업의 범죄주체성을 인정하고 있다. 이는 시대적 상황을 반영한 결과라고 할 수 있다.[5] 다시 말해 과거에 사회경제적 측면에서 중심적인 역할을 하는 자는 자연인이었으나, 현재는 사회경제적 측면에서 자연인이 수행하던 행위를 기업이 대신하고 있기 때문이다. 물론 기업의 범죄능력[6]에 대한 의문을 제기하기도 한다. 그러나 이때의

논문, 311면; 최근 기업범죄나 환경범죄에 대한 법인처벌의 폭과 필요성이 커지고 있는 경향에 따라 법인의 형사책임과 관련하여 그 범죄능력을 재검토해야 한다는 주장과 2007년 서브프라임 모기지 사태로 시작된 미국發 금융위기로 기업활동에 대해 적극적으로 규제해야 한다고 한다(안성조, "법인의 범죄능력에 관한 연구", 한양법학 제21권 제1집, 2010.2, 71면).

3) 그러나 형법 제38조는 법인에 대한 몰수와 추징을 규정하고 있다(조국, 앞의 논문, 60면(각주 5)).

4) 예를 들어 미국 모범형법전 제207조는 "법인, 법인격 없는 단체 및 그들을 위하여 행위하거나 또는 행위할 의무를 가지는 자의 책임"이라는 규정을 두고 있다. 그리고 스위스에서는 2003년 4월 형법개정을 통하여 제102조에 기업의 책임에 관한 명문규정을 두었고, 기업경영에 의하여 범죄가 행해졌지만 그 범죄를 특정의 개인에게 귀책할 수 없는 때에는 기업 자신에게 과료를 부과할 수 있다고 규정하고 있다. 또한 프랑스는 신형법 제131-37조(법인에게 적용되는 중죄, 경죄의 형벌), 제131-38조(법인에게 적용되는 벌금형의 액), 제131-39조(법인에게 적용되는 특별형벌)를 규정하고 있다.

5) 사회통제수단으로 법의 역할을 충실히 하는 데 기여할 수 있도록 형법이론의 수정을 통해 기업의 범죄주체성에 대한 법적 근거를 마련해야 한다고 한다(강동욱, "기업범죄에 있어서 법인의 책임과 배임죄의 성부", 한양법학 제21권 제2집, 한양법학회, 2010.5, 345면).

6) 원래 법인의 범죄능력 문제는 행위능력의 문제로, 독일에서는 법인의 범죄능력을 행위능력의 문제로 다루고 있다. 그러나 우리나라에서는 법인의 형사책임과 관련하여 법인의 범죄능력을 논함에 있어 행위능력과 책임능력을 구별하지 않는 것이 일반적이다(이재상, 형법총론, 박영사, 2009, 91면); 같은 취지로 형사책임이라는 용어는 행위능력과 책임능력 그리고 형벌능력까지 포괄하는 개념으로 법인의 범죄능력과 같은 의미로 이해하면 된다고 한다(배종대, "법인의 범죄능력", 고시연구, 1999.9, 156면).

기업의 사회경제적 활동의 행위가 비록 자연인을 통해서 자연인이 행위하고 있지만, 이러한 행위는 자연인 개인의 의사에 의한 행위가 아니라, 기업의 구성원으로서 기업의 의사로 행위하는 것이다.

오늘날 우리 사회는 자연인 외에 개인들이 모여서 형성한 단체나 조직이 법률에 의해 법인격이 부여된 수많은 법인격을 가진 법인과 함께 공존하며 살아가고 있다. 그러나 현행형법은 자연인만이 범죄행위를 할 수 있다고 하는 전통적인 刑法觀에 따라, 실제 자연인보다 더 큰 사회적 유해행위를 하고 있는 기업에 대해 전통적 사고에 사로잡혀, 기업의 유해행위를 묵인하고 있는 실정이다. 또한 자연인과 법인은 그 실체와 존재방식이 다름에도 불구하고 전통적인 형법이론은 신체와 의사가 없다는 이유로 기업의 범죄주체성을 부정하고 있다. 그러나 이론적으로 기업의 범죄주체성을 인정하지 않음에도 불구하고 실제 기업처벌규정인 양벌규정을 통해 처벌하고 있다.

전통적인 형법이론에 의하면 형벌능력은 범죄능력이 전제되어야 한다. 따라서 범죄를 저지른 자는 누구나 그에 합당한 처벌과 제재를 받아야 한다는 것은 법치국가적 요청이며, 사회질서를 유지하기 위한 최소한의 기본원칙이다. 그러나 기업처벌에 있어서만은 이러한 원칙이 지켜지지 않고 있다. 이에 본 장에서는 기업의 형사책임에 대한 논의가 기업처벌의 본질과 구조에 대한 이해에 있어 기초기 되는 논의로서, 종래 범죄능력 부정에 관한 학설의 논거와 판례에 대한 비판적인 검토를 통해, 기업의 범죄주체성 및 형벌능력을 긍정해보고자 한다. 그리고 기업의 형사책임에 대한 논의가 실정법의 태도를 무시한 채 이루어져서는 안 될 것이므로, 현행 기업처벌규정인 양벌규정에 대해서도 개괄적으로 검토해보기로 한다.

제2절 법인의 형사책임

I. 서설

법인의 형사책임에 관한 문제는 법인이 범죄능력을 가지는지, 즉 범죄주체가 될 수 있는가라는 문제를 우선적으로 검토해야 한다.[7] 민법에서는 제34조와 제35조를 통해 법인에게 권리능력, 행위능력, 그리고 불법행위능력까지 제한적으로 인정하고 있다. 그러나 형법에서는 이러한 규정을 찾을 수 없다. 그 이유는 근대형법에서 범죄주체로서 자연인만을 범죄의 주체로 인정하고 있었기 때문이다. 즉, 자연인이 범죄단체를 조직하는 행위를 처벌하거나 여러 명의 자연인이 하나의 범죄에 참여하는 현상을 규율하기는(제30조~ 제34조) 하지만, 단체 자체를 범죄주체로 상정하지는 않았다. 그렇기 때문에 범죄행위의 주체는 오로지 자연인으로 한정되었다.

그러나 법률에 의해 법인격이 부여된 법인은 사회적 실체로서 존재하고, 이들의 사회경제적 활동으로 인한 피해가 증가하고 대규모화됨에 따라, 형법전에 법인의 처벌에 관한 명문규정을 두고 있지 않음에도 불구하고, 법인의 위법행위에 대한 제재의 필요성과 행정목적을 달성하기 위하여, 행정벌로서 현행기업 처벌규정인 양벌규정을 두게 되었다. 그러나 이러한 양벌규정이 법인의 처벌규정으로서 자연인 이외에 법인도 범죄의 주체로 인정할 수 있게 하는 규정인지에 대한 논란이 생겨났다. 이와 관련하여 우선 법인도 범죄능력을 가질 수 있는지에 관한 이론을 전개하게 되었고, 다음으로 양벌규정과 관련하여 법인처벌의 근거를 논

---

7) 법인도 범죄능력을 갖는가라는 문제에 있어서 입법론과 해석론을 구별하여야 한다고 한다(임웅, "범죄의 주체와 법인의 범죄능력", 고시연구사, 1998.12, 130면).

하게 되었다.[8]

　종래 우리나라에서 법인의 범죄능력에 관하여 이를 부정하는 것이 학설과 판례의 일반적인 견해이다. 그러나 법인의 범죄능력을 인정하자는 견해가 늘면서, 현재는 긍정설도 유력한 견해로 제시되고 있다. 이는 우리뿐만 아니라 비교법적으로 살펴보았을 때, 많은 국가에서의 일반적인 경향이라고 할 수 있다.[9] 그러므로 종래 범죄능력부정에 관한 학설의 논거와 판례에 대한 비판적인 검토를 통해 법인도 범죄행위의 주체가 될 수 있음을 규명하고자 한다. 이를 위하여 우선 법인처벌의 필요성에 관하여 살펴보고, 법인의 본질에 관하여 검토하고자 한다.

Ⅱ. 법인처벌의 필요성

　오늘날 자본주의사회에서 법인은 다양한 영역, 특히 경제적 영역에서 중요한 역할을 담당해오고 있다. 그러나 이러한 영역에서 법인은 순기능만 하는 것이 아니라 경우에 따라 역기능을 하기도 한다. 이러한 기업의 역기능의 예로 기업들의 무모한 차입경영, 방만한 문어발식 확장행태, 정경유착 등을 들 수 있으며, 이러한 기업행태는 범죄나 온갖 비리사건의 주역으로 등장하며 사회적 지탄의 대상이 되기도 한다. 이깃은 기업의 존재목적이기도 한 이윤추구를 위해 나타나는 부정적인 단면일지도 모른다.
　또한 과거 '先성장・後분배'라는 국가경제정책에 따라 국가가 이러한 기업의 불법행위를 묵인한 점도 한몫을 했다고 생각한다. 그리고 현행 형법이 전통적으로 자연인의 행위구조 및 형벌감수성을 중심으로 전

---

8) 조병선, "양벌규정과 법인의 형사책임", 형사판례연구, 박영사, 1998, 2면.
9) 우리나라와 같은 입법형식으로 기업범죄에 대처하고 있는 일본 또한 법인의 범죄능력을 인정하는 견해가 다수설화되어가고 있다고 한다(田雅英, 刑法總論講義(第4版), 東京大學出版會, 2006, 99~100頁).

개되어, 근대 자본주의 체제의 성립 이후 새로운 범죄주체로 등장한 기업에 대한 독자적인 고려 없이 기업범죄를 적절히 제재할 수 있는 제도적 장치나 법률을 제대로 갖추지 않았기 때문이기도 하다. 즉, 종래 형법에 있어 범죄이론과 형벌이론은 자연인의 행위에 초점을 두고 이론이 전개되어왔고, 이러한 영향은 우리나라를 포함한 대륙법계의 형법이 '단체는 죄를 범하지 못한다'는 法諺에 따라 자연인만을 형사책임의 대상으로 파악하고 있었기 때문이다.

그러나 오늘날 기업은 자연인과 다른 구조적 특성을 가지고 있는, 유기적 조직체로서 경제활동의 효율성을 높이기 위해서 실행행위, 정보보유 및 결정권한이 고도로 분화되어 있기 때문에 자연인의 범죄와는 달리 기업범죄에 참가하는 기업 내부자에 대한 형사책임을 판단함에 있어 어려움이 있다. 즉, 기업조직 내부를 수평적으로 기능에 따라 관할영역을 나누고, 수직적으로 구성원의 역할에 따라 권한과 책임을 분배하는 분업의 정도가 고도화될수록 특정행위자에게 책임을 돌리는 '개인주의적 형법패러다임'은 한계[10]에 부딪힐 수밖에 없다. 그리고 행위자들 사이에서 다른 구성원에게 책임을 전가하는 '책임의 분산'[11]이 강하게 존재하므로, 기업범죄에 대한 형사책임의 귀속을 더욱 어렵게 만들고 있다.

현재 우리나라는 법인범죄에 있어 일반형법이 아닌 부수형법에서 양벌규정을 통해 실행행위를 담당한 직접적 행위자를 처벌하고 있다. 이에 대해 거대조직에서 하나의 작은 부속품처럼 편입되어 있는 개인에게 형사처벌을 묻는 것으로는 법인범죄에 효율적으로 대처할 수 없다는 비판이 가해진다. 여기에서 법인처벌의 필요성[12]과 함께 법인에 대한 독

---

10) 박강우, 기업범죄의 현황과 정책분석, 한국형사정책연구원, 1999, 87면.

11) 최인섭·최연신, 화이트칼라범죄에 관한 연구, 한국형사정책연구원, 1996, 31면.

12) 신동운, 형법총론(제5판), 법문사, 2010, 105면; 현행기업처벌규정인 양벌규정도 법인처벌을 위한 형사처벌의 확장을 위한 방법론으로 이해되는 것은 당연한 귀결인 것처럼 보인다고 한다(박미숙, "법인범죄 제재의 정책적 근거 및 제재 다양화 방

자적 제재수단을 마련해야 한다는 주장이 강하게 제기되고 있는 것이다.[13] 이러한 주장은 다음과 같은 점에서 타당하다고 생각한다. 첫째, 법인범죄에 부과되는 개인형벌은 사회적 손해의 크기 및 개인의 책임 정도를 동시에 적절히 조화시킬 수 없기 때문에 응보효과를 달성할 수 없고, 이는 형벌의 포기로 이어져 법질서의 일반적인 구속력을 약화시킨다. 그리고 사회는 기업에 대한 책임비난의 확대를 통한, 기업 자체에 대해 기업범죄의 억제라고 하는 긍정적인 영향력을 행사할 수 있기를 기대하는데, 지금처럼 기업 자체를 벌하지 않고 단순히 기업구성원의 행위만을 처벌하는 것은 사회가 일반적으로 기대하는 응보의 필요성을 충분히 만족시킬 수 없다고 한다. 둘째, 가장 낮은 직급에 있는 기업구성원까지 책임영역에 있어 공동으로 책임을 지는 '책임의 조직화'라는 원칙은 복잡한 기업조직구조로 인하여 '조직화된 무책임'으로 변하여, 기업범죄의 증가 및 대처의 어려움을 가중시킨다는 것이다. 이러한 기업의 특징은 기업에 의해 언제나 범죄가 행해지고 있음을 의미하는 것이며, 이로 인해 기업 자체를 처벌해야 할 형사정책적인 필요성이 더욱 분명해지는 것이다.[14] 마지막으로 기업구성원의 개별적인 행위도 기업에 의해 행해진 범죄행위에 해당한다고 하여, 기업의 형사책임을 인정하고 있는 영미법계와는 달리 기업의 범죄능력을 부정하고 있다. 기업형벌을 인정하지 않아 현실적으로 개인에 대한 형벌위협만으로는 불법행위를 억제할 수 없는 한계가 존재한다. 즉, 개인에 대한 형벌만으로는 기업이익의 유지 및 확장에 적합한 불법행위를 단념하게 하는 것이 불가능하므로 범죄억지력이 부족하다.[15]

안", 형사정책연구 제20권 제1호, 한국형사정책연구원, 2009(봄호), 766면; 헌법재판소 2010.5.27, 선고 2009헌가28 결정.

13) Richard Busch, Grundfragen der strafrechtlichen Verantwortlichekeit der Verbände, Leipzig 1933, S. 97ff.

14) Bruni Ackermann, die Strafbarkeit juristischer Personen im deutschen Recht und in ausländischen Rechtsordnungen, 1984, S. 48f.

위에서 검토한 바와 같이 그러한 문제들은 결국 기업범죄에 대한 대처의 한계와 함께 점증되고 있는 기업범죄에 대한 억제라는 사회적 요청에 따라 변화가 필요하다. 현대사회에서 법인 등 조직이 주체가 되어 행해지는 사회활동이 늘어나고, 이에 따른 범죄도 증가하는 현실은 현대형법학의 영역에서 더 이상 무시할 수 없는 사실로 일차적으로 해결해야 하는 과제이기도 하다. 따라서 기업이 저지르는 심각한 범죄를 직시하여, 기업이 유기적 조직체의 차원에서 행한 범죄는 기업 자신의 범죄로 간주된다는 사회적 인식과, 필요한 경우에는 기업 자체를 처벌해야 한다는 사회적 요청을 외면해서는 안 된다. 그리고 기업에 대한 처벌을 위한 전제인 기업의 범죄능력, 즉 기업의 형사책임의 합의가 더욱더 절실히 요구된다고 생각한다.

Ⅲ. 법인본질론과 법인의 범죄능력에 관한 종래의 논의

1. 법인본질론과 법인의 범죄능력

법인의 범죄능력 인정 여부를 논하기에 앞서 우선 법인을 구성하는 요소가 무엇인지에 관한 법인본질에 관한 논의16)가 선행되어야 한다. 종래의 법인본질에 관하여는 사법상 법인의제설, 법인부인설, 법인실재

---

15) Richard Busch, 앞의 논문, S. 96f.

16) 신동운, 앞의 책, 105면; 법인의 범죄능력에 관한 논의는 본질이론에 입각한 존재론적 형법학이라고 주장하게 되며, 범죄능력에 관한 논의는 법인의 본질에 관한 논의부터 출발해야 한다고 한다(조병선, 앞의 논문, 4~5면); 범죄능력의 근거가 되는 법인의 본질에 관한 연구가 소홀하다는 비판과 함께 현실적 필요에 의한 법인에 대한 범죄능력인정과는 별도로 법인의 본질적 측면에서의 접근에 의한 범죄능력판단에 관한 연구가 필요하다(임석원, "법인의 범죄능력"(이하 '법인의 범죄능력'으로 표기함), 법학논집 제31권 제1호, 청주대학교 법학연구소, 2009.5, 141면).

설[17]로 견해가 대립하고 있었다. 이러한 법인본질에 관한 논란은 사법상 법률효과의 귀속에 관한 것이며, 형법상의 범죄능력이나 수형능력과는 관련이 없다.[18] 한편 형법상의 범죄능력이나 수형능력은 형법이론 또는 형사정책적인 고려라는 독자적인 판단에 의하여야 한다.[19]

그러나 종래의 법인본질론은 사법상의 법인본질론과 형법상의 법인의 범죄능력을 단순 비교하여 법인본질론과 범죄능력은 관련성이 없다고 하는 주장은 비교의 기준을 잘못 채택했다는 문제를 지적할 수 있다.[20] 즉, 사법상의 법인본질론은 법률행위의 귀속주체를 인정할 수 있는가의 문제인 반면, 형법상의 법인본질론[21]은 법인격이 부여된, 법인이 형법의 구성요건에 해당하고 위법하고 유책한 행위를 범할 수 있는가라는 문제로서 논의의 차원이 다른 것이다. 과거 사법상 법인본질론에서 법인의 사실적 존재 자체를 부정하는 법인부인설의 입장에서는 법인에게 범죄능력의 존재 여부 자체가 문제가 되지 않았다. 그리고 법인의제설의 입장 역시 법인은 법률이 인격을 의제한 것으로, 그 목적의 범위 내에서 법인이 존재하며 대표자의 행위에 의해서 권리를 얻고 의무를 부담하는 것에 불과하다고 보기 때문에, 법인의 고유의사 및 행위를 인정하지 않았다.

따라서 법인의제설에 따르더라도 법인의 범죄능력은 부정된다.[22] 또

---

17) 오늘날 법인단속이 사회적 필요성에 의해서 실용주의적 형법관에 입각한 영미법계의 지배적 경향으로 법인이 형사책임을 행정형법의 영역에서 인정하는 폭이 점차 증가하고 있다. 그러므로 법인의 범죄능력에 대하여는 법인실재설을 중심으로 하여 범죄와 형벌의 본질과 관련시켜서 논의되어야 한다(오도기, "법인의 형사책임", 고시계 제31권 제7호, 고시계사, 1986.7, 26면).

18) 이재상, 앞의 책, 93면, 정성근·박광민, 형법총론, 삼지원, 2008, 83면.

19) 조병선, 질서위반법, 한국형사정책연구원, 1991, 316면.

20) 박기석, "환경범죄의 효율적 대처방안에 관한 연구", 한양대학교 박사학위논문, 1996.12, 83면.

21) 범죄능력에 관한 문제는 결국 형법상 범죄주체로서 법인의 실체를 어떻게 파악할 것인가라는 형법상의 법인본질론으로 귀착된다(김종덕, "배임죄에 있어서 법인 및 대표기관의 형사책임", 법학연구 제22집, 한국법학회, 2006, 269면).

22) 신동운, "법인의 형사책임과 양벌규정", 고시연구 제289호, 고시연구사, 1998.4, 159면.

한 법인실재설[23])에 의하더라도 반드시 논리·필연적으로 법인의 범죄능력을 인정할 수 있는 것은 아니지만, 법인실재설에 의하면 법인의 범죄능력을 인정하기가 용이하다.[24]) 즉, 법인실재설의 입장에서는 법인이 사회적으로 수행하는 현실적 기능을 강조하면서 법인의 행위가 가능하다고 보는 것이다. 그러나 현대사회에서 법인의 본질과 범죄능력 여부를 논하기 위해서는 법인의 구성요소를 우선 검토하고, 그러한 구성요소가 형법상 사회적으로 의미 있는 행위를 할 수 있는지를 검토해야 한다.[25])

종래의 사법상의 법인본질론에 따르면 법인은 단지 법률상 의제에 의한 잠재적 존재로서 의사능력도 없고 행위능력도 없으며, 다만 재산을 소유하는 데에 불과한 추상적 존재로 보았다. 그러나 법인은 과거와 달리 인적·물적 구성원의 총체로서 적어도 법적으로 살아 있는 실체로서 기능하고 있는 존재로서 인적구성원인 자연인을 매개로 하여 행위하고 있다. 이러한 법인의 행위로 인하여 인적·물적 피해가 발생한다면, 법인은 형법상의 범죄주체로 인정되어야 할 것이다.

현행 형법전에 범죄주체로 규정되어 있는 자연인 또한 규범적 판단을 통해 범죄능력을 인정하고 있다.[26]) 그렇다면 법인 또한 법인의 구성요소에 대한 규범적 판단을 거치게 된다면, 형법상 행위주체로 파악되고 이해하는 것이 이론적으로나 현실적으로 타당하게 될 것이다.[27]) 따라서 종래 사법상의 법인본질에 관해서가 아니라 형법상 법인본질에 있어서의 법인의 구성요소를 검토하고, 법인본질론과 범죄능력의 관련성을 이해하고자 한다.[28])

---

23) 김광준·원범연, 앞의 책, 58면; 정웅석, 형법강의(제7판), 대명출판사, 2006, 114면.
24) 김일수·서보학, 형법총론(새로쓴제11판), 박영사, 138면.
25) 법인이 기관을 통해 외부적으로 산출하는 작용은 사회적으로 중대한 의미를 갖는 것일 수 있다(양천수, "법인의 범죄능력 - 법이론과 형법정책의 측면에서 - ", 형사정책연구 제18권 제2호, 한국형사정책연구원, 2007, 171면).
26) 박상기, 형법총론(제8판), 박영사, 2009, 72면.
27) 박기석, 박사학위논문, 84면.

2. 법인의 범죄능력 인정 여부에 관한 종래의 논의

법인에게 범죄능력이 있는가에 관한 종래의 논의[29]는 법인의 구조와 형법이론 및 형사정책적인 필요성을 어떻게 이해하고 있는지에 따라 학설이 대립하고 있다.

우리나라의 통설과 판례는 전통적으로 법인의 범죄능력을 부정하면서 양벌규정을 통한 형사책임만을 긍정하고 있다. 그러나 최근 들어 법인처벌의 필요성이 대두하고 있고, 학설에서도 법인의 범죄능력과 형사책임을 긍정하자는 견해가 증가하고 있다. 이하에서는 법인의 범죄능력을 긍정하는 입장에서 부정설의 논거를 비판적으로 검토하고자 한다.

(1) 범죄능력을 부정하는 논거

다수설[30]과 판례[31]는 법인의 범죄능력을 부정한다. 부정설의 논거는

---

28) 오도기, 앞의 논문, 26면; 송호신, "회사범죄에 대한 법리구성", 한양법학 제4·5집, 한양법학회, 1994, 260면.

29) 종래 논의와는 다른 측면에서 법인이 독자적인 범죄능력을 보유하고 있음을 주장하는 견해도 있다. 이에 따르면 법인은 동전의 양면처럼 피해자의 위치에서 그리고 범죄행위의 객체적 측면에서 입체적으로 법인은 범죄능력을 보유하고 있다는 것이다(임석원, 법인의 범죄능력, 141~153면 참조).

30) 김성돈, 형법총론(제2판), 성균관대학교출판부, 2009, 149면; 이재상, 앞의 책, 97면; 배종대, 형법총론(제10판), 홍문사, 2011, 205면; 손동권, 형법총론(제2개정판), 2005, 106면; 이정원, 형법총론(제3판), 법지사, 2004, 82면; 이형국, 형법총론(제4판), 법문사, 2007, 84면; 정영일, 형법총론(개정판), 박영사, 2007, 80면; 진계호, 형법총론(제6판), 대왕사, 2000, 124면; 황산덕, 형법총론, 방문사, 1982, 79면; 권오걸, 형법총론, 형설출판사, 2005, 107면.

31) 법인의 법률행위는 그 대표자인 자연인의 행위에 의하여 행하여지는 것이고 그 자연인의 행위가, 즉 법인 자신의 행위로 간주되는 것이다. 그리고 형사법상의 형사책임은 그 행위자인 자연인에 대하여 자기행위에 대한 자기책임으로 형벌을 가하게 되고, 다만 법은 그 목적을 실현하기 위하여 법률효과의 귀속자인 법인에 대한 형벌로서 벌금형의 처벌을 가하게 되는 경우가 있을 따름이라고 판시하고 있다(대법원 1961.10.19. 선고 61형상417 판결).

다음과 같다. 첫째, 법인은 자연인과 같은 신체와 의사가 없으므로 행위능력이 없다. 둘째, 법인은 그 기관인 자연인을 통하여 행위하기 때문에 자연인에게 형사책임을 과하는 것으로 족하고 법인 자체를 처벌할 필요는 없다.[32] 셋째, 법인을 처벌하게 되면 그 효과는 법인의 구성원에게 실질적으로 미치는데, 이는 범죄와 무관한 제3자까지 처벌하는 결과가 되어 자기책임의 원칙에 반한다. 넷째, 법인은 주체적인 윤리적 자기결정도 할 수 없기 때문에 형벌의 전제가 되는 도의적 책임비난을 할 수 없다. 다섯째, 법인은 정관의 소정의 목적범위 내에서 권리능력이 인정되기 때문에 범죄가 법인의 목적이 될 수 없으므로 법인의 범죄능력도 부정된다. 여섯째, 현행형벌제도는 생명형과 자유형을 중심으로 하는데 법인에게는 재산형인 벌금형만 가능하므로 현행형법은 자연인만을 범죄 및 수형의 주체로 인정하고 있는 것으로 보아야 한다. 마지막으로, 법인기관의 범죄로 인하여 법인이 얻은 재산 또는 이익의 박탈은 형벌 이외의 형사정책적인 수단에 의해서도 달성할 수 있다는 것이다.

(2) 범죄능력을 긍정하는 논거

범죄능력을 긍정[33]하는 논거로는 첫째, 법인의 범죄능력을 부정하는 것은 법인의제설에 입각할 때이고, 법인실재설에 의하면 타당하지 않다는 것이다. 둘째, 법인은 그 기관을 통하여 의사를 형성하고 행위할 수 있다. 셋째, 법인은 자연인과 같은 신체를 갖지 않으므로 작위는 불가능하지만 부작위는 가능하다. 넷째, 법인은 적법한 목적하에 성립한 경

---

32) 부정설의 입장에서는 형법은 범죄성립요소로 행위를 요구하고 있는데, 법인은 사실상의 행위를 할 수 없을 뿐만 아니라 타인을 이용하는 행위도 할 수 없다고 한다. 자세한 내용은 손동권, "법인의 범죄능력과 양벌규정", 안암법학 제3호, 안암법학회, 1995, 330면 이하 참조.

33) 김성천·김형준, 형법총론, 동현출판사, 1998, 147면; 김일수·서보학, 앞의 책, 137면; 정성근·박광민, 앞의 책, 87면.

우 어떠한 행위가 정관소정의 목적에 속하지 않더라도 그 행위는 유효하게 성립하고, 따라서 위법한 행위도 할 수 있다. 다섯째, 재산형과 자유형 및 몰수, 추징 등은 법인에게도 효과적인 형사제재가 될 수 있고, 생명형과 자유형에 해당하는 것으로는 해산과 영업정지, 금융의 제한, 면허의 박탈 등을 고려할 수 있다. 여섯째, 책임능력을 사회적 책임의 귀속능력으로 본다면 법인에게도 이러한 책임능력이 인정된다. 일곱째, 법인의 기관의 행위는 기관구성원 개인의 행위임과 동시에 법인의 행위라는 양면성을 가지고 있기 때문에 법인의 처벌은 이중처벌이 아니라 법인 자체의 행위책임이다. 마지막으로, 법인의 활동이 중시되는 실제에 비추어 보면 법인의 범죄능력과 수형능력을 인정하는 것이 형사정책상 필요하다고 지적한다.[34]

(3) 범죄능력을 부분적으로 긍정하는 논거

현재 양벌규정을 통하여 법인에 대해 형벌을 부과하는 현실에서 범죄능력을 부분적으로 긍정하는 견해가 있다. 이러한 견해는 형사범·행정범의 구별을 전제로 하는 견해와 양벌규정이 존재하는 경우에만 긍정하는 견해로 나뉜다.

형사범에 대해서는 법인의 범죄능력을 부정하면서, 행정범에 대해서는 법인의 범죄능력을 긍정하는 견해에 따르면 행정범의 경우 법인의 범죄능력을 인정할 수 있는 것은 행정범이 윤리적 색채가 약한 반면 합목적·기술적 색채가 강하다는 특수성을 지니기 때문이라고 한다.[35] 또한 범죄능력이 있다고 하여도 법인은 반윤리적 성격이 강한 형사범까지

---

34) 양벌규정의 존재를 법인의 범죄능력 인정근거로 삼는 것은 타당하지 못하다는 부정설을 비판하고 있다. 또한 처벌규정의 존재와 현실적 시행은 법인의 행위성을 인정할 수 있는 간접적 증거가 될 수 있다고 본다(이기헌·박기석, 법인범죄에 대한 효율적 제재방안, 한국형사정책연구원, 1996, 23~25면).

35) 임웅, 앞의 논문, 134면.

범할 수 없다고 보는 것이다. 양벌규정이 존재하는 경우에만 긍정하는 견해는 형법전상 법인의 범죄능력은 부정되지만, 자연인과 법인을 함께 처벌하는 양벌규정이라는 '특별규정'에 한하여 법인도 범죄능력을 가진 다고 보는 것이다.[36] 이 견해는 양벌규정을 두고 있는 경우까지 법인의 범죄능력을 부정한다면 법인의 범죄능력을 부정하면서 형벌능력은 인정하게 되어 형법의 기초인 책임주의에 반하게 될 것이라고 한다.[37] 그리고 형법 제8조에 '다른 법령에 특별한 규정이 있는 경우'에 형법총칙도 그 다른 법령에 정한 죄에 대해 예외적으로 적용될 수 있기 때문이라고 한다.[38]

(4) 비판적 검토

앞서 제시된 부정설의 논거의 핵심은 두 가지로 요약이 가능하다. 첫째, 신체와 의사를 지닌 사람의 행위가 아닌 것은 형법상 행위 개념에 포함시킬 수 없다고 본다. 둘째, 책임은 윤리적 비난가능성이므로 자연인 고유의 윤리적 가치 결단을 이해하고 받아들일 수 있는 능력은 자연인에게만 있다고 한다. 그러나 형법상의 행위개념에 신체와 의사를 지닌 자연인의 행위만을 포함시키거나, 책임을 윤리적 비난가능성으로만 정의하는 것은 전통적인 형법이론과 자유주의적 사고방식에는 부합할지 모르나, 긍정설의 반대논거로 적절한 답변이 되지 못한다. 즉, 종래 법

---

36) 김성돈, 앞의 책, 149면; 신동운, 앞의 책, 112면; 오영근, 앞의 책, 144면; 임웅, 형법총론(제3판), 법문사, 2010, 79면; 이인규, "법인의 형사책임", 경성법학 제4호, 경성대학교 법학연구소, 1995.8, 227면; 다른 견해로는 기본적으로 범죄능력을 인정하되, 명문규정이 범죄능력자로 자연인을 상정하고 있음을 인정하여 입법적으로 법인의 범죄능력에 관한 규정을 둠으로써만 기업의 범죄능력을 인정할 수 있다는 견해가 있다(차용석, 형법총론강의, 고시연구사, 1998, 282면); 그리고 원칙적으로 범죄능력을 부정하되 처벌필요성의 요구에 부합하기 위하여 '질서위반법' 영역을 설정하여 벌금형 대신 과태료를 부과하자는 견해도 있다(조병선, 앞의 책, 323면).
37) 오영근, 앞의 책, 144면.
38) 김성돈, 앞의 책, 148면; 형법 제8조가 전통적인 범죄론과 법인처벌 간의 '모순'을 해결하는 하나의 근거를 제공한다고 볼 수도 있다(박상기, 앞의 책, 69면).

인의 범죄능력에 대한 논의[39]는 적용대상을 자연인의 범죄능력과 동일 선상에서 논의하였기 때문이다.

다시 말해 자연인과 법인의 존재 자체를 달리 보지 않은 문제점이 있다. 즉, 법인은 자연인과 달리 법적 필요에 의해 만들어진 단체이기 때문에 본질적으로 법인은 자연인과 다르다. 또한 법인은 그를 구성하는 자연인과는 독립한 존재로서 사회경제적 활동을 영위하고 있고, 구성원과는 완전히 별개인 법인 자체로서 그 활동에 따른 법적 평가를 받고 있다.

현대사회에서는 기업이 경제주체로서 한 행위에 의한 범죄가 증가하고 있다. 더 이상 부정설에 기한 법인의 범죄능력을 부정하는 것은 현실적으로 한계에 와 있다고 볼 수 있다. 이는 형법이 아닌 부수형법에서 기업을 처벌하고 있다는 것이 그것을 입증하고 있다. 즉, 전통적인 형법이론에서는 범죄능력의 주체와 수형능력의 주체가 다를 수 있다는 것이 받아들여질 수 없기 때문이다. 이러한 문제들은 긍정설의 논거처럼 법인의 범죄능력을 인정할 경우에는 문제가 없지만, 법인의 범죄능력을 부정할 경우 법인처벌에 대한 이론적 문제가 발생한다.[40]

따라서 기업범죄가 증가하고 이를 규율하기 위해서는 형법에서 법인을 행위주체로 규정할 필요가 있다. 이를 위해서 범죄능력에 대한 새로운 개념정의가 필요하다. 일반적으로 범죄능력을 행위능력과 책임능력을 포괄하는 개념으로 이해한다. 그리고 수형능력은 형벌을 부담할 수 있는 능력으로서 범죄능력의 결과가 귀속되는 것이다. 그러므로 엄밀히 보면 범죄능력과 구별되지만, 마치 동전의 양면과 같아서 수형능력이 없는 범죄능력은 아무 소득이 없기 때문에 같은 문제로 취급해야 한다.[41]

---

39) 기업의 생명침해실태와 대응분석을 통한 해석론적으로 법인의 범죄능력을 인정하기 위한 새로운 해석을 시도하고 있다. 이에 대한 상세한 내용은 임석원, "법인의 범죄능력 인정을 위한 새로운 해석의 필요성", 형사정책연구 제18권 제3호, 한국형사정책연구원, 2007(가을호) 참조.

40) 김광준・원범연, 앞의 책, 58면.

41) 배종대, 앞의 책, 216면.

따라서 법인의 범죄능력을 긍정하기 위해서 크게 행위능력, 책임능력, 형벌능력이라는 세 가지 측면으로 구분하여, 법인의 불법구성요건을 충족시키는 요건을 규명해야 한다. 먼저 행위능력 측면에서 기업은 인적·물적 구성원에 환원하여 해소되는 형식상의 존재가 아니라, 인적·물적 구성원의 총체로서 적어도 법적으로 살아 있는 실체로서 기능하고 있는 존재이다. 따라서 구성원 개개인의 의사와는 구분되는 기업의 독자적 의사형성이 충분히 가능하다. 그리고 행위능력에 있어서 형법적인 평가가 중요하다는 측면을 고려하면, 자연인만이 범죄주체가 될 수 있다고 하는 것은 독선에 불과하고, 새로운 존재가 사회에 나타나 그러한 존재가 형법적 판단의 대상이 되는 유해적 행위를 하고 있다면, 당연히 형법의 규범적 판단에 따라 독자적으로 결정하여야 한다. 즉, 기업은 구성원인 자연인의 의사 및 행위와는 구분되는 기업의 의사와 행위로서 활동하고 있다는 것이 타당하다.[42]

또한 현실적으로도 많은 법률에 있어서 일정한 의무의 수범자로서 규정되어 있어, 법인의 행위성을 이미 법적으로 전제하고 있다고 할 수 있다.[43] 책임능력 측면에서 부정설은 '책임은 인간이 자유롭고 윤리적인 자기결정을 행할 능력'이라고 보고, 이러한 윤리적 인격은 자연인에 대해서만 가능하다고 한다. 그러나 기업의 행위를 이루는 독자적 의사

---

42) 기업에 소속된 자연인이 행하는 행위는 기업의 구성원임을 인식하고 행위하는 동안은 개인적인 측면만 놓고 보았을 때 행위로 인한 결과 간에 인과관계가 없다고 한다. 따라서 법인 자체의 하나의 행위가 되면 이러한 기업이 행하는 형법상의 행위라고 볼 수 있다(임석원, 앞의 논문, 97면); 한편 기업은 기관을 구성하는 자연인의 의사를 기초로 하여 스스로의 상법상 불법행위능력을 가지는 점도 참고할 필요가 있다. 이 경우 기업 자신의 불법행위능력을 인정하는 한도에서 구성원 개인의 불법행위능력은 이론상 성립할 수 없다고 한다(이철송, 회사법강의(제19판), 박영사, 2011, 74면).

43) 현행 형법전에 규정되어 있는 범죄 중에서 예를 들어 명예훼손죄는 법인이 범죄주체가 되어 범할 수 있다(임석원, 법인의 범죄능력, 141면); 법인뿐만 아니라 법인격 없는 단체도 법에 의하여 인정된 사회적 기능을 담당하고 통일된 의사를 형성할 수 있는 이상 명예의 주체가 된다고 한다(이재상, 형법각론, 박영사, 2007, 182면).

와 행위에 대한 윤리적 비난은 얼마든지 가능하고,[44] 개인으로서의 기업의 독자적 의사와 행위의 존재에 초점을 맞추게 되면, 기업의 책임능력을 인정하는 것은 무리가 없는 것이다.[45] 형법상의 책임을 윤리적 책임과는 구별되는 법적 책임으로 보고, 개인의 내적 양심에 의해 결정되는 것이 아니라, 법원에서 법적 절차에 따라 결정되는 것으로 보면,[46] 기업의 책임능력은 더욱 명확하게 인정될 수 있다.

법인의 형벌능력[47] 또한 행위능력과 책임능력을 긍정하게 되면, 보다 용이하게 인정될 수 있는 문제이다. 즉, 현행형법이 법인의 범죄능력을 인정하게 된다면, 범죄행위를 한 자에게 형벌이 부과[48]되어야 하는 것이 당연하므로, 기업의 특성에 맞는 형벌을 부과해야 할 것이다.[49] 비교법적으로도 다수의 국가들이 법인을 처벌하는 입법추세와 부정부패,

---

44) A기업은 영리추구에만 혈안이 되어 있다. 또는 B재벌은 중소기업에게 가혹하다는 평들은 결국 기업에 대한 윤리적 비난이 가능함을 보여주는 예가 될 수 있다(오영근, 앞의 책, 145면).

45) 조병선, "인적단체의 형벌능력의 문제", 성균관법학 제5호, 성균관대학교 법학연구소, 1994, 321면.

46) 이재상, 앞의 책, 261면.

47) 양벌규정에서 형벌능력의 인정 여부는 법인의 범죄능력을 인정하는 견해에 의하면 법인의 행위는 자기책임원칙에 의해 당연히 형벌능력을 인정하게 된다. 반면에 법인의 범죄능력을 부정하는 입장에서도 법인의 형벌능력을 인정하고 있고, 부분적 긍정설 또한 행정형법이 고유한 형법에 비하여 윤리적 색채가 약하고, 행정목적을 달성하기 위하여 기술적·합목적적 요소가 강조되는 것이므로 행정단속 기타 행정적 필요에 따라 법인의 형벌능력을 인정할 수 있다고 본다(유기천, 형법학(총론강의), 일조각, 1983, 108면; 진계호, 앞의 책, 124면; 정영석, 형법총론, 법문사, 1983, 80면; 황산덕, 형법총론, 방문사, 1982, 78면).

48) 법인의 구성원이 모든 구성원의 법인의 업무로 행하여진 행위결과의 수혜자가 되는 것과 마찬가지로 구성원 일부의 잘못으로 인하여 법인이 처벌되는 경우, 그로 인한 불이익을 함께 나누어 갖는 것은 책임원칙에 반하는 불합리한 것이라고 할 수 없다(이재방, "법인의 범죄능력 인정과 법인처벌 방안", 홍익법학 제11권 제1호, 홍익대학교 법학연구소, 2010, 287면).

49) 기업범죄에 대한 효과적인 억지방법으로 기존의 형벌규정뿐만 아니라 형벌로서 응보, 예방, 교육의 효과를 발휘할 수 있는 기업특성에 맞는 새로운 제재수단을 마련할 필요가 있다.

자금세탁과 관련한 법인에 대한 형사제재를 요청하고 있는 국제협약을 보더라도, 법인의 범죄능력을 긍정해야 한다.[50]

3. 법인의 형벌능력의 긍정과 필요성

법인행위에 따른 부정적 파급효과로 인해 오늘날 법인이 차지하는 독자적 역할과 그 영향력을 고려하여, 법인구성원과는 별개로 법인 자체에 대한 범죄능력을 인정하여 형벌을 부과해야 한다는 사회적 요청이 제기되고 있다. 그리고 법인의 불법과 관련된 처벌의 필요성은 형식적 형법 이외의 많은 실질적 형법에서 법인에 대한 처벌규정을 마련하고 있다는 점에서 이론의 여지가 없다.[51] 또한 법인이 다양한 영역에서 행하고 있는 범죄현상의 분석과 함께 그에 대한 실효성 있는 대책이 필요하다는 형사정책적인 처벌의 필요성은 너무나 분명하다.[52]

한편 해석상 법인의 범죄능력을 부정하는 입장에서도 법인의 형벌능력에 관하여 행정형법은 기술적·합목적적 요소가 강하다는 것을 이유로, 그와 같은 분야에서 양벌규정이 있는 경우에만 형벌능력을 인정한다는 견해와 행정형법이나 법인에 대한 처벌규정이 있는 경우에 형벌능력이 인정된다는 견해 등 이중적인 설명구조를 취하고 있다. 이러한 견해에 대해 '범죄체계상 모순'이라고 비판하는 견해가 있다.[53] 이러한 견해에 따르면 형벌능력은 범죄능력과 구별된다고는 하지만 동전의 양

---

50) 강동욱, 앞의 논문, 333면.

51) 옥필훈, "경제범죄에 있어서 법인에 대한 효율적인 제재방안에 관한 연구", 법학연구 제27집, 한국법학회, 2007.8, 226면; 이재방, 앞의 논문, 288면; 천진호, 앞의 논문, 75면.

52) 이에 대해 범죄능력과 형벌능력을 동전의 양면과 같다고 본다면 현행법이 사회적 요청과는 별도로 새로운 해석론적 관점에서 범죄능력과 형벌능력에 접근할 필요성이 있다고 한다(임석원, 법인의 범죄능력, 145면).

53) 배종대, 앞의 책, 210면.

면과 같아서 수형능력이 없는 범죄능력은 아무런 소득이 없기 때문에 범죄능력과 같은 문제로 취급하여야 한다고 한다. 즉, 법인의 범죄능력을 인정하게 되면, 형법의 해석상 형벌능력을 당연히 인정해야 하고, 반대로 법인의 범죄능력을 부정하게 되면 형벌능력도 당연히 부정해야 한다는 것이다.

따라서 앞서 살펴본 바와 같이 법인의 범죄능력을 긍정하면 형벌능력은 당연히 인정된다. 다만 현행형법이 생명형, 자유형, 벌금형 및 일정한 자격에 관한 명예형만을 형벌로 규정하고 있으므로, 법인의 성질상 법인에게 과할 수 있는 형벌은 벌금형으로 제한될 수밖에 없다. 그러므로 향후 법인에 대한 적절한 형사제재수단을 마련할 필요가 있다.

4. 판례의 태도와 비판적 검토

(1) 판례의 태도

판례는 법인의 범죄능력을 부정하고 있다. 대표적인 판결[54]로는 대법

---

54) 대법원 1982.2.9. 선고 80도1796 판결에서는 "甲회사의 대표이사인 A가 회사 소유 부동산을 회사 명의로 乙에게 양도하였는데, 그 후 위 회사의 대표이사가 된 피고인이 위 사실을 알면서 다시 제3자에게 회사 냉의로 양도하고 그 소유권 이전등기를 경료하였다 하여도 乙에게 소유권 이전등기를 하여 줄 의무는 위 회사가 부담하는 것이고, 피고인이 乙에 대하여 그 사무를 처리하는 지위, 즉 피고인과 乙 사이에 타인과 본인의 관계가 없다고 할 것이니 피고인에게 배임죄가 성립될 리 없다"고 하여 대표이사의 배임죄 성립을 부정하였다; 이에 대해 본 사안과 같은 양태로 자행된 법인의 비리에 대해 법인이나 대표이사에게도 그 책임을 물을 수 없었던 '처벌의 흠결'을 어느 정도 치유함으로써 형사정책적인 요청에 부합하기 위한 불가피한 최선의 조치라는 점 등의 이유를 들어 '대법원 1984.10.10. 선고 82도2595 전원합의체 판결'에 대해 긍정적 평가를 내리는 견해도 있다. 그러나 동판결의 논지에는 법인의 대표기관인 자연인에게 '타인의 사무처리자'라는 신분이 없음에도 불구하고 법인의 범죄능력을 부인하는 결과로서 발생하는 처벌의 흠결을 메우기 위해 법인이 아닌 대표기관을 신분죄인 배임죄의 주체로 인정하는 문제점이 있다. 대법원과 같은 결론이 정당화될 수 있으려면 입법론적으로 독일형법 제14조와 같은 대

원 1984.10.10. 선고 82도2595 전원합의체 판결[55]로, 형법 제355조 제2항의 배임죄의 성립과 관련하여 법인이 범죄의 주체가 될 수 있는지가 쟁점이 된 사건이다. 이에 대해 대법원은 법인이 사법상 타인의 사무를 처리할 의무를 지고 있는 경우, 이러한 의무를 해태했을 때 배임죄의 주체가 법인인지 아니면 실질적으로 사무를 처리할 대표기관인지에 관하여 다수의견은 법인의 범죄능력을 부인하고 대표기관이 범죄의 주체가 된다고 보았고, 소수의견은 법인이 범죄의 주체가 된다고 보았다.

(2) 판결요지

위 판결의 다수의견은 "형법 제355조 제2항의 배임죄에 있어서 타인의 사무를 처리할 의무의 주체가 법인이 되는 경우라도 법인은 다만 사법상의 의무주체가 될 뿐 범죄능력은 없으며, 그 타인의 사무는 법인을 대표하는 자연인인 대표기관의 의사결정에 따른 대표행위에 의하여 실현될 수밖에 없어 그 대표기관은 마땅히 법인이 타인에 대하여 부담하고 있는 의무내용대로 사무를 처리할 임무가 있다 할 것이므로 법인이 처리할 의무를 지는 타인의 사무에 대하여는 법인이 배임죄의 주체가 될 수 없고, 그 법인을 대표하여 사무를 처리하는 자연인인 대표기관이 바로 타인의 사무를 처리하는 자, 즉 배임죄의 주체가 된다"고 하였다. 또한 기본적으로 법인은 형법상의 범죄능력이 인정될 수 없다는 점을 전제로 사법상의 의무주체로 인정될 수 있을 뿐이라고 하여, 형법상의

리인책임규정이 있거나 적어도 배임죄의 경우에도 행위자와 법인을 모두 처벌할 수 있게 하는 양벌규정이 존재하지 않으면 안 될 것이라는 견해도 있다. 위 판례에서 만일 소수의견처럼 법인의 범죄능력을 긍정하면 대표이사는 배임죄에 관한 한 무죄가 되고, 배임죄에 대한 책임은 법인이 지게 될 것이다. 동 판결을 통해 이후 법인의 대표자에게 배임죄의 주체성을 인정하고 있다(김성돈, 앞의 책, 149면).

55) 같은 취지의 판례로 대법원 1961.10.19. 선고 61형상417 판결과 대법원 1976.4.27. 선고 75도2551 판결이 있다.

범죄주체의 확정은 사법상의 의무주체와는 달리 실질적이고 사실적인 파악에 의해 확정지어야 하는 것으로 보았다.

본 판결의 소수의견은 "법인은 사법상의 의무주체가 될 뿐 범죄능력이 없다고 하나 바로 이 사법상의 의무주체가 배임죄의 주체가 되는 것이므로 이것을 떠나서 배임죄는 성립할 수 없다 할 것이고 법인의 대표기관은 법인이 타인에 대하여 부담하고 있는 의무내용대로 사무를 처리할 임무가 있다는 그 임무는 법인에 대하여 부담하는 임무이지 법인의 대표기관이 직접 타인에 대하여 지고 있는 임무는 아니므로 그 임무에 위배하였다 하여 이를 타인에 대한 배임죄가 성립한다고 할 수 없다"고 하여 모든 범죄에 대하여 법인의 범죄능력을 인정하지는 않지만 배임죄와 같은 특수한 행위태양을 지닌 범죄에 대해서는 법인의 범죄주체성을 인정한다. 그리고 "배임죄의 본질이 법령상 또는 계약상 또는 관습상 이와 같은 지위 또는 신분이 있는 자가 그 타인에 대하여 부담하고 있는 신의성실의무에 위배하는 것이므로 이와 같은 지위나 신분이 없는 자가 배임죄의 주체가 될 수 없다"고 보았다. 다시 말해 사법상의 의무주체가 형법상의 의무주체의 내용이 되므로 이와 같은 형식적 요건을 깨뜨려서는 올바른 형법상의 행위주체를 확정할 수 없다는 것이다. 즉, 그러한 경우가 바로 사법상의 의무위반이 형법상의 범죄성립요건으로서의 작위의무위반이 되는 전형적인 경우이기 때문이다.[56]

(3) 비판적 검토

본 판결의 다수의견과 소수의견은 법인의 범죄능력을 인정할 것인가에 대한 입장을 달리하고 있다. 다수의견은 "법인은 다만 사법상의 의무주체가 될 뿐 범죄능력이 없는 것이며 그 타인의 사무는 법인을 대표

---

56) 이기헌·박기석, 법인범죄에 대한 효율적 제재방안, 107면.

하는 자연인인 대표기관의 의사결정에 따른 대표행위에 실현될 수밖에 없다"고 본다. 다수의견의 이러한 논거는 처음부터 범죄행위는 자연인의 행위에 의해서만 수행될 수 있다는 전제에서 법인의 범죄능력을 부정하기 때문에 법인을 배임죄의 주체로 인정할 수 없어 대표기관을 배임죄로 처벌하는 것이다. 그러나 이러한 결론은 배임죄의 본질에 크게 벗어난 해석임과 동시에 임무위반행위가 없는 자를 처벌하는 것과 같은 결론에 이르게 되며 형법상 책임원칙에 반하는 결과를 초래한다.

형법상의 범죄주체를 실질적이고 사실적으로 파악한다면 현실적으로 업무를 수행하는 대표기관이 범죄의 주체가 된다고 보아야 한다. 그러므로 다수의견처럼 형법상의 범죄주체를 사법상의 의무주체와 분리하여 확정하는 것은 배임죄의 본질상 타당하지 않은 경우가 있을 수 있고, 법질서 통일성의 원칙에도 부합하지 않는 면이 있다. 또한 법인의 실체가 사실상 존재하고 그 행위의 존재가 인정된다면, 형법의 사실적 판단이라는 원칙에 의해서도 법인의 범죄능력을 인정하는 것이 더 타당하다. 그리고 사회경제적으로 법인의 의사와 행위를 인정하면서 법인 자체와 기관으로서의 자연인을 분리하여 법인에게는 의사 및 행위를 인정하지 않고, 기관인 자연인의 의사 및 행위를 인정하는 다수의견에 동의할 수 없다.

생각건대 다수의견이 사법상의 작위의무위반주체와 형법상의 범죄주체가 분리되는 문제점을 안고서라도 법인의 형사책임을 인정하지 않으려는 것은 법인의 범죄능력을 인정하고 있지 않기 때문이다. 한편 이에 비해 소수의견은 법인의 범죄능력을 인정하는 입장에 서 있다고 생각된다.

이와 달리 소수의견은 법인의 범죄능력을 인정하고 있다. 소수의견은 배임죄의 본질에 부합하는 해석으로 사법상의 의무주체가 바로 배임죄의 주체가 된다고 한다. 현대사회에서 법인이 사회적 실재로서 존재하고, 법인이 사회적 활동을 하고 있기 때문에 사법상의 의무주체가 된다는 것은 의심할 여지가 없다. 또한 현대사회에서 법인은 자연인과 구분되는 단체의 의사와 행위가 존재하는 사실을 부인할 수 없다.

그렇다면 그 실체가 사회적 활동을 통해 형법상 보호되는 법익을 침해할 경우 적어도 형법상의 범죄주체가 될 수 있는가에 대한 논의의 대상으로 삼아야 할 것인데, 다수의견은 자연인만을 유일한 범죄주체로 단정하고 있다. 법인의 위법한 활동이 사업주로서의 법인에 대한 처벌의 문제는 별론으로 하더라도, 법인의 범죄능력과 관련하여 법인이 형법상 행위주체가 될 수 있는지에 관하여 긍정하는 입장을 취하는 것이 이론구성 및 실제에 있어서도 바람직하다. 그리고 전체 법질서의 통일성을 유지하고, 사회적 현실을 반영한 보다 명쾌한 해결을 위해서는 오히려 법인의 실체를 인정하는 법인실재설의 입장으로 형법에서도 그대로 수용하여 법인의 존재와 범죄능력을 인정하여 법인의 배임죄 주체성을 인정하는 것이 보다 논리적으로 모순 없는 합리적 해결이 가능하다.[57]

즉, 자연인(대표기관)은 직접적 실행행위자로서, 법인은 대표기관의 행위를 포함한 법인의 조직이나 제도, 기타 법인구성원의 총합체로 이루어진 실체로서 범죄행위를 한 결과에 대해 자기의 행위책임 또는 감독책임으로 나누어 판단해야 한다는 점에서 일응 타당하다고 생각한다. 따라서 법인의 범죄능력을 인정하여 사법상의 의무주체가 배임죄의 주체가 되는 것으로 파악하는 소수의견이 보다 이론적으로 타당하다고 생각한다.

본 사건에서 법인의 범죄능력을 인정하고 법인을 처벌하는 내용의 하나로 대표이사를 처벌하고, 기업에 대해서는 적절한 제재를 가할 때 적절한 형사처벌이 될 수 있을 것으로 생각한다.

---

57) 김종덕, 앞의 논문, 267면.

Ⅳ. 소결

오늘날 법인과 같은 단체가 주체가 되어 행하는 사회활동이 늘어나고, 이에 따른 범죄도 증가하는 현실은 현대형법학에서 일차적으로 해결해야 하는 과제이다. 따라서 법인이 저지르는 심각한 범죄현실을 직시하여, 법인이 유기적 조직체의 차원에서 행한 범죄는 법인 자신의 범죄로 간주된다는 사회적 인식과 필요한 경우에는 법인 자체를 처벌해야 한다는 사회적 요청을 외면해서는 안 된다. 하지만 법인 자체를 처벌하기 위한 전제가 되는 범죄능력에 관해서, 우리나라의 다수설과 판례는 법인의 범죄주체성을 부정하고 있다.

그러나 법인은 자연인을 매개로 하여 행위하지만, 그 행위가 자연인 개인의 행위가 아니라 자연인 기관이 법인을 위한 의도로 행위하는 것이고, 그러한 행위가 법인의 업무범위 내라고 하는 요건이 충족되면, 법인의 행위로 인정할 수 있다. 이러한 법인의 행위로 인하여 인적·물적 피해가 발생한다면 당연히 형법상의 범죄주체로 인정해야 한다. 우리나라의 경우 현행 형법전에서 법인을 범죄주체로 인정하는 명문규정이 없지만, 부수형법을 통해서 법인의 범죄행위를 인정하여 벌금을 부과하고 있다. 이는 법인의 범죄능력을 직접적이지 않더라도 간접적으로 인정하고 있는 것이라고 볼 수 있다.

종래의 법인의 범죄능력에 대한 부정설[58]은 적용대상을 자연인의 범죄능력과 동일 선상에서 논의하여, 자연인과 법인의 존재 자체를 달리 보지 않는 문제점을 지니고 있었다. 법인의 범죄능력을 부정하는 이러

---

58) 법인의 범죄능력을 부정하는 견해에 따르면 이중적 설명구조를 가진다. 이에 대해 양벌규정에 의해 법인에게 벌금형을 부과하고 있는 현실에서, 즉 법률에 법인에 대한 형벌을 규정하고 있기 때문에 법인의 범죄능력을 부정하는 입장에서의 가장 논리적인 결론은 현행 법인에 대한 양벌규정을 입법적으로 비판하는 것이라고 한다 (배종대, 앞의 책, 208면).

한 견해는 처음부터 자연인 범죄만을 염두에 둔 종래의 형벌이론을 근거로 하고 있기 때문에, 새로운 기업범죄현상의 이론적 대책으로는 적절하지 못하다.[59] 현대사회에서 법인의 사회적 역할과 기능을 고려하면, 자연인만 범죄주체로 규정하는 현행법 아래에서는 형법이 보호해야 하는 법익을 도외시하는 문제가 발생한다.

이러한 문제는 앞서 살펴본 대법원 1984.10.10. 선고 82도2595 전원합의체 판결을 통해서 확인할 수 있었다. 즉, 다수의견처럼 법인범죄능력을 부정할 경우, 법인처벌에 대한 이론적 근거에 관한 문제가 발생한다. 그러나 소수의견처럼 법인의 범죄능력을 인정하면, 무리한 확대 내지 유추해석을 하지 않고도 법인처벌의 흠결을 방지할 수 있다.

현대사회에서는 기업이 경제주체로 행위하고 있고, 그 행위로 인한 범죄가 점증하고 있다. 더 이상 부정설에 의한 기업의 범죄능력을 부정하는 것은 시대적 상황이나 형사정책적인 목적달성 및 정의관념에도 부합하지 않는다.[60]

현재 기업범죄의 증가로 다수의 행정형법에 의해 법인을 처벌하고 있고, 다수의 국가들이 기업을 범죄주체로 입법화하는 세계적인 입법추세를 보더라도 법인의 범죄능력을 긍정할 필요가 있다.[61] 따라서 증가하는 기업범죄를 규율하기 위해서 향후 형법전에 법인의 범죄능력을 긍정하여 법인에게 고유한 형사책임을 부과할 수 있는 법적 근거를 마련해야 할 것이다. 그리고 기업의 형벌능력을 감안하여, 기업형벌의 목적달성을 위한 법인에 합당한 형벌제도도 마련해야 한다. 이러한 점에서 제2장에서 검토한 프랑스의 입법례가 우리에게 많은 시사점을 준다.

---

59) 김재윤, "기업의 가벌성에 관한 독일의 논의 분석", 형사정책연구 제15권 제1호, 한국형사정책연구원, 2004(여름호), 48면.

60) 옥필훈, 앞의 논문, 226면.

61) 김재윤, 앞의 논문, 48면.

제3절 현행 기업처벌규정의 개괄적 고찰

Ⅰ. 서론

현재 기업처벌은 주로 개별법상 양벌규정에 의하고 있다. 양벌규정은 기업범죄의 예방과 재발방지를 위하여 형사정책적인 고려에 따라 만들어진 불가피한 입법정책이다.[62] 그렇기 때문에 양벌규정은 책임원칙과 명확성원칙의 관점에서 문제점을 안고 있다. 즉, 양벌규정은 기업의 범죄행위에 관하여 직접적으로 규정하고 처벌하는 규정이 아니라 기업에 속한 자연인이 기업의 일원으로 범죄를 범한 경우 그 자연인을 처벌한 후 그 행위자가 속한 기업에 대해 벌금형을 부과하는 간접적이고 미온적인 처벌규정이기 때문이다.[63] 따라서 현행 기업범죄에 대한 적절한 대응방안이 되지 못하고 있는 것이 현실이다. 이는 비단 우리의 경우뿐만 아니라 우리와 같은 입법형식으로 기업범죄에 대처하는 일본에서도 동일한 문제를 안고 있다. 이하에서는 기업처벌의 본질과 구조에 관한 문제점을 파악하기 위해 기업처벌의 유일한 근거규정인 양벌규정에 관하여 개괄적으로 고찰하고자 한다.

---

62) 탁희성, "기업범죄에 있어서 양벌규정의 정당성 확보를 위한 소고", 지송이재상교정년기념논문집, 박영사, 2008, 55면.
63) 이천현·임정호·박기석, 앞의 책, 85면.

Ⅱ. 현행 기업처벌규정의 개괄적 고찰

1. 현행 기업처벌규정의 개념 및 연혁

(1) 의의

기업처벌규정인 양벌규정에서 말하는 '양벌'이라 함은 하나의 범죄행위에 대해 실행행위를 한 자연인과 법인이나 영업주인 개인, 쌍방을 모두 처벌한다는 의미이다.[64] 이러한 의미의 양벌규정은 주로 행정법령의 '벌칙조항'에 규정되어 있다. 양벌규정은 현대 자본주의사회에서 법인 등 단체가 주체가 되어 활동하는 범위가 늘어나고, 이로 인해 행정법령상의 의무위반범이 늘어남에 따라, 행위자만을 처벌하여서는 범죄의 예방과 재발방지를 할 수 없고, 업무주를 처벌하지 않는다면 기업은 종업원의 희생하에 부당하게 이득을 취하게 되고, 기업은 종업원의 희생하에 지속적으로 범죄행위를 감행할 수 있으므로, 단속상의 필요와 공평한 책임의 분배요청이라는 형사정책적인 고려에 따라 만들어진 제도이다.[65]

(2) 연혁

양벌규정은 현재 우리나라 외에 일본, 대만, 중국 등에서 찾아볼 수 있다. 양벌규정의 모범은 프랑스 형법상의 타인행위에 대한 형사책임이다. 양벌규정의 기원은 종업원이 업무와 관련하여 권한 내에서 행한 위법행위에 대해 대표자 등의 고의나 과실 여부를 묻지 않고 대표자 등이

---

64) 이상철, "양벌규정 연구", 월간법제 제491호, 법제처, 1998.11, 49면.
65) 김용섭, "양벌규정의 문제점 및 개선방안", 행정법연구(통권 제17호), 행정법이론실무학회, 2007, 205면 참조.

행위자를 대신하여 처벌받는 전가벌규정의 부당성을 해결하기 위해서 일본에서 처음 등장하였다.[66] 업무주체의 처벌규정의 방식으로는 전가벌규정과 양벌규정이 있다. 전가벌규정이란 종업원의 고의 또는 과실에 의한 위반행위가 있을 때, 행위자를 벌하지 아니하고 그 업무주체의 지위에 있는 자연인 또는 법인만을 벌하는 방식이고, 양벌규정은 행위자인 종업원을 처벌하는 외에 그 배후에 있는 업무주체도 처벌하는 방식이다. 오늘날에는 전가벌규정 형식은 거의 없으며, 양벌규정의 형식이 대부분을 차지하고 있다.

우리나라에서 양벌규정은 1961년 제3공화국 성립 이후에 경제법영역을 중심으로 한 법령정비에 의해 일반화된 입법형식으로 등장하였다. 그러나 입법모델은 통일이 되어 있지 않았고, 문안에 있어서도 통일성이 결여되어 있었으므로 이해에 적지 않은 혼란을 가져왔다. 그럼에도 불구하고 양벌규정의 입법례의 모형을 따라가는 것이 통일적인 규정을 가능하게 한다고 판단한다.

한편 위 입법모델을 따른다면 문안구성을 위하여 따로 노력하지 않아도 된다는 편리한 점도 있지만, 이를 기계적으로 옮겨 쓰게 될 경우에는 구체적인 상황에 정확하게 맞지 않게 되는 문제점도 있었다.[67] 이러한 문제해결을 위해 1984년부터 법제처에서 양벌규정의 모형을 정하여 상용하게 된다. 그러한 법제처의 기본적 입법모델이 시행되고 난 후 여러 가지 변화가 일어나게 되었다. 그중 가장 큰 변화는 여러 법령에 산재되어 있던 면책규정을 없애고, 기본형으로 통일되어 가는 추세에 있어서 새로운 가중유형 등이 등장하였는데, 한편으로 그 유형이 세분화되고 있어 그 기준이 불명확하다는 점이 지적되었다.[68]

---

66) 정금천, "양벌규정의 기능과 한계", 법학논집 제18집, 청주대학교 법학연구소, 2001.12, 254면.
67) 윤장근, "양벌규정의 입법례에 관한 연구", 법제(통권 제438호), 법제처, 1994.6, 95면.
68) 김용섭, 앞의 논문, 206면.

하지만 2007년 '보건범죄단속에 관한 특별조치법'상의 양벌규정에 대한 위헌결정 이후, 2008년 법무부가 추진한 '행정형벌의 합리화 방안'의 일환으로 양벌규정을 두고 있는 법률 전반을 대상으로 '면책규정'을 추가하는 형태로 개정을 추진하고 있으며, 2010년 전반기에 약 110여 개의 법률의 양벌규정이 개정되었고[69] 지금도 개정작업이 이루어지고 있다.

2. 현행 기업처벌규정의 특징과 기능

(1) 현행 기업처벌규정의 특징

양벌규정은 형법이론상 범죄주체가 될 수 없는 법인에 대해 형사책임을 부과하기 위하여 이론상 고안된 규정으로 대부분 행정법령에 규정되어 있고, 다음과 같은 특징을 가지고 있다. 첫째, 행위자와 직접행위를 행하지 않은 영업주를 함께 처벌하는 특징이 있다.[70] 즉, 일반적인 양벌규정의 입법형식이 법인의 대표자나 법인 또는 개인의 대리인·사용인 기타의 종업원이 그 법인 또는 개인의 업무에 관하여 위반행위를 한 경우, 그 행위를 한 행위자를 벌하는 외에 그 법인이나 개인영업주도 함께 처벌하는 특징을 가지고 있다.[71]

이때 양벌규정에 의한 영업주의 형사책임은 종업원에 대한 선임·감독상의 과실 또는 무과실책임으로 나누어서 판단한다. 즉, 무과실책임설은 영업주의 책임에 대하여 형법상 책임원칙에 대한 예외로 행정목적

---

69) 법무부, 형법개정 및 양벌규정 개선 공청회 자료집, 2008.6.20.

70) 박영도, 입법기술의 이론과 실제, 한국법제연구원, 1997, 356면 이하 참조.

71) 법원도 대법원 1997.6.13. 선고 97도534 판결에서 양벌규정의 입법취지를 해당법률의 위반행위를 한 행위자와 그 영업주인 법인 또는 개인의 쌍방을 모두 처벌하려는 데에 그 목적이 있다고 판시하고 있다.

으로 일종의 전가대위책임으로 보는 입장이며, 과실책임설은 종업원에 대한 선임·감독상의 과실책임으로 보되 법인이나 영업주의 과실이 없음을 입증하지 못하면 과실이 추정된다는 과실추정설로 보는 입장이다. 일반적으로 법인이나 영업주의 처벌은 직접적인 위반행위자인 종업원 등의 처벌에 의존하는 것이 아니라, 독립하여 영업주 자신의 종업원 등에 대한 선임·감독상의 과실에 따른 처벌로 보아야 할 것이다.[72]

둘째, 직접적인 위반행위자와 동시에 처벌받게 되는 업무주가 법인인지 개인인지 대하여 구분하지 않고 있다. 즉, 신체와 의사를 가지고 있는 자연인과 달리 법인은 그 인격이 법적으로 의제된 것이라는 점에서 양자는 그 존재형태와 내용을 달리하고 있음에도 불구하고 양벌규정에 의한 형사처벌에 있어서만은 자연인과 법인을 동등하게 취급하는 특징이 있다.

셋째, 행정법령은 양벌규정을 규정함에 있어 벌칙의 전제가 되는 금지규범과 명령규범을 열거한 다음, 이러한 규범이 위반된 경우에 부과되는 벌칙에 대해 규정하고, 마지막으로 양벌규정을 두는 방식을 취하고 있다.[73] 이때 대부분의 양벌규정은 업무주에 대하여 벌금형을 부과하도록 하고 있다.

하지만 경우에 따라 직접적 위반행위자에 대한 벌칙규정에서 예정하고 있는 형벌을 업무주에게 준용하도록 하는 규정도 있다. 예컨대 벌칙규정에서 직접행위자에 대한 법정형이 징역형 또는 벌금형이라면, 양벌규정에서 업무주도 동일한 형벌로 처벌되는 것이다. 이는 업무주가 법인인 경우에 법인의 본질상 자유형을 과할 수 없다는 점이 고려된 결과

---

72) 이상철, 앞의 논문, 50면.

73) 이러한 방식으로 인하여 금지 또는 명령규범의 수범자를 제한하고 있는 경우에 수범자가 아닌 자가 행위한 경우 실제로 행위를 한 자의 처벌 여부와 처벌근거에 관한 문제가 발생하게 된다(김대휘, "양벌규정의 해석", 형사판례연구 제10권, 2002, 27면 이하; 손동권, 앞의 논문, 335면 이하 참조).

이고, 자연인인 개인의 경우에는 행위자와 공범관계가 형성될 정도의 고의가 없었던 영업주를 고의범과 동일하게 처벌하는 것은 비례원칙에 합당하지 않다는 점을 고려한 것이라고 할 수 있다.[74]

(2) 현행 기업처벌규정의 기능

양벌규정이 가지고 있는 기능에 대해 다양한 견해[75]들이 제시되고 있다. 첫째, 양벌규정은 다수설과 판례가 범죄능력을 부정하는 법인에 대해서 형사처벌을 가능하게 한다. 즉, 행정상 의무이행을 확보하는 기능이 있다. 다시 말해 법인에 대한 형사책임능력에 대하여 전통적으로 이를 부정하는 입장이 지배적이었으나, 행정범의 경우에 행정의무의 이행확보 등 입법정책상의 필요에 의하여 직접행위를 행하지 않은 자에 대한 형사책임을 물을 수 있도록 이를 인정하고 있기 때문이다. 이는 양벌규정이 없을 경우 종업원 등의 위반행위로 이익을 얻는 수혜자가 영업주이므로, 장래 위반행위방지와 예방조치를 위해 영업주인 법인이나 개인에 대하여도 처벌하는 규정이 필요하기 때문이다.

둘째, 영업주가 형법법규의 주체로 규정되어 신분범을 이루고 있는 경우에 이들 신분범에 있어서 그 의무주체가 직접위반행위를 하지 아니하고 종업원이나 내리인을 통해 위법행위를 하는 경우, 의무주체지는 직접행위자가 아니거나 마찬가지로 실행행위자의 경우, 의무주체자가 아니라는 등의 이유로 처벌되지 않는 일이 발생하게 되는 등 처벌의 공

---

74) 이재방, 앞의 논문, 284면.

75) 양벌규정의 기능을 '소형법총칙의 기능', '법인의 형사책임긍정기능', '수범자확대기능' 등 세 가지를 제시하는 견해가 있다(신동운, 앞의 책, 106면); 이와 달리 '소형법총론의 기능', '수범자확대기능'으로 보는 견해로는(조병선, 앞의 논문, 14면); 그리고 '법인처벌', '과실범처벌기능', '수범자확대기능' 등 세 가지로 제시하는 견해도 있다(이인규, "양벌규정에 관한 고찰", 법학연구 제44호, 부산대학교 법학연구소, 1995, 211면).

백상태가 생기는 것을 방지하는 기능을 한다. 이러한 점에서 볼 때 양벌규정은 법인처벌의 기능보다도 오히려 입법상의 결함을 보충하는 역할 및 기능을 한다는 점에 더 중요한 의의를 갖는다.[76]

셋째, 대부분의 행정법령에 채택되어 있어서 실무상 형법총칙의 규정에 버금가는 정도의 중요성을 가지고 있다. 그 예로 형법 제8조 단서가 언급하고 있는 '그 법령에 특별한 규정'을 타 법령에서 정한 죄로 해석하여 형법전 이외의 형법을 뜻하는 것으로 해석하고, 현행 양벌규정이 부수형법에 규정되어 있는 경우 '소형법총칙'으로서의 기능을 하고 있다. 양벌규정의 기능을 강조하는 견해들을 보면, 결론적으로 그 이면에 양벌규정의 형사정책적인 필요와 형법적 접합성을 옹호하는 함의가 내포되어 있다.[77]

한편 양벌규정의 기능 중 수범자확대기능에 대해서는 현재 입법형식이 행위자 처벌을 새롭게 정한 것인지의 여부가 명확하지 않음에도 불구하고, 형사처벌의 근거가 된다고 해석하고[78] 있고, 판례 또한 법인이 처벌되면서 법인을 위하여 행위한 자가 처벌되지 않는 법적용상의 흠결을 막기 위해서 수범자확대기능을 인정하고 있다.[79] 하지만 이는 죄형

---

76) 조병선, "환경형사판례에 관한 비판적 검토 – 특히 양벌규정과 감독책임에 관하여 – ", 형사판례연구 제1권, 1993, 308면; 양벌규정의 입법목적은 각 본죄의 위반행위를 사업주가 직접실행행위를 하지 않은 경우에도 그 행위자와 사업주 쌍방을 함께 처벌하기 위하여 마련된 규정이지만, 개인인 사업주의 경우에는 형법총칙상의 공범규정이 적용될 여지가 있기 때문에 양벌규정의 중요성은 법인으로 집중된다(신동운, 앞의 책, 106면); 정웅석, 앞의 책, 118면; 산업사회의 경제조직이 다원화되고 복잡해짐에 따라 법인의 활동범위가 증대되고 행정형법의 영역에서 법인에 대한 처벌의 폭이 넓어져서 행정목적을 달성하기 위한 정책적인 배려로 법인과 행위자를 모두 처벌하는 양벌규정이 입법화되기에 이르렀다고 한다(오도기, 앞의 논문, 26면).

77) 황병돈, "건축형법상 양벌규정에 관한 연구", 홍익법학 제11권 제2호, 홍익대학교 법학연구소, 2010, 196면.

78) 김대휘, 앞의 논문, 27면 이하; 김우진, "행정형벌법규와 양벌규정", 형사판례연구 제6권, 1998, 399면; 손동권, 앞의 논문, 346면.

79) 대법원 1997.7.15, 95도2870 전원합의체판결에서 "舊 건축법(1991.5.31. 법률 제4381호로 전문 개정되기 전의 것) 제54조 내지 제56조의 벌칙규정에서 그 적용대

법정주의원칙에 위배된다고 할 수 있다.[80] 그러나 법적용상의 흠결은 입법적인 조치가 이루어지기 전까지는 어쩔 수 없는 현상임을 인정해야 한다고 생각한다. 이러한 흠결에 대한 입법적인 조치로써 독일형법 제14조의 '타인을 위한 행위'라는 규정과 같은 방식의 입법이 타당한 것으로 생각된다.[81]

3. 기업처벌규정의 입법형식

현행 행정형법에 존재하는 양벌규정의 입법유형[82]은 너무나 다양하다. 이로 인해 여러 가지 분류방식이 제시되고 있다. 업무와 관련하여 실제 위반행위를 한 자에 대해 처벌하는 조항을 앞에 두고, 뒤에서 법인 및 개인 사업주를 양벌규정으로 처벌하되, 본범에게 적용될 벌금형을 부과하는 형태가 가장 기본적인 유형이다.[83]

상자를 건축주, 공사감리자, 공사시공자 등 일정한 업무주로 한정한 경우에 있어서, 같은 법 제57조의 양벌규정은 업무주가 아니면서 당해업무를 실제로 집행하는 자가 있는 때에 위 벌칙규정의 실효성을 확보하기 위하여 그 적용대상자를 당해 업무를 실제로 집행하는 자에게까지 확장함으로써 그러한 자가 당해 업무집행과 관련하여 위 벌칙규정의 위반행위를 한 경우 위 양벌규정에 의하여 처벌할 수 있도록 한 행위자의 처벌규정임과 동시에 그 위반행위의 이익귀속주체인 업무주에 대한 처벌규정이라고 할 것이다"라고 판시하였었다. 따라서 舊 건축법 제57조의 양벌규정은 행위자처벌규정이라고 해석할 수 없는 것이므로 위 규정의 근거로 실제의 행위자를 처벌할 수 없다고 한 이전 판례인 대법원 1990.10.12. 90도1219 판결, 1992.7.28. 92도1163 판결, 1993.2.9. 92도3207 판결의 각 견해는 이와 저촉되는 한도에서 변경하였다.

80) 대법원 1997.7.15. 95도2870 전원합의체판결 소수의견의 논거이기도 하다.
81) 김성돈, 앞의 책, 156면; 이천현, "법인의 범죄주체능력과 형사책임", 형사법연구 제22호(특집호), 2004, 66면; 박기석, "양벌규정의 문제점과 법인범죄의 새로운 구성", 형사정책 제10호, 한국형사정책학회, 1998, 109면; 이천현·임정호·박기석, 앞의 책, 94면.
82) 산업안전보건법은 법인, 법인의 경영진 및 현장위반자를 처벌하여 수범자를 구성요건에 명확히 규정하게 하고 있다(전형배, "산업안전보건법상의 양벌규정 개정에 관한 연구", 안암법학 제27권, 안암법학회, 2008, 390면).

(1) 기업처벌규정의 입법형식

전통적으로 양벌규정의 분류[84]는 권문택 교수님의 3가지 분류방법에
의존하였다.[85] 법인이나 사업주의 책임근거를 규정하는 방식에 따른 유
형으로 제1유형은 법인 또는 사업주의 공범책임을 근거로 처벌하는 형
태[86]로 근로기준법 제116조 후단과 같이 "……사업주가 위반의 계획
을 알고 그 방지에 필요한 조치를 하지 아니하는 경우, 위반행위를 알
고 그 시정에 필요한 조치를 하지 아니하는 경우, 또는 위반을 교사한
경우에는 사업주도 행위자로서 처벌한다"는 규정이다. 이는 법인이나
사업주가 사전 또는 사후에 직접행위자의 위반행위를 알고 방치·방관

---

83) 손동권, "양벌규정에 의한 법인처벌의 특수문제 - 최근 '보건범죄단속에 관한 특별
   조치법' 제6조에 대한 헌법재판소 판시내용과 양벌규정에 대한 전면적 법개정작업을
   중심으로 - ", 한국형사법학의 오늘(정온이영란교수화갑기념논문집), 2008, 210~212면.

84) 권문택 교수님의 논문 이후 입법례에 관한 대표적인 논문으로 윤장근, "양벌규정의
   입법례에 관한 연구", 법제(통권 제438호), 법제처, 1994.6.과 이상철, "양벌규정 연
   구", 월간법제 제491호, 법제처, 1998.11.이 있고, 선행논문과 같은 분류방법을 취
   하고 있는 논문으로는 이은정, 양벌규정의 유형별 문제점과 개선방안, 국회사무처
   법제실, 2003.12. 등이 있다. 또한 종래의 3유형론으로 분류하는 방법은 현재의 다
   양한 카테고리로 묶는 것이 다른 유형을 배제시키는 한계가 있다고 비판하면서, 양
   벌규정의 분류방법을 형사법적 관점에서의 3유형론과 입법실무의 관점에서의 7유
   형론 그리고 8유형론으로 분류하는 방식을 취하고 있다(김용섭, "양벌규정의 입법
   유형에 관한 법적 검토"(이하 '양벌규정의 입법유형'으로 표기함), 인권과정의(vol.
   375), 2007.11, 66면; 양벌규정을 7가지 분류방법으로 나누는 견해도 있다(오경식,
   "양벌규정에 대한 판례분석", 영남법학 제27호, 영남대학교 법학연구소, 2008.10,
   61~63면).

85) 권문택, "양벌규정과 업무주체의 책임", 사회과학논집 제8권, 연세대학교 사회과학
   연구소, 1977, 123~124면; 서희종, "행정형벌에 있어서의 양벌규정과 위반행위의
   주체", 사법행정(통권 제375), 한국사법행정학회, 1992.3, 110면.

86) 선원법 제148조 제2항(선박소유자가 제1항의 규정에 의한 위반행위의 계획을 알고
   그 방지에 필요한 조치를 취하지 아니한 때, 위반행위를 알고도 그 시정을 위하여
   필요한 조치를 하지 아니한 때 또는 위반행위를 교사한 때에는 선박소유자도 행위
   자로서 처벌한다)도 이와 같은 유형이다; 한편 이를 양벌규정의 한 유형으로 보지
   않고, 사업주 자신의 행위에 의한 부작위범이나 공범에 관한 규정으로 이해하는 견
   해도 있다(오영근, 앞의 책(각주 3), 146면).

하거나 교사한 경우를 말한다.

제2유형은 법인이나 사업주의 과실책임을 근거로 법인의 면책규정을 명문화한 형태로서, 선원법 제148조 제1항 단서,[87] 하천법 제87조 단서[88] 등은 법인이 종업원의 업무집행에 대한 선임감독을 태만히 하지 않았음을 증명한 경우 법인의 책임을 면제한다. 舊 건축법 제57조[89]가 이러한 유형의 양벌규정이라고 할 수 있다.

제3유형은 법인이나 사업주의 처벌조건이나 면책사유를 전혀 규정하지 않은 경우로 대부분의 양벌규정이 이러한 형태[90]를 취하고 있다. 즉, "행위자를 벌하는 외에 그 법인에 대하여도 해당조의 벌금형을 과한다"라고 규정하는 입법방식이다.[91]

---

87) 선원법 제148조 제1항 단서에 "다만 선박소유자가 위반행위의 방지를 위하여 필요한 조치를 한 경우에는 그러하지 아니한다"고 규정되어 있다.

88) 하천법 제87조 법인의 대표자나 법인 또는 개인의 대리인·사용인 그 밖의 종업원이 그 법인 또는 개인의 업무에 관하여 제93조부터 제96조까지의 위반행위를 한 때에는 행위자를 벌하는 외에 그 법인 또는 개인에 대하여도 각 해당 조의 벌금형을 과한다. 다만 법인 또는 개인의 그 위반행위를 방지하기 위하여 그 업무에 관하여 상당한 주의와 감독을 게을리하지 아니한 때에는 그러하지 아니하다고 규정되어 있다.

89) 舊 건축법 제57조에서 법인의 대표자나 법인 또는 개인의 대리인·사용인 그 밖의 종업원이 그 법인 또는 개인의 업무에 관하여 제54조 내지 제56조의 규정에 해당하는 행위를 하였을 때에는 행위자를 벌하는 외에 그 법인 또는 자연인에 대하여도 각 본조의 벌금형을 과한다. 나만 위반행위를 방지하기 위하여 상당한 주의와 감독을 게을리하지 아니하였을 때에는 그러하지 아니하다고 규정하고 있다.

90) 이러한 유형으로 조세범처벌법 제3조, 마약류관리에 관한 법률 제68조, 환경범죄단속에 관한 특별조치법 제10조, 문화재보호법 제94조가 있다.

91) 그 밖의 입법방식으로는 양벌규정의 적용대상을 법인만으로 규정하는 방식(업무주인 개인에 대한 처벌규정 부존재, 용역경비업법 제18조), 양벌규정에 법인격 없는 단체를 포함시키는 방식(노동조합 및 노동관계조정법 제94조), 사전 또는 사후에 필요한 조치를 취했을 때에 단서로 면책을 규정하는 방식, 면책규정은 없고 의무해태 등 과실책임을 묻는 표현이 없는 방식, 주의감독의무를 태만히 하지 않은 방식, 면책규정을 단서의 형태로 두는 방식, 반대로 위반행위를 교사한 경우나 사전·사후조치를 취하지 않은 경우에 처벌하는 방식, 개인과 법인의 양벌규정을 2단계로 구분하여 입법하는 방식(건축법, 도시개발법, 도시교통정비촉진법, 용산공원조성특별법, 임대주택법 등의 양벌규정) 등이 있다.

(2) 위헌결정 이후 현행 기업처벌규정의 유형 및 현황

위헌결정 이전에는 면책규정이 없고, 의무해태 등의 과실책임을 묻는 표현이 없이 종업원이 위법행위를 한 경우에는 아무런 조건을 부여하지 아니하고 영업주를 처벌하도록 하는 입법형식이 양벌규정의 가장 기본적인 입법유형이었다.

그러나 헌법재판소는 「보건범죄단속에 관한 특별조치법」(1990.12.3 법률 제4293호로 개정된 것) 제6조와 관련하여 "개인의 대리인·사용인 기타 종업원이 그 개인의 업무에 관하여 제5조의 위반행위를 한 때에는 행위자를 벌하는 외에 개인에 대하여도 본조의 예에 따라 처벌한다"고 규정한 부분이 형사법의 기본원리인 책임주의에 반한다는 이유로 위헌결정을 내렸다.[92]

이에 법무부는 헌법재판소의 위헌결정에 따른 개정안을 검토하면서 "상당한 주의와 감독을 게을리하지 아니한 경우에는 처벌을 면하게 하는 내용"을 추가한 양벌규정 개정안을 확정하고, 개정범위 또한 위헌결정을 받은 법률에 국한되는 것이 아니라 모든 양벌규정의 개정을 추진하여 1차로 2008년 12월 26일 자격기본법 등 69개 법률을 개정·공포하였다.[93]

법무부가 개정 추진하고 있는 양벌규정 주요내용은 첫째, 업무주 처벌에 대하여 면책사유 등 아무런 조건을 두지 않은 양벌규정의 단서에 업무주가 범죄행위를 방지하기 위한 관리 및 감독의무를 다한 경우에는 책임을 면제하는 면책규정을 두어 책임주의를 관철시키고, 둘째, 양벌

---

92) 헌법재판소 2007.11.29. 선고 2005헌가10 전원재판부 결정.

93) 법무부는 428개의 양벌규정에 대하여 단서에 면책조항을 추가하여 위헌성 시비를 해소하고자 하는 개정작업을 계속하고 있다. 이 중 상표법, 특허법, 주민등록법 등 많은 법률에서 이미 개정작업이 이루어졌다. 상세한 내용은 행정안전부(편), 대한민국정부 관보 제16906호(2008.12.26) 참조.

규정에서 업무주에게 징역형을 부과하는 규정을 개정하여, 징역형을 폐지함과 동시에 업무주에 대한 처벌 수단으로 벌금형으로 일원화하며, 셋째, 업무주에게 책임을 물을 수 있는 종업원의 위반행위의 범위를 업무와 관련된 행위로 한정하여, 업무주의 책임을 합리적으로 제한하는 것을 주요내용으로 하고 있다.

법무부의 개정방향이 반영된 양벌규정의 한 예로, 자격기본법상의 양벌규정에 해당하는 제42조는 "법인 또는 단체의 대표자, 법인·단체 또는 개인의 대리인·사용인 및 그 밖의 종업원이 그 법인·단체 또는 개인의 업무에 관하여 제( )조의 위반행위를 한 때에는 행위자를 벌하는 외에 그 법인·단체 또는 개인에 대하여도 각 해당조의 벌금형을 과한다"라고 규정되어 있었던 것이, "법인 또는 단체의 대표자나 법인·단체 또는 개인의 대리인, 사용인, 그 밖의 종업원이 그 법인·단체 또는 개인의 업무에 관하여 제( )조의 어느 하나의 위반행위를 하면, 그 행위자를 벌하는 외에 그 법인·단체 또는 개인에게도 해당 조문의 벌금형을 과한다. 다만 법인·단체 또는 개인이 그 위반행위를 방지하기 위하여 해당 업무에 관하여 상당한 주의와 감독을 게을리하지 아니한 경우에는 그러하지 아니하다"로 개정되었다. 위헌결정 이후 현재 양벌규정의 형태는 가장 기본적인 유형이었던 면책사유 등 아무 조건 없이 사업주를 처벌하던 형태에서 단서에 면책규정을 두고 있는 형태로 개정되었다.[94]

---

94) 법무부는 형법개정 및 양벌규정 개선 공청회를 개최하며, 양벌규정의 개선방안에 관한 연구용역을 한국형사정책연구원에 의뢰하는 등 많은 노력을 기울였다.

Ⅲ. 소결

현행 기업처벌규정인 양벌규정은 법인의 범죄능력을 인정할 것인가
하는 법제도적 측면에서의 논의와 법인을 통한 불법행위가 빈번히 발생
하고 있는 상황에 대한 제재의 필요성이 크다는 현실적 측면 등이 서로
얽혀 있는 제도라고 할 수 있다. 왜냐하면 현재 법인의 범죄능력에 대
한 합의가 이루어져 있지 않음에도 불구하고 기업범죄에 대한 처벌은
주로 행정법령상 양벌규정에 의하여 이루어지고 있기 때문이다. 즉, 양
벌규정은 현재 기업처벌의 유일한 근거규정으로 기업에 의한 행정법령
상의 의무위반사범이 늘어남에 따라 행위자만을 처벌하여서는 범죄의
예방과 재발방지를 담보할 수 없어 업무주를 함께 처벌함으로써 종업원
등의 부당한 희생 및 부당이득이 기업에 귀속되는 것을 방지하여, 공평
한 책임의 분배요청이라는 형사정책적인 고려에 의해 만들어진 제도이
기 때문이다.

그러나 양벌규정은 책임원칙과 명확성원칙 등 형사법의 기본원칙과
충돌하는 문제점을 안고 있다. 하지만 현재로서는 양벌규정만이 유일하
게 기업을 처벌하는 역할을 하고 있다. 이는 양벌규정이 형법이론상 범
죄주체가 될 수 없는 법인에 대해 형사책임을 부과하기 위하여 이론상
고안된 규정이기 때문이다.

한편 양벌규정은 법인처벌의 기능보다도 오히려 이러한 입법상의 결
함을 보충하는 역할에서 더 중요한 의의를 갖는다고 할 수 있다.[95] 즉,
법인의 형사책임을 긍정하는 기능을 하고, 대부분의 행정법령에 채택되
어 있어서 소형법총칙의 기능도 하고 있으며, 그리고 수범자확대기능을
통해 처벌의 공백상태가 생기는 것을 방지하는 기능을 하고 있다.

---

95) 그러나 양벌규정이 형사정책적인 고려로 인정된다 하더라도 처벌에 대한 형법 이론
적 근거는 해명되어야 한다.

그러나 이 중 수범자확대 기능은 현행 기업처벌규정이 행위자처벌을 새롭게 정한 것인지 여부가 명확하지 않음에도 불구하고, 형사처벌의 근거로 해석되고 있는 것은 죄형법정주의원칙에 위배된다고 판단되므로 이러한 해결로서, 독일형법 제14조 타인을 위한 대리행위라는 형태의 규정·도입이 필요하다고 생각된다.

현행 기업처벌규정의 입법형식은 법인이나 사업주의 처벌조건이나 면책사유를 전혀 규정하지 않은 경우로, 대부분의 양벌규정이 이러한 형태를 취하고 있었다. 그러나 헌법재판소는「보건범죄단속에 관한 특별조치법」 제6조와 관련하여 "개인의 대리인·사용인 기타 종업원이 그 개인의 업무에 관하여 제5조의 위반행위를 한 때에는 행위자를 벌하는 외에 개인에 대하여도 본조의 예에 따라 처벌한다"고 규정한 부분이 형사법의 기본원리인 책임주의에 반한다는 이유로 위헌결정을 내렸다. 이후 법무부는 '행정형법의 합리화 방안'의 일환으로 양벌규정을 두고 있는 법률 전반을 대상으로 '면책규정'을 추가하는 형태로 개정을 추진하여, 2010년 전반기에 약 110여 개의 법률에서 양벌규정을 개정하였고, 현재까지 지속적으로 개정작업이 이루어지고 있다.

제4장 현행 기업처벌의 본질과 구조에 관한 문제점

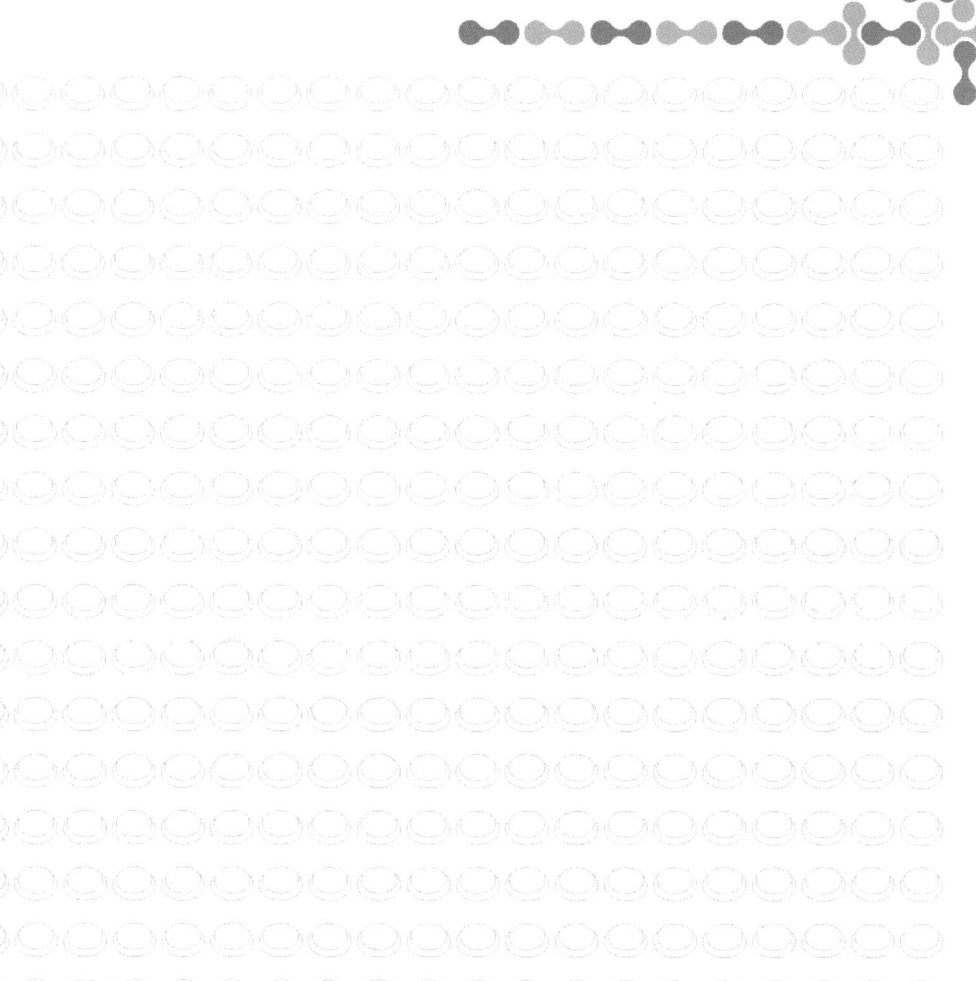

제1절 서설

　근대사회에서는 형사책임을 자연인에게만 부과하는 것이 당연하다고 여겨졌다. 이는 자연인만이 스스로 범죄를 의도하고 행할 수 있는 존재라는 인식으로 인해, 그들만이 범죄행위 주체로 법률에 규정되어 있었기 때문이다. 이와 같은 현상은 비교법적 고찰을 통해서 전술한 바와 같이, 사회질서의 기본가치 보호와 사회방위를 이유로 법률체계와 무관하게 인정되고 있는 것이다. 그러나 현대사회에는 또 다른 행위주체가 존재한다. 그것이 바로 법인으로서 기업이라는 법인격체이다.

　주지하다시피 현행법 아래에서 기업이 행위주체로서 인정될 수 있는지에 관해 여러 가지 학설이 대립하고 있다. 이에 관한 첨예한 학설대립은 전통적인 형법이론, 즉 대륙법계의 법전통을 계수하고 있는 국가들에서 나타나는 어쩌면 지극히 당연한 현상이라고 볼 수 있다. 왜냐하면 공통적으로 그들 국가에서 단체는 죄를 범하지 못한다는 법문에 구속받고 있기 때문이다. 우리나라의 경우도 별반 다르지 않다. 형법이 아닌 다른 법률, 즉 민법 제35조에서 법인의 불법행위능력을 인정하고 있지만, 현행형법 아래에서는 행위주체로 자연인만을 규정하고 있어, 기업이 행위능력이 있는지, 더 나아가 기업이 범죄행위의 주체가 될 수 있는지에 관한 논쟁이 계속되어 오고 있다.

　한편 산업혁명 이후 기업은 근대사회에서 경제개발에 중요한 요소로서 부의 창출 및 축적을 통해, 국민생활에 필요한 다양한 서비스를 제공하는 등 사회생활에서의 주요한 주체로 인정되기 시작하였고, 현대사회로 진입해서는 기업이 다양한 방법으로 개인의 법률행위 전반에 깊숙이 영향을 미치고 있다. 그렇기 때문에 개인의 법률관계에 더 근접성이 있다고 볼 수 있는 기업이 향후 오히려 국가보다도 개인에 미치는 영향력이 더욱 강화될 것이 쉽게 예상된다. 다시 말해 기업은 일상생활에 다양한 방면으로 영향을 미치고 있고, 또 앞으로 더욱 그 범위가 확대될 것이다. 하지만 그러한 영향을 받는 자연인의 경우에는 법적으로 책임을 부과해야 하는 위법행위에 대해서 당연히 형벌이 부과되고 있지만, 기업에 대해서는 처벌근거가 명확히 무엇인지에 대한 고찰 없이 기업의 위법행위가 발견되었을 때 다수의 행정·경제·환경 등의 부수형법에 규정된 양벌규정으로 행위자와 법인을 같이 처벌하고 있을 뿐이다.

이러한 현상은 단순히 기업처벌에 선행되어야 하는 법적 근거, 즉 기업을 처벌하기 위해 필요한 기업의 본질과 구조에 대한 현실적·이론적 고찰 없이, 단지 처벌의 필요성과 단순히 그에 따른 법적 책임을 묻기 위한 미봉책으로밖에 볼 수 없다. 현재 기업처벌에 있어 유일한 근거규정은 양벌규정이다. 그러나 앞서 전술한 바와 같이 양벌규정 자체는 많은 문제점을 안고 있다. 그러한 문제들, 즉 일률적인 규정방식의 낙후성뿐만 아니라 자연인을 처벌한 후 그 행위자가 속한 기업에 대해 벌금형을 부과하는 간접적이고 미온적인 처벌규정으로는 점증하고 있는 기업범죄 및 처벌에 대한 적절한 대응방법이 될 수 없다.

이미 비교법적 고찰에서도 살펴보았지만, 대륙법계의 법전통을 계수하고 있는 여러 국가들도 각각의 이론의 독특한 특징을 가지고 독자적인 방법으로 기업처벌에 대처하고 있음을 확인할 수 있었다. 우리나라의 경우도 현대사회에서 기업이 더 이상 법에 의하여 의제된 행위주체이자 단순한 인적·물적 총합체가 아님을 인식하고 있다. 기업은 자연인과 공존하며 현시대를 살아가는 하나의 특별한 사회적 존재로서, 엄연히 독특한 특성을 가진 또 다른 범죄주체임을 인정해야 한다.

기업은 현대사회에서 법적으로 인정된 또 다른 사회의 주체로서 법인격을 부여받고 그 법적인 테두리 안에서 충분히 권리를 보장받는 만큼, 법을 위반하여 법익을 침해하였다면 그에 합당한 법적 책임을 부담해야 한다. 기업은 매우 다양한 방법으로 법익을 침해하고 있고, 그 파급효과는 개개의 자연인의 법익침해 행위에 의한 효과와는 비교할 수 없다. 그러므로 앞으로 현대사회에서 기업을 법에 의해 의제된 행위주체 또는 범죄능력인정 여부에 관한 논의의 대상으로 보는 것은 옳지 않다고 본다. 오히려 기업을 범죄의 주체로 인정하고, 기업에 의해 발생한 범죄에 관한 적절한 형사책임을 묻기 위한 논의의 대상으로 보는 것이 시대적 요청에 부합하는 것이라고 생각한다.

이하에서는 기업을 당연히 실재하는 존재로서 인정하고, 제3장을 통해 고찰한 바와 같이 기업의 범죄능력을 인정하는 전제하에서 현행 기업처벌의 본질과 구조 및 기업처벌규정에 관한 문제점과 한계를 검토하고자 한다.

제2절 현행 기업처벌의 본질과 구조에 관한 문제점

I. 현행 기업처벌의 본질과 구조

1. 현행 기업처벌의 본질

기업의 형사책임은 양벌규정과 분리할 수 없다. 그런데 현행 기업처벌규정에서는 기업처벌의 본질, 즉 법적 성질이 과실책임인지 무과실책임인지에 대하여 어떤 구체적인 내용도 제시해주지 못하고 있다.[96] 기업처벌규정의 법적 성질의 문제는 사업주의 형사책임을 어떻게 이해할 것인가에 대한 문제이다. 다시 말해서 직접 위반행위를 실행한 사용인과 직접 범죄행위를 하지 않은 사업주에게 책임을 부과하는 근거, 즉 법인을 처벌하는 근거 또는 처벌요건이 무엇인가에 관한 논의를 의미한다.

이에 관해 기업의 범죄능력을 해석론적으로 부정하는 견해에서는 일관된 논리로 양벌규정의 부당성을 비판하겠지만, 우리나라의 다수견해는 대부분 기업의 범죄능력을 부정하면서 형벌능력을 긍정하고 있음을 이미 검토해 보았다. 또 위헌결정 이전의 경우, 양벌규정에 의한 기업(또는 개인사업주)처벌의 본질과 관련하여 기업처벌이 이루어지는 모습 및 요건으로 첫째, 공범책임을 명시한 경우, 둘째, 과실책임을 명시한 경우,[97] 셋째, 아무런 조건 없이 또는 면책사유의 규정 없이 기업의 처

---

96) 이천현, 앞의 논문, 64면; 양벌규정에 의한 법인처벌의 법적 성질이 무엇인가에 대하여 우리나라에서의 견해 대립은 실체가 없는 형식적 논쟁에 불과하다고 비판한다(손동권, 앞의 논문, 335면).

97) 제1유형과 제2유형은 과실책임이나 공범방식의 처벌을 명시하고 있는 경우로 구제

벌을 규정하고 있는 경우로 나누어져 있었다. 이 중 세 번째 경우가 가장 일반적인 양벌규정에 의한 법인처벌에 관한 논의로[98] 법인처벌의 근거 또는 본질이 무엇인가에 대한 견해 대립[99]이 있었다.

그러나 위헌결정 이후로는 법무부의 2008.7.24. '행정형벌의 합리화 방안'에 따라 면책규정이 추가·보완되는 방향으로 법률개정작업이 이루어져, 종래 학설에 맡겨졌던 법인처벌의 근거는 과실책임임이 명백해졌음을 부인할 수 없게 되었다. 한편 이로 인해 이제 더 이상 무과실책임이 주장될 여지가 없어졌다고 볼 수 있다.[100]

이하에서 현행 양벌규정에 의한 기업처벌근거에 관한 학설[101]과 판례, 그리고 헌법재판소의 결정내용을 통하여 현행 기업처벌의 본질과 구조의 문제점을 검토한다.

_____

적인 양벌규정의 조문 자체에서 해결의 실마리를 구할 수 있다고 한다(신동운, 앞의 책, 108면).

98) 양벌규정의 본질 혹은 법인처벌의 근거에 관하여, 첫째, 양벌규정을 통한 법인처벌의 본질이 과실책임인가 무과실책임인가의 문제, 둘째, 양벌규정을 통한 법인처벌의 본질이 공범책임인가 감독책임인가의 문제로 파악하는 견해도 있다(박기석, 판례와 사례분석, 16면); 양벌규정의 법적 성질을 첫째, 영업수 책임의 성질, 둘째, 영업주의 무과실책임인정, 셋째, 종업원 등의 위법행위, 넷째, 면책조항, 다섯째, 법인격 없는 사단으로 파악하고 있다(이상철, 앞의 논문, 55~60면).

99) 범죄능력을 부정하는 입장에서는 어느 유형이나 마찬가지로 그 법적 성질이 문제된다고 한다(이재상, 앞의 책, 98면).

100) 임웅, 앞의 책, 87면; 이와 달리 양벌규정에 면책조항을 추가하였다고 하더라도 면책규정이 존재하는 규정에 대해서 그간의 사정 — 견해의 대립 — 을 참작하여 보더라도 반드시 타당한 논리는 아니라고 보는 견해가 있다(황병돈, 앞의 논문, 207면).

101) 양벌규정의 본질에 관한 학설은 크게 무과실책임설과 과실책임설로 나누어 볼 수 있다. 이러한 학설전개는 양벌규정에 의해 처벌되는 업무주로 규정되어 있는 법인과 개인 중에서 법인업무주를 중심으로 한 것이지만, 개인업무주에 대해서도 그대로 적용된다고 할 것이다(임웅, "경제범죄에 대한 형법적 대책", 성균관법학 제1권 제1호, 성균관대학교 법학연구소, 1987, 159면).

(1) 무과실책임설

무과실책임설은 대위책임설 또는 전가책임설이라고 하는데, 주로 기업의 범죄능력을 부정하는 입장에서 주장되었다. 이 견해에 의하면 양벌규정에 의한 기업의 처벌은 행정목적을 달성하기 위한 것으로, 기업의 고의 또는 과실의 유무를 불문하고 행위자와 함께 처벌하는 것이라고 본다.[102) 즉, 기업을 처벌하는 양벌규정은 실제의 행위자를 범죄자로 처벌하면서, 행정단속 기타 형사정책적인 필요에 따라 기업까지도 부수적으로 처벌하는 '연계적 구성요건(Verbindungstatbestand)'이라고 한다.[103) 그리고 기업의 형사책임을 행위주체와 형벌주체의 일치라고 하는 형사법상 자기책임원칙에 대한 예외가 된다고 한다.[104)

범죄능력을 부정하는 입장에서의 무과실책임의 논거로서 행정형법은 고유의 형법에 비하여 윤리적 색채가 약하고, 특정의 행정목적달성의

---

102) 오영근, 앞의 책, 147면; 이재상, 앞의 책, 98면; 신동운, 앞의 책, 108면; 무과실책임설의 입장 중에서도 행정규제상의 필요성에 따라 과태료를 부과함으로써 해결하자는 견해도 있다(배종대, 앞의 책, 216면); 한편 법인의 기관이 행한 행위는 무과실책임을 인정하고, 단순한 종업원의 행위에 대해서는 과실을 추정하는 입장도 있다(박상기, 앞의 책, 72면; 손동권, 앞의 책, 97면).

103) 강동범, "경제범죄와 그에 대한 형법적 대응", 형사정책 제7호, 한국형사정책학회, 1995. 29면.

104) 정영석, "법인의 형법상 행위능력과 책임", 고시연구, 1981.7, 137면; 업무주책임을 책임주의원칙의 예외로 인정한다. 이와 관련하여 현행법상 사업주에 대한 면책규정이 없더라도 사업주에게 과실이 없는 경우에 면책이 인정되도록 해석하자고 하는 견해가 있다. 이때 사업주의 면책요건은 학설과 판례에 의해 구체적으로 정립될 것을 제안하면서, 그 일반적 기준으로서 첫째, 기업조직상 위반행위 방지체제를 마련하여 구성원의 위반행위를 방지하고, 둘째, 그러한 조직상의 방지체제가 원활하게 작동할 수 있도록 할 것을 제시하고 있다(박강우, "양벌규정과 업무주 및 행위자의 책임, 형사판례연구 제8권, 형사판례연구회, 2000, 142면); 판례 또한 무과실책임을 취하고 있다. 그 예로 대법원 1982.9.14. 82도1439(도로교통법위반 사건에서 도로교통법의 양벌규정은 질서벌의 성격을 갖는 규정이므로 비록 행위자에 대한 감독책임을 다하였다거나 또는 행위자의 위반사실을 몰랐다 하더라도 이의 적용이 배제된다고 할 수 없다) 판결이 있다.

보장이라는 합목적적 요소가 강하므로, 행정위반에 대한 제제의 하나로 형벌은 형법상의 범죄에 대한 형벌에 비하면 윤리적 요소가 약하고, 일반예방적 요소와 정책적 차원에서의 위하적 요소가 강하다고 한다. 따라서 그에 대한 형벌의 전제가 되는 책임도 행위자 인격에 대한 윤리적 비난이기보다는 오히려 행정위반이라는 위법상태의 발생에 대한 사회적 비난의 귀속이라는 관점으로 논의되어야 한다고 주장한다.[105]

그러나 일반적으로 행정범이 고유한 형사범에 비하여 윤리적 요소가 약하고 행정상 단속목적이라는 합목적성의 요소가 강한 것은 사실이나, 그렇다고 해서 단순한 행정상의 단속목적을 이유로 해서 사업주의 고의나 과실이라는 귀책사유 없이 업무주를 처벌하는 것은 근대 형법상의 책임주의원칙에 반하는 것이고,[106] 또 사업주에게 무과실책임을 묻는 것이 합목적적인가도 의문이 들고, 나아가 일반국민의 법감정에도 부합하지 않는다고 할 것이다.[107] 또한 무과실책임설은 이중적 설명구조를 취하고 있다는 비판도 받고 있다.[108] 즉, 범죄능력은 없지만 수형능력은 긍정하고 있기 때문이다. 그러나 범죄체계상 행위가 없으면 가벌성 심사는 더 이상 행해지지 않으므로, 범죄능력이 없으면 수형능력 또한 당연히 없다고 보아야 할 것이다.

(2) 과실책임설

과실책임설은 기업이 종업원에 대한 선임·감독상의 의무를 부담하는 자로서, 종업원의 업무와 관련한 위반행위를 방지하기 위한 선임·

---

105) 최대호, 박사학위논문, 58면.
106) 강동범, "우리나라의 경제범죄에 관한 연구", 서울대학교 박사학위논문, 1994, 165면.
107) 배종대, 앞의 책, 207면.
108) 배종대, 앞의 논문, 159면 이하 참조.

감독상의 주의의무를 다하지 않은 경우 업무주가 책임을 지는 것이다.[109] 또 과실뿐만 아니라 고의로 선임·감독상의 주의의무를 위반한 업무주에 대해서도 해석에 의하여 감독과실책임으로 그 책임을 긍정할 수 있다고 한다.[110] 이때 업무주의 책임은 감독과실이라고 하는 스스로의 귀책사유에 의한 자기책임이며, 종업원의 행위가 업무주에게 귀속되는 대위책임이 아니다.[111] 즉, 양벌규정에 의한 기업의 책임과 직접행위자의 책임은 구성요건이 서로 다른 것이며, 따라서 각자 자기의 행위에 대하여 책임을 지게 된다. 그러나 업무주의 감독책임이 과실책임에 근거하고 있어서, 기업이 종업원의 위반행위를 알고도 제지하지 않은 경우나 종업원의 위반행위를 몰랐던 경우 등 구체적인 사정의 검토 없이 일률적으로 과실범의 문제로 취급하는 것은 부당하다고 비판받기도 한다.[112] 하지만 업무주의 책임을 자신의 지배하에 있는 종업원의 행위를 업무주에게 귀속시키는 대위책임이 아니라, 감독과실이라고 하는 스스로의 귀책사유에 의한 자기책임으로 파악한다는 점에서 무과실책임이 안고 있는 문제점에 대해 책임주의를 관철시켰다고 평가할 수 있다.[113]

한편 과실책임설을 취하는 입장에서도 구체적인 과실을 판단하는 방법을 놓고 견해에 따라 과실의제설과 과실추정설[114] 및 일반과실책임설

---

109) 대법원 1977.5.24, 선고 77도412 판결은 과실책임설을 명백히 하고 있다.

110) 임웅, 앞의 책, 86면.

111) 이주희, 앞의 논문, 267면.

112) 조명화·박광민, "양벌규정과 형사책임 – 개정된 양벌규정의 문제점을 중심으로 – ", 법학논총 제23집, 숭실대학교 법학연구소, 2010.2, 7면.

113) 이주희, 앞의 논문, 268면.

114) 과실추정설은 일본판례의 태도이다. 최고재판소 1957.11.27 판결(刑集11·12·3)에서 "양벌규정은 사업주로 하여금 행위자인 선임·감독 기타 위반행위를 방지하기 위하여 필요한 주의를 다하지 아니한 과실의 존재를 추정한 규정이라고 해석해야 하며, 따라서 사업주가 이에 관한 주의를 다하였다는 증명이 없는 한 사업주도 형사책임을 면할 수 없다는 것이 법의 해석이라고 하는 것이 상당하다"고 판시하여 사업주에 대하여 과실추정설의 입장을 명백히 하였으며, 그 후 최고재판소 1965.3.26 판결(刑集19·2·83)은 법인이 업무주인 경우에도 과실추정설을 확대 적

로 나누어진다.[115] 첫째, 과실의제설은 종업원의 위반행위가 있으면 기업의 과실은 당연히 존재하는 것으로 의제되고 반증이 허용되지 않는다는 견해이다. 둘째, 과실추정설은 기업의 처벌근거를 업무주의 선임·감독상의 주의의무위반이라는 과실에 두는 점은 같다. 다만 선임·감독에 대한 과실이 없었음을 기업 스스로가 증명하지 못하면 법률상 과실이 추정된다고 보는 견해로[116] 양벌규정의 유형 중 면책규정이 있는 경우와 관련하여 이 견해를 취하는 판례가 있다.[117] 또한 일본의 통설과 판례가 취하고 있는 견해로서, 최근 일본최고재판소의 대규모의 호텔, 백화점 등의 화재 또는 가스 유출사고에 관한 판례[118]를 보면, 과실책임에 관한 기본적인 입장을 다시 한 번 확인한 것으로 보인다. 현재 일본에서는 이러한 판례의 입장에 따라, 위험한 설비 및 시설에 대한 관리책임과 직접행위자에 대한 감독책임을 통해 형사책임을 인정하기 위한 논의가 활발하게 진행되고 있다고 한다.[119]

마지막으로 일반과실책임설[120]은 기업의 책임은 기업이 사업주의 지위에서 종업원의 업무 전반에 관한 위반행위의 방지의무와 주의의무의

용하였다.

115) 과실의제설과 과실추정설을 부진정과실책임설이라고 명명할 수 있다고 한다(임웅, 앞의 책, 85면).

116) 김대휘, 앞의 논문, 26면.

117) 헌법재판소 2006.6.1 선고 99헌비73 결정, 대법원 2002.1.25. 선고 2001도5595 판결, 대법원 1992.8.18. 선고 92도1395 판결 등이 과실추정설을 취하고 있다.

118) 最判 昭和 69年10月27日(刑集42·8·2209).

119) 三正 誠, "管理·監督過失をめぐる問題の所在-火災刑事事件を素材に一", 刑法雜誌 第28卷 第1号, 日本刑事法學會, 1987, 184頁.

120) 대법원 1987.11.10. 선고 87도1213 판결은 舊 공중위생법 위반사건으로 종업원 등 행정법규위반행위에 대하여 양벌규정으로 영업주의 책임을 묻는 것은 종업원 등에 대한 영업주의 선임감독상의 과실책임을 근거로 하는 것이라고 판시하고 있다. 대법원 1997.5.24. 77도412 판결은 식품위생법 위반사건으로 식품영업주의 그 종업원에 대한 감독태만을 처벌하려는 규정으로 영업주는 그 감독 해태에 대한 책임을 면할 수 없다고 판시하고 있다. 위 판례들은 일반과실책임설을 취하고 있다.

태만에서 오는 자기책임에 기인한 과실책임이라고 한다.[121] 이 견해에 의하면 책임주의는 행정적 형벌법규에 있어서도 그대로 타당해야 하며, 명문규정 없이 과실을 추정하는 것은 허용되지 않는다고 본다.

(3) 부작위책임설

부작위책임설은 양벌규정에 의해 처벌되는 영업주의 책임을 영업주 자신의 책임이라고 보면서, 그 책임의 근거를 종업원의 범죄행위와는 구별되는 영업주의 독자적인 범죄행위에서 구하는 견해이다.[122] 이 견해는 기업이 업무활동의 지배·관리 주체로서 아무런 범죄행위를 하지 않았음에도 불구하고, 종업원의 위반행위가 있을 때 그 행위로 인한 위험발생과 결과발생의 원인을 방지해야 할 보증인적 지위에 있다고 보고, 기업 스스로 종업원을 관리·감독해야 할 작위의무를 위반한 것이기 때문에 책임을 부담한다는 것이다. 그 책임의 내용은 기업이 종업원의 위반행위를 교사·방조한 경우에는 고의에 의한 감독책임을 다하지 않은 것이 되고, 종업원의 위반행위를 예견하지 못하거나 알 수 없었던 경우는 과실에 의한 감독책임을 다하지 못한 것으로 함을 내용으로 한다. 또한 기업활동의 구조적 특성에 따라서, 법인의 책임을 파악하는 부작위감독책임·행위책임이원설이 있다. 이 견해는 법인기

---

121) 김일수·서보학, 앞의 책, 141면; 옥필훈, 앞의 논문, 232면; 조병선, "개정양벌규정에서의 기업의 형사책임: 과실추정설에 대한 반론"(이하에서는 '과실추정설에 대한 반론'으로 표기함), 형사정책 제21권 제1호, 한국형사정책학회, 2009.6, 362~363면; 면책규정이 있는 경우에 과실이 강하게 추정되지만, 면책규정이 없는 경우에는 과실이 추정되지 않고 일반과실책임설로 해결된다고 해석하는 것이 입법자의 취지라고 한다. 또한 양벌규정이 존재하는 범위 내에서 범죄능력을 인정하며, 거증책임의 원칙을 고려할 때, 일반과실책임을 지지한다(조국, 앞의 논문, 69면).

122) 정성근·박광민, 앞의 책, 90면; 조병선, 앞의 논문, 2면; 정금천, 앞의 논문, 13면; 양벌규정이 있는 경우에 한하여 법인의 범죄능력을 긍정하는 입장도 있다(김성돈, 앞의 책, 149면).

관의 불법행위에 대해서는 법인자신의 실행행위로 보아 행위책임을 인정하고, 종업원의 불법행위에 대해서는 관리감독상의 부작위책임을 진다고 한다.123)

한편 부작위책임설은 과실책임설과 달리, 기업처벌의 법적 비난의 중점을 감독의무불이행이라고 하는 객관적 측면에 두고 있기 때문에, 기업은 종업원의 범죄행위 발생 이전 단계에서 종업원의 범죄행위를 저지할 수 있다는 모든 기대 가능한 조치의무를 부담하게 됨으로써, 법익보호에 유리하다는 장점이 있다고 한다.124) 더 나아가 기업의 감독과실책임은 일반적·포괄적인 보증인적 지위만으로 인정되는 것이 아니라, 구체적인 조직의 성질, 기업과 종업원의 권한 내지 명령관계, 업무위임의 범위와 내용, 종업원의 범죄행위의 종류, 기업의 관행과 절차 등 구체적인 사정을 고려하여, 원칙적으로 객관적인 업무활동과 관련된 종업원의 위반행위에 대해서만 인정된다고 한다.125) 그리고 부작위는 고의뿐만 아니라 과실로도 가능하다고 한다. 따라서 기업의 행위가 종업원에 대한 관리·감독의무의 불이행이라는 부작위라고 평가된다면, 종업원의 범죄행위에 대한 기업의 고의·과실 여부에 따라 부작위책임을 부과하는 것이 행위책임 원칙과의 조화라는 점에서 타당하다고 한다.126)

---

123) 김일수·서보학, 앞의 책, 142면; 박기석, 박사학위논문, 95면; 김종덕, "기업환경범죄에 관한 연구", 계명대학교 박사학위논문, 1995, 84면 이하; 하태훈, "범죄주체와 법인의 형사책임", 고시계, 고시계사, 1999.11, 212면.

124) 부작위책임설에 관한 자세한 내용은 이주희, 앞의 논문, 269면 이하 참조.

125) 조병선, 앞의 논문, 13면; 이주희, 앞의 논문, 271면.

126) 김일수·서보학, 앞의 책, 141면; 김성돈, 앞의 책, 153면.

2. 현행 기업처벌의 구조

현행 기업처벌의 근거규정으로는 양벌규정이 있다. 기업처벌의 구조를 파악하기 위해서는 먼저 양벌규정의 구조를 우선적으로 고찰해야 한다.

주지하다시피 현재 양벌규정은 대부분 세 가지 형태를 취하고 있다. 그중에서 가장 전형적인 것은 사업주의 처벌조건이나 면책사유가 존재하지 않는 경우이다. 이러한 구조를 가지고 있는 양벌규정은 대부분의 행정형법에 규정되어 있고 법인의 범죄능력을 부정한다. 그 이유는 행정형법영역 자체가 윤리적 요소가 비교적 약하고, 합목적적 기술적 요소가 강하다는 특수성을 강조하여, 양벌규정이 있는 경우에 법인에게 범죄능력은 없지만 수형능력은 인정된다는 것이다. 판례[127] 또한 기업은 기관인 자연인을 통하여 행위를 하는 것이므로, 자연인이 기업의 기관으로서 범죄행위를 한 경우에도 행위자인 자연인이 범죄행위에 대한 형사책임을 진다고 한다. 즉, 법인의 범죄능력이 없다는 것을 전제로 하고 있다. 다만 법률의 목적을 달성하기 위해 특별히 법인처벌규정[128] 이 있는 경우에만, 행위자를 벌하는 외에 법률효과가 귀속되는 법인에 대해서도 벌금형을 부과할 수 있을 뿐이라고 하고 있다.

그러나 책임원칙상 기업처벌에 있어 기업의 책임을 인정하되 기업에 대한 형벌귀속의 합리적인 논거를 위해서는 기업책임이 행위자의 책임과 독립된 별개의 독자적인 책임이라고 해야 타당하다. 따라서 양벌규정에 의해 기업에 형사책임을 근거 지우기 위해서는 행위자에 대한 처

---

127) 대법원 1994.2.8. 선고 93도1483 판결.

128) 대법원 1997.2.14. 선고 96도2699 판결. 이 판례는 구관세법 위반사건으로 특이하게 관세법 제195조의 양벌규정과 함께 제196조의 법인처벌이 규정되어 있어, 기업을 제195조 또는 196조를 근거로 검사가 기소한 희귀한 사례로 평가되고 있는 사건이다. 이에 상세한 내용은 신동운, 앞의 논문, 157면 이하 참조; 조세범처벌법, 미성년자보호법, 식품위생법 등의 단속법규에 법인이 범죄주체가 될 수 없다고 하면서, 법인에 대한 처벌규정을 두고 있다(정영일, 앞의 책, 82면).

벌과 독립한 법인에 대한 처벌부과가 필요불가결하다. 그러나 현행기업
처벌규정의 구조상의 문제로 인하여 앞서 살펴본 바와 같이 기업의 행
위자에 대한 감독관계가 어떤 것인지를 전제로 하여 나아가 기업처벌의
본질이 무엇인지에 관해 여러 가지 학설이 대립하고 있다.[129]

3. 판례의 태도

판례는 양벌규정의 법적 성격에 대해서 하나의 일관된 태도를 취하
는 것으로 볼 수 없다. 즉, 개별적인 양벌규정의 특성에 따라 과실책임
설, 과실추정설, 무과실책임설 등을 취해오고 있다. 양벌규정의 법적 성
질에 대한 판례의 태도가 일관성이 없는 것은 법인에 대한 범죄능력을
부정하면서 법인처벌의 이론적 정당성을 확보하고자 함에 본질적인 문
제가 있다고 생각한다.

이하에서 양벌규정에 면책규정이 있는 경우와 면책규정이 존재하지
않는 경우로 나누어서 살펴보고자 한다.

(1) 면책규정이 있는 경우

면책규정이 있는 양벌규정에 대한 판례를 보면, 우선 대법원 1992.8.18.
92도1395 판결에서는 "공중위생법 제45조의 규정은 법인의 경우 종업
원의 위반행위에 대하여 행위자인 종업원을 벌하는 외에 업무주체인 법
인도 처벌하고, 이 경우 법인은 엄격한 무과실책임은 아니라 하더라도
그 과실의 추정을 강하게 하고, 그 입증책임도 법인에게 부과함으로써
양벌규정의 실효를 살리는 데 그 목적이 있다"고 한다. 동취지의 판례

---

129) 정금천, 앞의 논문, 277면.

로 대법원 2002.1.25. 선고 2001도5595 판결에서도 "법인의 임원·직원 또는 사용인이 법인의 업무에 관하여 관세법(이하 법이라 한다)에 규정된 벌칙에 위반되는 행위를 한 때에는, 제277조에 해당하는 경우를 제외하고는, 그 행위자를 처벌하는 외에 법인도 처벌하도록 한 법 제280조의 규정은 법인의 경우 직원 등의 위반행위에 대하여 행위자인 직원 등을 벌하는 외에 업무주체인 법인도 처벌하고, 이 경우 법은 엄격한 무과실책임은 아니라 하더라도, 그 과실의 추정을 강하게 하는 한편, 그 입증책임도 법인에게 부과함으로써 양벌규정의 실효를 살리자는 데 그 목적이 있으므로 위 규정에서 말하는 법인의 업무라 함은 객관적 외형상으로 보아 법인의 업무에 해당하는 행위이면 족하고, 그 행위가 법인 내부의 결재를 받지 아니하였거나 그 행위의 동기가 직원 기타 제3자의 이익을 위한 것이라고 하여도 무방하다고 할 것이다"고 판시하였다.

위 판례들을 통해 볼 때, 면책규정이 있는 경우의 기업처벌의 성격에 관해 대법원의 입장은 과실책임임을- 과실추정설을- 분명히 하고 있다.[130]

(2) 면책규정이 없는 경우

면책규정이 없는 양벌규정의 법적 성격에 관하여는 대법원이 어떤 입장을 취하고 있는지에 관하여 다소 논란이 있다. 즉, 처음에는 과실책임설을 이후 무과실책임설을 다시 과실책임설을 취하는 등 판례의 태도가 일관성이 결여되어 있기 때문이다.

먼저 무과실책임설을 취한 판결로 대법원은 도로교통법위반사건[131]에서 "도로교통법 제81조(현행 제159조)의 양벌규정은 도로에서 발생하

---

130) 오영근, 앞의 책 149면; 조국, 앞의 논문, 69면.
131) 대법원 1982.9.14. 선고 82도1439 판결.

는 모든 교통상의 위해를 방지·제거하여 교통의 안전과 원활을 도모하기 위하여 도로교통법에 위반하는 행위자 외에 그 행위자와 위의 법 소정의 관계에 있는 고용자 등을 아울러 처벌하는 이른바 질서벌의 성질을 갖는 규정이므로 비록 행위자에 대한 감독책임을 다하였다거나 또는 행위자의 위반사실을 몰랐다고 하더라도 이의 적용이 배제된다고 할 수 없다"라고 한다. 위 판결은 법인이 행위자에 대한 감독책임을 다하였거나, 행위자의 위반사실을 모른 경우에도 배제되지 않는다고 판시하고 있다. 위 판결을 무과실책임설로 소개하는 견해가 일반적이다. 그러나 벌금형을 질서벌로 파악하고 있다는 점에서 양벌규정의 기본적 입법취지를 오해하고 있으므로 수용할 수 없다는 견해도 있다.[132] 또 다른 대법원 판결[133]로 "舊 환경보전법 제70조[134]의 규정의 취지는 사업자인 법인이나 개인이 직접 위반행위를 하지 않은 경우에도 처벌하려는데 있다"고 판시하고 있다.[135]

과실책임설로 파악하는 대법원 판결로 미성년자보호법(현행 청소년보호법 제54조) 사건[136]에서 "양벌규정에 의한 영업주의 처벌은 금지위반행위자인 종업원의 처벌에 종속하는 것이 아니라 독립하여 그 자신의 종업원에 대한 선임감독상의 과실로 인하여 처벌되는 것이므로 영업주

---

132) 조국, 앞의 논문, 71면; 한편 조국 교수님은 위 판결이 명시적으로 양벌규정의 성격을 무과실책임으로 규정한 판결이라고 본다.

133) 대법원 1991.11.12. 선고 91도801 판결.

134) 제70조는 법인의 대표자 또는 법인이나 개인의 대리인·사용인 기타의 종업원이 제66조 내지 제69조의 규정에 위반하여 죄를 범한 때에는 그 행위자를 벌하는 외에 그 법인 또는 개인에 대하여 각 본조의 벌칙규정을 적용하도록 양벌규정을 두고 있다. 즉, 위반행위를 사업자인 법인이나 개인이 직접 하지 않은 경우에도 그 행위자와 쌍방을 모두 처벌하려는 것이 본 규정의 취지이다.

135) 위 판결에 대해 그 취지가 무과실책임을 판시한 것이 아니라 반대로 일정한 과실이 있더라도 구체적인 사안을 따져 볼 때 책임이 없다는 판결이라고 보는 견해도 있다(조국, 앞의 논문, 71면).

136) 대법원 1987.11.10. 선고 87도1213 판결; 같은 취지의 판결로는 대법원 2007.11.29. 선고2007도7920 및 대법원 2006.2.24. 선고 2005도7673 판결이 있다.

의 위 과실책임을 묻는 경우 금지위반행위자인 종업원에게 구성요건상
의 자격이 없다고 하더라도 영업주의 범죄성립에는 아무런 지장이 없
다"고 판시하고 있다. 또 식품위생법 제47조(현행 제79조)에 관한 판
결137)도 "식품위생법 제47조의 양벌규정은 식품영업주의 그 종업원에
대한 감독태만을 처벌하려는 규정으로서 종업원이 영업주의 업무를 수
행함에 있어서 동조 소정의 위반행위가 있을 때에는 설사 그 위반행위
의 동기가 직접으로는 종업원 자신의 이익을 위한 것에 불과하고 그 영
업에는 이로운 행위가 아니라 하여도 영업주는 그 감독 해태에 대한 책
임을 면할 수 없는 것이라고 보아야 한다"고 판시하고 있다.138) 위 미
성년자보호법 위반 판결에서는 과실책임설을 명확히 하였을 뿐만 아니
라, 선임·감독상 과실책임의 요건과 범위를 명확히 제시하고 있다고
할 수 있다.139)

또한 위 판례는 법인의 처벌범위에 관해 종업원의 행위가 법인의 이
익을 위한 것이 아니라, 자신의 개인적 이익을 위하여 행위한 경우라도
법인은 형사책임을 져야 한다고 본다.140) 본 사건에 대해 원심141)은 종

---

137) 대법원 1997.5.24. 선고 77도412 판결은 다방에서 주방종업원들이 주인 몰래 레
    귤러커피를 적게 넣고도 정량을 넣은 것과 같은 진한 색과 맛을 내게 하기 위하여
    판매용 커피를 끓일 때마다 담배 1개씩을 넣어서 끓여 판매한 사건이다.

138) 같은 취지로 대법원 2002.1.25. 선고 2001도5595 해양오염방지법 제77조의 양벌
    규정에 관한 판례에서 "법인의 사용인이 법인의 업무에 관하여 위반행위를 한 때
    에는 그 행위자를 처벌하는 외에 법인도 처벌하도록 한 규정은 엄격한 무과실책임
    은 아니라 하더라도 그 과실이 추정을 강하게 하는 한편, 그 입증책임도 법인에게
    부과함으로써 양벌규정의 실효를 살리자는 데 그 목적이 있다"고 판시하고 있다.

139) 위 판례가 형법상의 책임원칙을 지키기 위하여 과실책임을 취하면서도 법인처벌
    을 용이하도록 선임감독의 범위를 넓게 책정한 것이라고 평가한다(조국, 앞의 논
    문, 73~74면).

140) 같은 취지로 대법원 1994.2.8. 선고 93도1483 외국환관리법 위반사건에서 법인은
    기관인 자연인을 통하여 행위를 하게 되는 것이기 때문에, 자연인이 법인의 기관
    으로서 범죄행위를 한 경우에도 행위자인 자연인이 범죄행위에 대한 형사책임을
    지는 것이고, 다만 법률이 목적달성을 위하여 특별히 규정하고 있는 경우에만 행
    위자를 벌하는 외에 법률효과가 귀속되는 법인에 대하여도 벌금형을 과할 수 있을

업원 등의 식품위생법위반행위는 인정되지만, 그 위반사실을 영업주는 알지 못하였고, 그들이 피고인으로부터 공급받은 커피원료를 일부씩 절취매각하고 이를 은폐하기 위한 행위로서 영업주의 이익을 위하여 그 사업목적수행을 위한 행위로 볼 수 없다는 이유로 무죄를 선고하였다. 그러나 대법원은 종업원의 행위가 법인이나 영업주의 이익을 위한 것이 아니라 하더라도, 법인이나 영업주의 업무에 관한 것이면 법인이나 영업주는 처벌된다고 보았다. 즉, 객관적으로 보아 영업주의 업무 범위에 속한다면 처벌이 가능하다는 것이다.

뿐만 아니라 판례는 종업원 등의 행정법규위반행위에 대해 영업주의 책임은 선임감독상의 과실책임을 근거로 하는 것이며, 그 종업원은 영업주의 사업경영과정에 있어서 직접 또는 간접으로 영업주의 감독통제 아래 그 사업에 종사하는 자를 일컫는 것이므로, 영업주 스스로 고용한 자가 아니고 타인의 고용인으로서 타인으로부터 보수를 받고 있다 하더라도 객관적으로 외형상으로 영업주의 업무를 처리하고, 영업주의 종업원을 통하여 간접적으로 감독통제를 받는 자라면 위에 포함된다고 하여 직접 고용한 자가 아니더라도 외형상 영업주의 업무범위 내에서 업무를 수행하는 자인 경우에는 양벌규정의 적용을 받는 자연인 행위자라고 하고 있다. 판례는 이처럼 양벌규정의 적용범위를 상당히 넓게 파악하고 있음을 확인할 수 있다.

한편 과실책임설 또는 무과실책임설을 취하는 지가 불분명한 경우도 있다. 즉, 대법원 1983.3.22. 81도2545 판결은 "무역거래법 제34조의 양벌규정에 의하여 법인이 처벌을 받는 경우, 범죄의 주관적 요건으로서의 범의는 실지 행위자인 동법인의 사용인에게 정당한 절차를 거치지

뿐이라고 판시함으로써 법인의 범죄능력은 당연히 부정되고 자연인의 불법행위는 수형주체로서 마땅히 형사 처벌되어야 함을 법리상 태도로 삼고 있다고 보인다.
141) 서울지방형사법원 1976.12.30. 선고 76노10857 판결.

아니하고 수입을 한다는 인식이 있으면 족하다"고 판시하고 있다. 이에 대해 무과실책임으로 보는 견해[142]와 과실이 없어도 책임을 진다는 의미가 아니라는 점에서 무과실책임을 취하고 있는 것이 아니라는 견해도 있다.[143]

대법원과 달리 헌법재판소는 2001.6.1. 99헌바73 전원재판부 결정[144]에서 "행정형벌법규에서 양벌규정으로 사업주인 법인 또는 개인을 처벌하는 것은 위반행위를 한 피용자에 대한 선임·감독의 책임을 물음으로써 행정규제의 목적을 달성하려는 것이다"고 판시하고 있다. 이를 통해 헌법재판소는 선임·감독상의 과실도 없는 자에게 양벌규정으로 처벌한다는 것은 형법상 책임주의에 반한다고 하면서, 양벌규정의 처벌근거에 대해 명백히 과실책임설[145]을 취하고 있고, 최근 위헌결정을 통해 다시 한 번 과실책임설의 입장을 확인하였다.

---

142) 이재상, 앞의 책, 99면.

143) 오영근, 앞의 책, 150면(각주 1); 이기헌·박기석, 앞의 책, 110면(각주 29); 조국, 앞의 논문, 70면.

144) 헌법재판소 2006.1. 선고 99헌바73 전원재판부 결정의 구체적 내용은 "과적차량을 운행한 자나 그 운행을 지시·요구한 자를 처벌하는 것은 직접 위반행위를 한 자를 처벌하는 것이고, 행정형벌법규에서 양벌규정으로 사업주인 법인 또는 개인을 처벌하는 것은 위반행위를 한 피용자에 대한 선임·감독의 책임을 물음으로써 행정규제의 목적을 달성하려는 것이므로, 형벌체계상 합리적인 근거도 있다고 할 것이나 과적차량의 운행을 지시·요구하지도 않고 과적차량을 운행한 자에 대한 선임·감독의 책임도 없는 화주 등을 과적차량을 운행한 자와 양벌규정으로 처벌하는 것은 형법상 책임주의의 원칙에 반하므로, 이 사건 법률조항(1999.2.8. 법률 제5894호로 개정되기 전의 舊 도로법 제83조 제2호)이 과적차량을 운행하는 자와 화주 등을 양벌규정으로 처벌하지 않고 화주 등은 과적차량의 운행을 지시·요구한 때에만 처벌하도록 규정한 데에는 합리적인 이유가 있는 것으로 평등의 원칙에 위반된 것이라고 볼 수 없다"고 판시하고 있다.

145) 오영근, 앞의 책, 148면; 김성돈, 앞의 책, 153면; 조국, 앞의 논문, 72면.

4. 헌법재판소 결정 및 위헌결정에 따른 법률개정 검토

앞서 언급한 바와 같이 양벌규정을 두고 있는 일련의 법조항들이 책임원칙에 반하여 헌법에 위반되는지 여부가 문제되어 왔다. 즉, 문제의 쟁점은 이들 양벌규정이 자기책임원칙 또는 개별책임원칙에 위반되는지에 관한 것이었다. 이에 대해 헌법재판소는 2007년 11월 29일 고의·과실 여부 유무에 상관없이 양벌규정을 적용하는 것은 책임원칙에 어긋난다는 이유로 양벌규정에 대한 위헌 결정[146]을 내렸고, 이후 이를 필두로 하여 양벌규정을 둔 법률조항이 줄줄이 위헌 제청되어 위헌 결정을 받았다. 이로써 양벌규정은 개인과 법인에 대한 것인지 여부를 불문하고, 책임원칙에 반하여 위헌이라는 것이 헌법재판소의 확립된 입장이 되었다. 이에 이하에서는 위헌 결정된 내용들을 영업주가 누구인지에 따라 나누어 살펴보고자 한다. 보통 영업주의 지위를 가지는 자는 개인이거나 법인이므로 이에 따라 나누어 검토한다.

(1) 헌법재판소 위헌결정에 대한 검토

1) 영업주가 개인인 경우의 위헌결정[147]

헌법재판소 2007.11.29. 선고 2005헌가10 전원재판부 결정[148]

---

146) 헌법재판소가 보건범죄단속에 관한 특별조치법 제6조와 관련하여 "개인의 대리인·사용인 기타 종업원이 그 개인의 업무에 관하여 제5조의 위반행위를 한 때에는 행위자를 벌하는 외에 개인에 대하여도 본조의 예에 의하여 처벌한다"고 규정한 부분이 형사법의 기본원리인 책임주의에 반한다고 하여 위헌결정을 내린 사안이다.

147) 개인영업주 처벌규정과 관련된 것은 청소년보호법 제54조에 대한 위헌결정이 있다(헌법재판소 2009.7.30. 선고 2008헌가10 전원재판부 결정); 또한 의료법 제91조 제2항 위헌제청 사건도 개인영업주 처벌과 관련된 사안이다(헌법재판소 2009.10.29. 선고 2009헌가6호 결정).

148) 이하에서 헌법재판소 2007.11.29. 선고 2005헌가10 전원재판부 결정의 사안과 내

(보건범죄단속에 관한 특별조치법 제6조 위헌제청)

피고인 乙은 "자신이 운영하는 치기공소의 직원인 甲이 치과의사면허 없이 위 기공소에서 2004년 10월 15경부터 같은 해 10월 17경까지 7명에 대한 치과치료를 해주고 그 대가로 합계 320만 원을 교부받아 무면허 치과의료행위를 업으로 하였다"는 공소사실로 공소제기 되어, 1심에서는 위 甲의 치과의료행위가 객관적 외형상 치과기공업무의 범주에 포함되지 않는다는 이유로 무죄판결을 받았으며, 그에 대하여 검사가 항소하여 항소심 계속 중 항소법원은 직권으로 「보건범죄단속에 관한 특별조치법」 제6조의 양벌규정 중 개인인 사업주에 관하여 벌금형 외에 무기 또는 2년 이상의 징역형까지 부과하도록 한 규정이 형벌과 책임 간의 비례성의 원칙에 위반된다며 그 위헌 여부의 심판을 제청하였다. 헌법재판소는 이하와 같이 위헌결정을 내린다.

가. 위헌의견

A. 책임 없는 자에 대한 형벌부과의 위헌성[149]

'책임 없는 자에게 형벌을 부과할 수 없다'는 형벌에 관한 책임원칙은 형사법의 기본원리이다. 또한 국민 누구나 인간으로서의 존엄과 가치를 가지고 스스로 책임에 따라 자신의 행동을 결정할 것을 보장하고 있으며, 이는 헌법 제10조의 취지로부터 도출된다. 하지만 이 사건 법률조항은 종업원의 업무와 관련하여 무면허의료행위가 있으면, 이에 대해 영업주가 비난받을 만한 행위의 존재 여부와는 상관없이 자동적으로 영업주도 처벌하도록 규정하고 있다. 즉, 다른 사람의 범죄에 대해 그 책임 유무를 묻지 않고 형벌을 부과함으로써 형사법의 기본원리인 '책임

___

용을 간단히 재편성하였다.
149) 재판관 이강국, 재판관 김종대, 재판관 민형기, 재판관 목영준의 의견.

없는 자에게 형벌을 부과할 수 없다'는 책임원칙에 반한다. 또한 문언상 명백한 의미와 달리 "종업원의 범죄행위에 대해 영업주의 선임·감독상의 과실(기타 영업주의 귀책사유)이 인정되는 경우"라는 요건을 추가하여 해석하는 것은 문리해석의 범위를 넘어서는 것으로 허용될 수 없다.

B. 형벌에 관한 책임원칙과 비례성원칙 위배[150]

헌법 제10조에서 도출되는 책임원칙에 따라 일정한 범죄에 대해 형벌을 부과하는 법률조항이 정당화되기 위해서는 범죄에 대한 귀책사유를 의미하는 책임이 인정되어야 한다. 또한 책임의 정도에 비례하는 법정형을 요구하는 것은 과잉금지원칙을 규정하고 있는 헌법 제37조 제2항으로부터 도출된다. 그러나 이 사건 법률조항은 문언상 종업원의 범죄에 아무런 귀책사유가 없는 영업주에 대해서도 그 처벌가능성을 열어두고 있을 뿐만 아니라, 가사 위 법률조항을 종업원에 대한 선임·감독상의 과실이 있는 영업주만을 처벌하는 규정으로 보더라도, 과실밖에 없는 영업주를 고의의 본범(종업원)과 동일하게 '무기 또는 2년 이상의 징역형'이라는 법정형으로 처벌하는 것은 그 책임의 정도에 비해 지나치게 무거운 법정형을 규정하는 것이므로, 두 가지 점을 모두 고려하면 형벌에 관한 책임원칙에 반한다고 할 것이다.

나. 합헌의견: 책임주의원칙과 비례성의 원칙에 합치[151]

심판대상이 된 이 사건 법률조항 제6조는 "개인의 대리인·사용인 기타 종업원이 그 개인의 업무에 관하여 제5조의 위반행위를 한 때에는 행위자를 벌하는 외에 개인에 대하여도 각 본조의 예에 따라 처벌한다"고 규정하고 있다. 대법원 판례[152]가 일관하여 판시하고 있는 '영업

---

150) 재판관 이공현, 재판관 조대현, 재판관 김희옥, 재판관 송두현의 의견.
151) 재판관 이동흡의 의견.

주의 종업원에 대한 선임감독상의 과실'이란 것이 영업주의 업무와 종업원의 위반행위를 연결해 주는 주관적 구성요건으로서 추단될 수 있고, 이러한 주관적 구성요건요소는 문언상 명시되지 않더라도 책임주의 원칙상 위와 같이 해석될 수 있는 것이므로, 이 사건 법률조항의 문언상 영업주의 종업원에 대한 선임감독상의 과실이 명시되어 있지 않더라도 그와 같이 과실이 있는 경우에만 처벌하는 것으로 해석하는 것은 문언해석의 범위 내에 있는 것으로서 합헌적 법률해석이라 할 것이므로 책임주의 원칙에 위반되지 아니한다. 또 이 사건 법률조항이 국민건강에 대한 이해의 측면에서 보호법익에 대한 침해가 중대할 뿐만 아니라 종업원의 위반행위가 이익의 귀속주체인 영업주의 묵인 또는 방치와 관련되는 등 영업주라는 지위에 대한 비난가능성이 크다는 점에 비추어 영업주의 선임·감독상의 과실책임은 직접행위자와 동등하게 평가될 수도 있는 것이므로, 영업주에게도 종업원과 동일한 법정형을 규정하였다고 하여 입법재량의 한계를 벗어난 책임과 형벌의 비례성원칙에 위반된다고 볼 수 없다.

2) 영업주가 법인인 경우의 위헌결정

법인이 영업주인 경우로 법인 처벌규정과 관련된 것으로는 의료법 제91조 제1항에 대한 위헌결정이 대표적이다.[153] 사안을 간단히 정리하면 ○○병원은 보건의료에 관한 연구개발 등을 목적으로 설립된 의료법인으로, 2007년 8월 22일 14시경 위 병원의 건강검진센터 사무실에서 위 병원 건강관리과 직원인 상피고인 甲이 의료인이 아님에도 丙외 19명에 대하여 구강검진을 실시하고 학생구강검진 기록지의 종합소견란에 '양호', '우식치료', '대체로 양호' 등을 기록하는 등 의료행위를

---

152) 대법원 2006.2.24. 선고 2005도7673 판결.
153) 헌법재판소 2009.7.30. 선고 2008헌가16 결정.

하여 위 규정에 따라 의료법 위반으로 기소되어 2008년 5월 2일 춘천지방법원 강릉지원에서 벌금형의 약식명령을 받게 되자 같은 법원에 이에 대한 정식재판을 청구한 사안이다.

가. 심판대상 규정

2007년 헌법재판소의 영업주가 개인인 경우 위헌결정을 선고 한 이후, 법인이 영업주인 경우에 대해서도 위헌결정을 선고하였다. 심판대상 규정들은 다음과 같다.

① 의료법(2007.4.11. 법률 제8366호로 전부 개정된 것) 제91조 제1항 중 "법인의 대리인·사용인 그 밖의 종업원이 제87조 제1항 제2호 중 제27조 제1항의 규정에 따른 위반행위를 하면 그 법인에도 해당 조문의 벌금형을 과한다"는 부분, 구 도로법(2005.12.30. 법률 제7832호로 개정되고, 2008.3.21 법률 제8976호로 전부 개정되기 전의 것) "제86조 제1항 제2호의 규정에 의한 위반행위를 한 때에는 그 법인에 대하여도 해당조의 벌금형을 과한다"는 부분,[154] ② 구 건설산업기본법(1999.4.15. 법률5965호로 개정되고, 2007.5.17. 법률 제8477호로 개정되기 전의 것) "제98조 제2항 중 법인의 대리인·사용인 기타 종업원이 그 법인의 업무에 관하여 제96조 제4호의 위반행위를 한 때에는 당해 법인에 대하여도 해당 조의 벌금형을 과한다" 부분,[155] ③ 의료기사 등에 관한 법률 제32조 중 "법인의 대리인·사용인 기타의 종업원이 그 법인의 업무에 관하여 제30조 제1항 제1호의 위반행위를 한 때에는 그 법인에 대하여도 해당조의 벌금형을 과한다"는 부분,[156] ④ 사행행위 등 규제 및 처벌특례법(2006.3.24. 법률 제7901호로 개정된 것) 제

---

154) 헌법재판소 2009.7.30. 선고 2008헌가17 결정.
155) 헌법재판소 2009.7.30. 선고 2008헌가18 결정.
156) 헌법재판소 2009.7.30. 선고 2008헌가24 결정.

31조 중 "법인의 대리인·사용인 기타의 종업원이 그 법인의 업무에 관하여 제30조 제2항 제1호의 규정에 의한 위반행위를 한 때에는 그 법인에 대하여도 동조의 벌금형을 과한다"는 부분157) 등이다. 그 이후 최근에도 법인이 고용한 종업원 등의 일정한 범죄행위에 대하여 곧바로 법인을 종업원 등과 같이 처벌하도록 하고 있는 구 증권거래법(1997.1.13. 법률 제5254호로 개정되고, 2007.8.3. 법률 제8635호 「자본시장과 금융투자업에 관한 법률」 부칙 제2조 제1호로 2009.2.4. 폐지되기 전의 것) 제215조 중 "법인의 대리인·사용인 기타 종업원이 그 법인의 업무에 관하여 제208조의 위반행위를 한 때에는 그 법인에 대하여도 해당 조의 벌금형을 과한다"는 부분(이하 '이 사건 법률조항'이라 한다)이 책임원칙에 반한다고 하여 위헌결정을 하였다.158)

(2) 헌법재판소 위헌결정의 타당성 검토

헌법재판소는 영업주가 개인인 경우에 대한 위헌결정으로 종업원이 보건범죄단속에 관한 특별조치법 제5조를 위반한 범죄사실이 인정되면, 영업주는 영업주 자신과 관련된 사정들과는 아무런 관계없이 곧바로 종업원과 같은 형으로 처벌받게 되어 있는 위 법률조항은 문언상 명백한 의미와 달리 "종업원의 범죄행위에 대하여 영업주의 선임감독상의 과실(기타 영업주의 귀책사유)이 인정되는 경우"라는 요건을 추가하여 해석하는 것이므로, 문언상 가능한 범위를 넘어서는 해석으로 허용될 수 없다고 판단하였다. 또 영업주가 고용한 종업원이 그 업무와 관련하여 무면허의료행위를 한 경우 자동적으로 영업주도 처벌하도록 규정하고 있는 위 법률조항에 대해, 아무런 비난받을 만한 행위를 한 바 없는 자에

---

157) 헌법재판소 2009.7.30. 선고 2008헌가14 결정.
158) 헌법재판소 2011.4.28. 선고 2010헌가66 결정.

대해 다른 사람의 범죄행위를 이유로 처벌하는 것으로 형벌에 관한 책임주의에 반하는 것이라 판단하였다.

그리고 이 사건 법률조항은 법정형에 관한 판단에 있어서도 다른 사람의 범죄에 대해 그 책임유무를 묻지 않고 형벌을 부과함으로써 형사법의 기본원리인 책임원칙에 반하고, 법치국가의 원리와 헌법 제10조의 취지에 위반하는 것이라고 판단하였다. 더 나아가 헌법재판소는 위 법률조항이 종업원에 대한 선임감독상의 과실이 있는 영업주를 처벌하는 규정으로 보는 경우라 하더라도, 과실밖에 없는 영업주, 즉 이 사건과 같이 종업원의 무면허의료행위에 대한 귀책사유가 있는 영업주에 대한 처벌을 넘어 종업원의 범죄행위에 대해 아무런 책임이 없는 영업주에 대해서까지 처벌할 수 있는 가능성을 열어 놓고 있고, 영업주를 고의의 본범(종업원)과 동일한 법정형으로 처벌하는 것은 형벌에 관한 책임원칙에 반한다고 판단하여 위헌결정을 하였는데, 이러한 헌법재판소의 판단이 타당하다고 생각한다.

뿐만 아니라 헌법재판소의 이와 같은 결정은 무과실책임을 인정할 수 있는 양벌규정의 개정의 필요성과 종래 법인을 처벌하는 규정만 있을 뿐, 왜 처벌되는지에 관한 구체적인 형사책임의 내용을 규정하고 있지 않았던 '처벌근거가 없는 양벌규정 형식'에 대해서도 명확한 근거를 제시할 필요성을 역설하었다는 점에서 큰 의미를 가진다고 할 것이다.[159] 특히 영업주가 개인인 경우에 관하여 판단이 내려진 것으로 형사법의 개인 책임원칙에 따른 타당한 결론이라는 점에서 그 의미가 크다고 할 수 있다.[160]

---

159) 조명화·박광민, 앞의 논문, 11면.

160) 헌법재판소 위헌결정에 대해 구체적인 사안에 따라 영업주의 선임감독상 과실죄
   책은 직접행위자와 평등 동등하게 평가될 수 있어 책임과 형벌 간 비례성의 원칙
   에도 반하지 않는다고 본 합헌의견이 타당하다고 보는 견해가 있다. 또한 법인이
   영업주인 경우에 대해서도 같은 의견을 표명하고, 다만 일부 경미한 사안에 대해

한편 영업주가 법인인 경우의 사안들에 관해서도 헌법재판소는 현대 사회에 새로운 범죄주체로 등장한 법인의 반사회적 법익침해 활동에 대처하기 위하여 정책적 필요에 따라, 법인에 대한 가장 강력한 제제수단인 형사처벌을 과할 수 있도록 하였다. 즉, 자연인과 마찬가지로 법인의 경우에 있어서도 '책임 없으면 형벌 없다'라는 책임원칙이 적용된다고 판단하고 있다. 이는 영업주가 개인인 경우와 마찬가지로 책임유무를 묻지 않고 형벌을 부과하는 것은 법치국가의 원리 및 죄형법정주의로부터 도출되는 책임원칙에 반하는 것이므로, 이에 대해 위헌결정을 내린 헌법재판소 결정이 타당하다고 생각한다.

(3) 위헌결정 이후의 법률개정에 대한 검토

법무부는 헌법재판소의 위헌결정과 대법원의 입장을 적극 수용하여, 위헌결정[161] 이후 양벌규정을 삭제하는 대신에 양벌규정을 전면개정, 즉 책임원칙과의 조화를 위해 면책규정을 추가하기로 하는 입법작업을 진행하여, 다음과 같은 형식과 내용으로 – "법인의 대표자나 법인 또는 개인의 대리인, 사용인, 그 밖의 종업원이 그 법인 또는 개인의 업무에 관하여 제( )조부터 제( )까지의 어느 하나에 해당하는 위반행위를 하면 그 행위자를 벌하는 외에 그 법인 또는 개인에게도 해당 조문의 벌금형을 과한다. 다만 법인 또는 개인이 그 위반행위를 방지하기 위해 해당 업무에 관하여 상당한 주의와 감독을 게을리하지 아니한 경우에는 그러하지 아니하다" – 양벌규정을 개정하였다.

법부무의 행정형벌합리화 방안의 주된 내용은 종업원의 범죄행위를

서는 해당 불법행위를 비범죄화함으로써 불필요한 형벌의 남용을 막을 필요성이 있다고 한다(이재방, 앞의 논문, 292면).
161) 헌법재판소 2007.11.29. 선고 2005헌가10 결정.

방지하기 위해 관리·감독의무를 다한 경우에는 법인·개인 영업주의 형사책임을 면제하고, 관리·감독상의 과실이 있을 뿐인 영업주에게 징역형까지 부과하는 양벌규정을 개선하여 징역형을 폐지하였다. 또한 양벌규정의 적용범위를 '업무에 관한' 위반행위로 한정하여, 업무와 무관한 종업원의 위반행위에 대하여는 영업주가 책임을 지지 않도록 하는 방향으로 개정이 이루어졌다. 이러한 개정은 법인 또는 개인사업주에 대해서 과실책임에 근거하여서만 형사처벌을 할 수 있고, 그에 대한 과실책임에는 벌금형만이 상당하다는 것을 명백히 한 것으로 보인다.[162]

개정된 양벌규정은 면책규정 – 상당한 주의와 감독을 게을리하지 않은 경우 – 을 추가한 것으로 영업주 처벌의 법적 성격과 관련하여, 종래 종업원의 위반행위에 대한 방지조치를 알면서 필요한 조치를 취하지 아니한 때 행위자와 법인을 처벌하는 유형과 비슷한 구조를 취하고 있다.[163] 따라서 면책규정을 추가하는 새로운 개정방식은 이미 존재하였던 면책규정을 헌법재판소의 위헌 결정을 해소시킬 수 있는 양벌규정의 입법방식으로 일반화시킨 것이다. 특히 종래의 양벌규정이 법인을 처벌한다는 규정만 있지, 왜 처벌하는지 또 그 형사책임의 내용이 무엇인지 알 수 없다는, 다시 말해 감독책임의 구체적인 내용이 없다는 비판을 의식해 면책규정을 추가함으로써 감독책임의 내용을 채우려는 의도로 보인다. 이는 종래의 가장 보편적이었던 양벌규정의 유형과 비교하면 더욱 분명해진다. 즉, "다만 법인 또는 개인이 그 위반행위를 방지하기 위하여 해당 업무에 관하여 상당한 주의와 감독을 게을리하지 아니한 경우에 그러하지 아니하다"는 이른바 면책규정이 추가된 것을 빼고는 동일하기 때문이다.

따라서 법무부의 현재의 개정방향에 대해 종래의 양벌규정의 학설과

---

162) 더 자세한 사항은 2008년에 예고된 법무부 개정법안 참조.
163) 조명화·박광민, 앞의 논문, 12면.

판례에 대한 정확한 분석에 근거한 논증을 거쳐 개정된 것이라고 볼 수 없다는 비판이 있다.[164] 또한 통일적인 기준이 제시되지 않고 있다고 비판하는 견해도 있다.[165] 일응 타당한 지적들이라고 생각하고, 헌법재판소 위헌결정의 위헌의견과 합헌의견의 종합 및 양벌규정의 개정작업을 추진하는 입법상황 등을 지켜볼 때 우리 양벌규정의 법제는 입법정책적으로 법인의 범죄능력을 인정하되, 무과실책임을 배제하는 태도를 취하고 있다고 보는 것이 논리적으로 타당한 해석이라고 생각된다.

II. 소결

현행 기업처벌과 관련해 전술한 견해들을 종합해 보면, 실정법적으로 기업의 처벌규정을 두고 있기 때문에 해석론적으로는 이론의 여지 없이 기업의 형벌능력을 인정하고 있다고 할 수 있다. 기업의 범죄능력을 부정하는 입장에서는 어떠한 이론적 구성을 통해 형벌능력을 인정하는가 하는 것이 매우 중요한 사안이지만, 현대사회에서 기업이 차지하고 있는 비중과 역할을 고려하여 기업의 범죄능력을 인정한다면 이러한 논란은 당연히 무의미한 것이 된다고 생각된다. 기업의 범죄능력을 부정하는 입장에서 취하고 있는 무과실책임설은 범죄주체와 형벌주체의 일치를 요구하는 책임주의에 대한 예외라고 하고, 행정단속과 행정목적달성을 하기 위한 정책적 고려에서 기업의 무과실책임을 인정한 것이라고 주장하고 있다.[166]

---

164) 개정 양벌규정의 논증적 오류를 비판하고, 개정된 규정에 의한 법인의 형사책임에 관해 기존의 과실범 개념에 포섭되는 과실추정책임이 아니라, 종업원의 위반행위를 방지하지 못한 감독책임으로 파악해야 함을 주장한다(조병선, 과실추정설에 대한 반론, 353면).

165) 김용섭, 양벌규정의 입법유형, 67면.

그러나 형사책임에 관한 논의는 최소한 행위가 있어야 하고, 그 행위가 범죄를 구성하는 행위로서 존재하여야 한다는 데서 출발해야 한다. 즉, 형법상 어떠한 경우에도 무과실행위를 처벌할 수 없기 때문에 무과실책임은 있을 수 없는 해석이라고 생각한다. 그 예로 舊 관세법 제281조[167]에서 규정하고 있는 양벌규정에 대한 설명의 어려움이다. 舊 관세법 제281조는 법인에게 거증책임을 전환하고 있어, 법인의 과실을 전제로 처벌하고자 하는 무과실책임설에 의하면 부적절한 모순된 규정일 수밖에 없다. 또한 농어촌도로정비법 제33조(양벌규정)의 "법인의 대표자 또는 법인이나 자연인의 대리인, 사용인 기타의 종업원이 그 법인 또는 자연인의 의무에 관하여 제32조에 규정하고 있는 행위를 하였을 때에는 행위자를 벌한 외에 그 법인 또는 자연인에 대하여 각 본조에 규정한 벌금형을 과한다. 다만 그 위반행위를 방지하기 위하여 당해 업무에 관하여 상당한 주의와 감독을 태만히 하지 아니하였을 때에는 그 법인 또는 자연인을 벌하지 아니한다"는 규정 또한 무과실책임설에 의할 경우 단서규정을 해석하기 곤란하다는 비판을 면할 수 없다.[168]

과실책임설은 업무주의 책임을 자신의 지배하에 있는 종업원의 행위가 업무주에게 귀속되는 대위책임이 아니라 감독과실이라고 하는 스스로의 귀책사유에 의한 자기책임으로 파악한다는 점에 무과실책임이 안고 있는 문제점에 대해 책임주의를 관철시켰다고 평가한다. 하지만 과실책임설을 취하는 입장에서도 구체적인 과실을 판단하는 방법을 놓고 견해가 나누어진다. 그중 과실의제설은 종업원에 대한 감독불충분이라

---

166) 배종대, 앞의 책, 211~212면; 이재상, 앞의 책, 95면; 강동범, 박사학위논문, 165면.
167) 舊 관세법 제281조(면책) ① 제279조(양벌규정)의 경우 본인이 위반행위를 방지하는 방도가 없었음을 증명하는 때에는 처벌하지 아니한다. ② 제280조(법인처벌)의 경우 법인의 업무를 집행하는 임원·직원 또는 사용인에 대하여 제1항의 규정에 의한 증명이 있는 때에는 그 법인을 처벌하지 아니한다.
168) 임웅, 앞의 책, 85면.

는 과실책임을 근거로 하여, 종업원의 위반행위가 있으면 법인의 과실은 법률상 당연히 존재하는 것으로 의제하여, 과실이 없는 경우에도 과실이 있는 것으로 의제되기 때문에 결론에 있어 무과실책임설과 다르지 않다고 비판받고 있다. 과실추정설은 선임·감독상의 과실이 없었음을 법인 스스로 증명하지 못하면 과실이 법률상 추정된다는 견해로, 명문의 규정 없이 거증책임을 피고인인 법인에게 전환하는 것이므로 '의심스러울 때 피고인의 이익으로'라는 원칙에 반한다는 비판이 가해진다.

법인이 사업경영 주체자로서의 지위에서 종업원의 업무 전반에서 발생하는 결과의 예견의무와 회피의무 위반에 기인한 자기과실책임이라고 보는 일반과실책임설[169]은 범죄능력을 부정하거나, 양벌규정이 존재하는 범위 내에서 범죄능력을 인정하거나,[170] 또는 법인의 사회적 역할과 기능을 중시하여, 본질적으로 법인의 범죄능력을 인정하는 입장[171]에서 취하고 있는 견해로서, 법인에게 적어도 종업원에 대한 선임·감독상의 과실이 있어야 책임을 물을 수 있다고 하는 점에서 타당하다고 생각한다. 또한 일반과실책임설에서의 과실책임의 의미가 법인에게 과실이 있는 경우뿐만 아니라 고의가 있는 경우를 포함하여 법인책임을 인정하여 처벌한다는 의미를 내포한다고 볼 수 있다.[172]

마지막으로 양벌규정에 의해 법인이 처벌되는 업무주의 책임을 업무주 스스로의 자기책임이라고 보면서, 그 책임의 근거를 종업원의 범죄행위와는 구별되는 업무주의 독자적인 범죄행위에서 구하는 견해로서 부작위책임설이 있다. 이 견해는 법인에게 적어도 종업원에 대한 선임·감독상의 과실이 있어야 책임을 물을 수 있다는 점에서 과실책임설과 함께 법인처

---

169) 권오걸, 앞의 책, 110면.
170) 김성돈, 앞의 책, 149면; 조국, 앞의 논문, 69면.
171) 정웅석, 앞의 책, 121면.
172) 임웅, 앞의 책, 81면.

벌의 이론적 근거로서 타당하다고 생각한다. 또한 본질적으로 법인의 범죄능력을 인정하는 입장에서는 고의책임과 과실책임을 다 물을 수 있는 부작위책임설이 법인이 종업원의 위반행위를 알고도 제지하지 않은 경우나 종업원의 위반행위를 몰랐던 경우 등 구체적인 사정의 검토 없이 일률적으로 과실범의 문제로 취급하는 것은 부당하다고 비판받는 과실책임설보다는 논리적으로나 형사정책적으로 더 타당하다고 생각한다.173) 또한 부작위책임설은 법적 비난의 중점을 과실책임설과 달리 감독상의 부주의라고 하는 행위의 주관적 측면이 아니라, 감독의무불이행이라는 객관적 측면에 두고 있다는 점에서 업무주는 종업원의 범죄행위 발생 이전 단계에서 범죄행위를 방지할 수 있다는 장점이 있기 때문이다. 이러한 점에서 부작위책임설이 형법상 행위책임원칙에 보다 부합하는 견해라고 생각한다.

한편 법인의 범죄능력을 인정하고, 부작위책임설을 취하면서도 법인활동의 구조적 특성에 따라 법인의 책임을 다르게 파악하여, 법인이 법인기관의 불법행위와 관련해서 법인 자신의 실행행위로 보는 경우 법인자신의 행위책임으로, 또 종업원의 불법행위에 대해서는 관리감독상의 부작위책임을 진다고 하는 부작위감독책임 · 행위책임이원설이 있다.174) 현대사회에서 법인활동의 구조적 특성과 역할이 점점 더 분업화 · 세분화되어가고 있고, 누군가에 책임을 물을 수 없는 경우가 빈번하게 발생하거나 발생할 가능성이 다분히고, 또 중간관리자를 처벌할 수 있다는 점에서 부작위책임을 이원적으로 보는 견해가 더 타당하고 생각한다.175)

그러나 앞서 살펴본 업무주의 책임을 과실책임으로 파악하는 경우에

173) 김성돈, 앞의 책, 153면; 김일수 · 서보학, 앞의 책, 141면; 정성근 · 박광민, 앞의 책, 90면; 이주희, 앞의 논문, 270면.
174) 그러나 부작위책임설을 취하는 입장에서도 관리 · 감독책임도 법인의 자기책임이며, 관리 책임은 중간관리자에 대한 관리도 포함하고 있기 때문에 행위책임이원설은 불필요하다고 한다(정성근 · 박광민, 앞의 책, 91면).
175) 김일수 · 서보학, 앞의 책, 142면; 박기석, 박사학위논문, 95면 이하; 조병선, 앞의 책, 321면.

있어, 과실책임설의 의미를 법인에게 과실이 있는 경우뿐만 아니라 고의가 있는 경우도 당연히 처벌한다는 의미를 포함하고 있는 것으로서[176] 과실책임설과 부작위책임설이 배치되는 것은 아니라고 생각한다.[177] 또한 양자 모두 업무주의 감독의무를 전제로 하고 있다는 점과 과실책임은 주의의무 불이행을 내용으로 하므로 이미 부작위의 요소를 포함하고 있다는 점에서 과실책임과 부작위책임은 크게 다를 바 없다고 생각된다.

한편 기업처벌에 대한 우리 대법원의 입장은 면책규정이 있는 경우에는 법인처벌의 성격에 관해 과실책임임을－특히 과실추정설－ 분명히 하고 있다.[178] 하지만 면책규정이 없는 경우에 대법원은 무과실책임을 따른 경우, 과실책임을 따른 경우, 과실추정설을 따른 경우 등 그 입장이 분명하지 않다고 할 수 있다.[179] 그러나 최근 들어 대법원 판결이 "법인은 피용자의 선임·감독에 대한 주의의무위반에 대한 과실 때문에 책임을 진다"는 일반과실책임설을 명시적으로 지지하고 있음이 나타나고 있고, 1990년 후반 이후에 나온 양벌규정관련 대법원 판결 가운데는 무과실책임에 근거하여 법인의 처벌을 인정하는 예가 없는 것을 볼 때, 양벌규정에 대한 대법원 판결의 입장이 일반과실책임 내지 과실추정설을 취하고 있는 것으로 판단된다.

또한 판례는 양벌규정의 적용범위에 관해서도 종업원의 행위가 법인이나 영업주의 이익을 위한 것이 아니라 하더라도 법인이나 영업주의 업무에 관한 것이면 법인이나 영업주는 처벌된다고 하면서, 사업주가 직접 고용한 자가 아니더라도, 외형상 영업주의 업무범위 내에서 업무를 수행하는 자인 경우에는 양벌규정의 적용을 받는 자연인 행위자라고

---

176) 오영근, 앞의 책, 148면.

177) 조국, 앞의 논문, 68면.

178) 오영근, 앞의 책 149면; 조국, 앞의 논문, 69면.

179) 김재봉, 앞의 논문, 4면.

하고 있다. 판례는 이처럼 양벌규정의 적용대상의 범위를 상당히 넓게 파악하고 있음을 확인할 수 있다.

반면에 헌법재판소는 "행정형벌법규에서 양벌규정으로 사업주인 법인 또는 개인을 처벌하는 것은 위반행위를 한 피용자에 대한 선임·감독의 책임을 물음으로써 행정규제의 목적을 달성하려는 것이다"고 판시하고 있다.[180] 헌법재판소는 양벌규정의 처벌근거에 대해 과실책임설, 즉 선임·감독상의 과실도 없는 자에게 양벌규정으로 처벌한다는 것은 형법상 책임주의에 반한다고 하여 명백히 과실책임설을 취하고 있고, 최근 위헌결정을 통해 다시 한 번 과실책임설의 입장을 확인하였다. 헌법재판소 위헌결정은 무과실책임을 인정할 수 있는 양벌규정의 개정의 필요성과 종래 법인을 처벌하는 규정만 있을 뿐 왜 처벌되는지에 관한 구체적인 형사책임의 내용을 규정하고 있지 않았던 '처벌근거가 없는 양벌규정 형식'에 대해서도 명확한 근거를 제시할 필요성을 역설하였다는 점에서 큰 의미를 가진다고 할 수 있다.[181]

또한 헌법재판소는 현대사회에 새로운 범죄주체로 등장한 법인의 반사회적 법익침해 활동에 대처하기 위하여, 정책적 필요에 따라 법인에 대한 가장 강력한 제제수단인 형사처벌을 과할 수 있도록 하고 있고, 자연인과 마찬가지로 법인의 경우에 있어서도 '책임 없으면 형벌 없다'는 책임원칙이 동일하게 적용된다고 판단하고 있다.[182]

---

180) 헌법재판소 2006.1. 선고 99헌바73 전원재판부 결정(도로법 제83조 제2호 등 위헌소원).

181) 이와 달리 본 대상판결의 법률조항은 독립된 사업주 처벌의 형태가 아닌 종업원의 처벌이 인정되면 사업주의 과실유무와 관계규정에 의해 처벌하는 것으로 양벌규정의 형식이 달라 사업주의 처벌 근거로 일관된 판례의 태도로 볼 수 없다고 하고, 지금까지의 대법원의 판례태도와 달리 본 대상판결의 법률조항만을 다른 논지에 의해 판결하는 것은 일관된 내용으로 볼 수 없으며, 단지 입법오류로 인한 위헌결정으로 결론을 내리는 것이 타당한 결정이라고 할 수 없다고 비판한다(오경식, 앞의 논문, 70면).

182) 헌법재판소 2009.7.30. 선고 2008헌가17 결정. 舊 도로법(2005.12.30 법률 제7832

생각건대 헌법재판소의 이러한 결정은 기본적으로 법인이나 기업을 자연인과 동등한 행위주체[183]로 인정함으로써 기업의 직접처벌을 긍정하는 세계적 입법추세에 최소한도로 그 흐름을 같이하는 것으로 평가될 수 있다고 본다.[184] 또한 헌법재판소의 이러한 판단은 양벌규정이 아닌 새로운 기업처벌의 본질과 구조에 대한 새로운 이론의 필요성을 요구하는 것이라고 생각한다.

호로 개정되기 전의 것) 제86조 중 "법인의 대리인·사용인 기타 종업원이 그 법인의 업무에 관하여 제83조 제1항 제2호의 규정에 의한 위반행위를 한 때에는 그 법인에 대하여도 해당 조의 벌금형을 과한다"라는 부분이 책임주의에 반하여 헌법에 위반되는지 여부에 대해 위헌이라고 판시했다.

183) 舊 농산물품질관리법 제37조 위헌제청사건과 관련하여 법인의 대표자가 그 법인의 업무에 관하여 제34조의2의 위반행위를 한 때에는 그 법인에 대하여도 해당 조의 벌금형을 과한다는 부분은 법인대표자의 위반행위에 대한 법인의 책임은 법인 자신의 위반행위로 평가될 수 있는 행위에 대한 법인의 직접책임을 뜻한다고 보아 그 부분은 위헌이 아니라고 하였다(헌법재판소 2010.7.29. 2009헌가25 전원재판부 결정).

184) 박미숙·탁희성·임정호, 앞의 책, 117면.

제3절 현행 기업처벌규정의 문제점과 한계

I. 서설

현행 기업처벌규정인 양벌규정은 기업을 처벌하는 유일한 실정법적 규정이고, 기업의 위법행위에 대한 일반적 규제방식이 아니라 특수한 경우에 한하여 기업을 처벌하는 방식으로 규정되어 있어, 여러 가지 문제를 동시에 가지고 있다. 과거 기업의 역할이 그리 크지 않은 사회에서는 양벌규정만으로도 문제해결이 가능했을지 모르지만, 오늘날 기업범죄에 대한 규정으로는 적절히 대응하지 못하고 있고, 그러한 상황은 전술한 위헌결정을 통해서 확인할 수 있었다. 이는 기업의 형사책임에 대하여 입법자가 명확한 결정을 내리지 않은 상태에서 임시방편으로 기업범죄에 대처한 것에서 나온 것이라 할 수 있다. 다시 말해 양벌규정의 본질적인 문제로서, 기업의 처벌근거로서 기업의 범죄능력이나 형벌능력을 인정하느냐 하는 문제와 기업처벌의 본질에 관하여는 2007년 헌법재판소 결정 이후 과실책임임을 명백히 하고 있으나 입법자는 그 책임의 구체적인 내용과 그에 대한 판단기준을 제시해주지 못하고 있고, 기업처벌규정인 양벌규정의 구조 또한 기본유형 외에 면책규정을 두는 유형 등 다양한 유형이 존재하고 있어 각각의 구조에 따라 해석과 적용이 달라 혼란을 야기하고 있기 때문이다.[185]

---

[185] 이천현, 앞의 논문, 64면; 현행 기업처벌규정의 가장 일반적인 형태는 "법인의 대표자, 법인 또는 개인의 대리인·사용인 기타 종업원이 그 법인 또는 개인의 업무에 관하여 제( )조의 위반행위를 한 때에는 행위자를 벌하는 외에 그 법인 또는 개인에 대하여도 각 해당 조의 벌금형을 과한다"는 형식의 규정이다. 예외적으로 면책규정을 두는 경우(선원법 제148조 제1항 단서, 하천법 제85조 단서, 전당포영업법 제37조 단서), 법인 외에 단체도 처벌대상으로 하는 경우(영육아보육법 제32조,

그러나 2007년 헌법재판소 위헌결정 이후 양벌규정의 개정작업 등을 통해 단서에 면책규정을 둠으로써 양벌규정의 형식이 통일되어 가는 것으로 보인다. 이와 같은 개정은 양벌규정의 형식에 대해 통일성을 기한다는 측면에서는 바람직스러운 면도 있지만 각기 상이한 법률상황하에서 구체적 타당성을 살려 기업범죄에 대처할 수 있는 이점을 포기하는 측면도 있다.[186] 기업의 구조 및 활동에 대한 정확한 분석 없이 개정작업이 이루어지고 있기 때문에 향후 기업범죄에 대한 현 양벌규정의 존재의의를 그대로 유지할 수 있는지에 관해서는 의문이 든다. 이하에서 현 양벌규정에 의한 기업처벌의 문제점을 검토한다.

II. 현행 기업처벌규정의 문제점

1. 책임원칙의 위배

양벌규정은 전술한 헌법재판소 위헌의견에서 지적한 바와 같이 책임원칙에 위배될 소지가 많다. 위헌결정 이후 양벌규정의 개정은 과실책임을 명백히 하는 방향으로 이루어지고 있지만, 현재 존재하는 많은 양벌규정이 이전의 내용을 그대로 유지하고 있기 때문에 책임주의 원칙의 위배의 문제는 여전히 남아 있다. 양벌규정도 범죄와 형벌을 규정하고 있는 만큼 형법의 중요한 원칙 중의 하나인 책임원칙에 부합해야 한다는 요청에 자유로울 수 없다. 이는 앞서 살펴본 헌법재판소 위헌결정의

노동위원회법 제32조, 보험업법 제227조, 선원법 제148조 3항, 독점규제및공정거래에관한법률 제70조), 본조의 주체가 사업자 등으로만 제한되어 있는 경우(건축법 제79조 등) 여러 가지 규정들이 혼재되어 있다.

186) 박기석, 앞의 논문, 103면.

주요내용과도 부합하는 것이라 할 수 있다.

현재 기업처벌규정인 양벌규정의 방식은 기업처벌에 대해 기업의 입장에서 적극적으로 구성요건을 규정하고 있지 않고, 형사제재 또한 엄격한 요건하에 형벌을 부과하는 것이 아니라, 자연인의 범죄와 형벌을 규정한 벌칙규정을 두는 한편 이에 부수하여 양벌규정으로 법인에 벌금형을 부과하는 방식을 취하고 있다.[187] 이로 인하여 견해에 따라서는 기업의 처벌은 기업범죄의 성립에 대한 엄격한 요건의 검토도 없이 자연인 처벌에 부수하여 행해지도록 함으로써, 책임주의원칙과는 거리가 먼 연계적 구성요건의 성격을 갖고 있다고 비판하기도 한다.[188] 어찌됐던 결과적으로 기업은 타인의 범죄성립 여부에 따라 처벌여부가 판가름 된다는 점에서 책임원칙을 관철하지 못하고 있는 것이다.

2. 기업처벌 근거의 불명확성

양벌규정이 기업범죄의 성립요건을 명확하게 규정하고 있지 않기 때문에 기업을 처벌하는 근거가 무엇인가에 관해 앞서 전술한 바와 같이 과실책임인가 무과실책임인가의 문제와 행위책임인가 감독책임인가의 문제 등이 나타난다. 이러한 문제는 결국 양벌규정에 의해 기업에게 형벌을 부과하는 근거가 무엇인가, 즉 기업의 책임내용이 무엇인가를 규정하고 있는 법률이 존재하지 않고, 양벌규정의 규정내용과 방식이 해당 법률마다 달라서 법해석에 있어서 그 책임내용을 달리 파악할 수 있는 여지가 많기 때문이다.

현재 다수설과 판례는 기업의 형사책임의 본질을 감독상의 주의의무

---

187) 법인처벌은 자연인 행위자 처벌을 전제로 한다는 입장이다(정동기, "환경오염의 형사법적 규정과 입법론", 검사세미나 연수자료집(XI), 1992, 18~19면).

188) 탁희성, 앞의 논문, 62면.

를 위반한 감독과실이라고 파악하고 있다. 즉, 당해 범죄의 행위책임은 자연인이 지고, 기업은 그에 대한 주의의무위반이라는 감독책임을 진다는 것이다. 그러나 다수설과 판례와 같이 기업처벌의 근거가 과실감독책임이라고 이해한다면, 상급관리자가 아닌 종업원의 행위로 범죄가 행해진 경우, 현행 기업처벌규정상 실질적으로 감독책임을 지는 상위관리자는 처벌되지 않는다는 점에서 비판이 가해진다. 따라서 기업의 형사책임을 행위책임(자기책임)과 감독책임으로 나누어 파악하는 견해도 있다.[189] 그러나 다시 이에 대해 법인의 형사책임을 행위책임과 감독책임으로 나누어도 문제는 여전히 남는다고 비판하는 견해도 있다.[190] 요컨대 이러한 문제는 기업범죄의 성립요건을 분명하고, 구체적으로 적시하고 있지 않은 점에 그 원인이 있다고 할 수 있다.

3. 처벌의 공백 및 확대가능성

(1) 법인격 없는 단체의 처벌가능 여부

기업처벌규정의 적용대상은 통상 '법인' 또는 '개인'으로 표현되고 있다. 그러므로 법인격도 없고, 자연인에도 해당되지 않는 '법인격 없는 단체'의 경우에는 행정적 단속을 위해 처벌이 필요한 경우라 할지라도, 형법전뿐만 아니라 기업처벌규정에 명시적으로 근거가 없는 한 처벌할 수 없다는 것이 학설과 판례의 태도이다.[191] 이러한 태도는 법인격 없는 단체에 대해 법인의 등기 여부에 의한 형식적인 요건으로[192] 법인격

---

189) 김재봉, 앞의 논문, 12면; 조병선, 앞의 책, 353면.

190) 박기석, 앞의 논문, 107면.

191) 대법원 1995.7.28. 선고 94도3325 판결; 김대휘, 앞의 논문, 25면.

192) 청소년의 성보호에 관한 법률은 청소년이용 음란물의 제작·배포 등을 처벌하면서 양벌규정에는 법인격 없는 단체를 포함시키지 않고 있는데, 이러한 행위를 영업으

없는 단체와 법인을 구분하여, 법인에 의한 범죄에 상응하는 행위를 하더라도 법률에 규정이 없다는 이유만으로 제재를 가하지 않는 것은 바람직하지 않다고 생각된다.[193] 즉, 법인격 없는 단체를 처벌할 필요성이 있는 경우에 처벌하지 못하는 공백이 생기게 된다.[194]

예컨대 법인격을 취득하지 못한 단체가 법인과 같은 실체를 가지고 사회생활상 업무를 수행하고 있는 경우, 실제로 법인과 다를 바 없는 기능을 하고 있기 때문에 법인격 없는 단체에 의한 법익침해행위가 발생하면, 기업처벌규정의 적용대상에 포함시켜 처벌하는 것이 타당하다고 생각한다. 그 이유로 이러한 처벌의 공백은 해석론만으로 해결이 되지 않기 때문이다.[195]

비교법적으로도 미국의 일부 주에서는 파트너십 같은 '법인격 없는 사단'에 대해서도, 실체이론에 따라 대위책임의 원리를 적용하고 있고, 영국의 경우도 이를 처벌하는 법률과 판례가 있다고 한다.[196] 대륙법계 국가로는 독일이 질서위반법 제30조에 법인격 없는 사단에 대한 처벌규정을 두고 있다.[197] 뿐만 아니라 네덜란드도 권리능력 없는 사단을 처벌하고 있다.[198] 우리나라도 최근 들어 법인격 없는 단체를 포함하여

로 하는 조직체가 법인격을 갖춘 경우는 드물 것이다(이은정, 앞의 논문, 13면).

193) 김재윤, 유럽국가의 입법동향, 295면.

194) 이천현, 앞의 논문, 65면; 박기석, 앞의 논문, 108년.

195) 탁희성, 앞의 논문, 55면.

196) 조국, 앞의 논문, 62면 이하 참조.

197) 독일질서위반법 제30조 법인 또는 인적단체의 처벌규정에서 단체의 예시로서 권리능력 없는 사단을 들고 있다. 독일민법상의 조합에 관한 규정이 적용되는 권리능력 없는 사단법인은 설립등기를 하지 않았을 뿐 사단으로서의 구조를 갖추고 있기 때문에 판례와 학설로부터 마치 권리능력 있는 사단과 같이 취급된다. 물론 권리능력 없는 사단은 경제적 영리사업을 목적으로 하지 않지만, 일정한 사용목적이 정해져 있는 재산을 가지고 다양한 경제활동을 하는 경우가 적지 않다 이것이 바로 질서위반법 제30조가 권리능력 없는 사단을 처벌되는 인적단체의 예로 들고 있는 이유이다(이주희, 기업범죄 방지대책, 102면).

198) 김재윤, 앞의 논문, 39면.

처벌하는 기업처벌규정이 양적으로 증가하고 있다.[199] 판례 또한 기업 처벌규정의 적용을 받는 법인의 범위를 넓혀가는 입장을 보이고 있다.[200] 따라서 법인격 없는 사단이나 단체에 의한 범죄가 점증하고 있으므로, 입법적으로 법인격 없는 사단이나 단체의 처벌규정도 포함시켜 나갈 필요성이 크다고 보인다. 또한 법인격 없는 사단과 조합의 경우에도, 법인격 유무라는 형식적 요건보다는 사실적 상태라는 실질적 요건을 중시하여 판단할 필요가 있다고 생각된다.[201]

(2) 위반행위자 '특정'과 관련한 해석

또한 현행법상 기업의 형사책임을 인정하기 위해서는 위반행위자가 특정되어야만 한다고 해석하는 것이 일반적이다.[202] 이로 인해 기업의 활동과 관련한 위반행위로 인하여 법익침해가 발생한 사실은 명백하지만, 위반행위자를 특정할 수 없는 경우, 즉 기업의 구조적 특성이나 운영체계에 의한 다수 행위자의 조직적 수행으로 위반행위가 발생하여 구체적 행위자를 특정할 수 없는 경우에 현행 양벌규정으로는 기업의 처벌에 어려움이 있을 수 있다. 그리고 양벌규정상의 '행위자를 벌하는 외에'에서의 '외에'라는 문언의 해석에 따라, 법인의 처벌에 공백이 생

---

199) 그 예로 독점규제및공정거래에관한 법률 제70조(1996년 개정), 표시·광고의공정화에 관한 법률 제19조(1999년), 자본시장과금융투자업에관한법률 제448조(2008년), 통계법 제40조(2007년), 공직선거및선거부정방지법 제260조(2004년), 승강기제조및관리에 관한 법률 제27조(2004년), 건축사법 제70조, 청소년보호법 제54조, 영육아보호법 제32조 등이 대표적이다.

200) 건축법 제81조 제2항에서 정한 양벌규정상의 법인 또는 업무주의 범위에 민법상의 조합도 포함되는 것으로 해석하고 있다(대법원 2005.12.22. 선고 2003도3984 판결); 또한 지방자치단체도 양벌규정상의 처벌대상인 법인에 해당된다고 한다(대법원 2005.11.10. 선고 2004도2657 판결).

201) 오영근, 앞의 책, 150면.

202) 이인규, 앞의 논문, 229면.

길 수 있다.[203] 이는 양벌규정을 통한 기업의 처벌이 자연인의 처벌을 전제로 함을 염두에 두고 있는지에 관한 문제이다. 즉, 기업의 처벌이 자연인의 처벌을 전제로 하는 것이라면, 자연인이 어떤 이유로 처벌되지 않는 경우에 기업도 처벌할 수 없는 경우가 생길 수 있는 것이다. 한편 위의 '외에'라는 문언을 자연인 행위자의 처벌과는 '상관없이' 또는 '독립하여'로 해석하여 기업을 처벌하는 것으로 파악한다면, 자연인 처벌을 전제로 하는 것이라 할 수 없게 된다.[204] 그러나 반대로 '외에'라는 문언의 해석에 있어, 자연인 행위자를 처벌의 주된 입장에 두고, 법인은 그에 '부수하여' 또는 '더하여' 법인도 처벌할 수 있다고 해석한다면, 자연인 처벌을 전제로 한 것이라 볼 수 있다.[205]

우리 판례는 기업의 처벌을 자연인의 처벌과 독립한 것으로 보고 있다. 반면에 이에 대하여 양벌규정을 두고 있는 현행 행정형법의 체계상, 자연인의 처벌을 전제로 하여 부수적으로 기업을 처벌하는 해석이 더 용이하다는 견해가 있다.[206] 이러한 견해에 따르면 예컨대 자연인 행위자가 처벌되지 않는다면 기업을 처벌할 수 없기 때문에 처벌에 공백이 생길 수 있다. 이는 자연인이 처벌되지 않더라도 기업을 처벌할 수 있는 경우가 있을 수 있기 때문이다.[207]

한편 처벌의 확대가능성의 문제도 안고 있다. 예를 들어 벌칙 본조의 행위가 신분범으로 규정되어 있는 경우에 '행위자를 벌하는 외에' 규정

---

203) 탁희성, 앞의 논문, 63면.

204) 대법원 2007.11.29. 선고 2007도7920 판결은 영업주의 처벌은 금지위반 행위자인 종업원의 처벌에 종속하는 것이 아니라 독립하여 그 자신의 종업원에 대한 선임감독상의 과실로 처벌된다고 판시하고 있다.

205) 박기석, 앞의 논문, 108면; 양벌규정에 있어서 '외에'라는 문구를 행위자의 처벌과 '함께' 또는 그에 '부수하여'라고 해석하게 된다면 법인처벌이 자연인 처벌에 종속되는 결과 애초의 행정적 목적달성과는 거리가 먼 이상한 결론에 이르게 될 수밖에 없다고 한다(탁희성, 앞의 논문, 63면).

206) 박기석, 앞의 논문, 109면.

207) 이천현·임정호·박기석, 앞의 책, 93면; 이천현, 앞의 논문, 66면.

의 창설적 효력을 부인하면[208] 이에 따라 자연인을 처벌할 수 없게 되고, 여기에 자연인의 처벌을 전제로 법인을 처벌하는 것이라는 견해를 취한다면, 기업처벌의 공백은 더욱 커지게 될 것이다. 다시 말해 벌칙 본조 처벌대상이 업무주로 한정되어 있는 경우에 업무주가 아닌 자가 본조의 위반행위를 하였을 때 양벌규정에 의하여 처벌할 수 있는지, 즉 양벌규정이 창설적 행위자처벌규정인지의 문제가 있다. 양벌규정이 창설적 행위자처벌규정이라고 하면 처벌의 범위가 확대된다.[209] 전술한 바와 같이 대법원은 창설적 효력을 인정하고 있다.[210] 그러나 이러한 해석의 태도는 자연인 행위자의 처벌을 전제로 기업을 처벌하는 형식을 분명히 하고 있는 양벌규정을 완전히 거꾸로 해석하는 오류와 무리를 범하고 있다고 비판을 가할 수 있다.[211] 왜냐하면 양벌규정은 이미 성립한 자연인 행위자의 범죄를 전제로 법인의 처벌을 규정하는 것으로 그 전제로서의 자연인 행위자의 처벌의 요건은 내용으로 삼고 있지 않으며, 양벌규정의 내용도 매우 단순하고 포괄적인 것이어서 구체적이고

---

208) 이천현, 앞의 논문, 66면; 정금천, 앞의 논문, 245면 이하; 이은정, 앞의 논문, 17면 이하 등.

209) 판례의 입장에 동조하는 견해로는 손동권, 앞의 논문, 346면.

210) 대법원은 최근 산업안전보건법 위반사건에서 "舊 산업안전보건법(2002.12.30. 법률 제6847호로 개정되기 전의 것) 제70조 제1호, 제13조 제1항, 같은 법 제68조 제1호, 제43조 제1항, 제70조 제1호, 제31조 제1항에 각각 정하여진 벌칙 규정의 적용대상은 사업자임이 규정 자체에 의하여 명백하나, 한편 같은 법 제71조는 법인의 대표자 또는 법인이나 개인의 대리인, 사용인(관리감독자를 포함한다), 기타 종업원이 그 법인 또는 개인의 업무에 관하여 제67조 내지 제70조의 위반행위를 한 때에는 그 행위자를 벌하는 외에 그 법인 또는 개인에 대하여도 각 본조의 벌칙 규정을 적용하도록 양벌규정을 두고 있고, 이 규정의 취지는 각 본조의 위반행위를 사업자인 법인이나 개인이 직접 하지 아니하는 경우에는 그 행위자나 사업자 쌍방을 모두 처벌하려는 데에 있으므로, 이 양벌규정에 의하여 사업자가 아닌 행위자도 사업자에 대한 각 본조의 벌칙 규정의 적용 대상이 된다"라고 판시하고 있다(대법원 2004.5.14. 선고 2004도74 판결).

211) 이천현, 앞의 논문, 66면; 박기석, 앞의 논문, 109면; 이천현·임정호·박기석, 앞의 책, 94면.

명확한 내용들을 규정한 본조의 행위자 범위를 확장할 아무런 근거를 가질 수 없기 때문에 양벌규정을 창설적 행위자처벌규정이라고 하여 이를 근거로 행위자를 처벌하는 것은 부당하기 때문이다.[212] 즉, 형벌권의 부당한 확대이기 때문이다.

또 다른 처벌의 확대가능성은 기업처벌의 근거와 관련한 것이다. 즉, 무과실책임설은 말할 것도 없고 과실책임설을 취한다고 하더라도 과실의 주의의무 내용이 매우 고도화되어 있어서 사실상 무과실책임과 다를 바 없으므로 처벌이 확대될 위험성이 크다.[213]

4. 기업에 대한 형벌 부재

양벌규정은 기업에 대한 형벌로서 유일하게 벌금형을 인정하고 있다. 그리고 현행법하에서는 기업에 대한 주형으로서 부과할 수 있는 형벌은 벌금밖에 없는 것도 사실이다. 주지하다시피 현재 양벌규정에서 정하고 있는 벌금형은 본조의 자연인의 벌금형을 그대로 차용하고 있는 것이고, 본조의 벌금형은 重型인 자유형을 부과하지 않을 경우에 선택하는 경한 재산형이다. 현재 이러한 방식을 취할 수밖에 없는 이유로 기업범죄에 대해, 즉 기업의 구조와 사회적 활동에 대한 논증 없이, 단순히 자연인 처벌에 부수하여 벌금형을 부과하는 입법형식과 기업을 범죄주체로 파악하지 않고 단순한 물적 재산의 귀속주체의 정도로만 파악하는 사고에서 기인한 것이라 할 수 있다. 따라서 기업의 범죄능력을 인정하고 자연인과 기업의 존재형태와 그 사회적 영향력을 고려하여, 기업범죄에 합당한 형벌, 즉 자연인과 분리하여 기업에 대한 벌금액을 상향조

---

212) 박기석, "양벌규정에 관한 판례의 분석"(이하 '양벌규정에 관한 판례의 분석'으로 표기함), 형사정책연구소식 제33호, 한국형사정책연구원, 1996. 1/2, 19~20면 참조
213) 이천현, 앞의 논문, 66면; 이천현·임정호·박기석, 앞의 책, 94면 이하 참조.

정하여 부과해야 할 것이다.

현재 자연인과 분리하여 기업에게 벌금액을 부과하는 규정은 상표법 제97조와 특허법 제230조, 건설산업기본법 제98조 제1항 등이 있으며, 이들 규정은 개인에 대하여는 각 해당조의 벌금형을 기업에 대하여는 따로 정한 벌금형(자연인에 비해 약 3배가량 상향조정)을 과하도록 하고 있다.[214)

Ⅲ. 소결

현행기업처벌규정인 양벌규정은 법인을 처벌하는 유일한 실정법적 규정이다. 하지만 기업의 위법행위에 대한 일반적 규제방식이 아니라 특수한 경우에 한하여 기업을 처벌하는 형식을 띠고 있다. 이러한 대응방식은 기업처벌에 있어 입법자가 명확한 결정을 내리지 않은 상태에서 임시방편으로 기업범죄에 대처한 데서 나온 결과라고 할 수 있다. 이러한 대응방식에 대해 변화의 요청이 일어났다. 즉, 헌법재판소의 위헌결정 이후 법무부가 현행 기업처벌규정의 개선을 위한 법인처벌의 합리화 방안을 추진하게 된 것이다.

하지만 법부무가 추진한 개선방안 또한 결과적으로 책임원칙에 일정 부분 부합할지 모르지만, 근본적인 문제라고 할 수 있는 법인의 범죄능력에 관한 문제를 도외시함으로써 여전히 기업처벌규정이 가지고 있는 본질적인 문제를 안고 있다. 즉, 기업의 처벌근거로서 기업의 범죄능력이나 형벌능력을 인정하느냐 하는 문제, 그리고 기업처벌의 근거가 과

---

214) 이천현, 앞의 논문, 70면; 또한 건설산업기본법 제98조 제1항은 법인에게 10억 이하의 벌금을 규정하고 있다. 이는 건설업계의 자본규모가 다른 제조업체에 비해 큼을 상당 부분 고려한 것이라고 판단된다.

실책임임을 명백히 하였으나, 그 책임의 구체적인 내용과 그에 대한 판단기준을 제시해주지 못하는 문제를 갖고 있기 때문이다. 이른바 책임주의원칙 위배, 기업처벌근거의 불명확성, 처벌의 공백 및 확대가능성, 기업에 대한 적절한 형벌 부재 등의 문제들이다.

물론 법무부의 행정형벌합리방안에 의한 개정된 현행 기업처벌규정이 입법유형에 통일성을 기한다는 점에서는 바람직스러운 면도 있다. 하지만 기업처벌의 본질 및 구조에 관한 심도 있는 고찰이 없는 상황에서 개정작업이 이루어진 것이어서, 각각 상이한 법률상황에서 구체적 타당성을 살려 기업범죄에 대처할 수 있는 기회를 포기한 것이라고 생각된다. 또한 벌금이라는 단일한 형벌만을 규정하여 기업범죄의 억지 및 예방에 적합한 합리적 형벌을 과할 수 없는 문제점도 그대로 안고 있다.

이에 제5장에서 논의하게 되는 기업처벌의 본질과 구조에 관한 새로운 이해에 관한 고찰에서는, 이 부분에 대한 보다 심도 있는 해석론 및 입법론을 다루어보고 제언하고자 한다.

제5장 기업처벌의 본질과 구조에 관한 새로운 이해

제1절 서론

    지금까지 현행 기업처벌의 본질과 구조에 관하여 고찰해 보았다. 앞서 살펴본 바와 같이 2007년 위헌결정 이후 기업처벌의 본질과 구조[1]에 있어 과실책임을 명백히 함을 확인할 수 있었다. 그러나 여전히 다음과 같은 문제들이 남아 있다. 첫째, 양벌규정의 존재로 인하여 이론상으로는 기업의 범죄능력을 부인하면서[2] 그 수형능력만을 인정하는 문제, 둘째, 기업처벌규정이 특정행위자(종업원)의 위법행위를 전제로 법인 또는 개인인 영업주에 대해 벌금을 부과하는 구조로 되어 있어, 자연인이 처벌되지 않거나 처벌할 수 없는 경우와 기업의 대표자가 위반행위에 직간접적으로 관여했을 경우, 입증상의 문제로 책임을 묻지 못하고 기업에 무과실책임을 인정하는 등 형법상의 책임주의를 관철시키지 못하는 책임귀속의 문제, 셋째, 기업처벌의 본질과 구조에 대한 이론적 고찰 없이 기업의 종업원에 대한 선임감독상의 책임을 묻고 있다는 문제, 즉 업무주인 기업이 어떠한 내용의 감독조치를 어느 정도 이행하여야 주의의무의 위반으로 기업이 면책되는 것인지, 다시 말해 기업처벌의 본질을 단순히 감독책임으로 파악하므로, 그 처벌의 본질과 구조에 관한 내용이 무엇인가에 대한 아무런 해답을 제공하지 못하고

---

1) 위헌결정 이후 개정된 양벌규정의 구조는 면책규정이 추가되었다. 그러나 면책규정이 추가되었다고 하여 양벌규정의 구조가 달라지는 것은 아니다(조병선, "형법에서의 행위자의 특정 – 개인책임과 단체책임 – "(이하에서는 행위자 특정이라고 표기함), 서울대학교 법학 제50권 제2호, 서울대학교 법학연구소, 2009.6, 602면).

2) 앞서 전술한 바와 같이 법인의 범죄능력은 이론적으로 널리 인정되는 추세이고, 기업범죄, 환경범죄, 경제범죄의 영역에서 특히 법인의 형사책임 인정이 필요하다; 또한 이미 증권거래법은 일임매매거래의 제한(제208조 3호, 제107조 제1항) 위반죄의 행위주체를 법인인 증권회사로 명시하고 있으며, 법인의 형사책임이 이제 개인책임 입증이 필요한 사안까지 퍼져나가는 것을 볼 수 있다고 한다(김광준·원범연, 앞의 책, 62면).

있다는 문제 등이 남아 있다.[3]

　오늘날 대부분의 행정형법에 양벌규정이 존재하고 있는 만큼, 실제행위를 하지 않은 업무주인 기업을 처벌하는 근본적인 이유 및 그 근거에 대하여 명확히 할 필요성이 있다. 위헌결정 이후 현행기업처벌규정인 양벌규정의 개정에도 불구하고 여전히 위와 같은 문제들은 남아 있다. 이러한 문제들은 결국 비교법적 고찰을 통해 살펴본 바와 같이, 입법적으로 해결함이 바람직할 것으로 생각된다.[4]

　그러나 헌법재판소의 결정이 양벌규정의 내용 자체에 대한 부인이나 개혁이라기보다는 양벌규정을 두고 그 내용의 일부를 보충 개정할 필요성을 제기한 점이나, 그에 따라 나온 법무부의 행정형벌합리화방안의 정책을 비춰 보면 우리나라의 경우 양벌규정이 사(死)문화 될 가능성이 없다는 점이 분명해졌다.[5] 따라서 본 장에서는 현행 기업처벌규정을 모순 없이 설명[6]하고, 현행 기업처벌의 본질과 구조로부터 야기된 형사책임귀속에 관한 문제를 해결하기 위한 새로운 책임귀속이론을 검토하고

---

3) 선임감독 등 주의의무위반에 대한 논증 없이 위헌결정을 내린 것을 비판하고 있다(오경식, 앞의 논문, 70면); 동지의 견해로 선임감독상의 과실책임에 있어서 무엇에 대한 책임인가의 실체의 분류를 주장한다(손동권, 앞의 논문, 334면).

4) 입법적으로 형법전상의 법인범죄, 즉 기업범죄의 내용에 부합하는 규정을 두어야 한다고 주장하고 있다(박기석, 양벌규정에 관한 판례분석, 14면); 다른 견해로 양벌규정을 질서위반행위규제법으로 돌리는 것이 해결책이라고 주장한다(조병선, "기업형사책임과 책임원칙 – 양벌규정에 대한 위헌결정의 파장과 책임원칙의 재조명 –"(이하에서는 기업의 형사책임과 책임원칙이라고 표기함), 형사법연구 제22권 제1호(통권 제42호), 2010, 13면).

5) 조병선, 기업형사책임과 책임원칙, 13면; 기업의 형사책임은 이미 실무에 정착되었고 모든 양벌규정의 개정작업이 진행 중임을 근거로 하여 필자와 같은 생각을 가지고 있다고 본다.

6) 양벌규정에 관해 우리의 입법현실에 있어서 가장 바람직한 방법은 개별 행정특별법에 양벌규정을 두는 입법방식을 선호하고 있다. 즉, 지금과 같은 입법방식으로 법인처벌의 근거를 두되 그 내용은 분명하게 개정되어야 한다고 주장한다(탁희성, 앞의 논문, 75면); 이러한 주장은 형법전에 기업을 행위주체로 규정해야 함을 주장하는 필자와는 의견이 일치하지는 않으나, 현재 양벌규정의 모순되는 부분을 명확히 해야 한다는 부분에 있어서 필자와 생각이 일치한다.

자 한다. 또한 순차적으로 기업처벌의 본질과 구조의 명확화의 필요성과 감독책임의 내용과 관련하여 상당한 주의와 감독의무의 내용의 명확화와 감독의무의 이행 여부의 일응의 기준으로의 준법프로그램을 검토함으로써 기업처벌의 본질과 구조에 관한 새로운 이해를 시도하고자 한다.

본 연구에 선행하여 현행 기업처벌의 본질과 구조에 대해서 앞서 살펴보았지만, 앞으로의 논의의 전개와 그리고 논의에 대한 이해를 돕기 위해 필요한 부분에서는 그 내용을 재차 언급하고자 한다.

제2절 기업처벌의 본질과 구조에 관한 새로운 이해

Ⅰ. 기업 고유의 처벌근거의 필요성

현대사회는 기업사회라 일컬을 수 있을 만큼 기업의 수와 그 규모가 날로 확대되고 있고, 전체 사회체계 내에서 엄청난 영향력을 행사하고 있다. 오늘날 기업의 이러한 영향력은 일상생활의 다양한 측면에서 우리에게 여러 가지 이로운 혜택을 주고 있다. 하지만 이와 동시에 기업의 목적인 이윤추구를 위해, 경제질서 및 우리 사회의 다양한 영역에서 법익을 침해하는 기업에 의한 범죄가 발생하고 있고, 특히 과학기술이 발달하고 경제구조가 복잡 다양화되면서 기업범죄의 형태가 더욱 다양해지고 그 양적인 면에서도 나날이 증가하고 있다.[7]

기업범죄가 점증하고 있는 현상에는 여러 가지 요인들이 있겠지만, 그중에서 가장 큰 요인으로 기업범죄의 특성을 제대로 파악하지 못한 채, 기업범죄를 처벌하고 예방하는 데 그저 안이하게 대응하고 있는 점을 들 수 있다. 왜냐하면 그로 인해 기업범죄를 근절하기 위한 법적 장치나 시스템이 제대로 작동하고 있지 않기 때문이다.[8] 기업범죄에 대해 현행 규정은 자연인에 대한 처벌을 전제로 하여 기업의 형사책임을 묻고 있다. 이는 형사실무상으로 기업의 형사책임을 부정하고, 기업활동

---

7) 기업범죄는 이미 19세기 프랑스 사회학자 Durkheim이 언급한 바와 같이 우리 사회의 하나의 본질적인 구성요소라고 봐야 한다(김재윤, 앞의 논문, 37면).

8) 자연인이 범한 범죄와는 비교할 수 없을 정도로 기업범죄는 대규모이고 사회적 파장도 크지만 무엇보다도 근절되지 않고 계속 발생하고 있다. 그러한 이유로 자본주의 사회에서 기업이 더 많은 이윤추구를 하는 것을 당연시하여 불법인식이 희박하고, 그 피해가 광범위하게 희석됨으로써 피해의식도 희박하며 적절한 형사제재가 부과되지 못함으로써 다른 범죄에 비해 낙인효과도 약하다는 특징을 가지고 있다고 주장한다(정용기, 앞의 논문, 196면).

에 의해 야기되는 법익 침해의 결과에 대해서는 해당 활동의 담당자나 관리자, 이익을 향유하는 기업주 등의 자연인을 처벌해야 한다는 사상,[9] 즉 기업 자체를 처벌하는 경우 경제활동의 위축에 대한 우려와 기업의 범죄능력을 부정하는 사고가 뿌리 깊이 내재하고 있기 때문이다.

그러나 오늘날 기업범죄 및 처벌의 문제가 주목받고 있는 이유 중 하나는 기업범죄의 특성으로부터 나타나는 피해의 중대성으로 볼 때, 더 이상 자연인에 대한 처벌만으로는 기업범죄를 억지하는 일반 예방적 효과를 충분히 기대하기가 힘들기 때문이다. 만일 지금처럼 기업범죄가 발생한 경우 자연인에 대한 처벌로 그친다면 기업은 기업목적인 이윤추구를 위해 구성원에게 여러 가지 방식으로 혜택을 주기만 한다면, 이익이 되는 불법행위를 계속할 가능성이 높기 때문이다.

최근 우리나라 재벌기업의 오너가 기업범죄로 인해 형사처벌을 받았지만, 특별사면으로 석방된 후 얼마 지나지 않아 경영일선에 복귀한 사실은 기업의 형사책임, 즉 형법상의 대응방식의 전환의 필요성을 절실하게 하는 대목이다.[10] 따라서 기업범죄로 인한 법익침해에 대한 형법상의 대응방식은 그 책임을 기업 자체를 처벌함으로써, 기업의 소유자인 주주에게 실질적인 위화력을 발휘할 수 있다고 생각한다. 다만 안이하게 기업의 형사책임을 인정하게 되면 실제 책임자인 자연인에게 형사상 면책이 特혜를 줄 여지도 있다는 점, 다시 말해 기업의 형사책임을 인정하게 되면 정서적으로 진정한 책임자인 자연인이 은폐될 수 있다는 점을 간과해서는 안 될 것이다.

한편 기업범죄 중에는 기업특성상 자연인에게 형사책임을 귀속시키는 것이 적절하지 못한 경우가 있다.[11] 그 예로 첫째, 자연인의 처벌이

---

9) 당해활동의 담당자나 관리책임자 등의 자연인을 처벌해야 한다는 주장이 있다(団藤重光, "刑法と主體性理論(下)", 法學敎室 第975号, 有斐閣, 1991, 83頁).

10) "이건희 전 회장 단독 특별사면", 국민일보 2009.12.29일자; "이건희 회장, 23개월 만에 경영 복귀", 노컷뉴스, 2010.4.7일자.

'불합리'한 경우이다. 이 경우는 기업범죄의 특징 중 하나로, 법익침해를 야기한 기업활동이 '복잡한 조직구조 내에서 복수의 자연인에 의한 행위의 중첩된 결과'로 비롯되었을 때, 개개의 자연인은 기업활동의 전체를 이해할 수 없기 때문이다. 즉, 개개의 자연인은 기업조직의 특성으로 인해 자신에게 부여된 업무만을 수행하기 때문이다. 따라서 대부분의 경우 개개의 자연인은 자신의 행위가 가져올 법익침해의 결과를 구체적으로 예견하는 것은 불가능하다.[12] 그럼에도 불구하고 기업활동에 의해 야기된 중대한 법익침해의 책임을 한 개인에게 모두 부담시킨다면 그것은 매우 불합리한 결론이 될 것이다.

그렇다고 이러한 기업활동에 의해 야기된 법익침해를 단순한 사고로 다루는 것은 기업범죄에 대한 엄격한 법적 대응을 요구하는 사회적 요청을 도외시한다는 결과를 초래하게 될 것이다. 물론 기업활동에 의해서 법익침해가 발생한 경우 그 모든 책임을 기업에게 부담시키고, 이에 관여한 종업원이나 대표이사 등의 개인책임을 부정하는 것은 바람직하지 않다.

그러나 기업범죄는 때로는 헤아릴 수 없는 큰 피해를 가져오는 경우가 있다. 이런 경우 일상 경제생활의 주체로서의 개인에 대한 형사책임만을 추구하는 것은 사회적 평가로 보았을 때 그 피해에 상응한 책임을 지우는 것이라고 할 수 없기에 그러한 불합리를 없애기 위해서는 기업 자체도 형사책임을 부담해야 한다.

둘째, 자연인의 처벌이 '불가능'한 경우가 있다. 기업범죄는 기업구성원인 자연인에 의해서 발생하고 그 피해 또한 자연인에게 미친다. 그러나 기업의 특성상 기업구성원이 아닌 기업의 관리시스템의 불비나 조직구조상의 결함 때문에 발생하는 경우도 있다.[13] 이러한 경우에 그 책임

---

11) 자세한 내용은 川崎友巳, 前揭書, 201頁 이하 참조.
12) 大谷 實, "企業犯罪と法人處罰", 刑法解釋論集 Ⅱ, 成文堂, 1991, 11頁 이하.

을 자연인에게 묻는 것은 불가능하다. 따라서 관리시스템의 불비나 조직구조상의 결함에 대해 형법상의 책임을 누구에게도 물을 수 없다고 한다면, 이는 결국 기업의 형사책임을 요구하는 사회적 요청에 부응하지 못하는 것으로서 이런 경우 특히 기업 자체의 형사책임을 인정해야 한다고 생각한다. 앞서 비교법적으로 살펴보았을 때, 최근 영국과 미국의 기업처벌의 동향 또한 기업범죄의 피해가 기업 내의 자연인의 행위에 직접 기인하는 경우 이외에도 관리시스템의 미비나 조직구조상의 결함을 원인으로 하는 경우에도 기업 자체에 형사책임을 묻고 있음을 확인할 수 있다.

위 두 가지의 경우와는 다른 측면에서도 기업 내 자연인 처벌의 어려움이 발생한다. 그것은 기업의 구조와 시스템 그 자체가 처벌가능성을 부적절하게 만드는 큰 요인으로 작용한다는 점이다. 기업은 자연인의 단순한 집합에 머무르지 않는 복잡성을 가지고 있다. 즉, 기업범죄는 기업구성원인 자연인을 통하여 행하여지고 있으므로 타인의 행위를 매개로 할 수밖에 없는 기업만의 고유한 행위형태를 따른다는 특성이 있다.[14] 또한 기업은 대부분 복잡한 분업적·계층적 조직을 가지고 있을 뿐만 아니라 업무담당자의 잦은 교체와 권한의 분산 등 자연인과 다른 구조적 특성을 가지고 있다. 따라서 개인의 의사보다는 조직 전체의 의사가 중시되고 있다. 또한 기업의 조직구조의 대규모화로 인해 기업활동으로 인한 사회적인 영향력, 그리고 기업범죄가 우리 사회에 미치는 피해의 중대성은 실로 막대하다. 이는 기업이 단순히 자연인의 집합

---

13) 藤木英雄, "法人に刑事責任がありうるか", 季刊現代經濟 第14号, 1974, 169 頁 이하.

14) 현대사회에서 기업의 구성원인 자연인은 자신의 직장, 즉 기업에 강력히 귀속되어 기업의 의사에 따라 범죄행위를 하게 된다. 또한 기업구성원으로서 행한 자신의 행위가 기업의 구조적 특성에 의해 범죄행위임을 인식하지 못한 경우도 있다. 그러나 범죄행위로 인식하였다고 하더라도 자신의 생존유지 및 일자리 상실의 두려움으로 인해 기업의 의사에 반한 행동을 하지 못하게 된다고 생각한다.

에 그치지 않는 매우 복잡한 구조를 지닌 사회적 실체이기 때문이다.[15] 이와 같은 기업의 중요한 특성을 무시하고 그 책임을 개개의 자연인에 게만 부담시키는 것은 기업범죄의 본질을 잘못 이해하고 있기에 나타나 는 현상이라고 볼 수밖에 없다. 기업의 이러한 특성, 즉 복잡성은 현대 사회에서 발생하는 기업조직에 의한 법익침해에 대해 자연인 개개의 능 력에 맞는 주의의무를 다하는 것만으로는 기업범죄에 발생하는 중대한 법익침해를 방지할 수 없으므로, 오히려 이런 경우 기업만이 개별 자연 인에게 환원할 수 없는 '시스템'이나 '조직구조'를 정비함으로써 이를 방지할 수 있다고 본다.[16] 따라서 기업의 범죄능력을 긍정하고 범죄주 체가 될 수 있음을 인정하는 이상, 자신의 활동 중에서 발생하는 법익 침해를 방지하기 위한 주의의무는 기업 자체에 과해져야 한다고 생각한 다. 그리고 그 내용은 기업의 능력에 따라서 '시스템'과 '조직구조'를 정비하는 것도 포함하여 설정되어야 한다.

　비교법적으로 볼 때 최근 영미뿐만 아니라 독일에서도 이러한 기업 과 자연인의 동질성을 강조하는 것만으로는 불충분하며, 자연인과는 본 질적으로 다른 기업만이 갖는 '시스템'과 '조직구조'라는 특징을 고려할 필요가 있다고 한다.[17] 따라서 기업 자체를 처벌하는 근거는 종래 기업 활동에 대한 형법상 규제의 필요성과 법적·사회적 실체로서의 기업의 본질뿐만 아니라, 기업범죄의 책임을 기업 내의 자연인에게는 환원할 수 없는 기업의 복잡성이라는 특징에서 찾아야 할 것이다.

---

15) G. R. Sullivan, Expressing Corporate Guilt, *Oxford Journal of Legal Studies Vol.15, No.2,* 1995/Summer, p.281.

16) 기업활동으로 인해 발생하는 법익침해를 예방할 수 있는 하나의 기준으로, 준법프 로그램이 좋은 예가 될 수 있다고 생각된다; 준법프로그램은 기업에서 일어날 수 있는 범죄를 방지하고, 그것이 범죄화되기 전에 위반행위를 감시하고, 감지하고, 보 고하는 프로그램이기 때문이다(이정숙, "효과적인 컴플라이언스프로그램의 구축 - 미국증권회사의 예를 기초로", BFL 제4호, 2004.3, 25 ~ 26면).

17) 川崎友巳, 前揭書, 203頁 이하 참조.

Ⅱ. 기업의 범죄능력과 기업처벌의 본질과 구조와의 관계

기업처벌의 본질과 구조에 관한 새로운 이해를 시작하기 전에 앞으로의 논의의 이해를 돕고자, 제4장에서 검토한 현행 기업처벌의 본질과 구조에 관한 내용을 다시 한 번 강조해 보고자 한다. 현행 기업처벌의 근거가 무엇인지와 관련하여 면책 없이 업무주와 행위자를 처벌하도록 하는 일반적인 기업처벌의 구조가 문제가 되고 있다. 이에 대해 학설은 무과실책임설과 과실책임설이 대립하고 있고, 대법원의 입장은 분명치 않지만[18] 헌법재판소는 과실책임을 명백히 하였다.[19] 현재 우리나라는 기업의 처벌근거에 대해 과실책임설이 다수설의 위치를 차지하고 있는 바, 과실책임과 기업의 범죄능력과의 관계가 어떤 관련이 있는지가 문제가 된다.

전술한 바와 같이 학설은 기업의 범죄능력을 부정하면서 무과실책임을 취하는 입장,[20] 기업의 범죄능력을 부정하면서 과실책임설을 따르는 입장,[21] 기업의 범죄능력을 긍정하면서 과실책임설을 취하는 입장[22]이

---

18) 대법원은 면책규정이 있는 양벌규정에 대하여 과실책임에 따른 것으로 보고 무과실 면책의 가능성을 인정하고 있다. 그러나 실제로 무과실면책을 인정한 사례는 발견되지 않는다. 또한 대법원은 면책을 위하여 추상적 감독책임만으로는 부족하고 구체적 감독책임까지 요구하고 있다. 따라서 판례의 입장에 내하여 실질적으로 무과실책임을 묻는 것과 같다는 비판이 가해진다.

19) 무과실책임 또는 과실의 추정은 그 자체로서뿐만 아니라 이를 통한 입증책임의 전환이 이루어질 경우 책임주의나 무죄추정원칙에 반하기 때문에 일반과실책임설을 따르는 것이 타당하다고 생각한다.

20) 이 견해에 따라 일반적으로 기업의 무과실책임을 인정하면 기업의 행위를 상정할 필요가 없기 때문에 기업의 범죄능력을 부정하는 것이 자연스럽다고 생각한다.

21) 이 견해는 기업의 대표자의 고의·과실행위(직접적인 고의·과실행위 또는 종업원의 범죄행위에 대한 선임감독과실)를 기업에 전가함으로써 기업의 책임을 인정하는 구조를 취하고 있다.

22) 이 견해는 기업의 과실책임을 인정하는 경우 이는 과실행위를 전제로 하는 것이고 그렇다면 기업의 행위를 긍정하여 기업의 범죄능력(행위능력, 책임능력)을 인정하는 것이 자연스럽다고 생각한다.

있다. 위의 학설에 대한 검토로서 신체와 의사를 갖지 않은 기업에게 어떻게 행위를 인정할 수 있는지가 문제가 되는 바, 기업의 범죄능력을 인정하는 입장에서 기업의 과실책임을 인정하는 경우, 과실행위가 전제되어 있기 때문에 기업의 대표자의 고의·과실행위를 기업의 행위와 '동일시함'으로써 기업의 행위를 인정할 수 있다고 생각한다. 또한 기업의 범죄능력을 부정하는 입장에서 기업의 과실책임을 인정한다면 기업의 대표자의 고의·과실 행위를 기업에 전가함으로써 기업의 범죄행위를 인정할 수 있다고 생각한다.

따라서 기업의 책임을 인정하는 데 있어서 범죄능력을 인정하고 과실책임을 취하거나, 범죄능력을 부정하고 과실책임을 취하더라도 기업의 책임을 인정하기 위해서는 필수적으로 기업의 고의·과실행위가 요건이 된다(과실책임설). 다만 차이는 어떠한 과정을 통하여, 즉 동일시 또는 전가하는 과정을 통해 기업의 책임을 인정할 것인지에 대한 이론적 차이가 있을 뿐, 기업처벌 여부에 대한 실제적인 차이가 없다고 생각한다. 결론적으로 과실책임설을 취하는 한 기업의 과실을 인정하여야 하고, 이는 기업의 (과실)행위를 긍정하는 것으로 기업의 범죄능력을 긍정하는 것이 자연스러운 것이라고 생각한다.[23]

Ⅲ. 기업처벌의 본질과 구조에 관한 새로운 시도

현행 기업처벌규정에 의해 신체와 의사를 갖지 않는 기업이 처벌되고 있다. 기업의 경우 자연인과 같은 의미의 신체와 의사를 인정할 수 없기에 이러한 기업이 어떠한 이론적 구조를 통하여 처벌되는지가 문제된다.

---

23) 김재봉, 앞의 논문, 7면.

즉, 기업의 처벌이 기업 내의 자연인의 위법행위에 종속 또는 독립되어 있는 것인지, 아니면 자연인의 위법행위를 전제로 하는 경우에 그러한 위법행위가 기업에 귀속되는 이론적 근거가 무엇인지를 밝히는 것은 기업처벌에 관한 해석론과 입법론 전개에 있어 매우 중요한 문제라고 할 수 있다. 따라서 이러한 문제에 대한 해명을 통해 기업처벌에 대한 이론적 구조를 명확히 함으로써, 기업처벌의 적정성을 도모할 수 있을 것이다.

현재 이러한 문제에 대한 해결책으로서 종속모델과 독립모델이라는 새로운 귀속이론이 대립하고 있다.[24] 이 두 귀속모델은 자연인의 위법행위에 의존할 것인지 여부에 따라 구분되고 있고, 어떠한 입장을 취하느냐에 따라 기업처벌의 이론적 구조뿐만 아니라 처벌의 범위 등에 있어 차이를 보이고 있다. 이하에서 새로운 귀속이론의 고찰을 통해, 현행 기업처벌규정의 문제점을 해결하고 기업처벌의 본질과 구조에 관한 새로운 이해를 시도하고자 한다.

1. 종속모델에 의한 책임귀속이론

(1) 종속모델에 의한 책임귀속

종속모델에 의하면 기업처벌은 기업에 소속된 구성원인 자연인의 위법행위를 전제로 하고 있다. 기업구성원인 자연인의 위법행위를 인정하고, 이를 기업의 위법행위와 '동일시'하여 기업이 처벌되는 구조를 취한다(동일시원리). 즉, 기업의 구성원인 자연인을 두뇌(대표자)에 해당하

---

24) 일본에서는 이에 상응하는 표현으로 '개인억지모델'과 '조직체억지모델'이라는 용어를 사용하고 있다(佐伯仁志, "法人處罰に關する一考察", 松尾浩也先生古稀祝賀論文集 上卷, 1998, 671頁).

는 자와 수족(종업원)에 해당하는 자로 나누어서, 타인의 지시를 받지 않고 독자적인 판단에 따라 행동하는 자(두뇌)의 행위를 기업행위로 보아 기업이 처벌되는 구조를 취하고 있는 것이다. 또한 이 이론은 기업과 동일시되는 자(두뇌)의 행위로 인하여 법익을 침해하는 경우, 그 행위는 곧바로 기업의 행위로 귀속되어 기업이 직접행위책임을 진다고 하고(행위책임), 수족(종업원)에 해당하는 기업구성원의 범죄행위가 있는 경우에는, 그것이 곧바로 기업의 행위로 귀속되는 것이 아니라 상급자(두뇌)의 감독의무위반이 있을 때만 그 행위가 기업의 행위로 귀속된다고 한다.[25]

종속모델은 기업의 행위와 동일시되는 기업의 구성원, 즉 자연인을 두뇌에 해당하는 자와 수족에 해당하는 자로 나누어서, 행위책임과 감독책임을 인정하는 특징을 가지고 있다. 전자의 경우, 기업이 책임을 지기 위하여 두뇌(대표자)에 해당하는 자의 범죄행위 하나만 있으면 족하고, 그 이외의 별도의 요건은 필요로 하지 않는다. 따라서 기업에게 면책의 여지가 없다. 반면에 후자의 경우, 즉 수족(종업원)에 해당하는 자의 경우는 범죄행위 이외에 감독과실행위가 요구되고, 수족에 해당하는 자의 범죄행위가 있더라도 감독과실 여부에 따라 면책의 여지가 있게 되는 차이점이 있다(감독책임).

비교법적으로 2006년 1월 1일부터 시행된 오스트리아 단체책임법(Verbandverantwortlichkeitgesetz)이 이러한 종속모델에 따른 단체처벌을

---

25) "법인은 자연인인 기관을 통해 의사를 결정하고 행위를 하기 때문에 기관의 단체적 의사와 이를 집행하는 구성원의 행위도 법인의 고유한 의사와 행위로 평가될 수 있다고 본다면, 이러한 방법이 전통적인 형법의 책임개념을 고수하면서 법인의 책임을 구성하는 데 가장 적합한 해결책인 것처럼 보인다"고 하면서도 책임이 어디까지나 개별화된 사회 윤리적 비난가능성의 판단인 점에서 "타인의 것으로 의제 내지 동일시될 수 있는 책임이란 존재하지 않는다"고 한다(김유근, "기업형벌과 형벌이론의 괴리", 비교형사법연구 제9권 제1호(통권 제16호), 한국비교형사법학회, 2007.7, 314면 이하).

규정하고 있다.[26] 즉, 동법 제3조에서는 행위책임과 감독책임을 나누어 규정하고 있다. 동 규정에 의하면, 우선 경영결정권자(Entschiedungstäger)의 범죄행위의 경우 경영결정권자 스스로 위법유책하게 실행하였다면 단체책임이 인정된다(행위책임).[27] 그리고 종업원(Mitarbeiter)의 범죄의 경우 ① 종업원이 법률상 범죄의 요건을 위법유책하게 실행하고, ② 경영결정권자가 이러한 종업원의 범죄와 방지를 위하여 필수적인 기술적, 조직적, 인적 조치를 해태하는 등 그에게 요구된 기대 가능한 주의의무를 이행하지 않음으로써, 종업원의 범죄실행이 가능하거나 현저히 용이하게 된 경우에 단체책임이 인정된다(감독책임).[28] 한편 이러한 단체책임과 경영결정권자 또는 종업원의 처벌은 상호 배척하지 않고 병존할 수 있도록 규정하고 있다(VbVG §3 Abs. 4).

또한 1992년 12월 23일에 제정되어, 1994년 3월 1일부터 시행되고 있는 프랑스 신형법상의 기업처벌도 종속모델에 따른 것으로 평가된다.[29] 프랑스 형법전에 규정된 기업처벌의 규정은 다음과 같은 특색이

---

26) 오스트리아는 특별법을 통해 단체에 대한 형사책임을 인정하고 있다. 이 법률은 단체형벌에 대한 형사제재를 위한 형법적 일반적 규정과 특별규정뿐만 아니라 소송법적 절차규정도 포함하고 있다. 이 법률 제3조에 따르면, 단체는 의사결정권자 또는 종업원의 범죄행위가 단체의 이익을 위하여 이루어진 경우에 또는 범죄행위에 의해 이 단체 자체에게 부과된 의무들이 위반된 경우 책임을 진다고 하고, 이러한 경우 단체에게는 일수로 계산되는 단체질서위반금(Verbandsgelfbusse), 조건부 내지 부분조건부 단체질서위반금의 유예, 지시 등을 부과할 수 있다고 한다(Rogal, Karlsruher Kommentar zum OWiG, 3 Aufl., 2006, S. 241).

27) 경영결정권자(Entschiedungstäger)에는 ① 업무집행사원, 이사, 지배인 또는 조직상·법률행위상 대표권에 의하여 단체를 대표할 권한이 있는 자, ② 감사기관 또는 경영기관의 구성원 기타 경영상 관리권을 수행하는 자, ③ 기타 단체의 업무수행에는 중요한 영향을 행사하는 자가 포함된다(VbVG §2 Abs. 1).

28) 종업원에는 ① 근로, 교육 기타 견습관계를 기초로 하거나, ② 요양법이 적용되거나 피용자에 유사한 관계를 기초로 하거나, ③ 파견근로자이거나, ④ 공무관계 기타 공법상 특별법률관계를 기초로 하여 단체를 위하여 근로를 수행하는 자가 포함된다(VbVG §2 Abs. 2).

29) 김재봉, 앞의 논문, 9면.

있다. ① 법인만을 처벌하고, 법인 아닌 단체는 처벌의 대상에서 제외하고 있으며, ② 국가는 처벌대상에서 제외되고, 지방자치단체는 일정한 경우에 한하여(위임협약 대상이 되는 공공서비스제공 사업) 처벌되며, ③ 모든 범죄가 처벌되는 것이 아니라 처벌되는 범죄를 각칙에서 개별적으로 규정하고 있고, ④ 법인 내 행위의 주체로서 종업원이 제외되고 '기관 또는 대표자'로 한정하고 있으며, ⑤ 법인처벌의 요건으로서 기관 또는 대표자가 '법인을 위하여' 행위할 것을 요구하고 있다.[30)]

(2) 종속모델에 따른 기업처벌의 성격 · 요건 및 한계

종속모델은 기업의 책임에 대해서 기업의 행위와 동일시되는 기업의 구성원을 두뇌에 해당하는 자와 수족에 해당하는 자로 나누어서 인정하고 있다. 따라서 종속모델에 따를 때 기업이 부담하는 책임의 성격이 무엇인지, 즉 행위책임인지 감독책임인지를 규명해야 한다. 또한 이를 바탕으로 기업책임의 범위와 요건을 확정해야 한다.

1) 기업책임의 성격
종속모델에 따를 때 기업이 부담하는 책임이 행위책임인지 감독책임인지에 대하여 논란이 있고, 다양한 견해들이 제시되고 있다. 첫째, 행위책임 또는 감독책임만을 인정하는 일원설, 둘째, 행위책임과 감독책임 모두를 인정하는 이원설이 주장되고 있다. 현재 우리나라의 경우 양벌규정에 의한 기업처벌에 대하여 감독책임 일원설과 감독책임 · 행위책임 이원설이 주장되고 있다. 감독책임 일원설에 의하면, 기업은 종업원의 위험발생과 결과발생의 원인을 방지하여야 할 보증인 지위에 있으므로, 종업원을 관리 · 감독하여야 할 작위의무를 위반한 부작위감독책

---

30) 법무부, 앞의 책, 18~19면.

임을 진다고 한다.[31] 반면 (부작위)감독책임·행위책임 이원설은 기업의 기관 또는 고위관리자의 불법행위는 기업 자신의 실행행위로 보아 기업의 행위책임을 인정하고, 종업원의 불법행위에 대하여는 관리감독상의 부작위책임을 인정한다.[32]

일본의 경우에도 우리나라와 마찬가지로 이원설과 일원설이 주장된다고 한다.[33] 기업책임의 성격을 일원설로 이해한다면, 고위관리자뿐만 아니라 말단 종업원의 행위라 하더라도, 그것이 기업의 업무를 분담하는 것으로 객관적으로 업무관련성이 인정됨으로써 기업조직체 활동의 일환으로 평가되는 이상, 기업체의 행위로 취급되어 기업은 행위책임을 부담하게 된다고 한다.[34]

생각건대 기업책임의 성격에 있어 기업구성원 중 두뇌에 해당하는 자, 즉 고위관리자와 수족에 해당하는 자인 종업원을 구분하여 전자의 경우에는 기업의 행위책임을 인정하고, 후자의 경우에는 기업의 감독책임을 인정하는 것이 타당하다고 생각한다.[35] 왜냐하면 기업의 대표자

---

31) 김성돈, 앞의 책, 153면; 정성근·박광민, 앞의 책, 90면; 임웅, 앞의 책, 83면; 부작위 책임설은 과실에 의한 감독위반뿐만 아니라 종업원의 위반행위를 원했거나 또는 알고도 제지하지 않은 경우에는 고의에 의한 감독책임위반을 인정할 수 있기 때문에, 물론해석에 의해 고의에 의한 감독책임을 긍정하는 과실책임설보다 타당하다고 한다(이주희, 앞의 논문, 269면); 그러나 과실책임설은 기업의 책임을 묻기 위해서는 최소한 과실이 인정되어야 한다는 의미로 이해해야 하고, 그렇다면 양사는 고의책임과 과실책임의 인정 여부에 있어서는 차이가 없다고 할 수 있다(오영근, 앞의 책, 148면).

32) 김일수·서보학, 앞의 책, 142면; 박기석, 박사학위논문, 95면; 김종덕, "기업환경범죄에 관한 연구", 계명대학교 박사학위논문, 1995, 84면 이하; 김성규, "법인처벌의 법리와 규정형식", 법조(vol.578), 법조협회, 2004.11, 129면.

33) 일본에서는 주로 이원설을 취한다고 한다(松原久利, "法人の刑事責任:自然人を媒介としたアプローチ (<特集>法人處罰論の今日的視点)", 刑法雜誌 第41卷 第1号, 日本刑事法學會, 2001, 41~42頁).

34) 板倉 宏, 現代社會と新しい刑法理論, 1980, 44頁 이하.

35) 김재봉, 앞의 논문, 12면; 조병선, "법인의 형사책임", 법학논집 제19집, 청주대학교 법학연구소, 1992, 31면; 김성규, "양벌규정의 개정에 따른 법인처벌의 법리적"(이하 앞의 논문이라고 표기함), 외법논집, 제35권 제1호, 한국외국어대학교 법학연구

등 두뇌에 해당하는 고위관리자의 경우, 타인의 감독을 받지 않거나 감독을 받더라도 형식적인 것에 그치고 실질적으로도 기업의 최종적인 혹은 사실상의 의사결정과 그 실행이 자기의 주도하에 기업을 대신하여 행위를 하는 것이므로 그 행위를 곧바로 기업의 행위로 인정하는 것이 타당하기 때문이다.

반면에 수족에 해당하는 하위 종업원의 행위를 곧바로 기업의 행위로 인정하기는 곤란하다. 왜냐하면 하위종업원은 상급자의 실질적 감독하에 행위를 하고 있기 때문에 그 행위를 곧바로 기업의 행위로 귀속시킬 경우 처벌범위가 무제한으로 확장될 우려가 있어 형법의 보장적 기능을 해칠 수 있기 때문이다.[36] 따라서 종속모델에 의할 때 기업이 부담하는 책임에 고위관리자의 행위책임과 하위종업원의 감독책임이 병존하는 것으로 파악하는 것이 타당하다고 생각한다.[37]

2) 행위책임과 감독책임의 범위·요건

가. 행위책임의 범위와 요건

종속모델에서 기업의 책임을 행위책임과 감독책임 이원설에 따를 때, 어떠한 경우에 기업이 각각 행위책임과 감독책임을 지는지를 규명해야 한다. 즉, 행위책임과 관련하여 기업의 구성원 중 누구(행위주체)의 어떠한 행위를 기업의 행위로 볼 것인지와 감독책임과 관련하여서는 기업과 동일시되는 구성원 이외의 종업원의 범죄행위 내지 법위반행위가 있고, 이에 대한 상급감독자의 감독의무가 해태된 경우에 기업의 감독책임의 내용이나 요건이 무엇인지를 규명해야 하는 것이다.

소, 2011.2, 160면.

36) Ehrhardt, Unternehmensdelinquenz und Unternehmensstraf, 1994, S. 223f.

37) 김재봉, 앞의 논문, 12면.

행위책임의 경우 전술한 바와 같이, 일정한 기업이 위법행위를 하면 이는 곧바로 기업의 행위로 간주되어 기업이 책임을 지는 구조를 취하고 있어, 어떠한 구성원의 행위가 기업의 행위로 간주될 것인지가 주된 관심사가 될 것이다. 이에 대하여 기업의 대표자로 한정하는 견해,[38] 기업의 기관 또는 구성원으로 보는 견해,[39] 반드시 외부적으로 대표권을 갖는 기관의 행위일 필요는 없고, 기업의 경영에 책임 있는 자로서 업무수행에 대한 지배관리 또는 전반적 통제권이 부여된 자의 불법행위가 있으면 족하다는 실질적 기업의 지배관리권(Leitungsebene)이 있는 자로 보는 견해[40] 등이 있다.

비교법적으로 살펴보면 실제로 동일시이론을 채용하고 있는 미국의 경우, 법인의 대표자로 보는 것이 상당하다고 하는 정도의 중요한 직무권한을 가진 이사(director), 임원(officer), 사용인(servant), 종업원(employee)

---

38) 金澤文雄, 刑法の基本概念の再檢討, 1991, 25頁 이하; 川崎友巳, 前揭書, 207
～208頁.

39) Ehrhardt, 앞의 논문, S. 217f, 239f; 大谷 實, 앞의 책, 5頁 이하; 中森喜彦, "法人の刑事責任", Law School 第51号, 1982, 37頁; 우리 헌법재판소도 이러한 지위에 있는 자가 법인의 업무에 관하여 한 범법행위에 대하여 법인에게 형사책임을 귀속시키더라도 책임주의에 반하지 않는다고 한다(헌법재판소 2009.7.30, 선고 2008헌가18 결정의 별개의견).

40) 김재봉, 앞의 논문, 12면 이하; Hirsch, 앞의 논문, 308 ff, 飯田英男, "法人處罰に關する立法上の問題點", ジュリスト 第672号, 1978, 83頁; 藤永孝治, "法人處罰に關する立法上の問題點", 刑法雜誌 第23卷 第1・2号, 日本刑事法學會, 1979, 134頁; 田口守一, "ドイツにおける企業犯罪と秩序違反法", 企業活動と刑事規制の國際動向, 信山社, 2008, 164～165頁 참조; 또한 기업의 구성원의 위법행위에 대하여 법인의 책임을 인정하는 독일질서위반법 제30조에서도 "법인의 대표기관 또는 그 구성원, 권리능력 없는 사단의 이사회 또는 그 구성원, 권리능력 있는 인적 회사의 대표사원, 법인 또는 인적단체의 포괄대리인, 지배인 또는 대리인, 기타 법인이나 인적단체인 사업체 또는 기업의 경영에 책임 있는 자로서 업무수행에 대한 감독 또는 전반적 통제권이 부여된 자가 범죄행위 또는 질서위반행위를 하고 이를 통하여 법인 또는 인적단체의 의무를 위반하거나 법인 또는 인적단체가 이익을 얻거나 얻게 될 것이 분명한 경우 법인이나 인적단체에 질서위반금을 부과한다"고 규정하고 있다. 이 규정 또한 법인의 대표자로 보는 것이 상당한 자, 즉 기업의 행위로 간주되는 자를 실질적으로 파악하고 있는 것으로 보인다.

의 행위를 기업의 행위로 동일시하고 있다.[41] 이는 '실질적'으로 상급 관리자의 행위를 기업 자신의 행위로 동일시할 수 있는 경우가 있을 수 있다고 보는 것을 전제로 법인의 경영방침이나 주요의사를 결정하거나 그 법인의 전체 업무를 관리·감독할 수 있는 지위에 있는 기관이나 종업원 혹은 그와 같은 지위에 있는 자로부터 전권을 위임받은 대리인이 그의 권한 범위 내에서 한 행위는 기업의 행위로 파악한다.[42]

생각건대 형식적으로 기업의 대표자 또는 중추기관이 아니어도, 각각의 권한으로 행해지는 행위는 기업활동의 일환으로 볼 수 있다고 생각한다. 또한 우리나라의 기업지배구조[43]가 소유와 경영이 분리되어 있지 않은 기업이 대부분이기 때문에 비록 기업의 경영행위가 대표자, 즉 전문경영인에 의해서 이루어지고 있다고 하더라도, 외부적으로는 기업의 행위로 동일시되는 지위에 있지 않은- 예를 들어 대표이사 등 책임을 부담할 법적 지위에 있지 않은 자- 대기업 총수 등 기업의 실질적인 의사결정권자에 의해서 기업의 위법행위가 이루어지는 경우가 대부분이기 때문에 대표자뿐만 아니라 기업의 실질적 지배관리권을 가진 자도 기업의 행위로 동일시되는 자로 보는 것이 타당하다고 생각한다.[44] 기

---

41) Model Penal Code 제2.07조 (1)(c) 및 (4)(b)(c).

42) 이처럼 경영책임 있는 기관이 직접 행한 경우뿐만 아니라 그 기관의 직간접적인 지시·명령·양해·승인 기타 기관의 의사에 기초하여 이루어진 것이라면 중간관리자나 말단종업원이 직접 범죄행위를 실행한 경우에도 법인의 행위책임을 인정하는 것이 타당하다는 견해도 있다(김종덕, 박사학위논문, 228면); 이러한 경우에 우리 헌법재판소도 이러한 지위에 있는 자가 법인의 업무에 관하여 한 범법행위에 대하여 법인에게 형사책임을 귀속시키더라도 책임주의에 반하지 않는다고 한다(헌법재판소 2009.7.30. 선고 2008헌가18 결정의 별개의견); 그러나 그러한 경우의 대부분은 보다 상위의 대표자로부터 명시 또는 묵시의 지시나 위임이 있는 경우라고 생각되고, 이 경우 공모공동정범의 법리나 간접정범의 법리에 의하여 대표자의 행위로서 파악하는 것이 충분히 가능하다고 판단하며, 다만 이러한 대표자의 지시나 위임이 아니라 상급관리자가 자신의 공적에 급급하여 범죄행위에 관여한 경우에까지 상급관리자를 법인과 동일시하여 법인의 행위책임을 묻는 것은 타당하지 않다고 한다(川崎友巳, 前揭書, 207~208頁).

43) 유병규, 기업지배구조와 기업범죄, 한국형사정책연구원, 2004.12, 44면.

업과 동일시되는 자를 기업의 실질적 지배관리권을 가진 자로 본다면, 기업과 동일시되는 자의 어떠한 행위 및 의사를 기업의 행위로 볼 것인 지도 규명되어야 한다.

생각건대 대표자(기업의 실질적 지배권자 포함)의 명시적인 권한의 범위 내에서 행해지는 활동이 기업의 행위에 포함되는 것은 당연하다. 다만 기업의 활동범위가 반드시 정관에 의하여 엄격하게 한정되어 있는 것이 아니라, 다양한 영역까지 영향을 미치고 있어 기업활동의 방향성 을 결정하는 의사결정에 관하여 대표자에게 부여된 재량권은 형식적인 범위에 그치지 않고 광범위하게 미친다고 이해하는 것이 현실에 부합하 는 판단이라고 생각한다. 왜냐하면 유기적인 조직체로서 기업은 그 존 재목적이 다름 아닌 이윤추구이기 때문에 그 목적 달성을 위한 기업의 활동범위나 그 영역의 한계설정이 거의 불가능한 특징을 가지고 있다. 따라서 기업활동의 방향성을 결정하는 의사결정에 있어서도 대표자의 권한 범위를 형식적인 범위에 한정하는 것은 현대기업 사회문화를 제대 로 이해하지 못한 것으로 현실에 부적합한 판단이라고 생각된다. 때문 에 대표자의 권한이 부여된 재량의 형식적인 범위에 그치지 않고, 광범 위하게 미친다고 이해하는 것이 옳다고 생각한다.

그 외에 명시적인 권한범위 밖의 행위를 기업의 행위로 포함시킬 수 있는 경우가 존재할 수 있다고 생각한다. 예컨대 대표자 또는 기업의 실질적 지배권자의 행위가 권한으로서 명시적으로 인정된 범위 내의 행 위가 아니라 하더라도, 그 행위가 기업의 업무집행과 관련된 업무상의

---

44) 대법원 2011.3.24, 선고 2010도14817 판결에서 "법인은 기관을 통하여 행위하므로 법인의 대표자의 행위로 인한 법률효과는 법인에게 귀속되어야 하고, 법인 대표자 의 범죄행위에 대하여는 법인 자신이 책임을 져야 하는 바, 법인 대표자의 법규위 반행위에 대한 법인의 책임은 법인 자신의 법규위반행위로 평가될 수 있는 행위에 대한 법인의 직접책임으로서 대표자의 고의에 의한 위반행위에 대하여는 법인 자신 의 고의에 의한 책임을, 대표자의 과실에 의한 위반행위에 대하여는 법인 자신의 과실에 의한 책임을 지는 것"이라고 판시하고 있다.

행위로 이루어진 경우라면 이는 기업행위라고 보아야 한다고 생각한다. 즉, 이러한 지위에 있는 자의 행위가 업무관련성을 가지는 한, 기업의 의사를 직접 실현하는 것이기 때문에 업무관련성이 객관적으로 인정된다면 기업의 행위로 보아야 할 것이다. 다만 어디까지가 권한과 관련성이 있는 행위인가에 대한 구체적인 판단은 개개의 사안에 따라 실질적으로 판단되어야 한다고 생각한다.[45] 더 나아가 기업과 동일시되는 자가 업무와 관련된 행위를 하더라도, 당해 기업의 정책에 반하거나, 기업이 아닌 자기나 제3자의 이익만을 도모하거나, 기업을 해할 것을 계획하거나, 기업을 은폐삼아 자기의 권한에 관련한 범죄를 실행한 경우에는 법인의 의사를 실현한 것이라고 할 수 없다.[46] 즉, 기업의 행위로 동일시되기 위해서는 대표자(실질적 지배권자)의 행위가 업무관련성뿐만 아니라 기업의 이익을 위한다는 의사까지 충족해야 비로소 기업의 행위책임이 인정될 수 있다고 생각한다.[47]

비교법적으로 보더라도 기업의 행위 및 의사가 무엇인지, 즉 기업의 책임을 규명하기 위해 영국의 경우에는 기업의 행위와 동일시하려는 목적에서 '직무의 범위 내'라는 요건을 요구하고 있으며, 미국의 경우에도 법인에게 대위책임을 인정하기 위한 요건으로서 '법인에게 이익을 가져다주기 위함'을 요구하고 있다.[48]

---

45) 川崎友巳, 前揭書, 208頁.

46) 극단적인 예로 자신이 대표를 맡고 있는 기업에 대한 횡령이나 배임에 관하여 기업의 형사책임을 배제하는 것이 기업처벌의 적정성을 도모하는 것이라고 한다(川崎友巳, 前揭書, 209頁).

47) 김재봉, 앞의 논문, 13면.

48) Model Penal Code Section 2.07(1)(a): …… 행위가 법인의 대리인에 의하여 법인을 위해 직무의 범위 또는 고용계약의 범위 내에서 행해진 때…… 법인은 실행한 범죄에 관해 기소될 수 있다.

나. 감독책임의 본질(내용)과 요건

감독책임은 기업과 동일시되는 구성원 이외의 종업원이 범죄행위 내지 법위반행위를 하고, 이에 대한 상위감독자의 감독의무가 해태된 경우에 성립하는 것으로 여기서는 감독책임의 본질(내용)이나 요건이 무엇인지가 문제된다. 대표자 이외의 '종업원'이 기관의 지시 등에 의해서 업무를 행할 때에는 일반적으로 법인의 의사에 기하여 위반행위가 이루어진다고 봐도 무방하지만, 이들이(종업원) 전적으로 자기의 이익을 도모하기 위해 위반행위를 행한 때에는 기업의 행위라고 할 수는 없다. 다만 이런 경우에도 기업에게는 여전히 감독의무가 있다고 볼 수 있다.

이때 기업의 감독책임의 내용이 무엇인가에 대해 감독책임의 성질을 항상 과실범이라고 하는 견해,[49] 종업원의 위반행위를 중추기관이 알면서 방치한 경우에는 이론적으로 고의부작위범, 간접정범, 방조범의 경우도 있을 수 있다는 견해,[50] 기업은 조직체로서 기업의 의사에 좇아서 적정한 사업활동이 행해지기 위한 감독체계를 가지고 그것에 의해 종업원의 위반행위를 방지하는 것이 가능하기 때문에 고의인지 과실인지는 중요하지 않으며, 통상의 고의범이나 과실범과는 다른 기업 특유의 책임이라고 하는 견해[51] 등이 있다.

생각건대 기업에 있어서의 상위감독자는 하위종업원의 불법행위를 방지하여야 할 보증인직 지위에 서게 되고, 적절한 감독을 통한 불법행위 방지의무를 해태한 경우 책임을 지게 되는 부작위범으로 파악할 수 있으며,[52] 이러한 감독자의 감독의무위반은 기업에게 귀속됨으로써 기

---

49) 김성규, 앞의 논문, 162면; 宇津呂英雄, "法人處罰のあり方", 石原一彦他編, 現代刑法大系 1, 1984, 213頁.

50) 이 경우 법인의 행위책임에 포함된다고 하는 견해가 있다(西田典之, "団体と刑事罰", 岩波講座・基本法學 2-団体, 1983, 280면); 그리고 감독부주의의 가장 극단적인 경우라는 견해가 있다(宇津呂英雄, 앞의 논문, 214頁).

51) 大谷 實, 앞의 책, 394~395頁.

52) 조병선, "형법상 감독책임에 관한 비교 판례적 고찰", 손해목박사화갑기념논문집,

업이 감독책임을 진다고 할 수 있다. 즉, 기업과 동일시되는 자의 관리감독과실로부터 도출되는 기업의 관리감독과실이 동일시원리에 의한 기업의 행위책임의 일환, 즉 감독책임으로서 긍정되는 것으로 보면 된다.[53] 또한 기업의 감독책임이 인정되기 위해서는 행위책임의 경우와 마찬가지로, 종업원의 업무관련행위에 대해 상급관리자의 감독의무위반과 종업원의 불법행위 사이에 일정한 연관성, 즉 인과관계가 있어야 한다. 이는 종업원의 불법행위 당시 감독자가 적절한 감독조치를 - 지시·명령·용인[54] 등의 - 취했더라면 종업원의 위반행위를 방지할 가능성이 있었던 경우로서, 일정한 연관성이 인정되기 때문이다. 나아가 부작위범에서 어느 정도의 결과방지 가능성이 있어야 인과관계를 인정할 수 있는지에 대하여 고도의 개연성이 요구된다는 견해와 단순한 가능성만 있어도 족하다는 견해가 대립한다.

생각건대 고도의 개연성을 요구하는 견해에 따라 감독책임을 인정할 경우 그 인정범위가 축소되고 입증의 곤란도 있기 때문에 단순한 가능성만 있어도 족하다는 견해에 따라 상위감독자의 감독의무 해태의 인과관계를 판단하는 것이 타당하다고 생각한다.[55] 이처럼 보증인지위에 있

1993, 374면 이하; 이주희, 양벌규정과 개선입법에 관한 고찰, 106면; 독일질서위반법 제130조에서는 감독의무위반에 따른 기업소유자 등의 책임을 규정하고 있는데, 이때 기업소유자 등의 책임을 부작위책임으로 파악하고 있다.

53) 대표자의 감독부주의는 일반적으로 법인 자체의 위반행위방지대책의 불비 내지 흠결에 근거한다고 해도 좋기 때문에 법인 대표자 등의 감독부주의는 특별한 사정이 없는 한 법인의 의사에 기한 행위를 해야 할 것이다. 따라서 대표자의 감독과실로부터 도출되는 법인의 관리감독과실은 동일시원리에 의한 기업의 (감독)행위책임의 내용으로 긍정되어야 할 것이다(川崎友巳, 前揭書, 206頁).

54) 법인의 대표자 이외의 종업원의 행위는 대표자를 매개로 하여서만 법인의 의사를 실현하는 것이기 때문에 객관적으로 업무 관련성을 가지는 것에 더하여, 그 행위가 중추기관 등의 지시, 명령, 용인에 의해서 행해져야 한다(松原久利, 앞의 논문, 41~42頁).

55) 독일질서위반법 제130조에서는 감독조치를 통한 종업원의 위반행위가 발생하지 않도록 필요한 조치를 취할 의무를 부과하고 있으며 이에 위반한 경우 기업에게 감독책임을 인정하고 있다.

는 감독자가 감독조치를 통하여 종업원의 불법행위를 방지할 가능성이 있음에도 감독조치를 해태, 즉 부작위한 경우 기업은 감독책임을 지게 된다.[56]

3) 종속모델의 한계와 문제점

종속모델은 기업에 소속된 개인의 위법행위를 전제로 하여 기업의 책임을 인정하고 있다. 이에 기업의 주관적 요소인 고의, 과실을 인정할 수 있는 가능성 자체는 확보되었다. 그러나 기업중심형 시장경제의 발전과 함께 기업조직이 거대화, 복잡화됨에 따라 기업범죄로 야기되는 피해가 심각하다는 점이 지적되고, 그러한 심각한 기업범죄에 대한 대응으로 종속모델은 일정한 한계가 있다는 비판이 가해진다. 그 한계는 다음과 같다.

첫째, 다수의 자연인이 관여하여 전체로서 일정한 성과를 거두고 있는 기업의 활동 중, 법인과 동일시 가능한 지위의 사람이 관여하고 있지 않은 경우, 둘째, 법인과 동일시 가능한 지위의 사람이 관여했지만 실제 그 행위자를 특정할 수 없는 경우, 셋째, 법인과 동일시 가능한 자의 개인적 능력으로는 모든 말단의 종업원이 위법행위를 행하고 있는지 여부를 구체적으로 관리 감독하는 것이 불가능한 경우, 넷째, 기업 내부의 개개인에는 환원할 수 없는 '시스템'이나 '조직구조'의 결함 그 자체가 중대한 법익침해로 이어지는 경우 등이다. 이러한 경우에는 자연인을 매개로 한 종속모델의 방법으로는 기업의 행위책임을 인정할 수 없다는 문제가 발생된다.[57]

---

56) 김재봉, 앞의 논문, 13면.
57) 川崎友巳, 前揭書, 211頁 참조.

2. 독립모델에 의한 책임귀속이론

독립모델에 의하면 개인의 위법행위는 반드시 필요하지 않고, 기업 자체의 조직구조상의 결함과 독자적인 책임을 기업처벌의 요건으로 한다. 그러므로 여기서는 '위험관리상의 결함' 또는 '기업에 전형적인 위험의 실현'이 중요시된다.[58]

한편 독립모델은 앞서 전술한 종속모델의 한계와 문제점을 인식하고, 이를 극복하기 위한 취지에서 주장된 이론으로 종속모델과 달리 기업 내 개인의 위법행위의 확정을 요건으로 하지 않고, 기업시스템상의 과실을 기업의 처벌의 요건으로 삼는다. 즉, 인적·조직적 측면에서 법령준수를 위한 내부통제시스템을 정비하고, 이를 적정하게 운용하는 것을 기업의 법적 의무로 부과하면서, 이러한 의무를 해태하여 기업구성원의 행위로 법익침해가 발생하면 기업의 관리감독과실책임을 물을 수 있다고 한다.[59]

비교법적으로 볼 때,[60] 2003년 10월 1일부터 시행된 개정 스위스 형법 제102조 제1항과 제2항의 규정이 독립모델을 토대로 한 것임을 확인할 수 있다. 즉, 스위스 형법 제102조 제1항에서는 기업 내에서 영업활동을 수행함에 있어서 기업의 목적범위 내에서 중죄 또는 경죄가 범해지고, 그리고 이 행위가 결함 있는 기업조직으로 인하여 특정한 자연인에게 귀속될 수 없는 경우, 이 중죄 또는 경죄는 기업에 귀속되도록 하고 있다. 같은 조 제2항에서는 일정한 범죄에 있어서 기업이 이들 범

---

58) Heine, 앞의 논문, S. 253 ff; 이주희, 스위스 형법상의 기업책임, 9면.

59) 川崎友巳, 前揭書, 211頁 이하.

60) 미국에서도 위반행위자를 특정할 수 없는 경우 기업에 대한 형사책임을 물을 수 없는 불합리한 경우가 있기 때문에 이러한 경우에도 법인의 처벌을 가능하게 하기 위한 이론, 즉 기업의 대응이론(reactive corporate fault)이 제기되고 있다고 한다. 이 이론은 법인과 행위자인 자연인의 어느 쪽이든지 소추 또는 처벌되지 않더라도 다른 일방의 소추 또는 처벌에 대한 장애가 되지 않는 것으로 해석되고 있다고 한다 (이천현, 앞의 논문, 60면).

죄를 방지하기 위하여 필요하고도 기대가능한 모든 조직상의 예방조치를 취하지 아니하여 기업에 대한 비난이 가능한 때에는 자연인의 가벌성과는 별도로 기업을 처벌할 수 있도록 규정하고 있다.[61] 전자의 경우 자연인 처벌이 불가능한 경우 기업을 보충적으로 처벌하도록 하고 있고(보충적 기업책임: susidiäre Unternehmenshaftung), 후자의 경우는 자연인 처벌과는 관계없이 기업을 처벌할 수 있도록 함으로써 자연인처벌과 기업처벌이 병존할 수 있도록 규정하고 있다(경합적 기업책임: konkurrierende Unternehmenshaftung).[62]

스위스 형법 제102조 제1항의 규정이 자연인의 범죄행위에 대한 기업의 관련성은 고려하지 않고, 기업의 조직 결함 그 자체를 근거로 하여 기업을 처벌한다는 점에서 독립모델에 근거한 처벌규정으로 이해할 수 있다. 또한 스위스 형법 제102조 제2항에 의한 기업책임은 종속모델에 따른 기업처벌규정으로 이해할 수 있기 때문에 스위스 형법상 기업책임은 전체적으로 독립모델과 종속모델이 병존하는 결합모델에 따른 것으로 볼 수 있다.[63]

특히 스위스 형법 제102조 제1항의 규정이 가지는 의미는 기업의 복잡한 조직구조와 전통적인 개인주의 형법이론의 한계로 인하여, 기업 내에서 행위자를 특정할 수 없거나 알 수 없는 경우, 즉 소위 말하는 조직화된 무책임의 문제를 입법적으로 해결함으로써 비로소 의미를 갖게 된다.[64]

---

61) 스위스 형법상의 범죄조직(제260조의3), 테러(제260조의4), 돈세탁(제305조의2), 부정부패(제322조의3, 제322조의4, 제322조의7 제1항)에 관한 범죄 또는 부정경쟁방지법 4a조 제1항의 a문의 범죄가 이에 해당한다(김유근, 앞의 책(번역총서 6), 68~69면); 스위스 입법과정에 대한 상세한 설명으로는 이주희, 스위스 형법상의 기업책임, 1~5면 이하 참조.

62) Matthias Forster, Die Strafrechtliche Verantwortlichkeit des Unternehmens nach Art. 102 StGB, 2006, S. 74 ff.

63) 김재봉, 앞의 논문, 10면(각주 35).

(1) 독립모델에 따른 기업처벌과 그 요건

현대사회에서 기업이 대규모화되고 점점 더 분권화, 계층화되면서 업무처리 과정에 수많은 기업구성원이 관여하는 상황들이 존재하게 된다. 이때 업무처리에 관여한 기업구성원 각자가 자신의 행위가 초래하는 결과를 인식 또는 예견하는 것이 불가능한 경우가 많아지고 있다. 그러한 상황에서 기업구성원이 업무처리 과정에서 행한 행위가 법익침해의 결과를 발생시켰을 때, 각 개인에게 그 책임을 귀속할 수 없게 된다. 또한 대규모화된 기업에서 수많은 종업원의 위반행위방지를 위한 상위감독자의 관리감독에는 한계가 있을 수 있다. 이러한 경우를 방지하기 위하여 사전에 기업의 조직이나 시스템을 정비하고 적정하게 운용할 필요가 있고, 이를 소홀히 하여 기업 내에서 범죄행위가 발생한 경우 기업의 책임을 묻는 것이 오늘날 기업사회의 현실 및 상황에 부합하는 것이라고 생각한다.

독립모델은 위와 같은 상황에서 기업의 의한 범죄가 발생했을 때 기업을 처벌하지 못하는 종속모델의 한계를 보충하여, 기업책임의 적정성을 확보할 수 있는 장점을 가지고 있다. 독립모델은 종속모델과는 달리, 기업 내 개인의 위법행위의 확정을 기업처벌의 요건으로 하지 않고, 기업시스템상의 과실을 그 요건으로 하고 있기 때문이다. 그러나 독립모델은 기업을 처벌하기 위해 기업시스템상의 과실을 요건으로 요구함으로써 범죄방지를 위한 조직이나 시스템의 구비를 어느 정도로 요구할 것인가가 문제된다.

이러한 문제에 있어 기업의 입장에서는 기업시스템상의 과실의 내용뿐만 아니라 그 구체적 기준이 제공되기를 바라게 될 것이다. 왜냐하면 구체적인 기준이 제공되어야 기업으로서도 안심하고 경제활동을 영위할

---

64) 김재윤, 유럽국가의 입법동향, 282면.

수 있기 때문이다.

비교법적 고찰을 통해 살펴본 바와 같이 기업시스템상의 과실의 내용과 그 구체적 기준으로 미국에서 일반화된 준법프로그램(compliance program)을 고려해 볼 수 있다. 준법프로그램은 기업의 법령준수를 위한 내부통제시스템을 말한다. 즉, 기업 측에 의하여 자주적으로 실시되는 법을 준수하기 위한 체계적인 조직활동을 의미한다. 미국에서는 판례나 제정법이 준법프로그램을 고려하여 법적 효과를 인정하고 있으므로, 단순한 이론에 그치지 않고 실천적인 의의를 갖추고 있어 준법프로그램의 기업에의 도입이 급속히 진행되고 있다고 한다.

그 예로 미국연방양형지침서(USSG: United States Sentencing Manual)에서는 기업이 준법·윤리경영프로그램을 실시한 경우 벌금형의 감경사유로 인정하는 외에 기업보호관찰의 준수사항으로 부과할 수 있도록 하고 있다. 향후 우리의 경우에 있어서도 형사법상의 준법프로그램 도입의 필요성에 관한 논의의 필요성과 기업의 면책요건, 즉 감독의무의 내용으로 충분한 구체적 상당성을 가지고 있다고 보인다.[65] 따라서 준법프로그램의 내용이 보다 구체화되고 그 기준이 보다 명백하게 될 경우 면책요건으로서 고려될 여지는 얼마든지 있다고 생각한다.[66]

3. 현행 기업처벌규성상의 모델형태와 결합모델의 타당성 검토

주지하다시피 현행 기업처벌규정인 양벌규정은 특정행위자의 위법행

---

65) 이에 관하여 제3절 기업처벌의 본질과 구조의 명확화와 준법프로그램에서 자세히 검토하기로 한다.

66) 김재봉, 앞의 논문, 14면; 이진국, "기업범죄의 예방수단으로서의 준법감시제도의 형법적 함의", 형사정책연구 제21권 제1호, 한국형사정책연구원, 2010, 83면; 이정민, "기업범죄 억제를 위한 제안으로서 컴플라이언스프로그램", 법학논집 제34권 제1호, 2010, 371면.

위를 전제로 하여 기업을 처벌하는 구조를 취하고 있다. 따라서 현행 기업처벌규정은 종속모델에 충실한 규정형태라고 할 수 있다. 그러므로 현행 기업처벌규정은 독립모델에 따른 기업 고유의 과실책임이 문제될 수는 없다. 다만 종업원의 위법행위에 대한 감독책임을 상위관리자의 주의의무에서 구하지 않고, 기업 자체의 주의의무, 즉 기업의 고유한 과실책임으로 파악하는 경우에는 양벌규정의 해석론으로서도 독립모델을 받아들일 여지는 있다고 하는 견해가 있다.[67] 그러나 대표자 기타 상위관리자의 감독책임을 인정하면 족하고, 굳이 기업 고유의 과실책임에 의지할 필요가 없다는 점에서 비판이 가해진다.

생각건대 현행 기업처벌과의 조화 및 바람직한 기업처벌의 모델은 종속모델과 독립모델을 결합한 결합모델이 타당하다고 생각한다. 앞서 고찰한 바와 같이 기업처벌과 관련하여, 두 모델은 나름대로 상호보완적임을 확인할 수 있었다. 즉, 기업처벌에 있어 독립모델에 의한다면 자연인의 위법행위를 전제로 하지 않고 단체의 전체적 경향이나 상태를 기초로 과실 여부를 판단함으로써 조직이나 시스템의 정비에 있어서 기업이 예견할 수 있는 법익침해는 구체적이지 못하고 상당히 추상적인 것이 되어버린다. 이때 기업처벌이 때로는 과도하게 확대되고 때로는 과도하게 축소되는 문제가 있다.

한편 기업처벌을 종속모델에만 의한 경우, 기업 내 범죄행위자를 특정할 수 없는 경우 기업처벌의 흠결이 발생할 수 있다. 따라서 기업처벌에 있어 종속모델에 따른 기업처벌을 우선적으로 고려하여야 한다. 그리고 종속모델의 흠결에 대비하여 독립모델에 의한 기업처벌도 보충적으로 받아들이는 것이 타당하다. 그러므로 이 중 어느 하나만을 기초로 할 것이 아니라 양자, 즉 종속모델에 독립모델을 결합한 모델을 기업처벌의 기초로 삼는 것이 타당하다고 생각된다.[68]

---

67) 川崎友巳, 前揭書, 215頁 이하.

Ⅳ. 소결

　지금까지 기업처벌의 본질과 구조에 관한 새로운 이해에 관하여 고찰하였다. 이에 앞서 기업의 범죄능력과 기업처벌의 본질과 구조와의 관계에서 검토한 결과, 그동안 논란이 되어 왔던 기업처벌의 본질이 과실책임인지 무과실책임인지에 관하여 과실책임임을 명백히 하고 있음을 확인할 수 있었다. 또한 기업의 범죄능력과의 관계에 있어서도 과실책임을 취하는 한, 범죄능력을 인정하든 부정하든 필수적으로 기업의 고의·과실행위를 요구하고, 이러한 행위를 기업과 동일시 또는 전가함으로써 기업의 형사책임을 인정할 수 있기 때문에 기업처벌 여부에 있어서는 실제적인 차이가 없음을 확인할 수 있었다. 그러나 과실책임설을 취하는 한 이는 기업의 과실을 인정하는 것이고, 나아가 기업의 과실행위를 긍정하는 것으로 기업의 범죄능력을 인정하는 것이라고 생각된다. 비교법적 관점에서 볼 때 우리와 같은 대륙법계 국가인 스위스나 오스트리아의 경우에도 과실책임의 원칙에 따라 기업을 처벌하고 있다. 즉, 스위스의 경우는 기업조직의 결함(스위스 형법 제102조 제1항)과 예방조치의 해태에 대하여 기업에 대한 비난가능성(스위스 형법 제102조 제2항)을 기업처벌의 요건으로 하고 있다.[69] 오스트리아의 경우는 비록 형법선은 아니지만, 단체책임법에서 스위스와 마찬가지로 동법 제3조 경영결정권자의 법익침해 행위에 대한 유책성과 종업원의 범죄에 대한 기대가능한 주의의무의 해태를 기업처벌의 요건으로 하고 있다.

　이에 반해 우리의 현행 기업처벌규정은 면책요건을 명문으로 규정한

---

68) 김재봉, 앞의 논문, 11면; 기업처벌의 근거에 있어 개인억지모델(종속모델)에 조직억지모델이(독립모델) 가미되고 있다고 한다(Wells, A New Offence of Corporate Killing-the English Law Commission's Proposals, p.126 참조).

69) 스위스 형법 제102조 제1항은 위반행위자를 특정할 수 없는 경우, 동조 제2항은 특정법죄의 경우 예방조치를 취하지 않은 경우를 규정하고 있다.

경우도 있으나, 대부분은 이러한 규정을 두고 있지 않아 논란의 단초를 제공하였고 2007년 이후 면책규정을 추가하는 방안으로 개정작업이 이루어졌다. 그러나 면책규정이 추가되었다고 하여 그러한 문제가 해결되는 것은 아니다.[70] 그러므로 과실요건을 명문으로 규정하는 것이 타당하다고 생각한다.[71]

기업처벌의 구조와 관련해서는 종속모델과 독립모델을 살펴보았다. 현행 기업처벌규정은 종속모델에 충실한 형태라고 할 수 있다. 그러나 앞서 고찰한 바와 같이, 현대사회에서 기업의 존재목적이 이윤추구이고 이러한 목적달성을 위해 기업은 양적 성장을 추구함에 따라 기업의 규모가 커지고 기업 내 업무분담이 세분화되는 상황이 발생하게 된다. 이때 유기적 조직체로 움직이는 기업구성원들의 행위를 각 구성원 개인의 행위로 귀속시킬 수 없는 경우가 발생할 수 있다. 이러한 경우 종속모델에 의한다면 기업에게 책임을 묻지 못하게 된다. 그러나 이런 경우에도 기업 자체의 책임을 묻는 것이 현실적으로 타당하다고 생각한다. 이러한 점에서 독립모델은 장점을 가진다.

따라서 기업처벌의 구조에 있어 바람직한 형태는 종속모델을 기초로 하여 독립모델을 보충적으로 도입하는 결합모델이 가장 타당한 것으로 생각된다.[72] 한편 기업책임의 성격에 관하여서도 논란이 있어 왔다. 이는 종속모델에 따른다 할지라도 기업책임의 성격에 대한 논란, 즉 행위책임인지 감독책임인지 논란이 있다. 종속모델에 따른 경우 기업구성원 중 고위관리자(두뇌)와 하위종업원(수족)은 행위방식이나 상황이 다르기 때문에 양자를 구분하여 전자의 경우, 즉 기업과 동일시되는 자는 행위책임을, 후자의 경우는 감독책임을 인정하는 것이 타당하다고 생각한다.

---

70) 조병선, 행위자의 특정, 602면.
71) 탁희성, 앞의 논문, 65~66면.
72) 김재봉, 앞의 논문, 15면.

위 검토에 확인한 바와 같이 현행기업처벌규정은 기업처벌의 본질과 구조와 관련하여 매우 미흡하다고 할 수 있다. 향후 입법적으로 독립모델을 가미한 규정을 도입해야 하고, 기업책임의 성격에 관하여서도 행위책임과 감독책임을 분리하여 명확히 규정하는 방향으로 개정하는 것이 타당할 것으로 생각된다.

제3절 기업처벌의 본질과 구조의 명확화와 준법 프로그램

Ⅰ. 기업처벌의 본질과 구조의 명확화의 필요성

현행 기업처벌의 본질, 즉 업무주를 처벌할 때 그 처벌의 근거가 무엇인가에 관해 그동안 기업처벌규정의 해석을 두고 학설은 다양하게 전개되었지만, 앞선 장에서 검토한 바와 같이 이제는 헌법재판소의 위헌결정과 이에 따른 개정의 영향으로 학설과 판례는 기업, 즉 업무주 처벌의 본질은 과실책임을 명백히 하고 있다. 다만 위헌결정 이전에는 현행 기업처벌규정인 양벌규정에서 기업처벌의 본질과 구조에 관한 논의가 주로 업무주를 처벌함에 있어 면책사유 등 아무런 조건도 두지 않는 위헌적 기업처벌의 구조에 대해 이루어져 왔으나, 위헌결정 이후 법무부의 개정작업을 통해 기업처벌의 구조를 상당한 주의와 감독을 게을리하지 아니한 경우에는 처벌을 면하게 하는 내용의 면책조항을 단서에 추가하는 것으로 하여, 법인 또는 개인인 영업주의 처벌근거를 '감독과실'에 둠으로써 그 근거를 명확히 하게 되었다.

이러한 법무부의 개정내용은 헌법재판소의 위헌 결정의 근거를 볼 때 기업을 처벌한다는 규정만 있지 왜 처벌하는지, 그 형사책임의 내용, 다시 말해서 감독책임의 구체적 내용이 없다는 비판이 있게 되자, 일반적인 기업처벌규정의 구조에 면책규정을 추가함으로써 감독책임의 내용을 충진하려고 한 것으로 보인다.[73] 개정을 추진한 법무부나 개정안을 통

---

73) 조병선, 과실추정설에 대한 반론, 352면.

과시킨 입법자도 양벌규정에 의한 기업처벌의 본질과 구조가 과실책임이라는 것을 전제로 하고 있다고 볼 수 있다.[74] 그러나 이러한 개정은 사실상 헌법재판소의 위헌결정 이전에도 일부 법률에 이미 존재했던 기업처벌의 본질과 구조로서 이미 존재했던 면책규정을 헌법재판소의 위헌결정에 대한 내용을 해소시킬 수 있는 기업처벌의 본질과 구조로 일반화시킨 것뿐이다. 왜냐하면 종래의 가장 보편적인 기업처벌의 구조와 비교하면 면책규정이 추가된 것을 빼고는 동일하기 때문이다. 이는 결국 종래의 판례[75]의 입장, 즉 면책규정을 과실추정의 근거로 보아 기업의 책임을 추정된 과실로 파악함으로써 종업원의 위반행위를 방지하기 위하여 해당 업무에 관하여 상당한 주의와 감독을 게을리하지 아니하였다는 사실을 형사재판과정에서 사실상 입증하여야 한다는 것을 의미한다.

그러므로 업무주를 처벌하기 위해서는 종업원의 위반행위에 대한 감독상의 주의의무위반을 입증하는 것이 가장 중요한 문제가 될 것인데, 실제로 현대사회에서의 기업은 내부의 복잡한 구조로 인해 종업원에 대한 감독상의 주의의무위반에 대한 입증이 사실상 어려움에도 불구하고,[76] 개정된 기업처벌의 본질과 구조에서는 기업의 처벌근거를 '감독과실책임'으로 규정함으로써, 이익의 귀속주체가 되는 법인인 기업을

---

74) 2008 12.26. 일부 개정되어 시행된 자격기본법 제42조의 개정이유에서 종업원의 선임·감독에 과실이 없음에도 불구하고 종업원의 범죄를 이유로 하여 기업주를 처벌하는 것은 부당하다는 점을 강조하고 있고, 또 입법자는 현행 양벌규정은 문헌상 영업주가 종업원 등에 대한 관리·감독상 주의의무를 다하였는지에 관계없이 영업주를 처벌하도록 하고 있어 책임주의 원칙에 위배될 소지가 있으므로, 영업주가 종업원 등에 대한 관리·감독상 주의의무를 다한 때에는 처벌을 면하게 함으로써 양벌규정에도 책임주의 원칙이 관철되도록 하였다는 것을 개정이유서에 밝히고 있다.

75) 대법원 1980.3.11, 선고 80도138 판결에서 "선원법 제197조에 의하면 피고인과 같은 법인이 동법 제196조에 의하여 처벌받는 경우에도 본인으로서 그 임직원의 위반행위를 방지하는 방도는 없었음을 증명한 때에는 면책을 받게 되어 있는바 이는 법인에게 무과실책임은 아니라 하더라도 입증책임을 부과함으로써 업무주체에 대한 과실의 추정을 강하게 하려는 데 그 목적이 있다"고 판시하고 있다.

76) Günter Stratenwerth, 앞의 논문, S. 301f.

처벌하지 못하는 결과가 발생할 수 있는 문제점을 가지고 있다.

이러한 문제는 결국 행정법규의 실효성의 확보를 목적으로 하는 현행 기업처벌의 본질과 구조의 특성, 즉 종속모델을 취하고 있는 우리의 기업처벌규정에 있어서 종업원의 위반행위가 있는 경우, 법인 또는 개인인 업무주에게 감독상의 과실이 추정되어, 기업의 복잡한 조직구조에 관한 내부의 구체적 사정을 가장 잘 알고 있는 당사자는 업무주이기 때문에 업무주 스스로가 구체적인 해명을 해야 할 수밖에 없게 된다.

이렇게 되면 일견 업무주의 과실의 입증곤란은 해소될 수 있을 것처럼 보인다. 왜냐하면 업무주의 과실이 추정된 결과, 그에 대한 입증책임이 해당 업무주에게 전가되기 때문이다. 따라서 자연적으로 입증의 책임은 수사기관에서 기업으로 전환될 것이다. 그러나 업무주의 과실추정과 입증책임의 전환은 업무주에게 무과실책임에 가까운 책임을 지우게 된다는 점과 형사법상의 대원칙인 '의심스러운 경우에는 피고인의 이익으로'라는 원칙에 반하는 것으로 부당하다. 따라서 이와 같은 입증상의 어려움을 구제하려는 편의적인 관점에서 면책규정에 의해 과실에 대한 추정이 행해지거나 입증책임을 기업에게 전환하는 것은 헌법상 무죄추정원칙에 정면으로 배치된다는 비판을 면하기 어렵다.

한편 면책규정 추가로 인해 과거 기업은 범죄행위에 실질적으로 가담하였거나 지시 또는 도움을 주었는지 여부에 관계없이, 나아가 기업이 업무와 관련하여 종업원의 행위를 지도하고 감독하는 노력을 게을리하였는지 여부와 전혀 관계없이 기업처벌규정에 의해 처벌되었으나, 이제는 단서조항에 따라 기업의 책임에 상응하여 처벌할 수 있고, 이는 책임주의에 일정 부분 부합하는 것이라고 생각한다. 즉, 단서조항이 추가되면서 과거와 달리 기업의 면책이 가능하도록 규정해 두고 있기 때문이다. 따라서 적어도 개정된 기업처벌의 본질과 구조에 있어서는 업무주의 감독의무와 이러한 감독의무의 이면에 해당하는 업무주의 면책규정이 매우 중요한 요소가 될 것이다. 즉, 종업원의 위반행위로 인하여 업무주가 처벌되지 않기 위해서는 종업원의 위반행위를 방지하기 위하여 해당 업무에 관해 '상당한 주의와 감독을 게을리'하지 않아야 하기 때문에, 업무주의 주의의무와 감독의무가 면책기준으로서 작용하게 된 것이다.

그런데 문제는 업무주의 면책요건으로서 '감독의무의 이행'을 인정하기 위한 구체적인 요건과 기준이 개정된 기업처벌규정에 명시되어 있지 않다는 점이다. 따라서 종업원의 위반행위를 방지하기 위하여 업무주가 어떠한 내용의 감독조치를 어느 정도 이행하여야 '상당한 주의와 감독을 게을리하는 경우에' 해당한다고 볼 수 있는지와 상당한 주의와 감독의 내용이 무엇인지를 명확히 해야 한다. 왜냐하면 업무주의 감독의무의 내용이 무엇인가를 밝히는 것은 감독의무의 이행 여부에 관한 입증 및 면책결정과 밀접한 관련이 있기 때문이다.[77] 다시 말해 법인의 감독의무위반행위가 발생하더라도 개정된 기업처벌규정상의 '상당한 주의와 감독'의 내용과 기준이 무엇인지가 명확히 규정되어 있지 않아 기업은 자신의 면책을 증명하기 어려운 문제가 발생한다. 이러한 점에서 개정된 기업처벌규정은 형법상의 기본원칙인 명확성원칙의 문제를[78] 낳을 수도 있을 뿐만 아니라 동시에 불완전한 입법[79]이라고 할 수 있다. 그러므로 기업처벌의 본질과 구조를 명확히 할 필요성이 있다.

그러한 문제를 해결하기 위한 일응의 기준으로 법인의 감독의무를 명확하게 하는 관점에서 미국에서 발전하고, 최근 우리나라에서도 공정거래 분야를 중심으로 도입이 진행되고 있는 준법프로그램에 주목해 볼 수 있을 것으로 생각된다.[80] 이하에서는 기업의 감독의무의 내용과 우

---

77) 이주희, 양벌규정과 개선입법에 관한 고찰, 107면.

78) 이정민, 앞의 논문, 371면.

79) 조병선, 과실추정설에 대한 반론, 356면.

리 판례가 종업원의 범죄행위를 방지하기 위한 법인의 감독상의 주의의
무를 인정하기 위하여 어느 정도의 상당한 '주의와 감독'을 요구하는지
를 알아보고, 그 판단기준의 문제점을 지적하고자 한다. 또한 준법프로
그램이 기업의 면책판단기준으로의 가능성을 검토하고자 한다.

Ⅱ. 기업의 감독의무에 대한 판례의 태도와 감독의무 내용의 명확화

앞서 고찰한 바와 같이 기업의 범죄능력을 긍정하는 입장에서 볼 때
현행 기업처벌규정은 종속모델에 충실한 형태라고 할 수 있다. 종속모
델을 따를 경우 기업은 대표자를 통하여 행위를 하는 것이고, 기업의
책임을 감독의무의 해태로 인한 책임으로 보는 한, 감독의무는 결국 대
표자에 의하여 이행될 수밖에 없다. 또한 기업의 감독대상은 기업의 대
표자 이외의 기업의 대리인, 사용인, 기타 종업원이다. 따라서 기업의
대표자의 행위는 곧 기업 자신의 행위이기 때문에 기업에게 그것을 방
지하기 위한 감독의무를 부과한다는 것은 옳지 않다.

또한 이 경우를 감독책임으로 구성할 수는 없을 것이라고 생각된다.
따라서 결국 기업의 행위책임을 인정해야 할 것이다. 이에 반하여 기관
이외의 종업원 위반행위는 기업의 행위로 생각할 수 없어, 이에 대한
기업의 책임은 감독책임이라고 할 수 있다. 여기서 종업원의 위반행위
로 인하여 법익침해가 발생하였을 때 그 책임을 기업에게 묻는 것을 감
독책임이라고 한다. 그러나 법률에서도 감독책임의 내용이 무엇인지를
명확하게 제시해 주고 있지는 않다.

---

80) 이정민, 앞의 논문, 371면.

주지하다시피 개정된 기업처벌의 본질과 구조에 관한 규정에서는 "다만 법인 또는 개인이 그 위반행위를 방지하기 위하여 해당 업무에 관하여 상당한 주의와 감독을 게을리하지 아니한 경우에는 그러지 아니한다"라는 면책조항을 추가하였다. 그 내용을 살펴보면 각 양벌규정의 본문이 "제( )조의 위반행위를 하면 행위자를 벌하는 외에"라고 규정하고 있으므로, 단서조항의 "그 위반행위를 방지하기 위하여"라는 문언은 기업이 종업원이 발생시킨 결과를 방지하지 못한 것에 초점이 있는 것이 아니라, 종업원의 위반행위 그 자체를 방지하기 위한 상당한 주의와 감독을 다하였는가에 의미를 둔 것이라고 해석된다.[81] 따라서 면책규정에 근거하여 볼 때, 기업의 형사책임의 내용은 '주의와 감독'이라고 할 수 있다. 그러므로 기업이 처벌되지 않는 경우로는 '상당한 주의와 감독을 게을리하지 아니한 경우'이고, 반대로 기업이 처벌되는 경우는 '상당한 주의와 감독을 게을리한 경우'라고 이해된다. 한편 '상당한 주의와 감독'이라는 표현이 과실범의 요건인 주의의무위반이라는 점에는 의문이 없지만, '감독'이라는 표현이 더 추가되어 있어 이 양자의 관계가 문제될 수 있다.

이와 관련하여 '주의'와 '감독'을 엄밀한 문언해석에 의하여 '와'를 'and'의 개념으로 보아 병렬적으로 해석하여, 결과방지를 위한 주의의무와 감독의무를 병렬적으로 보아야 한다는 견해가 있다.[82] 그러나 일반적으로 주의의무는 과실범의 성립을 위하여 필요한 요소이고, 감독의무는 과실범 일반의 주의의무 중에서도 특별한 '감독의무'로 좁은 범위로 이해되고 있다. 따라서 감독의무를 위반한 기업은 감독과실책임[83]을

---

81) 조병선, 과실추정설에 대한 반론, 361면.

82) 조병선, 과실추정설에 대한 반론, 359면.

83) 우리나라와 일본에서는 양벌규정의 사안에서 과실범에서의 '객관적 주의의무'와 '감독의무'를 동일시하여 과실범의 문제로 주로 해결해 왔다고 한다(조병선, "양벌규정의 구조와 행위자의 특정", 형법 개정 및 양벌규정 개선 공청회 자료집, 2008,

부담하게 된다고 보아야 한다.[84]

그런데 여기서 현실적으로 문제될 수 있는 부분이 드러난다. 과연 기업이 종업원의 위반행위로 인하여 법익을 침해하게 될 때, 어느 정도 주의를 다해야 '감독'을 다했다고 인정할 수 있는지가 명확하지 않다는 점이다. 예컨대 종업원의 위반행위로 인하여 법익침해의 결과가 발생하면, 기업에게 과실이 있다고 추정하여 그 무과실의 입증을 기업에게 부과하면, 기업은 대부분 처벌을 받게 되는 결과가 초래되어서 실질적으로는 무과실의 책임을 지는 것과 다르지 않게 될 것이다. 반면에 일반 과실책임설에 따라 검사가 입증책임을 진다고 한다면, 기업 내부의 복잡한 조직구조로 인하여 현실적으로 입증할 가능성이 희박하여 기업에게 책임을 지우는 경우가 거의 없게 될 수도 있다.

결국 과실책임설이 형법상 책임원칙을 실질적으로 실현하기 위해서는 기업의 감독책임을 인정하기 위한 판단기준이 마련되어야 한다. 이에 기업의 형사책임을 인정하기 위하여 필요한 '주의'와 '감독'의 해태가 과실범의 요건인 주의의무위반이라는 점에서 의문이 없다고 할 수 있을 것이다. 따라서 주의의무는 과실범 전반에 해당하는 일반원칙으로 주의의무의 내용인 결과예견의무[85]와 결과회피의무[86]가 인정되는 경우,

---

231면); 또한 법인의 책임이 "왜 선임감독과실이 된 것일까"에 대해서는 사실상 양벌규정의 입법형태는 영미법계의 대위책임(vicarious liability)의 범주에 속하는 상위자책임(respondeat superior)에 해당하나 대륙법계에는 없는 이러한 책임형태를 설명하자니 감독과실 때문이라고 할 수밖에 없다고 한다(조병선, 기업형사책임과 책임원칙, 8면).

84) 같은 견해로 조명화·박광민, 앞의 논문, 13면.

85) 일반적으로 결과에 대한 예견가능성이 인정되는 경우(결과예견의무가 인정되는 경우)에는 결과회피의무도 인정된다. 그러나 결과를 예견하였거나 결과에 대한 예견가능성이 인정되는 경우에도 결과회피의무가 인정되지 않을 수 있다. 그 예로 자동차를 운전하려는 사람은 교통사고를 예견하거나 예견가능성이 있어서 교통사고를 방지하기 위해 자동차의 고장 여부를 조사하고 정비해야 할 의무는 있지만 자동차 운전을 하지 말아야 할 의무까지는 없기 때문이다(오영근, 앞의 책, 200면).

86) 결과회피의무에는 일정한 행위를 하거나 하지 말아야 할 의무가 있다. 작위의무의

통상의 과실범의 성립요건이 충족되는 것으로 보아 기업의 감독책임을 인정할 수 있을 것이다.

따라서 문제가 되는 과실범 일반의 주의의무 중에서도 특별한 '감독 의무'로서 좁은 범위로 이해되는 감독의무의 내용, 즉 업무주의 감독의 무의 내용이 무엇인가를 밝히는 것이 중요하다고 생각한다. 이는 종래 의 대법원 판례에 의하면, 업무주의 종업원의 위반행위 방지를 위한 감 독의무의 이행과 관련하여 기업처벌규정에 면책규정이 있는 경우에도 입증책임이 업무주에게 전환되기 때문에 업무주가 감독의무를 다하였다 는 것을 입증해야 했었기 때문이다.

이하에서는 업무주의 감독의무의 내용의 명확화와 더불어 우리 판례 의 판단기준의 문제점을 고찰하고자 한다. 이에 앞서 일본에서 제기된 것으로 감독책임영역에서 논의되고 있는 안전체제 확립의무에 대해 살 펴보고자 한다. 이를 통해 감독의무의 내용을 명확화하는 것에 도움이 될 것으로 판단되기 때문이다.

1. 안전체제 확립의무

안전체제 확립의무는 일본 감독책임의 영역에서 논의되고 있는 것으로 이는 결과발생 시점에서의 감독의무가 아니라, 그 이전의 단계에서 결과발생을 방지할 수 있는 물적 설비나 인적 체제를 정비해야 할 의무

예로 안전조치를 취하는 것을 들 수 있다. 일정한 행위를 함에 있어 관계기관이나 전문가 등에게 조회나 문의를 해야 할 의무 역시 작위의무에 포함된다. 부작위의무 의 예로 위험을 발생시킬 행위를 하지 말아야 할 의무를 들 수 있다. 소위 인수과 실은 부작위의무를 위반한 것이라고 할 수 있다. 인수과실이란 법익침해나 위험 없 이 일정한 행위를 할 능력이 없는 사람은 그 행위를 인수하지 말아야 함에도 불구 하고 그 행위를 인수한 경우에 인수행위 그 자체에서 인정되는 과실을 말한다. 한 예로 치료시설을 갖추지 못한 의사가 환자의 치료를 인수한 경우를 들 수 있다(오 영근, 앞의 책, 200~201면).

인 예방의무를 말한다.[87] 이러한 예방의무의 성격을 가진 안전체제 확립의무의 내용은 피감독자가 ① 실수를 범하지 않도록 일상적으로 지도 훈련할 것, ② 실수를 범하지 않도록 하기 위한 체제를 만들어 둘 것, ③ 실수가 가령 있더라도 그것이 위험한 결과에 결부되지 않도록 하는 체제를 만들어 둘 것, ④ 직접행위자가 위의 행동을 취하도록 지도 교육할 것, ⑤ 위의 안전체제가 정상적으로 작동하도록 점검 정비할 것 등으로 설명되고 있다.[88] 또한 이러한 내용의 의무를 규정한 행정법규가 존재하는 경우뿐만 아니라, 존재하지 않는 경우에도 그 본질상 행정적 단속을 위한 의무의 성질을 가지고 있다고 한다.[89] 그리고 안전체제 확립의무는 직접행위자가 결과를 발생시키지 않도록 지도, 교육, 감독할 의무를 내용으로 하고 있어 안전체제를 확립할 의무와 안전체제를 점검할 의무로 나눌 수 있다.

그러나 의무를 나누는 경우에도 안전체제 확립의무는 법익침해의 위험성을 예상하여 결과가 발생하지 않도록 예방하기 위한 행정법규상의 위험방지의무일 뿐이며, 이 의무를 위반하였다고 하여 바로 감독의무위반으로 되는 것은 아니다. 즉, 형법상의 감독의무라고 하는 것은 사고 발생 당시의 구체적인 상황에 근거하여 특정한 감독자에게 부과되는 구체적인 의무임에 반하여, 안전체제 확립의무는 모든 감독자에게 부과되는 일반적인 의무이기 때문에 양자는 일치하는 경우도 있지만 일치하지

---

87) 일본에서 논의되고 있는 감독과실의 종류에는 과실에 의하여 법익침해결과를 직접 야기한 자를 감독해야 할 의무를 가지고 있는 자에게 과실책임을 묻는 '간접방지형', 결과방지를 위해 일정한 조치를 피감독자에게 하도록 지시할 의무를 가지고 있는 감독자 자신의 주의의무의 태만이 결과와 직접 결부되어 있는 '간접개입형(인적인 안전체제 확립의무)', 감독자의 주의의무로서의 '물적인 안전체제 확립의무' 등이 있다(前田雅英, 刑法總論講義(第4版), 東京大學出版會, 2008, 411~412頁 참조).

88) 石塚章夫, "監督者の刑事過失責任について(3)", 判例時報 第948号, 1980, 10~11頁.

89) 內藤 謙, "監督過失", 法學敎室 第102号, 有斐閣, 1989, 43頁.

않는 경우가 더 많을 수도 있다고 생각된다. 따라서 안전체제 확립의무에 위반했다고 해서 바로 형법상의 감독의무위반이 성립하는 것도 아니고, 또한 안전체제 확립의무를 준수했다고 하여 그것만으로 바로 형법상의 감독의무가 준수되었다고 단정할 수도 없게 될 것이다. 이러한 점에서 안전체제 확립의무와 형법상의 감독의무는 서로 공통적인 성질을 가지고 있다. 그러나 양자가 그 내용에 있어서 반드시 일치하는 것은 아니다. 하지만 각종 안전체제 확립의무의 대부분이 사망, 상해 등의 결과를 회피하기 위하여 규정된 것으로, 그 규정을 위반하면 사망, 상해 등의 결과가 발생할 확률이 높다. 또한 실제로도 각종 재해·사고는 각종 안전체제 확립의무의 위반으로 인하여 발생하는 경우가 대부분이다. 따라서 안전체제 확립의무위반의 유무가 형법상의 감독의무위반의 유무를 판단함에 있어서 사실상 고려되는 것이 타당하다고 생각된다. 그렇다 하더라도 안전체제 확립의무위반이 곧 형법상의 감독의무위반이라고 단정해서는 안 될 것이다.

한편 우리 판례는 안전체제 확립의무를 감독의무의 내용으로 파악하고 있는데,[90] 이는 안전체제 확립의무를 결과회피의무와 동일한 것으로 이해하고 있기 때문인 것으로 판단된다.

---

90) 사업주가 자신이 운영하는 사업장에서 법에 규정된 안전상의 위험성이 있는 작업과 관련하여 규칙이 정하고 있는 안전조치를 취하지 않은 채 작업을 지시하거나, 그와 같은 안전조치가 취해지지 않은 상태에서 위 작업이 이루어지고 있다는 사실을 알면서도 이를 방치하는 등 그 위반행위가 사업주에 의하여 이루어졌다고 인정되는 경우에 한하여 성립하는 것이고, 규칙에서 정한 안전조치 외의 다른 가능한 안전조치가 취해지지 않은 상태에서 위험성이 있는 작업이 이루어졌다는 사실만으로 위 죄가 성립하는 것은 아니라고 한다(대법원 2009.5.28, 선고 2008도7030 판결; 대법원 2006.4.28, 선고 2005도3700 판결; 대법원 2008.8.11, 선고 2007도7987 판결; 대법원 2008.9.25, 선고 2008도5707 판결 등 참조).

2. 기업의 감독의무에 대한 판례의 태도

(1) 판례의 태도

업무주의 감독의무의 내용의 명확화를 위해서는 우선 우리 판례가 면책규정이 있는 경우, 종업원의 법익침해행위가 발생했을 때 업무주의 감독책임에 대한 판단기준, 즉 위반행위방지를 위한 감독의무의 이행과 관련하여 어떠한 태도를 취하고 있는지를 검토해야 한다.

대법원은 공중위생법 위반 사건[91]에서 "피고인 법인이 종업원들에게 윤락행위 알선을 하지 않도록 교육을 시키고, 또 입사 시에 그 다짐을 받는 각서를 제출하게 하는 등 일반적이고 추상적인 감독을 하는 것만으로는 공중위생법 제45조 단서의 면책사유에 해당하지 않는다"고 보았다. 또한 하급심판결인 정보통신망 이용촉진 및 정보보호 등에 관한 법률위반 사건[92]에서도 "법인이 택배 위·수탁계약 체결 시 사용인의 자격 등을 자체적으로 심사하였고, 위 계약상 고객의 정보 등에 대하여 비밀유지의무를 규정하였으며, 그에 대한 다짐과 각서를 받았다고 하더라도 그와 같은 일반적이고 추상적인 감독을 하였다고 하더라도 법인이 사용인의 위반행위를 방지하기 위하여 당해 업무에 대하여 상당한 주의와 감독을 한 것이 증명되었다고 할 수 없다"고 하였다.

이처럼 우리 판례는 면책규정이 규정되어 있는 기업처벌규정에 의해 업무주가 면책되기 위해서는 일반적이고 추상적인 감독을 하는 것만으로는 부족하다고 밝히고 있을 뿐 면책되기 위한 감독의무의 내용에 관

---

91) 대법원 1992.8.18, 선고 92도1395 판결; 1995.12.1. 개정 이전의 공중위생법 제45조는 양벌규정에 이어 면책사유를 "법인 또는 개인의 대리인 사용인 기타 종업원의 부당행위를 방지하기 위하여 당해 업무에 대하여 상당한 주의와 감독을 한 것이 증명된 때에는 그 법인 또는 개인에 관하여는 예외로 한다"고 규정하였다.

92) 수원지법 2005.7.29, 선고 2005고합160 판결.

하여 구체적으로 밝히고 있지 않다. 즉, 판례는 면책규정이 있는 경우에도 업무주의 무과실면책을 부정하고 있다. 또한 실제로 무과실면책을 인정한 사례는 발견되지 않는다.[93]

한편 우리 판례가 업무주의 면책을 위하여 추상적 감독책임만으로는 부족하고, 구체적 감독책임까지 요구하는 것은 우리나라와 동일한 입법형식을 취하고 있는 일본판례에서 유래하는 것을 볼 수 있다. 일본의 이에 관한 최초의 판결은 1928년 대심원판결을 들 수 있는데, 이는 製絲 제조·판매를 업으로 하는 법인의 종업원이 잠사업법 제39조 제2항에 위반하여 누에 육성 시 필요한 위생조치를 지키지 않아 법인이 기소된 사건으로, 면책이 인정되려면 일반적·추상적 감독으로는 족하지 않다고 하면서 상당한 주의를 기준으로 제시하였고, 엄격한 인선, 준수사항의 게시, 강습회, 경고 등을 실시하였더라도 이것만으로는 추상적 주의·감독을 벗어날 수 없다고 하여 면책을 부정하였다.[94]

이러한 대심원의 태도는 전후의 하급심판결에서도 그대로 이어져 다수의 사건에서 무과실면책이 부정되었다. 이때 주로 문제가 된 것은 노동기준법상(제121조 제1항 단서 및 제2항)의 면책요건으로 업무주가 위반방지 또는 시정에 필요한 조치를 취하였는지 여부였다.

예컨대 1973년 동경고등법원 판결은 18세 미만의 자에 대하여 심야작업을 하도록 했다는 이유로 사업주가 기소된 사건에 대해, "심야사용금지에 관하여 단지 일반적·추상적으로 주의를 준 것만으로는 족하지 않고, 그 금지에 관하여 적극적·구체적으로 지시를 하여 위반방지를 위한 노력이 필요하다"고 하면서, 대표자 등 간부가 연소자를 심야에 사용하지 않으려는 의향을 가지고 있었다는 것만으로는 부족하다고 판시하였다.[95] 이밖에 시간 외 노동사건(구 노동기준법 제32조1항 위반)

---

93) 김재봉, 앞의 논문, 5면.
94) 大判昭和 3年3月20日 (刑集7卷), 186頁.

에서는 노동기준법에 위반하는 시간 외 노동에 종사케 해서는 안 된다
는 취지의 주의서를 각 직장의 입구에 첨부한 것만으로는 위반방지에
필요한 조치라고 할 수 없다고 하였고,[96] 이뿐만 아니라 18세 미만 여
자의 심야작업사건(舊 노동기준법 62조 제1항 위반)에서 상당한 경력과
사회경험을 가진 자를 채용하여 감독하도록 한 것만으로는 감독의무를
다한 것이라고 할 수 없다고 하였다.[97]

　반면 무과실면책을 인정한 판결도 보인다. 예를 들어 18세 미만의
시간 외 노동금지위반 사건에서 노동기준법 시행 이전에 전국의 공장에
노동기준법 준비위원회를 설치하고 위반방지대책을 연구하게 한 점, 전
국의 공장장과 인사과장을 모아놓고 노동기준법에 대한 설명회를 실시
한 점, 노동기준법 시행 후 사장회람에 의하여 전국의 공장에 전달보급
을 도모한 점, 공장에서 각 과의 대표를 모아 지도교육을 행한 점, 종
업원 기숙사와 휴게소에 노동기준법을 발췌하여 게시하고 그 보급을 철
저히 한 점, 월 2회의 과장회의에서 인사과장에게 노동기준법을 설명하
게 한 점 등을 인정하여 법인사업주의 면책을 인정하였다.[98] 이처럼 무
과실면책을 인정한 사건이 있기는 하지만, 대부분 사건에서 무과실면책
을 부정하고 있어 일본 판례의 태도는 실질적으로 무과실책임을 묻는
것과 같다는 비판을 가할 수 있다.[99]

(2) 비판적 검토

　전술한 바와 같이 우리 판례는 종업원의 위반행위를 방지하기 위하여

---

95) 東京高判昭和 48年2月19日 (判例タイムズ 제302号), 1974, 310頁.

96) 甲府地判 昭和 26年 3月 14日.

97) 東京高判 昭和 41年 9月 29日.

98) 大阪地判 昭和 24年 7月 15日.

99) 김재봉, 앞의 논문, 6면.

일반적·추상적 감독을 하는 것만으로는 업무주가 면책되지 않는다고 판단하고 있다. 따라서 업무주가 면책되기 위한 감독의무의 내용에 대해서 명확화할 필요가 있다.[100) 한편 면책요건인 감독의무에 관하여 명확하고 구체적인 기준을 정한다는 것은 불가능하다고 말하는 견해도 있다.[101)

그러나 현대사회에서의 업무주, 즉 기업의 사회적 활동과 실태를 고려한다면 불가능한 일은 아니라고 생각된다. 다만 기업이 점차 대규모 복잡화되면서 업무분담 및 권한위임 등 기업의 조직구조의 변화가 더욱 더 가속화되고 있으므로, 업무주의 감독의무를 명확화하는 것은 결코 쉬운 일은 아니다. 하지만 기업의 행위가 이루어지는 구조, 즉 업무주가 자신이 차지하는 지위로 인하여 부담하는 다양한 의무들이 분업이나 권한의 위임을 통하여 다수 종업원에게 이전되어, 수직적·수평적으로 업무처리가 이루어지고 있는 것이 기업의 일반적인 행위형태이므로 이러한 현실을 직시한다면 종업원의 위반행위를 방지하기 위한 감독의무의 내용이 무엇인가를 이론적으로 구성할 수 있을 것이라고 생각한다.

예컨대 사업주가 감독의무의 이행 및 그에 따른 감독조치의 위임 시, 종업원의 인사관리와 종업원의 재교육 및 종업원의 업무처리에 대한 정기적인 감독 등을 들 수 있을 것이다. 또한 그러한 감독의무의 내용에 의한 적절한 감독조치가 이루어지고 있는지는 구체적 상황에 따라 다를 수 있다. 따라서 이때 고려해야 할 요소로 기업이 사업규모·조직, 활동분야 및 적용규정의 종류와 내용, 다양한 감독 가능성 등을 들 수 있다.[102)

비교법적 관점에서 볼 때, 독일은 질서위반법 제130조에서 '영업체와 기업에서의 감독의무위반'에 관한 규정을 두고 있다.[103) 독일 질서위반

---

100) 업무주가 면책되기 위해서는 감독의무위반의 내용 실질화 및 구체화, 정형화를 주장하고 있다(김성규, 앞의 논문, 161면).

101) 최대호, 박사학위논문, 87면.

102) 이주희, 기업범죄방지대책, 97면.

103) 질서위반법 제130조(영업체와 기업에서 감독의무의 위반) "영업주 또는 기업주로

법 제130조의 입법취지를 들여다보면, 현대분업사회에서 기업주가 부담하는 법규의 준수의무를 기업 내 종업원(타인)에게 이전함에 따라, 기업주에게 그 직원에 대한 감독책임, 즉 기업주 자신에게 부여된 감독의무 및 감독조치의 이행을 당해 기업의 구성원에게 위임 내지 위탁하였을 것을 전제로 하고 있다. 또한 기업 내 종업원의 의무위반이 있어야 한다는 점에서 종업원의 의무위반은 기업주의 질서위반행위의 객관적 조건이 된다고 한다.[104]

독일 질서위반법 제130조 입법취지가 오늘날 기업, 즉 업무주가 준수해야 할 요구와 금지규범은 기업주 이외의 기업구성원에 의하여 보충할 수밖에 없는 기업의 전형적인 행위구조를 반영한 것이라고 생각된다. 따라서 업무주, 즉 기업의 감독의무의 내용을 명확화시키는 데 있어 많은 도움을 줄 수 있을 것이라고 본다. 그러나 독일 질서위반법 제130조에서도 기업주가 부담하는 감독의무의 구체적인 내용에 관하여 제1항 2문에 감독직원의 선임·선정·감독의무만 명시하고 있을 뿐, 구체적인 내용에 관하여 언급을 하고 있지 않다. 다만 질서위반법 제130조는 '또한(auch)'이라는 용어를 사용하여, 본 규정에서 언급하고 있는 선임·선정·감독 외에 다른 감독조치의 필요성을 인정하고 있다.

서 고의 또는 과실로 영업체나 기업 내에서 영업주 또는 기업주와 관련되어 있고, 형벌이나 질서위반금의 부과대상이 되는 의무에 위반을 방지하기 위한 감독조치를 취하지 않은 자는 적절한 감독이 있었더라면 당해 위반이 방지되었거나 현저히 곤란하게 되었을 경우에는 질서위반행위로 된다. 이 경우 필요한 감독조치에는 감독직원의 임명, 주의 깊은 선임 및 감독자에 대한 감시도 포함된다"고 규정하고 있다.

104) 질서위반법 제130조는 동법 제30조에 의하여 보완된다. 질서위반법 제130조는 '기업주'에게 질서위반에 대한 책임귀속을 명시하고 있지만, 질서위반법 제30조는 법인을 대표하는 기관이나 그 기관의 구성원 또는 그 밖에 감독의무가 있는 자가 형법상 범죄나 질서위반행위를 범하고 이 경우 기업에 관련되는 의무를 위반하였거나 기업이 이득을 얻은 경우에는 '기업' 그 자체에 대하여 질서위반금을 부과할 수 있음을 규정하고 있다(이주희, 기업범죄방지대책, 103면; 이진국, 앞의 논문, 79면).

한편 법 규정과는 달리 학설에서 기업주의 감독의무에 포함되는 세부적인 의무로 질서위반법 제130조 제1항 2문에 명시된 감독직원의 선임의무 이외에, ① 기업주는 직원이나 감독직원에게 그들의 과제와 의무의 내용을 정확하게 고지해야 한다는 의미의 지시의무, ② 직원이 절차에 따라 업무수행을 하더라도 기업주는 그것을 전적으로 신뢰해서는 안 되고 감독직원을 감독해야 한다는 의미의 감시의무, ③ 내부 직무규범을 위반한 직원에 대한 제재의무, ④ 마지막으로 기업주가 감독직원에게 감독의무를 위임하는 경우 그 감독직원의 업무범위와 권한을 명확하게 해야 한다는 의미의 조직구성의무 등을 제시하고 있다.[105] 위 학설에서 제시하고 있는 감독의무에 포함되는 세부적인 의무 중, 조직구성의무가 종업원의 위반행위 방지를 위한 업무주의 감독의무의 내용으로서 강조되고 있다고 한다.[106]

특히 조직구성의무는 법인업무주와 관련하여 중요한 의미를 가진다고 할 수 있다. 그 이유로는 현대사회의 기업의 경우 업무분화, 권한위임, 그리고 결정권 분산 등으로 인하여, 모든 종업원의 업무처리를 관리·감독하는 것은 현실적으로 불가능할 뿐만 아니라, 다수의 종업원이 수직적·수평적으로 업무처리에 관여하는 것이 기업행위의 일반적인 현상이기 때문이다. 따라서 종업원의 범죄행위를 사전에 방지할 수 있는 안전조치로 기업은 자신의 소직을 합목적적이고 적절하게 구성 및 운용할 필요가 있다. 왜냐하면 기업이 자신의 조직을 적절하게 구성하고 운용한다면, 종업원의 위반행위가 발생할 시 양자의 인과관계의 존재 여부에 따라 업무주가 면책될 가능성이 높기 때문이다.

한편 스위스 형법 제102조 제1항에서 기업의 보충적 책임을 규정하

---

105) Petz, in: Hauschka(Hrsg), Corporate Compliance, 2007, §6 Rn. 13~28.

106) Seelmann, Strafrecht, Allgemeiner Teil, 2. Aufl., 2005, 161ff; Roxin Strafrecht, Allgemeiner Teil Ⅱ, 2003, 142ff.

고 있는데, 그 성립요건 중 하나로 '기업조직의 하자로 인하여' 책임 있는 행위자를 특정하는 것이 불가능해야 한다고 규정하고 있다. 이 규정에서 감독의무의 내용을 도출해 보면 인사권한을 비롯한 조직구조의 결여, 불분명한 권한위임관계, 인사기록의 부재 등을 들 수 있다. 즉, 동 규정에서도 기업은 자신의 조직을 행위자가 누구인지 알 수 있도록 구성할 사전적 조치의무를 부담하고 있다고 볼 수 있다. 이에 관하여 스위스 형법 제102조 제1항은 구체적으로 조직의 사전적 조치의무가 무엇인지에 관하여 아무런 도움이 되지 않고 있으며, 입법자료들 역시 뚜렷한 답을 제공해 주지 못하고 있다. 반면에 형법상의 의무의 내용을 형법 외의 법규에서 규정된 행위의무를 고려하여 명확화하려는 시도를 하고 있다면, 이러한 사태는 새로운 현상이 아니라고 한다.[107)]

전술한 내용들을 종합해 보면 업무주를 처벌하는 형태는 다르지만, 업무주의 감독의무의 내용의 명확화를 시도하려는 노력은 동일하게 진행되고 있음을 알 수 있다. 또한 공통적으로 감독의무의 내용은 상황에 따라 달라질 수 있음을 확인할 수 있었다. 따라서 종업원의 위반행위로 인하여 업무주가 면책되기 위해서 구체적으로 어느 정도의 감독의무의 내용과 그에 의한 감독조치가 객관적으로 요구되는가는 개개의 구체적 사정을 고려하여 사회적 상당성의 견지에서 판단되어야 한다고 생각한다. 즉, 감독자에게 어떤 의무를 요구하는 것이 사회적으로 상당한가에 따라 감독의무의 내용을 명확화시킬 수 있다고 생각한다.[108)]

---

107) 이주희, 스위스 형법상의 기업책임, 10면.

108) 일본에서는 다음과 같은 문제에 관하여 학설상 두 견해가 주장되고 있다. 하나는 무과실전가책임설로의 회귀이고, 하나는 감독의무의 실질화를 주장하고 있다. 자세한 내용은 川崎友巳, 前揭書, 40~41頁 참조.

Ⅲ. 소결

현행 기업처벌의 본질, 즉 업무주를 처벌할 때 그 처벌의 근거에 관한 논란이 있었으나, 2007년 이후 학설과 판례는 기업처벌의 본질이 과실책임임을 명백히 하고 있다. 뿐만 아니라 기업처벌의 구조도 면책 조항으로 단서를 두어, 상당한 주의와 감독을 게을리하지 아니한 경우에는 처벌을 면하게 하였다. 이로 인해 법인 또는 개인인 업무주의 처벌근거를 '감독과실'에 두어 그 근거의 명확화를 시도하였다. 그런데 문제는 업무주의 면책요건으로 감독의무의 이행을 인정하기 위한 구체적인 요건과 그 기준이 개정된 기업처벌규정에 명시되어 있지 않다는 점이다. 뿐만 아니라 판례 또한 기업이 면책되기 위해서는 일반적이고 추상적인 감독을 하는 것만으로는 부족하다고 밝히고 있을 뿐, 면책되기 위한 감독의무의 내용에 관하여 구체적으로 밝히고 있지 않다. 이러한 판례의 태도는 기업에게 고도의 적극적·구체적인 주의를 다할 것을 면책요건으로 요구하는 것이라고 볼 수 있다. 또한 판례가 지금처럼 업무주의 감독의무의 판단에 있어 구체적·적극적인 감독을 요구하면서 구체적인 내용, 즉 그 판단기준을 제시하지 않는다면, 판례가 취하고 있는 과실책임설의 형해화를 초래할 수도 있다. 그러므로 업무주가 면책되기 위한 감독의무의 내용에 관하여 명확화할 필요성이 더욱 요구된다고 할 수 있다.

감독의무의 내용의 명확화와 구체적인 방법으로는 기업의 행위가 이루어지는 구조, 즉 업무주가 자신이 차지하는 지위로 인하여 부담하는 다양한 의무들이 분업이나 권한의 위임을 통하여 다수 종업원에게 이전되어 있고, 수직적·수평적으로 업무처리가 이루어지고 있는 것이 기업의 일반적인 행위형태이므로, 이러한 현실을 고려하여 감독의무의 내용을 명확화할 수 있다. 구체적인 감독의무의 내용으로는 업무주가 감독의무의 이행 및 그에 따른 감독조치의 위임 시, 종업원의 인사관리와 종업원의 재교육 및 종업원의 업무처리에 대한 정기적인 감독 등이 있을 수 있다. 또한 그러한 감독의무의 내용에 의한 적절한 감독조치가 이루어지고 있는지는 구체적 상황에 따라 다를 수 있으므로 이때 고려해야 할 요소로 기업의 사업규모·조직, 활동분야 및 적용규정의 종류와 내용, 다양한 감독 가능성을 들 수 있다.

비교법적 고찰을 통하여 독일에서도 질서위반법 제130조의 입법취지가 오늘날 기업, 즉 사업주가 준수해야 할 요구와 금지규범은 기업주 이외의 기업구성원에 의하여 보충할 수밖에 없는 기업의 전형적인 행위구조를 반영하고 있음을 확인할 수 있었다. 한편 감독의무로 규정된 선임·선정·감독의무 외에 감독의무의 내용의 명확화를 위해, 학설에서 지시의무, 감시의무, 제재의무, 조직구성의무 등을 제시하고 있고, 그중 조직구성의무는 특히 기업의 면책과 관련하여 중요한 의미를 가진다고 할 수 있다.

또한 스위스 형법 제102조 제1항에서도 감독의무의 내용을 도출할 수 있었다. 특히 감독의무의 내용의 명확화에 있어 형법상의 의무의 내용을 형법 외의 법규에서 규정된 행위의무를 고려하여 명확화하려는 시도는 우리에게 많은 시사점을 준다고 생각한다.

앞서 고찰한 결과를 종합해 보면, 업무주를 처벌하는 형태는 비록 다르지만 업무주의 감독의무의 내용의 명확화를 시도하려는 노력은 동일하게 진행되고 있음을 알 수 있다. 또한 공통적으로 감독의무의 내용이 상황에 따라 달라질 수 있음을 확인한 바, 업무주가 면책되기 위해서 구체적으로 어느 정도의 감독의무의 내용과 그에 의한 감독조치가 객관적으로 요구되는가는 개개의 구체적 사정을 고려하여 사회적 상당성의 견지에서 판단되어야 한다고 생각한다. 즉, 감독자에게 어떤 의무를 요구하는 것이 사회적으로 상당한가에 따라 감독의무의 내용을 명확화시킬 수 있다고 생각된다.

　이와 관련하여 감독의무의 내용의 명확화 및 감독조치, 즉 기업의 감독의무 이행 여부를 판단함에 있어 중요한 기준이 필요하다. 이러한 기준으로 미국에서 시행되고 있고 최근 우리나라에서도 금융관련법들이 개정되면서 법률상 그 명시적인 근거를 가지게 된 준법프로그램이 일응의 기준으로써 작용할 수 있을 것으로 생각된다.

제4절 준법프로그램을 통한 기업처벌의 본질과 구조 명확화의 기준 제시

Ⅰ. 서설

현행 기업처벌규정의 단서에 '상당한 주의와 감독을 게을리하지 아니한 경우'에는 처벌을 면하게 하는 내용의 면책조항을 추가함으로써 기업처벌의 본질과 구조가 법인 또는 개인인 업무주의 처벌근거를 '감독과실'에 둠으로써 그 근거의 명확화를 시도하였다. 즉, 종업원의 위반행위로 인하여 기업이 처벌되지 않기 위해서는 종업원의 위반행위를 방지하기 위해 해당 업무에 대한 상당한 주의와 감독을 게을리하지 않아야 한다.

그런데 문제는 기업이 종업원의 업무와 관련된 위반행위를 방지하기 위해, 어떠한 것을 어느 정도로 상당한 주의와 감독을 게을리하지 않아야 하는지에 관한 명확한 기준이 제시되지 못하고 있다는 점이다. 판례 또한 단지 일반적·추상적 감독으로는 기업이 면책되지 않는다고만 밝히고 있을 뿐이다.

따라서 종업원의 위반행위를 방지하기 위하여 기업이 어떠한 내용의 감독조치를 어느 정도 이행하여야 '상당한 주의와 감독을 게을리하지 않는 경우에' 해당한다고 볼 수 있는지에 관하여, 상당한 주의와 감독의 내용이 무엇인지를 명확히 해야 한다.

앞서 고찰했듯이 기업의 일반적인 행위형태를 통해서 종업원의 위반행위를 방지하기 위한 감독의무의 내용이 무엇인가를 이론적으로 구성할 수 있었다. 또한 기업의 감독의무에 관하여 비교법적 고찰의 결과,

공통적으로 감독의무의 내용은 상황에 따라 달라질 수 있음을 확인할 수 있었다. 이러한 고찰을 통해 기업의 감독의무의 내용에 관하여 일정 부분 명확화되었으나, 그것이 종업원의 위반행위에 대하여 기업이 면책되는 기준으로는 부족하다고 할 수밖에 없다. 따라서 객관성 또는 사회적 상당성의 견지에서 판단했을 때, 감독의무의 내용의 명확화 및 감독조치, 즉 기업의 감독의무의 이행 여부를 판단하는 데 중요한 기준이 필요하다고 생각된다. 이에 대한 기준으로 준법프로그램이 일응의 기준으로 작용할 수 있을 것으로 생각된다. 준법프로그램은 기업의 업무활동에 있어서 규제를 받는 법령을 준수하기 위해 자주적으로 실시하는 시책이지만 그 내용은 위법방지, 즉 법준수 체제의 정비와 운용으로 구성되어 있기 때문이다.

이하에서 준법프로그램에 대한 이해와 우리나라의 도입 및 운용현황·실태, 그리고 준법프로그램이 기업의 면책기준으로 고려되고 있는지와 관련해, 외국 판례의 동향을 순차적으로 살펴보고, 기업처벌의 본질과 구조의 명확화를 위한, 즉 기업의 면책을 위한 일응의 기준으로 준법프로그램을 적용할 수 있는지를 고찰하고자 한다.

II. 준법프로그램에 대한 이해

1. 준법프로그램의 개념 및 목적

(1) 개념

준법프로그램은 기업에 의한 범죄에 대해 법과 같은 규제가 예방 등의 적극적 역할을 해내지 못하고, 사건이 발생한 후 그 결과가 이미 큰 피해와 파장을 일으킨 뒤에야 비로소 작동하는 한계에 대한 비판과 반성에서 시작되었다고 할 수 있다.

준법프로그램은 미국의 컴플라이언스 프로그램(Compliance Program)의 번역어로 문헌마다 다양한 용어로 표현되고 있다. 법령준수프로그램 또는 자율준수프로그램, 준법감시프로그램, 준법감시시스템, 준법감시제도 등으로 사용되고 있다. 이렇게 다양한 용어로 사용되는 컴플라이언스(Compliance)의 의미를 재해석하는 일부 학자들은, Compliance를 '준수'라는 의미로 이해하는 것 자체에 의문을 제기하고, Compliance의 동사형인 Comply('충족하다', '조화를 이루다')를 'complete'와 'supply'의 합성어로 해석하여 '완전한 것을 제공한다'는 의미가 포함되어 있다고 의미를 부여한다.109) 또한 Compliance를 '사회적 요청에 맞추어 가는 것'이라고 이해하기도 한다. 즉, 법은 어떠한 사회적 요청을 충족하기 위하여 규정된 것이며, 법을 준수하는 것 자체가 의미가 있는 것이 아니라 법의 배후에 있는 사회적 요청에 따르는 것이 중요하다는 것이다.110)

이러한 의미로 재해석되는 준법프로그램의 개념은 다양하게 정의되고 있다. 첫째, 법률 및 규정에 대한 준수를 목적으로 하는 절차나 시스템에 포함하는 것으로 내부윤리강령의 제정, 법준수와 관련한 상세한 업무절차 규정의 제정, 위법행위 예방을 위한 구체적 감시·통제활동 및 정기·비정기 교육실시 등 기업 및 임직원이 업무를 행함에 있어 규범과 법규의 준수를 보장하기 위하여 필요한 모든 활동을 포함한다고 한다.111) 둘째, 준법프로그램이란 기업에서 자기통제(self-regulation)를 통해 기업에서 일어날 수 있는 범죄를 방지하고, 그것이 범죄화되기 전에 위반행위를 감시·감지·보고하는 프로그램이라고 한다.112) 또한

---

109) 浜辺陽一郎, コンプライアンスの考え方, 中央公論新社, 2005, 6頁 참조.
110) 鄕原信郎, 企業法とコンプライアンス(第4版), 東洋經濟新聞社, 2008, 17頁.
111) 이정숙, 앞의 논문, 25~26면.

준법프로그램은 요구와 기대에 부응한다는 의미도 지니고 있다고 한다.

이처럼 다양한 개념이 제시되고 있지만 이를 종합적으로 정의해 보면, 기업이 스스로 이사, 임원, 종업원 등의 위법행위를 예방, 탐지하기 위한 자기통제활동으로서 위법행위로 인해 발생할 수 있는 기업의 위험을 회피하기 위하여 법규, 사내규정, 기업에 요구되는 규칙, 기업윤리 등의 규범을 준수하기 위한 프로그램이라고 정의할 수 있다. 또한 준법프로그램은 기업의 임직원이 수행하는 업무의 집행이 위법행위 내지 범죄행위로 나아가는 것을 방지하기 위하여 기업이 자발적으로 실시하는 시책이라는 특징도 있다.

(2) 목적

준법프로그램은 기업이 스스로의 활동에 대해 상당한 주의를 다하고 있다는 증거라고 해석되어 왔으며, 나아가 법령준수에 관여를 촉진하는 조직체 문화(organization culture)의 양성이라는 기능도 하고 있다고 한다.[113] 이러한 준법프로그램의 목적은 첫째, 기업 내에서의 위법행위의 예방, 둘째, 위법행위가 발생한 경우의 대처방법과 보고절차의 명시 등을 통한 기업, 종업원 및 일반시민의 안전과 이익보호에 있다고 한다.[114] 또한 이러한 목적을 달성하기 위해서는 준법프로그램의 의의를 범죄예방으로 한정하는 것은 타당하지 않고, 모든 법령위반의 방지를 목적으로 하여야 한다고 한다.[115]

---

112) 이정민, 앞의 논문, 370면.

113) 조재호, 박사학위논문, 204면.

114) Charles J. Wash & Alisa Pyrich, 앞의 논문, pp.645~646.

115) The Ad Hoc Advisory Group on the Organizational Sentencing Guidelines, Report of the Ad Hoc Advisory Group on the Organizational Sentencing Guidelines, 2003, p.55.

한편 기업이 "사회에 유익한 재화나 서비스를 제공하는 활동은 적정하고도 건전한 형태일 때 비로소 사업으로써 완전한 것으로 인정받을 수 있다"는 점에서 이것이 바로 준법프로그램의 궁극적 목적이라고 하기도 한다.116)

2. 준법프로그램의 기본요소 및 내용

일반적으로 준법프로그램은 합리적으로 계획·운영되어서 그 결과 기업의 구성원에 의한 불법행위의 발생을 방지하거나 탐지할 수 있을 때 효과적이라고 말한다.117) 따라서 준법프로그램은 전략적인 사고가 뒷받침되어야 하고, 합리적이고 체계적이며 실천이 가능하게 구성되어야 한다.

또한 기업에 요구되는 준법프로그램의 구체적 내용은 활동영역, 조직구조 및 규모 등에 따라 기준이 달라지므로 확정적인 것은 없다. 이와 관련하여 우리나라는 준법프로그램의 기본요소에 ① 최고경영자의 의지와 관심표명, ② 준법감시인 임명, ③ 매뉴얼 제작 및 배포, ④ 임직원을 위한 교육프로그램의 운용, ⑤ 모니터링(monitoring)제도의 구축, ⑥ 관련법규 위반직원에 대한 제재, ⑦ 문서관리체계의 구축 등을 제시하고 있다.118)

(1) 최고 경영자의 의지와 관심 표명

준법프로그램을 실시함에 있어 최고경영자의 적극적인 지지 및 협력

---

116) 浜辺陽一郎, 앞의 논문, 6頁 참조.

117) 안수현, "준법감시인제도 정착을 위한 선결과제의 발전방향", 증권 제111호, 2002, 41면.

118) 공정거래위원회, 공정거래자율준수프로그램의 도입을 위한 안내 자료집, 2002.9, 3~5면.

이 필요불가결하다. 최고경영자는 스스로 법령준수자이므로 그에게는 먼저 프로그램을 이해할 것과 직원에 대한 관련 정보의 전이, 연수, 감시 등의 대처가 요구된다. 준법프로그램의 유효성을 확보하기 위해 기업의 최종적인 의사결정을 하는 기관이 프로그램의 작성, 승인, 실행의 여러 단계에서 관여할 필요가 있다. 또한 최고경영자는 모든 종업원들이 이를 준수하여야 한다는 메시지를 충분히 전달할 필요가 있다. 그 방법으로는 준법프로그램의 의지를 대내외에 천명하거나 사내 이메일을 통해 모든 종업원에게 최고 경영자의 메시지를 전달하거나 또는 최고경영자의 준법프로그램에 대한 의지가 담긴 서면을 읽어보도록 하고 서명하게 하는 등의 여러 가지가 있을 수 있다. 최고경영자의 준법프로그램에 대한 의지 표명은 본 프로그램의 핵심적 요소라고 할 수 있다.[119)]

(2) 준법감시인(Compliance Officer) 임명

최고경영자와는 달리 기업의 내부에서 프로그램을 통괄하는 전속의 책임을 가지는 자를 준법감시인이라고 한다. 준법감시인은 준법프로그램의 핵심의 축으로 실질적인 권한과 책임을 가지고 기업 내 준법프로그램을 효율적으로 관리하는 자이다. 미연방양형지침서에서는 효율적인 준법프로그램에 해낭 여부를 판단함에 있어 준법감시인을 두고 있는지가 중요한 요소가 되고 있다.

준법감시인의 역할과 업무는 내부통제의 기준의 문제점이나 미비사항에 대해 시정을 건의하고, 중대한 위법 및 부당행위 발견 시 감사에게 임직원에 대한 제재에 관하여 의견을 표명하며, 이에 관하여 결정된 사항은 서면, 전자문서, 홈페이지 게시 등의 방법을 통해 전 직원에게

---

119) 經營法友會マニュアル等作成委員會, コンプライアンス・プログラム作成マニュアル, 商事法務, 2002, 72頁 참조.

전달하는 것이다. 준법감시인의 위와 같은 업무의 독립성을 보장하기 위해서는 고위관리직이 담당하는 것이 바람직하며, 확실한 권한을 위해 이사회를 통해 선임과 해임이 결정되어야 한다.[120)

(3) 매뉴얼 제작 및 배포

준법프로그램의 효율적 실행을 도모하기 위해서는 우선 종업원을 위해 구체적인 행동규범을 매뉴얼화하는 것이 필요하다.[121) 매뉴얼은 기업의 활동영역에 대해서 잠재적으로 가장 중요한 법률(위반할 가능성이 몹시 높은 법률)에 중점을 두는 것이 요구된다.[122) 또한 효과적인 매뉴얼을 작성하기 위해서 정부 감독기관의 가이드라인 및 판례 등의 동향을 자세히 검토해야만 한다.

더욱이 입법 및 판례의 새로운 동향을 업데이트할 필요도 있다. 그러나 매뉴얼은 법률중심보다는 실무 및 사례를 중심으로 작성하여, 어떤 행위가 금지되고 있고 어떤 행위가 용인되는지 직원들이 이해하기 쉽고 명확하고 구체적으로 작성되어야 한다. 물론 매뉴얼은 단순히 작성되는 것만이 아닌 일상의 기업활동 중에 그 내용을 직원이 철저히 주지하게끔 할 필요가 있다. 이를 위해 매뉴얼을 문서화하여 직원에게 배부하고, 상시 확인이 가능하도록 열람해 공유해야 한다. 미국에서는 매뉴얼의 내용을 이해하고 있는 취지의 증명서에 서명을 요하는 경우도 있다.

---

120) 이정민, 앞의 논문, 378면.

121) Dan K. Webb & Steven F. Molo, Some Practical Considerations in Developing Effective Compliance Programs: A Framwork for Meeting the Requirements of the Sentencing Guidelines, 71 *Wash. U. L. Q. 375*, 1993, pp.390∼391.

122) Walker B. Comegys, *Antitrust Compliance Manual: A guide for counsel and executives of businesses and professions*, 2nd edition, Practising Law Institute(New York City), 1992, pp.338∼340.

(4) 임직원을 위한 교육프로그램의 운용

준법프로그램이 효율적으로 실행되기 위해서는 무엇보다도 기업 내 임직원들에 대한 교육 및 훈련이 필요하다. 이러한 교육 및 훈련은 업무에 따라 적절하게 이루어져야 하며, 부서 및 직책을 고려하여 차등화하여야 한다. 구체적인 방법으로 임직원들이 자신의 업무와 관련하여 어떤 행위가 어떤 법규에 적용되는 것인지를 구체적 예시를 통해 알 수 있도록 하여야 한다. 또한 이러한 교육은 일정 시간 이상 및 정기적인 스케줄에 따라서 실시하여야 한다. 반드시 내부 교육만을 실시할 필요는 없으며, 협회나 업종별 사업자단체에서 실시하는 교육, 세미나, 간담회 등의 프로그램을 이용할 수 있다. 교육 형태로는 특정장소에서의 집단식 강의뿐만 아니라 온라인 홈페이지 교육도 이용할 수 있다.[123] 또한 간단한 질문을 통해 임직원들의 이해도를 테스트하는 방식도 바람직하다.

(5) 모니터링(monitoring)제도의 구축

준법프로그램의 성공 여부는 기업이 임직원들의 위법행위에 대해 얼마나 효과적으로 예방 또는 조기에 발견하느냐에 달려 있다고 할 수 있다. 따라서 기업은 감사(Audit), 심사(Supervision), 보고(Reporting) 등으로 구성된 체계적인 내부감독시스템(모니터링제도)을 구축, 운용해야 할 필요가 있다. 이는 준법프로그램의 효율적인 운용을 위해서 가장 중요한 일이라고 할 수 있다. 이러한 감시제도를 통해 업무성격상 관련법규에 위반될 소지가 있는 행위를 할 때에는 준법감시인과 사전에 협의토록 함으로써 법위반행위의 발생을 원천적으로 제거할 수 있다.

---

123) 우리나라의 많은 금융기관들이 온라인교육을 통하여 준법프로그램을 실시하고 있다.

(6) 관련법규 위반직원에 대한 제재

위법행위를 예방하기 위한 조치를 취했음에도 불구하고, 기업의 임직원에 의해 위법행위가 실행된 경우가 있다. 이에 대비하여 관련법규 위반직원에 대한 제재조치가 마련되어 있어야 한다. 즉, 위반행위자에 대한 적절한 제재는 프로그램 실시의 필수요건이므로, 위반자에 대한 적절한 제재가 이루어질 수 있도록 제재시스템을 갖추고 있어야 하는 것이다. 따라서 기업의 임직원의 위법행위가 실행된 경우, 위반 정도에 비례하여 인사상 제재를 포함한 기타 불이익 조치를 부과할 수 있다. 만약 법위반자가 적절한 제재를 받지 않고 묵인되는 경우 기업 내에 준법프로그램의 정착은 불가능하므로, 기업 스스로가 법위반행위를 용인하지 않는 풍토가 조성되어야 한다.

(7) 문서관리체계의 구축

문서관리는 준법프로그램의 원활한 운영을 위하여 중요한 요소이다. 따라서 관련 문서관리 책임자를 지정하여, 법준수에 관한 문서 및 법적으로 중요하다고 판단되는 문서를 철저하게 작성·보관하는 문서관리체계의 구축이 필요하다. 왜냐하면 준법프로그램에 관한 체계적인 문서의 작성과 보관은 준법프로그램이 기업 내에서 정착되기 위한 필수요건 중에 하나이기 때문이다. 또한 이러한 문서관리체계 구축은 준법프로그램이 모범적으로 운영되고 있는 사실을 증명하는 하나의 판단기준으로 작용하여, 경쟁당국으로부터 인센티브를 받을 수 있는 가능성이 매우 높다. 주요 관리대상 문서로는 최고경영자의 의지 표명 선언문, 준법감시인 임명장, 매뉴얼 편람 및 배포사실의 입증서류, 내부감시활동 및 위반직원에 대한 제재조치 관련자료 등이 있으며, 그 외에 법적으로 민

감한 사안에 관한 법률자문을 받아 작성한 문서도 포함된다.[124]

3. 우리나라의 준법프로그램의 도입과 운용현황 및 실태[125]

(1) 도입배경

우리나라는 1997년 이른바 IMF 금융위기 당시, 금융사에 대한 효율적인 감독체계의 부재가 지적되어 금융산업의 체질강화대책의 일환으로 준법프로그램을 도입하게 되었다. 준법프로그램은 외환위기 이후 2000년 1월 21일자로 은행법 등 각종 금융업에 관한 법률[126]들이 개정되면서 법률상 명시적인 근거를 가지게 되었다.[127] 이러한 도입 및 입법배경에는 국내의 사정뿐만 아니라, 미국, EU, 일본 등 선진국을 중심으로 법 위반을 사전에 방지하기 위해 기업들이 준법프로그램을 운영하는 사례가 보편적임에 따라 공정경쟁질서에 대한 국제적인 요구가 높아지고

---

124) 공정거래위원회, CP평가모델 개발 및 동 모델 활용방안 연구, 2005, 45~46면.

125) 우리나라의 경우 법령준수제도가 있는 실정법으로는 금융관련 법률과 공정거래법이 대표적이다. 전자의 경우, 1997년 이른바 'IMF 금융위기' 이후 금융산업의 체질강화대책의 일환으로 법준수 관련규정이 신설되었다. 2000년 1월 '은행법', '증권거래법', '보험업법' 등이 개정되어 해당되는 은행, 증권회사, 보험회사 등은 법령을 준수하고 자산운영을 선전하게 하며 고객을 보호하기 위하여 소속 임직원들이 그 직무를 수행함에 있어서 준수해야 할 절차와 기준, 즉 내부통제기준을 정하도록 함과 더불어 준법감시인을 두도록 하였다. 또한 공정거래법 분야에서도 2002년에 법준수프로그램을 도입한 후 매년 도입하는 기업이 증가하고 있으며 업종별로는 제조업, 건설업, 금융, 보험업, 도매업, 소매업, 운수업, 기타 서비스업 등 고루 분포되어 있으며 대기업이 그 주류를 이루고 있다(전병석, "기업의 준법관리제도 도입을 위한 시론", 상사법연구 제55호, 한국상사법학회, 2007.8, 268~273면 참조).

126) 구체적으로는 은행법 제23조의3, 구 증권거래법 제54조의4, 보험업법 제17조, 간접투자자산운용업법 제11조, 종합금융회사에관한법률 제5조의3, 상호저축은행법 제22조의3, 여신전문금융업법 제50조의6, 신용협동조합 제76조의3, 농업협동조합법 제125조의4, 자본시장과 금융투자업에 관한 법률 제28조 등에 규정되어 있다.

127) 전병석, 앞의 논문, 268~270면.

있는 추세를 감안한 결과이기도 하다.[128]

또한 2001년 7월 공정거래위원회[129]에서도 '공정거래 자율준수규범'을 제정·선포하고, 이의 도입·실천을 기업에 권고하였다. 개별 기업은 권고된 동 규범을 토대로 경쟁법 위반을 예방하기 위한 내부통제시스템을 구축·운영하고 있다. 이어서 최근 새롭게 탄생된 국가기관인 국민권익위원회[130]에서도 '표준윤리강령'을 제정하여 공공부분에 도입을 권장하고, 매년 청렴도를 조사하여 그 순위를 매김으로써 공공부분의 윤리경영을 유도하고 있다.

한편 우리나라에서는 그동안 금융관련법률에서만 준법프로그램을 도입하였지만, 최근에는 모든 상장기업을 대상으로 준법프로그램의 의무적 이행을 확보하려는 움직임도 있다. 즉, 2009년 8월 14일에 의원입법의 형식으로 국회에 제출된 '상법일부개정법률안'에는 모든 상장기업에 대하여 준법프로그램을 의무적으로 도입할 것을 규정하고 있었다. 그 이후 이 법률이(법률 제16000호 상법일부개정법률) 2011년 3월 국회 본회의를 거쳐, 지난 4월 14일 원안대로 국무회의를 통과하여 공포됨으로써 2012년 4월 15일부터 시행하고 있다.

이 법률의 취지는 우리나라의 경우 금융기관을 제외한 대부분의 기업에서 법적 분쟁이 발생한 후 사후적으로 이를 해결하고 있을 뿐 사전에 법률전문가의 개입이 이루어져 기업의 위법행위나 법적분쟁을 미리 예방하도록 하는 장치가 없으므로, 상장기업에 준법통제기준 및 준법지

---

128) 공정거래위원회, 연구보고서, 45~46면.

129) '공정거래질서 자율준수위원회(위원장: 박용성 대한상공회의소 회장)'는 산업계 및 경제단체, 학계 및 연구계, 법조계 등 민간대표를 중심으로 2001년 3월에 발족되었음. 산하에 실무위원회를 두고 '공정거래 자율준수규범'의 초안을 기초하도록 하고, 공청회 등의 절차를 거쳐 2001년 7월에 이를 채택하였다.

130) 국민권익위원회는 부패방지와 국민의 권리보호 및 구제를 위하여 과거 국민고충처리위원회와 국가청렴위원회, 국무총리행정심판위원회 등의 기능을 합쳐 2008년 2월 29일 새롭게 탄생한 기관이다.

원인 제도를 도입하여 준법경영과 윤리경영을 확보하겠다는 데 있다.

그런데 우리나라에서의 준법프로그램의 도입 운영에 있어 다른 국가와는 차이가 있음을 발견할 수 있다. 즉, 준법프로그램이 기업이 자발적으로 실시하는 시책임에도 불구하고, 기업의 임직원이 수행하는 업무의 집행이 위법행위 내지 범죄행위로 나아가는 것을 방지하기 위하여, 우리나라는 금융관련법률에서뿐만 아니라 상법영역에서까지 준법프로그램을 의무적으로 도입하도록 강제하고 있다는 점이다.

(2) 운용현황 및 실태

준법프로그램을 입법화하고 '공정거래 자율준수규범'을 제정 선포한 이후, 이를 시행한 업체는 2001년에 12업체에 불과했으나, 2008년에는 360업체로 늘어났다. 한편 공정거래위원회는 2002년 1월부터 준법프로그램을 실효성 있게 모범적으로 운용하는 기업을 대상으로, 과징금에 대한 제재수준의 경감 등 인센티브를 제공하고 있다. 또한 준법프로그램의 운영실태에 따라 1, 2단계로 구분하여 각 단계별로 경쟁법 위반 시 제재 수준을 확정하여 과징금을 경감해주고 있다. 그러한 평가의 기준으로는 경쟁법 위반사안에 있어 해당 기업의 준법프로그램이 어느 정도 효과적으로 운용되고 있는가가 그 평결기준이 된다.[131] 이러한 기준에 의해 현재 우리나라의 경우 기업의 준법프로그램의 효과적인 운용으로 위법행위에 대한 제재조치가 감경된 건수가 많지는 않지만 2002~2003년 1건, 2004년 3건이 있다.[132] 2012년 8월 현재 준법프로그램을 도입

---

131) 2002년 1월 과징금부과 세부기준 등에 관한 고시, 공정거래위원회로부터 시정명령을 받은 사실의 공표에 관한 운영지침, 공정거래법 등의 위반행위의 고발에 관한 지침, 하도급거래 공정화지침 등의 관련규정을 개정하였고, 2002년 8월 공정거래위원회 회의운영 및 사건절차 등에 관한 규칙을 개정하였다.

132) 2005년 1월 19일자, 공정거래위원회 정례브리핑자료 '공정거래 자율준수프로그램

한 기업의 수는 379개에 이른다.[133] 이러한 증가 추세, 즉 앞으로도 준법프로그램을 도입하는 기업의 수가 계속해서 증가할 것이 예상된다. 그 이유로 준법프로그램이 어느 정도 기업의 범죄를 사전에 예방하는 데 기여하고 있다고 평가내릴 수 있기 때문이다.

Ⅲ. 준법프로그램에 관한 외국의 동향

1. 미국

준법프로그램(compliance program)은 미국에서 일반화된 것으로 기업의 법령준수를 위한 내부통제시스템을 말한다. 즉, 기업 측에 의해 자주적으로 실시되는 법을 준수하기 위한 체계적인 조직활동을 의미한다. 미국의 경우 기업범죄에의 반성과 협력적 거버넌스의 일환으로 준법프로그램의 기업에의 도입이 급속히 진행되고 있다.[134] 또한 미국의 판례나 제정법이 준법프로그램을 고려하여 법적 효과를 인정하기 때문에 단순한 이론에 그치지 않고 실천적인 의의를 갖추고 있다.[135] 이러한 이

도입현황과 운영실태'에 의하면 2002년 (주)KT의 거래강제행위에 관한 건(과징금 감경 20%), 2003년 (주)CJ의 부당고객유인행위건(공표명령 면제), 2004년 CJ홈쇼핑 부당광고(과징금 감경 18.2%), (주)SK텔레콤 부당광고(공표명령 하향조정), (주)LG 홈쇼핑 부당광고(공표명령 하향조정).

133) 한국공정경쟁연합회, "CP 도입 기업 수", <http://www.kfcf.or.kr/cp/cp_05.jsp 2012.8>.

134) 오늘날 미국은 양형뿐만 아니라 기업의 기소 여부에 대해서도 준법프로그램을 고려하고 있다고 한다. 이런 고려가 기업이 자발적으로 준법프로그램을 도입하는 계기가 되었으며, 특히 2003년 1월 제시된 기업기소지침 소위 톰슨메모(Thomson Memorandum)는 기업의 준법프로그램의 도입에 관하여 큰 촉진제가 되었다고 한다. 또한 민사적 제재에(1996년 델라웨어 법원의 케어마트 사건) 대한 책임감면 근거로 준법프로그램이 사용된 경우도 있다(川崎友巳, 前揭書, 281~283頁 참조).

135) 김용섭, 양벌규정의 입법유형, 197면; 川崎友巳, 前揭書, 184頁.

유로 준법프로그램의 도입이 강제되어 있지 않음에도 불구하고, 기업 스스로가 준법프로그램을 도입 및 적절히 운영하고 있고, 이것이 활성화의 결정적인 이유이기도 하다. 무엇보다도 가장 큰 유도 요인은 기업체가 준법프로그램을 도입하여 효과적으로 운영한 경우에는 인센티브(양형 참작사유로서)를 제공하고 있기 때문이다.

이처럼 자발적인 참여의 원동력이 바로 미국연방양형기준(The Federal Sentencing Guideline) 및 양형지침서(USSG: United States Sentencing Manual)이다. 원래 연방양형지침서(USSG)는 이전에 양형에 대한 책임을 맡고 있던 부처가 분산되어 있음에 따라 법원의 양형에 재량이 부여되고, 그 결과 형을 결정하는 데 있어 불균형이 빈번하게 발생하는 것을 개선하기 위해 마련된 것이다. 1984년 통합범죄규제법(Comprehensive Crime Control Act of 1984)이 의회를 통과하게 되고, 이에 따라 미국양형위원회(The United States Sentencing Commission)가 구성되어, 여기서 구체적인 가이드라인을 제시하였다. 그러나 1987년 제정된 연방양형지침서에는 조직체에 관한 양형지침의 내용은 포함되어 있지 않았다.

이후 1991년 개정을 통해 연방양형지침서 제8장(조직체에 대한 양형지침)에 법인 내지 조직체에 대한 양형을 규정하게 되었다. 미국은 연방양형기준에 의해 기업 내부에서 위법행위가 있을 경우, 준법프로그램의 존재 여부 및 효과적인 운영에 따라, 기업의 형사책임을 최고 95%까지 감면해 주고 있으며,[136] 연방양형위원회는 2004년 4월 30일 종래의 법준수 외에 윤리강령(ethical conduct)을 추가하였다.

미국연방양형지침서에서는 기업이 준법·윤리경영프로그램을 실시한 경우 벌금형의 감경사유로 인정하는 이외에, 기업의 보호관찰[137]의 준

---

136) 성희활, "상장법인에 대한 내부통제와 준법지원인 제도의 도입타당성 검토", 준법지원인 제도 도입 및 활성화를 위한 정책토론회 발표문, 2009.2, 17면.

137) 기업에 대하여 보호관찰이 부과되기 위해서는 그 기업이 반드시 '법위반을 예방하고 감지할 효과적인 프로그램'을 가지고 있어야 한다(U.S.S.G, §8D1.1).

수사항으로 부과할 수 있도록 하고 있다. 이는 기업범죄를 예방·적발하기 위한 노력의 일환으로, 윤리적·준법적 기업문화를 진작하기 위한 활동을 의미하는 것이다.[138] 또한 연방양형지침서에 대한 '가이드라인 매뉴얼(Guideline Mannual)'에 어떠한 준법프로그램이 효과적인 프로그램인지에 관하여 적시하고 있다. 즉, 범죄행위를 적발하고 예방하기 위하여 '합리적으로 설계되고 실행되면 집행(reasonably designed, implemented and enforced)'될 수 있어야 한다고 적시하며, 다음과 같은 기준을 제시하고 있다.[139] 그 기준으로 ① 기업범죄의 예방·적발을 위한 기준 및 절차의 수립, ② 준법·윤리경영프로그램에 대한 경영진의 감시, ③ 준법·윤리경영프로그램의 준수에 대한 인센티브 제공 및 위반에 대한 징계, ④ 범죄행위가 적발된 경우 그에 대한 적절한 대응조치 및 유사행위의 재발방지조치 등이다.

위의 기준을 종합해 보면 효과적인 준법프로그램이란 법령위반행위의 방지와 발견에 기업이 필요한 주의와 감독을 게을리하지 않았다는 점과 감독의무 이행 여부에 대한 기준이 드러난 것이어야 함을 알 수 있다. 즉, 연방양형가이드라인이 제시한 효과적인 준법프로그램의 기준을 충족하였을 때, 비록 기업 내의 종업원의 위반행위가 발생하였더라도, 해당 기업이 준수프로그램을 적절하게 운용한 경우로 기업의 상당한 주의의 항변을 인정하여야 하는 것이라고 생각된다.[140] 이하에서 판례가 '상당한 주의의 항변'을 판단함에 있어 준법프로그램을 고려하고 있는지를 살펴보고자 한다.

---

138) U.S.S.G, §8B2.1(a).
139) U.S.S.G, §8B2.1(b).
140) Charles J. Walsh and Alissa Pyrich, 앞의 논문, pp.665~666.

(1) 판례의 태도

1) '상당한 주의의 항변'으로서의 준법프로그램의 고려를 부정한 판례

가. Hilton Hotels社 사건

준법프로그램을 법인의 형사책임에 대한 판단 시에 고려할 것을 부정한 대표적인 사례로 거론되고 있는 것이 1972년 Hilton Hotels 사건의 항소심 판결이다.[141] 본 사건은 Organ 주 Portland의 Hotel, 식재료 공급업체, 그 외 여러 다수기업들이 컨벤션 유치를 위한 단체를 설립하고, 그 단체의 운영을 위하여 각 구성원 기업으로 하여금 사전에 정한 금액을 납부하도록 하였다. 이 과정에서 호텔 측이 납품업자에게 활동자금의 기부를 요구하고, 그 승인 여부에 따라 향후 거래에서 차별적인 취급을 행한다는 협의를 하였다. 이러한 담합행위는 셔먼법(Sherman Act) 제1조에 반하는 것으로, 이러한 담합에 참가하고 있던 Hilton Hotels社가 기소된 것이다. 이에 관하여 회사는 첫째, 회사의 방침에는 가격, 품질 및 서비스만을 고려하여 구입업자를 선정할 것을 정하고 있었고, 둘째, 지배인들이 구입을 담당하는 매니저에 대하여 보이콧에 참가하는 것을 금지하였지만 구입을 담당하는 매니저가 보이콧에 참가한 것이므로 그의 행위가 직무의 범위를 일탈하여 동 회사에게 대위책임이 인정되지 않는다고 주장하였다. 이에 대하여 제9순회구 연방항소법원은 "일반적 기준으로 비록 법인의 방침 및 명시적인 명령에 반하였다고 하더라도 셔먼법(Sherman Act)에서는 직무범위에서의 대리인의 행위에 대하여 법인은 책임을 진다"라고 하여, 대위책임의 법리에 따라 동회사에게 유죄를 인정한 원심을 지지하였다.

---

141) *United States v. Hilton Hotel Corp.*, 409 U.S. 1125(1973).

나. Amour社 사건[142]

본 사건은 Armour & Company사의 필라델피아지역 2개 지점과 노리스타운 1개 지점의 종업원들이 전시가격통제법(Emergency Price Control Act of 1942)에 위반하여, 특정상품의 구입조건으로 다른 상품의 구입을 요구하는 소위 '끼워팔기' 행위를 함으로써, 이러한 행위를 금지한 연방규칙을 위반한 Amour社가 기소되어 유죄를 선고받은 사건이다. 이에 대해 Amour社는 다음과 같은 이유를 들어 항소하였다. 회사는 지역매니저가 그 휘하 직원들의 연방법 위반사실을 알지 못하였고, 본사 차원에서 성실히 직원들에게 위반행위 금지를 지시하였으므로 회사에게 형사책임은 없다고 주장하였다.

그러나 제3순회구 연방항소법원은 "대기업이 그 임원, 관리자, 고용인을 매개로 운영되는 경우, 가격 통제법을 위반한 그들의 행위는 회사의 형사책임을 인정하는 기초가 되고, 위법행위를 한 해당 대리인의 회사 내에서의 직위는 중요하지 않다"고 하며 "고용주는 자신을 대리하도록 선택한 자들과 운명을 같이한다. 대리인들이 범죄를 저지른 경우 고용주 또한 똑같은 상황에 처하게 된다. 그 이유는 고용주가 그 지배범위 내의 불법을 제거하지 못하였기 때문이다. 이는 직위의 문제가 아니고, 오히려 위임 불가능한 의무의 불이행에 관한 문제이다"라고 판시하고 유죄를 선고한 원심을 확정하였다.

이러한 연방법원판례의 태도는 원칙적으로 그 이후에도 일관되고 있다. 1989년 20세기 폭스필름社 사안에서의 항소심 판결도 종래 판례의 흐름과 맥락을 같이한다. 본 사안은 同社의 지사장이 영화관과의 영화필름 상영허가계약을 맺음에 있어서, 다른 필름의 상영허가 계약을 끼워서 요구하는 일괄계약(block booking)을 함으로써 독점금지법 위반행위로 기소된 사건이다. 同 社는 반독점법을 준수하기 위해 효과적인

---

142) *United States v. Armour & Co.*, 168 F.2d 342(1948).

준법프로그램을 실시하여 '합리적인 주의(reasonable diligence)'를 다하였다는 것을 근거로 하여, 형사책임이 없다고 항소하였다. 이에 대하여 제2순회구 연방항소법원은 同 社의 준법프로그램이 아무리 효과적이라고 하더라도, 직무권한의 범위 내에서 행위를 행한 종업원이 법령을 준수하지 않았을 경우에는 법인의 형사책임을 면하지 못한다고 유죄를 선고하였다.[143]

2) '상당한 주의의 항변'으로서의 준법프로그램의 고려를 긍정한 판례

가. Hilland Fumace社 사건

앞서 지금까지의 연방법원판례는 기본적으로 준법프로그램을 '상당한 주의'의 항변의 근거로 하여, 법인의 형사책임이 부정되지 않는다는 일관된 태도를 취하고 있다. 그러나 연방법원의 판결 중에는 소수이기는 하지만, 준법프로그램을 근거로 법인이 '상당한 주의'를 다하고 있었다고 평가하여, 형사책임을 면한 것으로 해석되는 것이 있다. 그러한 판결의 구체적인 예로 1946년 Hilland Fumace社 사건이 있다.[144] 본 사안은 Hilland Fumace社의 오하이오 州 콜럼버스 지점에 근무하고 있는 판매담당직원이 구매자가 전시생산위원회(War Production Bord) 규칙이 정하고 있는 절차에 위반하여 허위신고를 하고 있다는 것을 인식하면서 난방장치를 판매한 사건이다. 이 때문에 구매자, 판매담당직원, 동 회사의 오하이오 州 콜럼버스 지점장과 함께 Hilland Fumace社가 동 규칙 위반으로 기소되었다. 제1심에서 오하이오 연방지방법원은 Hilland Fumace社에 유죄를 선고하였지만, 동 회사는 상급관리직원이 당해 거래에 관여한 사실이 인정되지 않고 또한 동 회사가 평소부터 전시생산위원회

---

143) *United States v. Twentieth Century Fox Film Corp.*, 882 F.2d 656 (1989).

144) *United States v. Hilland Fumace*, 158 F.2d (6ht Cir. 1946).

규칙의 준수를 제시하거나 문서에 의하여 개발하고 있었다는 것을 지적하고, 동 회사에게는 책임이 없다고 하여 항소하였다.

이에 대하여 제6순회구 연방항소법원은 다음과 같은 이유로, 즉 대량의 게시나 문서에 의하여 전시생산위원회 규칙을 준수할 것을 지시하고 있었다고 하는 '당해사실에 근거하여', 종업원의 위반행위에 관하여 법인의 형사책임을 묻는 것은 선례를 일탈하고 또한 우리들이 법인에게 형사책임을 부과해야 한다고 생각할 수 있는 범위를 일탈하게 된다고 하여, 유죄를 선고한 1심판결을 파기하였다. 이 사건은 대위책임의 법리를 채용하고 그것이 확립된 이후의 판결임에도 불구하고, 법인의 형사책임의 유무를 판단함에 있어서 법인이 법령을 준수하기 위하여 개발활동을 행하고 있었다는 점을 고려하였다. 본 판결은 법인이 준법프로그램의 존재 및 운용에 의한 조치를 실시하고 있었다는 점을 '상당한 주의'의 항변으로써 인정한 것이라고 평가하고 있다.[145]

이외에 전술한 Hilton Hotels社 사건에서는 준법프로그램의 운용상황을 고려하여 '상당한 주의'를 다하고 있었던 경우 법인을 면책하는 것이 부정되었지만, 다른 한편에서 "위험에 합당한 명확한 수단을 실행에 옮기는 의무를 부여하지 않고, 본 사건처럼 일반적인 지시를 한 것만으로는 형사책임을 면할 수 없다"는 취지를 판시하였다. 이러한 이유 때문에 반대해석상 '구속력 있는 방법으로 보다 구체적인 지시가 행하여진 경우'에는 이것을 '상당한 주의'의 항변으로 고려하는 것이 인정된다고 해석할 여지가 있다고 주장하기도 한다.[146]

---

145) 川崎友巳, 前揭書, 269頁.

146) Richard S. Gruner, *Corporate Crime and Senteccing,* 1994, p.407.

(2) 판례의 검토

현재 연방법원판례의 태도는 앞서 살펴본 바와 같이, 기업이 준법프로그램을 실시하고 있었던 경우에 '상당한 주의'를 다하였다고 보아, 법인의 형사책임을 부정하고 있지 않다.[147] 왜냐하면 지금까지 연방법원은 일관되게 법인의 형사책임에 관하여 대표자나 종업원의 책임에 대한 무과실전가를 인정한 대위책임의 법리를 채용하여 왔기 때문이다. 이러한 판례의 입장은 법인에 대하여 적극적으로 형사책임을 물어야 한다고 하는 형사정책적인 필요성 및 사회적 요청에 의해 19세기 중반부터 발전하여 확립되어 온 것이므로,[148] 앞으로도 연방법원의 이와 같은 확고한 입장으로 볼 때 '상당한 주의'의 항변을 인정하는 태도를 보일 가능성은 높지 않다. 무엇보다도 연방법원이 준법프로그램을 상당한 주의의 항변으로서 인정하지 않는 본질적인 이유는 종업원의 위법행위에 대한 무과실전가책임을 인정해 온 종래 판례의 태도에 반하기 때문이다.

결국 준법프로그램이 법인의 형사책임을 면제시키는 상당한 주의의 내용으로서 적당하지 않다고 생각했기 때문은 아니다. 또한 오늘날 준법프로그램은 "기업이 준법프로그램을 실시하면 통상 위법행위는 발생하지 않는다"고 생각되는 정도의 범죄예방효과는 가지고 있다고 인정된다. 왜냐하면 그 징도의 효과조차도 없다면 준법프로그램을 적절하게 운용하고 있었다고 말할 수 없기 때문이다.

한편 판례와는 달리 최근 학설에서는 법인의 형사책임을 판단할 때

---

147) Harvey L. Pitt & Karl A. Groskaufmanis, Mischief Afoot: The need for Incentives to Control Corporate Criminal Conduct, 71 B. U. L. Rev. 447, 1990, pp.450~451: Dann K. Webb, Steven F. Molo & James F. Hurst, Understanding and Avoiding Corporate and Excutive Criminal Liability, 49 Bus. Law. 617, 1994, p.625; Charles J. Wash & Alissa Pyrich, 앞의 논문, p.1259.

148) L. H. Leigh, 앞의 논문, p.1518.

에 준법프로그램을 '상당한 주의'의 항변으로서 인정한 입장(준법프로그램모델)을 지지한 견해도 유력하게 주장되고 있다. 그 예로 1962년에 미국 미국법연구소가 제창한 모범형법전은 범의(mens rea)를 성립요건으로 한 행정범에 대하여 법인의 형사책임의 존부 판단 시에 대위책임의 법리를 적용하는 한편, '상당한 주의'의 항변에 의하여 법인이 면책될 여지가 있음을 인정하였다.

이때 '상당한 주의'의 항변내용을 준법프로그램이라고 해석하는 견해도 주장되고 있다.[149] 또한 보다 포괄적으로 현재 연방법원 판례가 채용하고 있는 대위책임의 법리에 대하여 준법프로그램을 내용으로 한 '상당한 주의'의 항변을 도입하여야 한다고 하는 견해도 있다.[150] 이러한 견해들은 준법프로그램의 도입에 인센티브를 부여함과 동시에 법인의 처벌범위를 제한하여 책임주의와의 조화를 도모할 것을 시도한 것이라고 평가할 수 있다. 이러한 변화의 조짐은 향후 준법프로그램을 '상당한 주의'의 항변으로 충분히 고려할 수 있을 것이라고 생각된다.

2. 일본

일본에서는 1980년 이래로 계속되는 기업범죄 및 버블경제 붕괴 이후의 금융·증권사의 범죄에 대한 사회적 비판 등이 거세지자, 1980년 후반부터 미국처럼 구체적이며 체계적인 준법프로그램의 도입에 긍정적인 입장을 보이기 시작하였다. 그 이후에 일본에서 최초로 준법프로그램의 도입이 진행된 것은 수출규제관련법 영역에서였다. 그 계기가 된 것은 토시바기계 對 공산권수출통제위반사건이었다. 그 이후 일본은

---

149) Harvey L. Pitt & Karl A. Groskaufmanis, 앞의 논문, pp.1647~1652.

150) William S. Laufer, Integrity, Diligence and the Limits of Good Corporate Citizenship, *34 Am. Bus. L. J. 157*, 1996, pp.161~181.

1990년대 들어 독점금지법에서 준법프로그램의 도입이 이루어졌고, 그 규정의 중요성이 재차 강조됨으로써 기업에 대한 도입을 전제로 한 두 가지 준법프로그램의 매뉴얼이 공표되었다.

여기에는 독점금지법에서 준법프로그램을 도입하기 위한 매뉴얼의 기본적 사항을 명시하고 있었다. 이 매뉴얼에 기초하여 많은 기업이 준법프로그램의 도입에 착수하였다. 이후 일본에서는 준법프로그램이 기업의 형사책임 문제와 구분된다 하더라도, 기업범죄대책으로 깊은 의미를 가진다고 평가되었다. 이 때문에 준법프로그램을 법적으로 의무화하자는 움직임이 나타나기 시작하였다. 이러한 움직임은 2002년 개정된 상법에서 대규모기업에서 경영의 합리화 및 계속되는 기업범죄를 방지하기 위한 목표하에 내부통제·법령준수시스템의 설치 및 이행을 요구하게 되었고, 마침내 2006년 신회사법 및 금융상품거래법상에 준법프로그램이 입법화되었다. 이하에서는 일본의 판례를 통해 기업의 형사책임 부과에 있어 준법프로그램이 고려되고 있는지를 살펴보고자 한다.[151]

(1) 판례의 태도

1) 양형에 있어서의 감경사유

하수도 담합사건으로 본 사안은 하수도사업단이 발주한 전기설비공사에 관하여 가격카르텔을 결성하고 있었던 피고법인에게 유죄를 선고한 사건이다.[152] 그러나 법원은 피고법인이 준법프로그램의 적절한 운용, 즉 "본건 범행 발생 후, 피고회사는 일의 중대성을 인식하여 깊은

---

151) 준법프로그램의 입법 이전에도 준법프로그램에 관한 민사사건 판례가 있었다. 이에 자세한 내용은 이정민, 앞의 논문, 385~386면 참조; 川崎友巳, 前揭書, 298~299頁 참조; 따라서 형사사건 판례를 다루기로 한다.

152) 東京高判平成 8年 5月 31日 (判例タイムズ 제912号), 146頁.

반성을 하고, 조직개발 및 인사이동을 진행시키고, 독점금지법준수의 매뉴얼 작성과 사원교육을 행함으로써 재범방지를 철저히 하고 있는 점"을 양형에 참작사유로 판단하였다. 이 판결은 사후적인 양형 참작사유의 하나로 준법프로그램을 고려하고, "법인으로서의 사회적 책임을 자각하여, 조직으로서 범죄를 재차 범하지 않을 것을 증명"한다고 해석한 것이라고 할 수 있다.[153]

위 판례는 준법프로그램이 법인에의 양형에 있어서 일정 효과를 지닌다는 것을 보여준 점에서 큰 의미를 가진 판결이라고 할 수 있다. 또한 기업에 대하여 준법프로그램의 도입을 추진할 인센티브를 부여한 것으로도 평가될 수 있다.

2) 하수도담합사건 판례 이후의 동향

위 판례 이후 준법프로그램의 정비를 양형 참작사유로 들고 있는 판례로서 동경지방법원 2003년 1월 16일 판례가 있다.[154] 본 사건은 어업수산물의 매매를 목적으로 하는 피고법인이 서아프리카 제국이 원산지인 냉동문어의 수입에 있어서 특혜관세제도를 이용하여, 즉 증명기관인이 날인한 백지의 원산지 증명서 용지에 냉동문어의 원산지가 특별특혜수익국이라고 속여 허가 없이 기입하여 이것을 수입신고에 사용한 것으로, 부정하게 관세를 면하고자 허위내용의 수입신고를 하여 관세법위반으로 기소된 사건이다. 본 판례에서는 "동경관세에 의한 본건 조사 등에 대하여 전면적으로 협력하였고, 본건 범행발각 후 법준수위원회의 설치, 감사부에 의한 사내감사의 강화 등 법령위반의 재발방지에 노력하고 있다는 점"을 양형 참작사유로 들고 있다.

또한 사이타마지방법원 2003년 12월 4일 판결에 있어서도 동일한

---

153) 原田國男, "社會奉仕活動と量刑", 量刑判斷の實際, 現代法律出版, 2003, 214頁.
154) 東京地判平成 14年 1月 16日.

판단이 내려졌다.[155] 본 사건은 정육판매업을 운영하는 피고법인이 수입 닭고기를 '무약사료사육', '국산' 등으로 기재된 포장재로 바꿔 판매함으로써 부정경쟁방지법 위반으로 기소된 사건이다. 본 판례에서는 행정처분이나 사회적인 비난을 받고 있는 점과 같은 수준으로 "법령준수나 생산관리를 철저하게 하기 위한 법준수실 및 생산개발부 등을 설치함과 더불어, 종업원들에게 준법프로그램의 연수회 등을 정기적으로 수강하게 하는 등의 재범방지책을 강구하고 있다"는 점이 양형 참작사유라고 하였다.

(2) 판례의 검토

판례를 통해서 살펴본 바와 같이 일본에서는 준법프로그램이 양형참작사유로 고려되고 있다. 즉, 기업이 준법프로그램을 적절하게 운영하고 있다면 기업에 의한 범죄가 발생하더라도 이에 응당한 인센티브를 주고 있다고 볼 수 있다. 이러한 판례의 태도는 기업이 준법프로그램의 적극적 도입 및 적절한 운영을 하게 만드는 기회를 제공함으로써, 범죄예방에도 크게 기여하는 것이라고 생각된다.

또한 일본의 판례 및 통설은 법인의 형사책임 위반행위를 실행한 종업원이 선임·감독상의 과실에서 구하고, 그 과실은 추정된다고 하는 과실추정설을 취하고 있다. 그러나 이에 대해서는 실제 과실추정이 번복되는 경우가 없기에 무과실책임을 묻는 것과 마찬가지라는 비판이 있어왔다. 다시 말해 기업이 형사책임을 면하기 위해서는 선임·감독의 의무위반에 대해 기업이 감독의무를 다하였다는 입증책임을 기업이 부담하게되는데, 이때 그 감독의무가 무엇인지, 즉 무엇을 입증해야 하는지가 명확하지 않기 때문에 결국 무과실책임과 같다고 보고 있는 것이다.

---

155) 東京地判平成 14年 12月 4日.

한편 기업의 감독의무의 제도화를 주장하는 견해가 주장되고 있다. 이 견해는 과실책임의 형해화를 막기 위한 하나의 대안으로 기업의 감독의무 내용의 제도화를 주장하며, 그 내용의 대안으로 준법프로그램을 주장하고 있다.[156] 이 주장은 미국판례와 비교해 봤을 때 타당한 주장이라고 생각된다. 즉, 미국의 경우 종업원의 위반행위에 대한 기업의 대위책임을 부과하는 것이 연방법원의 확고한 입장이므로, 준법프로그램을 적절히 운용하였다고 해서 바로 기업의 무과실면책을 인정할 수 없는 벽이 존재하지만, 종업원의 위반행위에 대한 선임·감독상의 과실책임으로 이해하고 있는 일본의 경우, 준법프로그램을 그 내용으로 하는 경우에는 오히려 감독의무의 내용을 채울 수 있고, 이로 인해 기업의 책임 인정 여부의 하나의 기준이 될 수 있기 때문이다. 위와 같은 판례와 학설은 동일한 구조로 기업을 처벌하고 있는 우리나라에 시사하는 바가 크다.

Ⅳ. 기업처벌의 본질과 구조의 명확화를 위한 일응의 기준으로서의 준법프로그램

1. 감독의무 내용의 명확화를 위한 일응의 기준으로서의 준법프로그램

기업의 감독의무 내용의 명확화를 위한 검토의 결과로 업무주가 면책되기 위해서는 구체적으로 어느 정도의 감독의무의 내용과 그에 따른 감독조치가 객관적으로 요구되는가는 개개의 구체적 사정을 고려하여

---

156) 川崎友巳, 前揭書, 302頁.

사회적 상당성의 견지에서 판단되어야 하고, 비교법적 고찰의 결과 또한 공통적으로 감독의무의 내용은 상황에 따라 달라질 수 있음을 확인할 수 있었다.

이러한 고찰을 통해 기업의 감독의무의 내용에 관하여 일정 부분 명확화되었으나, 그것이 종업원의 위반행위로 인한 업무주, 즉 기업의 면책요건이 되기에는 부족한 면이 있다. 다시 말해 감독자에게 어떤 의무를 요구하는 것이 사회적으로 상당한가에 따라 감독의무의 내용이 명확화·구체화될 수 있기 때문이다. 그러나 현대사회에서 형법규범은 양적으로 확대되어, 법규범의 수범자인 기업의 관점에서 볼 때, 규제의 홍수 속에서 규제의 대상이나 규제상황에 대해 정확히 인식한다는 것이 사실상 힘들다고 생각된다. 따라서 기업의 관점에서 보면, 무엇 때문에 또는 왜 자신이 형사책임을 부담해야 하는 것인지 알 수가 없기 때문에 법에 대한 모호성을 호소하거나 또는 과도하다고 생각할 수도 있다.

이러한 점에서 볼 때 이미 고찰한 바와 같이, 준법프로그램은 기업의 업무활동에 있어서 규제를 받는 법령을 준수하기 위해 자주적으로 실시하는 시책이고, 그 내용은 위법방지를 위한 법준수 체제의 정비와 운용으로 구성되어 있다는 점에서 준법프로그램이 감독의무의 내용을 명확화할 수 있는 구체적인 기준을 제시해 준다고 생각된다. 즉, 준법프로그램은 기업이 지켜야 할 규범을 스스로 만들고 이를 준수함으로써 기업 또는 기업의 구성원이 수행하는 업무의 집행이 위법행위 내지 범죄행위로 나아가는 것을 사전에 방지하는 기능을 가지고 있기 때문이다. 다시 말해 준법프로그램을 감독의무의 내용으로 하는 경우 종업원의 범죄행위를 사전에 방지할 수 있는 안전조치로서의 작용은 분명히 하고 있다는 사실이다. 나아가 지켜야 할 법규범을 수범자인 기업이 직접 만들기 때문에 법규범의 모호성에 관한 문제도 자연스럽게 해결될 수 있다. 이 모든 것을 종합해 볼 때 준법프로그램은 '상당한 주의와 감독'

에 대한 내용을 명문화하는 역할을 수행한다.[157] 요컨대 준법프로그램
은 감독의무의 내용을 명확히 하는 일응의 기준이 된다고 본다. 또한
준법프로그램은 감독의무의 내용의 명확화뿐만 아니라 사업주, 즉 기업
의 감독의무 이행 여부를 판단하는 데 중요한 기준이 될 수 있다고 생
각한다.

2. 기업의 면책을 인정하기 위한 일응의 기준으로서의 준 법프로그램

주지하다시피 개정된 기업처벌규정은 단서에 기업이 범죄행위를 방
지하기 위한 관리 및 감독의무를 다한 경우에는 책임을 면제하는, 즉
기업의 면책이 가능하도록 규정하고 있다.[158] 이러한 개정 기업처벌규
정은 적어도 다음과 같은 추가 기준을 필요로 하게 된다. 즉, 기업의
감독의무와 이러한 감독의무의 이면에 해당하는 업무주의 면책요건으로
서 감독의무의 이행을 인정하기 위한 구체적인 요건과 기준이 그것이
다. 준법프로그램이 기업의 감독의무의 내용을 명확히 하는 일응의 기
준된다는 것은 이미 확인한 바다.

그렇다면 남은 문제는 감독의무의 이행 여부, 즉 기업의 면책 여부를
판단할 기준이 무엇인지이다. 이에 대해서는 기업 내 준법프로그램의
설치 및 준법프로그램의 효과적인 운영 여부가 기업의 감독의무 이행

---

157) 컴플라이언스 프로그램을 형법적 관점에서 바라보면, 이론적으로는 법적인 정당화
기능을 함과 동시에, 면책, 내지 책임조각사유와 같은 기능을 하며, 형의 면제, 소
추 면제 기능을 한다고 볼 수 있다(이정민, 앞의 논문, 394면).

158) 면책규정이 존재하는 법률의 예로 증권업감독규정 제4-2조에 의한 감독책임의 면
책규정이 존재하나 실제 적용된 사례는 아직 없는 것 같고, 또한 민법상의 사용자
책임에 관한 규정(민법제756조)의 단서에서 "선임 및 그 사무감독에 상당한 주의
를 한 때 또는 상당한 주의를 하여도 손해가 있을 경우" 면책될 수 있다고 되어
있으나, 면책을 인정한 판례는 존재하지 않는 것으로 확인된다.

여부를 판단하는 일응의 기준이 될 수 있다고 생각된다.[159] 다시 말해 준법프로그램은 기업의 면책을 판단하는 구체적인 지침을 제공해준다고 볼 수 있다. 이 경우 효과적인 준법프로그램의 운영이란 무엇인가를 규명하는 것이 전제되어야 한다.

이에 관해서는 앞서 살펴본 것처럼 준법프로그램을 양형기준과 결부시키고 있는 미국과 준법프로그램을 입법화한 일본, 그리고 감독의무를 규정하고 있는 독일질서위반법 제130조에서의 준법프로그램의 가지는 의미와 역할 등을 통해, 효과적인 준법프로그램의 운영이 무엇인지를 알 수 있을 것으로 생각된다. 준법프로그램이 일반화되어 있는 미국은 준법프로그램의 설치 및 운용 여부를 양형기준과 결부시켜서, 기업이 스스로 준법프로그램을 도입하여 자율적으로 이행할 수 있도록 인센티브를 제공하고 있다. 즉, 기업이 준법프로그램을 효과적으로 운영하여 종업원 위법행위를 방지하기 위해 적절한 노력(Due Diligence)을 하고 있고, 법위반행위를 예방하고 감지할 효과적인 프로그램을 설치하고 있음을 입증할 수 있는 경우에 형을 감경해 주고 있다. 또한 어떠한 준법프로그램이 효과적인 준법프로그램인지에 관하여 연방양형지침서에 대한 '가이드라인 매뉴얼(Guideline Manual)'에 7가지 최소한의 기준을 명시하고 있다.[160] 그리고 소수이지만 연방판례에서도 '상당한 주의의 항변'으로 준법프로그램이 고려되고 있다.

일본의 경우도 판례가 준법프로그램을 양형 참작사유로 고려하고 있다. 즉, 기업이 준법프로그램을 적절하게 운영하고 있다면, 기업에 의한

---

159) 김재봉, 앞의 논문, 14면; 이진국, 앞의 논문, 83면; 이정민, 앞의 논문, 371면; 이주희, 양벌규정과 개선입법에 관한 고찰, 108면; 박미숙, 앞의 논문, 66면; 김용섭, 앞의 논문, 223면; 김성규, 앞의 논문, 164면.

160) 첫째, 준법감시 프로그램의 제정 여부, 둘째, 준법프로그램의 담당자 지정, 셋째, 임직원 감독체계의 구축, 넷째, 준법교육프로그램의 실시, 다섯째, 감독보고시스템의 운용 여부, 여섯째, 위반자처벌시스템의 수립, 마지막으로 긴급대응책과 재발방지책의 확립 등이다.

범죄가 발생하더라도 이에 응당한 인센티브를 주고 있다. 일본의 판례는 준법프로그램의 적절한 운영의 예로 매뉴얼 작성과 사원교육을 행함으로써 재범방지를 철저히 하고 있는 경우를 들고 있다. 이러한 판례의 태도를 통해 기업이 준법프로그램의 적극적 도입 및 적절한 운영을 하게 만드는 기회를 제공함으로써 범죄예방에도 크게 기여한다고 생각된다.

그리고 독일질서위반법 제130조에서는 '영업체와 기업에서의 감독의무위반에 관하여' 규정하고 있다. 즉, 준법프로그램과 관련하여 질서위반법 제130조는 핵심적인 규범으로 동 규정은 기업주가 감독의무를 다하지 않은 경우 질서위반행위가 성립한다고 명시하고 있다. 따라서 질서위반법 제130조에서는 기업 내 준법프로그램의 설치 및 효과적인 프로그램의 운영 여부가 기업주의 감독의무 이행 여부를 판단하는 데 중요한 기준이 되는 것이다.[161]

한편 미국의 연방양형지침서가 요구하는 '기업의 효과적인 준법감시프로그램'의 운용 여부는 업무주의 감독의무의 해태 여부를 판단하기 위한 것이 아닌, 즉 종업원의 위반행위에 대하여 기업 등 조직의 무과실책임을 인정함으로써 나타나는 조직처벌의 불합리성을 해소할 목적으로 마련된 것이고, 아울러 형 감경을 위한 판단자료에 불과하다는 비판이 있다.[162] 또한 질서위반법 제130조에서처럼 기업주나 기업을 대표하는 기관에게 질서위반행위를 규정하고 있는 독일법제와 종업원뿐만 아니라 법인에게 모두 형사책임을 귀속시킬 수 있는 우리나라 법제와는 차이가 있다는 비판이 있다.[163]

---

161) Hauschka(Hrsg), Corporate Compliance, 2007, §6 Rn. 1.

162) 이주희, 양벌규정과 개선입법에 관한 고찰, 109면.

163) 이러한 비판에 대해 효과적인 준법감시프로그램의 운영 여부를 사업주의 감독의무 내지 면책의 기준으로 삼아도 문제될 것이 없다고 보고 있다. 그 이유는 연방법원이 예컨대 연방증권법상의 감독자 책임의 성립 여부를 판단함에 있어 기업내 준법감시제도의 운영 여부를 중요한 기준으로 삼았고, 독일질서위반법 제130조의 기업주의 감독의무를 구성하는 개별적 내용도 미국연방양형지침서 가이드라인

그렇다 하더라도 기업 내 효과적인 준법프로그램의 적절한 운용은 기업과 동일시되는 자뿐만 아니라, 기업의 구성원들의 가치와 규범을 내면화하는 데 기여하여 기업범죄를 사전에 예방할 수 있는 효과가 있다고 생각된다. 또 준법프로그램의 효과적인 운용은 기업뿐만 아니라 기업구성원의 가치와 규범을 내면화하여 내면적 자기통제를 이룰 수 있도록 하는 데 도움을 주는 도구로 평가된다.[164] 무엇보다도 기업이 종업원의 위반행위로 인하여 감독책임을 지게 되는 경우, 즉 형사처벌과 관련하여 기업에게 예측가능성과 법적 안정성을 보장해야 한다는 점에서, 준법프로그램의 적절한 운용이 그러한 기능을 하고 있다고 생각된다. 그럴 경우 종래의 판례에 의한다면 종업원의 위반행위를 방지하기 위해 기업이 감독책임을 소홀히 하지 않았다는 것, 즉 감독의무를 다했음을 입증하기 위한 구체적 기준을 기업에게 제공할 필요가 있다. 왜냐하면 판례가 취하고 있는 과실책임설의 형해화를 막기 위해서는 그러한 구체적 기준이 필요하기 때문이다.

결국 기업이 준법프로그램을 적절하게 운용할 의무를 해태한 경우, 이러한 해태의 결과와 종업원의 위반행위 사이에 인과관계가 인정된다면, 업무주인 기업이 감독책임을 져야 할 것이다. 그러나 양자 간에 인과관계가 부정되거나, 또는 업무주인 기업이 적절하게 준법프로그램을 운용한 경우에는 종업원의 위반행위가 있더라도 업무주인 기업은 면책될 수 있을 것이다.[165] 이러한 점에서 준법프로그램의 효과적인 운용은

매뉴얼에 기재된 내용과 큰 차이를 보이지 않고 있기 때문이라고 한다. 다만 미국 연방양형지침서 가이드라인 매뉴얼에 제시된 내용을 사업주의 면책기준으로 원용하는 경우 일정한 보완은 있어야 한다고 한다. 즉, 구체적인 사안마다 그 기준과 판단이 달라질 수 있기 때문이라고 한다(이진국, 앞의 논문, 82~83면).

164) Theile, Unternehmensrichtlinie-Ein Beitrag zur Prävention Witschaftskriminalität?, ZIS, 2009.9, S. 410f.

165) 앞서 고찰한 바와 같이 우리나라는 기업의 처벌을 종업원의 위반행위를 전제로 하는 종속모델에 충실한 형태를 취하고 있다. 따라서 종업원의 위반행위와 기업의

기업의 면책의 일응의 기준으로서 적용할 수 있다고 생각한다.[166]

V. 소결

준법프로그램은 기업의 임직원이 수행하는 업무의 집행이 위법행위 내지 범죄행위로 나아가는 것을 방지하기 위하여, 기업이 자발적으로 실시하는 시책이다. 그러므로 준법프로그램은 기업의 자체 활동에 대해 상당한 주의를 다하고 있다는 증거라고 해석되어 왔다. 나아가 법령준수에 관여를 촉진하는 조직체 문화(organization culture)의 양성이라는 기능도 하고 있다. 이러한 준법프로그램의 목적은 첫째, 기업 내에서의 위법행위의 예방, 둘째, 위법행위가 발생한 경우의 대처방법과 보고절차의 명시를 통하여 기업, 종업원 및 일반시민의 안전과 이익을 보호하는 것이다. 또한 이러한 목적을 달성하기 위해서는 준법프로그램의 의의를 범죄예방으로 한정하는 것은 타당하지 않고, 모든 법령위반의 방지를 목적으로 해야 한다.

우리나라는 1997년 이른바 IMF 금융위기 당시 금융사에 대한 효율적인 감독체계의 부재가 지적되고, 금융산업의 체질강화대책의 일환으로 준법프로그램을 도입하게 되었다. 준법프로그램은 외환위기 이후 2000년 1월 21일자로 은행법 등 각종 금융업에 관한 법률들이 개정되면서 법률상 명시적인 근거를 가지게 되었고, 이러한 도입 및 입법배경에는 국내의 사정뿐만 아니라 미국, EU, 일본 등 선진국을 중심으로

감독의무 해태와의 인과관계 존부에 의해 기업의 면책이 결정된다.

166) 이에 대해 우리나라의 기업처벌규정에서 업무주의 감독의무의 이행 여부와 판단 기준 또는 면책기준으로 활용하기 위해서는 보다 깊이 있는 연구와 신중한 접근이 요구된다고 지적하고 있다(이주희, 양벌규정과 개선입법에 관한 고찰, 109면).

법 위반을 사전에 방지하기 위해 기업들이 준법프로그램을 운영하는 사례가 보편적임에 따라, 공정경쟁질서에 대한 국제적인 요구가 높아지고 있는 추세를 감안한 결과이기도 하다. 그리고 우리나라 기업의 준법프로그램의 운용 및 실태는 준법프로그램을 입법화하고 '공정거래 자율준수규범'을 제정 선포한 후 2001년에 12업체에 불과했으나, 2008년에는 360업체로 늘어났고, 2012년 8월 현재 준법프로그램을 도입한 기업의 수는 379개에 이른다. 앞으로도 준법프로그램을 도입하는 기업의 수는 계속해서 증가할 것으로 보인다.

준법프로그램에 관한 외국의 동향을 살펴보건대 우선 미국의 경우 기업범죄에의 반성과 협력적 거버넌스의 일환으로 준법프로그램의 기업에의 도입이 급속히 진행되고 있다. 또한 미국의 판례나 제정법이 준법프로그램을 고려하여 법적 효과를 인정함으로 인해 단순한 이론에 그치지 않고 실천적인 의의를 갖추고 있다. 즉, 기업체가 준법프로그램을 도입하여 효과적으로 운영한 경우에는 인센티브(양형 참작사유로서)를 제공하고 있다. 그리고 연방양형위원회는 2004년 4월 30일 종래의 법준수 외에 윤리강령(ethical conduct)을 추가하였다. 미국연방양형지침서에서는 기업이 준법·윤리경영프로그램을 실시한 경우 벌금형의 감경사유로 인정하는 이외에 기업보호관찰의 준수사항으로 부과할 수 있도록 하기 있다. 또한 연방양형지침서에 대한 '가이드라인 매뉴얼(Guideline Manual)'에서는 어떠한 준법프로그램이 효과적인 프로그램인지에 관하여 7가지 기준을 제시하고 있다.

일본의 경우 2002년 개정된 상법에서 대규모기업에서 경영의 합리화 및 계속되는 기업범죄의 방지라는 목표하에 내부통제·법령준수시스템의 설치 및 이행을 요구하게 되었고, 마침내 2006년 신회사법 및 금융상품거래법상에 준법프로그램이 입법되었다. 그리고 판례에서 효과적인 준법프로그램의 운용에 관하여 인센티브를 제공하고 있다.

준법프로그램이 감독의무의 내용의 명확화를 위한 일응의 기준이 될 수 있는가에 관하여, 준법프로그램은 기업이 지켜야 할 규범을 스스로 만들고 이를 준수함으로써 기업 또는 기업의 구성원이 수행하는 업무의 집행이 위법행위 내지 범죄행위로 나아가는 것을 사전에 방지할 수 있고, 또 지켜야 할 법규범을 수범자인 기업이 직접 만들기 때문에 법규범의 모호성에 관한 문제도 자연스럽게 해결될 수 있다는 점에서 준법프로그램은 감독의무의 내용을 명확히 하는 일응의 기준이 된다고 생각한다. 또한 준법프로그램이 감독의무의 이행 여부, 즉 기업의 면책 여부를 판단할 일응의 기준으로써 적용할 수 있는지에 관해서도 기업 내 효과적인 준법프로그램의 적절한 운용이 기업과 동일시되는 자뿐만 아니라 기업의 구성원들의 가치와 규범을 내면화하는 데 기여하여 기업범죄를 사전에 예방할 수 있는 효과가 있다.

이와 함께 기업이 종업원의 위반행위로 인하여 감독책임을 지게 되는 경우, 즉 형사처벌과 관련하여 기업에게 예측가능성과 법적 안정성을 보장해야 한다는 점에서 준법프로그램의 적절한 운용이 그러한 기능을 하고 있다고 생각된다. 하지만 종래의 판례에 의할 경우, 종업원의 위반행위를 방지하기 위해 기업이 감독책임을 소홀히 하지 않았다는, 즉 감독의무를 다했음을 입증하기 위한 구체적 기준을 기업에게 제공할 필요성이 더욱 요구된다. 그리고 기업이 준법프로그램을 적절하게 운용할 의무를 해태한 경우, 이러한 해태의 결과와 종업원의 위반행위 사이에 인과관계가 인정될 경우에는 업무주인 기업이 감독책임을 져야 할 것이다. 그러나 양자 간에 인과관계가 부정되거나 또는 업무주인 기업이 적절하게 준법프로그램을 운용한 경우에는 종업원의 위반행위가 있더라도 업무주인 기업은 면책될 수 있을 것이다. 이러한 점에서 준법프로그램의 효과적인 운용은 기업의 면책의 일응의 기준으로서 적용할 수 있다고 생각한다.

현재 준법프로그램에 관하여 모든 상장기업에 준법감시제도를 도입하는 법률안이(법률 제16000호 상법일부개정법률) 통과·공포됨으로써 2012.4.15부터 시행하고 있다. 이러한 변화는 적어도 형법적 관점에서 보면 기업범죄를 사전적으로 예방하는 데 적지 않게 기여할 것으로 보인다. 또한 모든 상장기업의 준법감시제도의 도입으로 기업 등 조직의 법규 위반에 대한 책임귀속의 체계에 적지 않은 변화가 있을 것이라고 생각된다. 따라서 선진화된 외국의 준법프로그램의 운용 및 효과에 관하여 심도 있는 비교법적 연구가 필요하다고 생각되며, 아울러 시행단계에서 올지 모를 시행착오를 미연에 방지하면서 조기에 위 제도를 정착시키기 위한 적절한 노력이 요구된다 할 것이다.

제6장 결 론

제1절 요약

    오늘날 우리 사회에서 기업은 사회경제적 측면뿐만 아니라 정치적인 측면에서도 매우 중요한 위치를 차지함과 동시에 다양한 영역, 특히 경제영역에서 중요한 역할을 담당하고 있다. 이렇듯 기업의 사회에서의 역할을 통해 우리는 생활에서 보다 풍요로운 경제적·물질적 혜택을 누리고 있다. 그러나 기업이 우리 사회에서 차지하는 비중만큼이나 기업의 범죄로 인한 사회경제적 피해 규모도 점점 확대되어 가고 있는 것이 현실이다. 이로 인하여 기업처벌의 필요성과 함께 다양한 규제방법을 통하여 기업범죄에 대처하는 경우가 증가하는 것이 세계적 추세이다. 이러한 사실은 비교법적 고찰을 통하여 확인할 수 있었다.

    한편 이와 달리 우리나라는 先성장, 後분배라는 국가경제정책과 전통적인 근대형법이론에서 범죄주체를 자연인만으로 규정하고 있는 대륙법계의 영향으로, 형법전이 아닌 부수형법이 기업처벌을 담당하고 있는 형식을 띠고 있다. 부연하자면 부수형법상의 기업처벌규정인 양벌규정을 통하여 실행행위를 담당한 직접적 행위자를 처벌하는 외에, 그 업무주인 법인이나 개인에 대하여도 위반행위자에 적용되는 해당 벌칙에 따라 처벌하고 있다. 이러한 규정은 기업을 직접적으로 처벌하는 규정이 아니므로, 결과적으로 점증하는 기업범죄에 효율적으로 대처하지 못할 뿐만 아니라 형법상 책임주의 원칙에 반하는 문제를 야기하고 있다. 따라서 본 논문에서는 형법상의 책임주의 원칙에 부합하는 기업처벌의 본질과 구조에 관한 새로운 기준을 제시하기 위해 다음과 같은 과정을 통하여 해결점을 제시한다.

    우선 기업처벌의 본질과 구조에 관한 이론을 제시하기 위해 외국의 기업처벌에 관한 비교법적 검토를 선행하였다. 그 결과로 기업의 처벌은 법계에 따라 차이가 있고, 동일한 법계 내에서도 나라와 시기마다 인정 여부와 인정 범위가 상이한 경향을 보인다는 점을 확인할 수 있었다. 즉, 영미법계의 경우에는 산업혁명 이후 기업의 형사책임을 광범위하게 인정하고 있으며, 1940년 이후 영국과 미국은 각각 기업처벌에 관해 다른 방법으로 이를 해결하고 있다. 영국은 기업의 '두뇌'에 해당하는 고위급 관리직에 대해서 개인의 의사와 행위를 기업의 의사와 행위로 동일시하는 동일시원리에 의해 기업에 형사책임을 부과하고 있으며, 최근에는 동일성원리에 의한 기업처벌에 대한 한계를 인정하여 기업살인법을 제정하여 시행하고 있다.

미국의 경우는 전통적으로 대위책임원리에 따라 기업의 고용인이 자신의 업무범위 내에서 범죄를 범한 경우 기업에게 형사책임을 인정하고 있다. 그러나 대위책임법리의 문제점, 즉 기존의 대위책임이 지나치게 기업책임의 범위를 확대한다는 비판이 제기되고, 이에 대한 비판은 모범형법전(Model Penal Code)에 상당한 주의(due diligence)의 항변규정 및 동일성원칙을 규정하게 함으로써 기업의 형사책임 범위를 제한하려는 노력과 함께 새로운 형사책임 귀속이론이 주장되었다. 현재 미국에서는 준법프로그램이라는 새로운 형사책임 귀속이론이 기업에 대한 형사책임의 존부를 판단하는 기준으로서 널리 활용되고 있다.

대륙법계의 경우 전통적으로 '법인은 범죄능력을 갖지 못한다(societas dilinquere non potest)'라는 원칙이 유지되어 왔다. 이러한 원칙에 의해 독일은 기업의 형사책임을 부정하고, 형법전이 아닌 질서위반법 제130조에 의해 기업의 위법행위에 대하여 형벌로서의 벌금이 아닌 질서벌로서의 과태료를 부과하고 있으며, 독일을 제외한 다수의 대륙법계의 국가에서는 기업의 형사책임을 명문화하여 기업에 대한 형벌로 벌금 외에 다양한 제재를 규정하고 있다. 예를 들어 프랑스는 1994년 프랑스 신형법전 제121-2조에 법인의 형사책임규정과 제131-37조부터 제131-41

조에 법인에게 적용되는 형벌 및 특정형벌의 내용과 적용방법을 규정하고 있고, 스위스 또한 2003년에 기업처벌규정을 형법전에 규정하였다. 특히 스위스의 경우 형법 제102조 제1항에서 그동안 기업처벌의 난점으로 지적되어 왔던 소위 '조직화된 무책임'의 문제를 입법적으로 해결하고 있다는 점이 주목할 만하다.

한편 우리나라와 같은 입법방식으로 기업범죄에 대처하고 있는 일본은 독일의 영향을 받아 기업의 범죄능력을 부정하고 있다. 그러나 오늘날의 대규모의 기업활동에 있어서 특정의 개인에게 환원되지 않는 기업시스템상의 결함 등에서 중대한 법익침해가 발생하고, 이러한 시스템상의 결함이 해당기업의 자금 및 조직규모로 판단해서 충분히 회피 가능한 경우, 현실적으로 기업에 의해 발생한 법익침해에 대한 형사책임을 기업에 부과할 수 있다는 견해, 현행 기업처벌시스템에서는 이러한 시스템의 결함을 고려할 여지가 없다는 견해 등의 다양한 견해들이 제기되어 기업처벌에 관한 다양한 논의가 있는 상황이다. 따라서 이러한 외국입법례의 선행 검토는 오늘날 기업범죄가 조직체계에서 지배적인 분업화 및 권한위임 등의 현상으로 기업에 의한 범죄행위가 발생하더라도 행위자를 특정하지 못해 그 누구에게도 책임을 물을 수 없는 경우가 많이 발생하고 있다는 점과 그러한 난점을 해결할 실마리를 제공했다는 점에서 새로운 기업처벌이론에 관한 연구, 즉 기업처벌의 본질과 구조에 관한 연구에 도움이 된다.

둘째, 종래부터 기업처벌과 관련하여 기업처벌의 규정을 둘러싼 해석론에서는 기업의 범죄능력 문제와 법인처벌의 근거의 문제가 제기되었다. 양자의 문제는 기업처벌의 본질과 구조에 관한 연구에 있어 서로 다른 것이 아니라 밀접한 상관관계가 있다고 생각된다. 먼저 기업의 범죄능력 문제와 관련해 볼 때 기업처벌에 있어서 기업범죄의 주체는 기업이다. 따라서 기업이 범죄의 주체가 될 수 있는지의 여부는 기업처벌에 있어 매우 중요한 문제가 된다. 종래 우리 판례와 학설은 기업의 범죄능력을 부정해왔지만, 다음과 같은 점에 있어서 기업의 범죄능력을 인정할 수 있다.

기업의 범죄능력을 긍정하기 위해서 크게 행위능력, 책임능력, 형벌능력이라는 세 가지 측면을 구분하여 법인의 불법구성요건을 충족시킬 수 있다.

먼저 행위능력 측면에서 기업은 인적·물적 구성원에 환원하여 해소되는 형식상의 존재가 아니라 인적·물적 구성원의 총체로서 적어도 법적으로 살아 있는 실체로서 기능하고 있는 존재이다. 따라서 구성원 개개인의 의사와는 구분되는 기업의 독자적 의사형성이 충분히 가능하다. 그리고 행위능력에 있어서 형법적인 평가가 중요하다는 측면을 고려하면 자연인만이 범죄주체가 될 수 있다고 하는 것은 독선에 불과하고, 새로운 존재가 사회에 나타나 그러한 존재가 형법적 판단의 대상이 되는 유해적 행위를 하고 있다면 당연히 형법의 규범적 판단에 따라 독자적으로 결정해야 하고, 현실적으로도 많은 법률에 있어서 일정한 의무의 수범자로서 규정되어 있어 법인의 행위성을 이미 법적으로 전제하고 있다고 할 수 있다.

또한 책임능력 측면에서 부정설은 윤리적 인격은 자연인에 대해서만 가능하다고 한다. 그러나 기업의 행위를 이루는 독자적 의사와 행위에 대한 윤리적 비난은 얼마든지 가능하고, 개인으로서의 기업의 독자적 의사와 행위의 존재에 초점을 맞추게 되면 기업의 책임능력을 인정할 수 있다. 뿐만 아니라 형법상의 책임을 개인의 내적 양심에 의해 결정되는 것을 법적 책임으로 보아 법원에서 법적 절차에 따라 결정되는 것으로 본다면, 기업의 책임능력은 더욱 명확하게 인정될 수 있다. 법인의 형벌능력 또한 행위능력과 책임능력을 긍정하게 되면 보다 용이하게 인정될 수 있다.

기업처벌규정의 또 다른 문제로서 기업처벌의 본질과 구조에 관한 연구에 앞서 법인처벌의 근거에 관한 문제를 검토한 결과 다음과 같은 문제점이 존재하였다. 즉, 기업범죄에 대한 처벌은 주로 행정법령상 양벌규정에 의하여 이루어지고 있어 책임원칙과 명확성원칙 등 형사법의 기본원칙과 충돌하는 문제를 발생시키고 있다. 또한 현행 기업처벌의 본질과 구조에 관하여 학설상 무과실책임설과 과실책임설이 주장되고 있고, 판례는 면책규정의 유무에 따라 과실책임설 혹은 무과실책임설을 취하고 있다.

그러나 2007년 11월 29일 헌법재판소가 양벌규정의 유형 중 '업무주의 고의·과실 유무에 상관없이 실제 행위자와 함께 업무주도 동일하게 처벌'하는 유형인 보건범죄단속에 관한 특별조치법 제6조에 대해 '형법상 책임주의'에 반한다는 위헌결정을 내렸고, 이후 개정작업을 통해 '상당한 주의와 감독을 게을리하지 않은 경우'라는 표현을 추가함으로써, 학설에 맡겨졌던 기업처벌의 본질과 구조는 과실책임임을 명백히 하였다. 이렇듯 책임주의원칙과의 조화를 위해 개정 기업처벌의 규정의 단서에 '상당한 주의와 감독'이라는 면책규정을 추가하였으나 그 내용과 판단기준이 무엇인지를 구체적으로 제시하지 않고 있어, 결국 기업처벌의 본질과 근거가 무엇인지에 관한 견해의 대립은 여전히 존재하게 되었다.

이러한 현행 기업처벌의 본질과 구조의 문제점은 결국 기업 고유의 처벌의 필요성과 기업처벌의 본질과 구조에 관한 새로운 귀속책임이론, 그리고 기업처벌의 본질과 구조에 관한 명확화의 필요성과 함께 새로운 기준이 필요하다는 결과를 도출하게 되었다.

제2절 결론

우리나라의 기업범죄에 관한 현행규정은 자연인의 처벌을 전제로 하여 기업의 형사책임을 묻고 있다. 그러나 오늘날 기업범죄 중에는 기업특성상 자연인에게 책임을 귀속시키는 것이 적절하지 못한 경우가 있다. 즉, 자연인의 처벌이 불합리한 경우와 자연인의 처벌이 불가능한 경우이다. 전자의 경우 기업범죄의 특징 중 하나가 법익침해를 야기한 기업활동이 복잡한 조직구조 내에서 복수의 자연인에 의한 중첩된 행위이기 때문에 자연인은 자신의 행위가 가져올 법익침해의 결과를 구체적으로 예견하는 것은 불가능하다. 이러한 경우에 그 책임을 자연인에게 묻는 것은 불합리하다.

후자의 경우 기업의 특성상 기업구성원이 아닌 기업의 관리시스템의 불비나 조직구조상의 결함 때문에 발생하는 경우로 이러한 경우에 그 책임을 자연인에게 묻는 것은 불가능하다. 따라서 이러한 상황에서 우리 현행 기업처벌규정에 의하면 기업을 처벌하지 못하게 되어 기업의 형사책임을 요구하는 사회적 요청에 부응하지 못하는 결과를 초래하게 된다. 따라서 기업의 형사책임에 대한 형법상의 대응방식의 전환의 필요성이 요구되고, 그 대응방식으로 기업은 자연인의 단순한 집합에 머무르지 않는 복잡성을 가지고 있다는 점을 고려하여 기업 고유의 처벌근거를 마련할 수 있도록 해야 한다.

기업처벌의 본질과 구조에 관하여 그동안 학설에 일임되어 혼란을 초래해왔지만 2007년 위헌결정 이후 그 근거가 과실책임임을 명백히 하고 있어, 이에 대한 논란은 일단락된 것으로 볼 수 있다. 이러한 과실책임설을 기업의 범죄능력 여부와 관련해서 살펴본다면, 기업의 과실책임을 인정하는 경우 첫째, 과실행위가 전제되어, 둘째, 따라서 기업의 행위를 긍정하게 되며, 셋째, 기업의 범죄능력을 인정하는 것이 모두가 자연스러워진다고 생각된다. 다만 기업처벌규정에 의해 신체와 의사를 갖지 않는 기업이 어떠한 이론적 구조를 통하여 처벌되는지가 문제될 뿐이다.

이에 대해서는 기업처벌의 본질과 구조로부터 야기된 형사책임귀속에 관한 문제를 종속모델과 독립모델이라는 새로운 책임귀속이론을 통하여 기업처벌의 본질과 구조를 명확화하였고 다음과 같은 결과를 도출하였다. 즉, 현행 기업처벌과의 조화 및 바람직한 기업처벌의 모델은 종속모델을 기초로 하여 독립모델을 보충적으로 도입하는 결합모델이 가장 타당한 것이라는 점이다.

그 이유로는 기업처벌과 관련하여 두 모델은 나름대로 상호보완적임을 확인 할 수 있었기 때문이다. 즉, 종속모델에 의할 경우 다음과 같은 어려움이 있다. 현대사회에서 기업이 대규모화되고 점점 더 분권화·계층화되어 업무처리 과정에 수많은 기업구성원이 관여하는 상황들이 존재하게 된다. 이때 업무처리에 관여한 기업구성원 각자가 자신의 행위가 초래하는 결과를 인식 또는 예견하는 것이 불가능한 경우가 있다. 그러한 상황에서 기업구성원이 업무처리과정에서 행한 행위가 법익침해의 결과를 발생시켰을 때 긱 개인에게 그 책임을 귀속할 수 없게 된다. 또한 내규화된 기업에서 수많은 종업원의 위반행위방지를 위한 상위감독자의 관리감독에는 한계가 있을 수 있다.

이와 달리 독립모델은 위와 같은 상황에서 기업에 의한 범죄가 발생했을 때 기업을 처벌하지 못하는 종속모델의 한계를 보충하여 기업책임의 적정성을 확보할 수 있는 장점을 가지고 있다. 결국 기업처벌에 있어 독립모델은 종속모델과는 달리 자연인의 위법행위를 전제로 하지 않고 기업 자체의 조직구조상의 결함과 독자적인 책임을 기업처벌의 요건으로 하고 있기 때문이다.

한편 기업책임의 성격에 관하여서도 논란이 있어 왔다. 기업책임의 성격에 대한 논란, 즉 행위책임인지 감독책임인지 논란이 발생하게 되는데 이는 종속모델에 따른다 할지라도 일어나는 논란이다. 종속모델에 따른 경우 기업구성원 중 고위관리자(두뇌)와 하위종업원(수족)은 행위 방식이나 상황이 다르기 때문에 이 경우에는 양자를 구분하여 전자의 경우, 즉 기업과 동일시되는 자는 행위책임을, 후자의 경우는 감독책임을 인정하는 것이 타당하다고 생각된다. 향후 입법적으로 독립모델을 가미한 규정을 도입해야 하고, 기업책임의 성격에 관하여서도 행위책임과 감독책임을 분리하여 명확히 규정하는 방향으로 개정하는 것이 타당하다고 생각한다.

앞서 형법상 책임주의의 원칙에 부합하는 기업처벌의 본질과 구조에 관하여 새로운 이해를 시도하였다. 또한 현행 기업처벌규정인 양벌규정이 종속모델에 충실한 형태라는 것을 알 수 있었다. 그러나 헌법재판소의 위헌결정 이후 책임주의원칙과의 조화를 위해 개정 기업처벌의 규정의 단서에 '상당한 주의와 감독'이라는 면책규정을 추가하였으나 그 내용과 판단기준이 무엇인지를 구체적으로 제시하지 않고 있어, 결국 기업처벌의 본질과 구조가 무엇인지에 관한 견해의 대립은 여전히 존재하게 되었다.

즉, 이러한 문제는 종속모델을 취하고 있는 우리의 기업처벌규정에 있어서 종업원의 위반행위가 있는 경우 법인 또는 개인인 업무주에게 감독상의 과실이 추정되는 것으로 보는데, 이것은 기업의 복잡한 조직구조에 관한 내부의 구체적 사정을 가장 잘 알고 있는 당사자는 기업이기 때문에 기업 스스로가 구체적인 해명을 해야 할 수밖에 없다는 것에서 발생한다. 다시 말해 법인의 감독의무위반행위가 발생하더라도 개정된 기업처벌규정상의 '상당한 주의와 감독'의 내용과 기준이 무엇인지가 명확히 규정되어 있지 않아 기업은 자신의 면책을 증명하기 어렵다는 난점이 있다. 아울러 이로 말미암아 판례가 취하고 있는 과실책임설의 형해화를 초래할 수도 있다.

이러한 점에서 개정된 기업처벌규정은 형법상의 기본원칙인 명확성원칙 문제를 낳을 수도 있기에 불완전한 입법이라고 할 수 있다. 그러므로 기업처벌의 본질과 구조를 명확히 할 필요성이 있다. 즉, 감독의무의 내용의 명확화 및 감독조치, 즉 기업의 감독의무의 이행 여부를 판단하는 데 필수적이고도 중요한 기준이 필요하다. 이러한 문제해결로서 기업의 감독의무의 명확화와 기업의 면책기준으로 미국에서 일반화된 준법프로그램이 일응의 기준으로써 작용할 수 있다.

준법프로그램은 기업의 업무활동에 있어서 규제를 받는 법령을 준수하기 위해 자주적으로 실시하는 시책이지만, 그 내용은 위법방지, 즉 법준수 체제의 정비와 운용으로 구성되어 있다. 준법프로그램의 이러한 구성은 감독의무의 내용을 명확화할 수 있는 구체적인 기준을 제시해 준다.

현대사회에서 형법규범은 양적으로 확대되어 법규범의 수범자인 기업의 관점에서 볼 때, 규제의 홍수 속에서 규제의 대상이나 규제상황에 대해 정확히 인식한다는 것이 사실상 힘들다. 따라서 기업의 관점에서 보면 무엇 때문에, 왜, 자신이 형사책임을 부담해야 하는 것인지 알 수가 없기 때문에 법에 대한 모호싱을 호소하거나 또는 과도하다고 생각하게 된다.

그러나 이러한 경우에 있어서도 준법프로그램은 감독의무의 내용을 명확히 하는 역할을 수행하고 있다. 즉, 준법프로그램은 기업이 지켜야 할 규범을 스스로 만들고 이를 준수함으로써 법규범의 모호성에 관한 문제는 자연스럽게 해결될 수 있다. 또한 준법프로그램은 기업 또는 기업의 구성원이 수행하는 업무의 집행이 위법행위 내지 범죄행위로 나아가는 것을 사전에 방지하는 기능을 가지고 있다. 따라서 준법프로그램은 '상당한 주의와 감독'에 대한 내용을 명문화하는 역할을 수행한다. 그러므로 준법프로그램은 감독의무의 내용을 명확히 하는 일응의 기준이 된다. 또한 준법프로그램은 감독의무의 내용의 명확화뿐만 아니라 사업주, 즉 기업의 감독의무 이행 여부를 판단하는 데 중요한 기준이 될 수 있다.

준법프로그램이 감독의무의 이행 여부, 즉 기업의 면책 여부를 판단할 일응의 기준으로써 적용할 수 있는지에 관하여 판단해보면, 우선 기업 내 효과적인 준법프로그램의 적절한 운용은 기업과 동일시되는 자뿐만 아니라 기업의 구성원들의 가치와 규범을 내면화하는 데 기여하여 기업범죄를 사전에 예방할 수 있는 효과가 있다. 이와 함께 기업이 종업원의 위반행위로 인하여 감독책임을 지게 되는 경우, 즉 형사처벌과 관련하여 기업에게 예측가능성과 법적 안정성을 보장해야 한다는 점에서 준법프로그램의 적절한 운용이 그러한 기능을 하고 있다고 생각된다.

한편 종래의 판례에 의할 경우 종업원의 위반행위를 방지하기 위해 기업이 감독책임을 소홀히 하지 않았다는 사실, 즉 감독의무를 다했음을 입증하기 위한 구체적 기준을 기업에게 제공할 필요성이 더욱 요구된다. 그러므로 기업이 준법프로그램을 적절하게 운용할 의무를 해태한 경우, 이러한 해태의 결과와 종업원의 위반행위 사이에 인과관계가 인정된다면 업무주인 기업이 감독책임을 져야 할 것이다. 그러나 양자 간에 인과관계가 부정되거나 또는 업무주인 기업이 적절하게 준법프로그램을 운용한 경우에는 종업원의 위반행위가 있더라도 업무주인 기업은 면책될 수 있을 것이다. 이러한 점에서 준법프로그램의 효과적인 운용은 기업면책 일응의 기준으로써 적용할 수 있다고 생각한다.

참고문헌

《국내문헌》

단행본

곽윤직, 민법총칙(제7판), 박영사, 2002.
권오걸, 형법총론, 형설출판사, 2005.
김성돈, 형법총론(제2판), 성균관대학교출판부, 2009.
김성천·김형준, 형법총론, 동현출판사, 1998.
김영헌, 기업범죄 어떻게 예방할 것인가?, 삼성경제연구소, 2005.
김유근, 스위스형법전(번역총서 6), 한국형사정책연구원, 2009.
김일수·서보학, 형법총론(제11판), 박영사, 2006.
김형배, 민법학강의(제10판), 신조사, 2011.
대검찰청, 미국 연방양형기준 매뉴얼, 2004.12.
박상기, 형법총론(제8판), 법문사, 2009.
법무부, 프랑스 형법, 2008.11.
법무연수원, 범죄백서, 1999.
배종대, 형법총론(제10판), 홍문사, 2011.
사법연수원, 신종범죄론, 2004.
_____, 청연논총(사법연수원 교수논문집) 제6집, 2009.
성낙현, 형법총론, 동방문화사, 2010.
손동권, 형법총칙론, 율곡출판사, 2001.
송광섭, 형사정책, 대왕사, 1996.
_____, 범죄학과 형사정책, 유스티니아누스, 1998.
신동운, 형법총론(신판례백선), 경세원, 2009.
_____, 형법총론(제5판), 법문사, 2010.
안동준, 형법총론, 학연사, 1998.

오도기, 형법총론, 세영사, 1984.

오영근, 형법총론, 박영사(제2판), 2009.

유기천, 형법학(총론강의), 일조각, 1983.

이상돈, 형법강의(제1판), 법문사, 2010.

이상복, 기업범죄와 내부통제, 삼우사, 2005.

이윤호, 형사정책, 박영사, 1996.

이재상, 형법총론(제6판), 박영사, 2008.

이재상, 형법각론(제5판), 박영사, 2007.

이정원, 형법총론, 법지사, 2004.

이종영, 기업윤리의 기본이론, 삼영사, 2007.

이종원, 경제범죄론, 일신사, 1970.

이철송, 회사법강의(제19판), 박영사, 2011.

이태언, 형법총론, 형설출판사, 2000.

이형국, 형법총론, 법문사, 2007.

임웅, 형법총론(제3정판), 법문사, 2010.

정성근·박광민, 형법총론(제4판), 삼지원, 2008.

지원림, 민법강의(제9판), 홍문사, 2011.

정영석, 형법총론, 법문사, 1983.

정영석·신양균, 형사정책, 법문사, 1996.

정영일, 형법총론(개정판), 박영사, 2007.

정웅석, 형법강의(제7판), 대명출판사, 2006.

조병선, 환경형법, 청주대학교 출판부, 1998.

조준현, 형법총론, 법원사, 2000.

진계호, 형법총론(제7판), 대왕사, 2003.

차용석, 형법총론강의, 고시연구사, 1998.

황산덕, 형법총론, 방문사, 1982.

논문

강동범, "경제범죄와 그에 대한 형법적 대응", 형사정책 제7호, 한국형
사정책 학회, 1995.

강동욱, "기업범죄에 있어서 법인의 형사책임과 배임죄의 성부", 한양법학 제 21권 제2집, 한양법학회, 2010.5.

강영철, "기업조직체범죄의 형사책임", 사법행정, 한국사법행정학회, 1993.3.

곽관훈, "전문가의 주의의무와 책임 – 주의의무판단기준 및 책임제한의 필요성에 대한 검토 – ", 한양법학 제20권 제4집, 한양법학회, 2009.11.

권문택, "양벌규정과 업무주체의 책임", 사회과학논집, 연세대학교 사회과학연구소, 1977.

_____, "양벌규정과 업무주체의 책임", 형법학연구, 박영사, 1985.

_____, "법인의 형사책임", 형사법강좌 Ⅰ, 박영사, 2002.

김대휘, "양벌규정의 해석", 형사판례연구 제10권, 박영사, 2002.

_____, "양벌규정의 해석", 형사판례의 연구 I(지송이재상교수화갑기념논집), 2003.

김덕용, "법인의 범죄능력과 형벌능력", 법학연구 제10집, 한국법학회, 2002.

김분태·손태우, "다국적기업의 사회적 책임에 관한 연구 – 다국적기업의 자율규제를 중심으로 – ", 법학연구 제51권 제1집(통권 제63집), 부산대학교 법학연구소, 2010.2.

김성규, "조직범죄에 대한 규제조항으로서의 형법 제114조 제1항의 기능과 한계", 형사법연구 제19호, 한국형사법학회, 2003 여름.

_____, "법인처벌의 법리와 규정형식", 법조 제53권 제11호, 법조협회, 2004.11.

_____, "양벌규정의 개정에 따른 법인처벌의 법리적 이해", 외법논집 제35권 제1호, 한국외국어대학교 법학연구소, 2011.2.

김성돈, "가칭 질서위반법의 체계와 이른바 질서위반행위의 구조", 법조(vol.577), 법조협회, 2004.10.

김승현, "환경형법에서의 법익개념과 비물질화 경향 – 독일과 일본을 중심으로 – ", 법학연구 제28집, 한국법학회, 2007.11.

김용섭, "양벌규정의 문제점 및 개선방안", 행정법연구(통권 제17호), 행정법이론실무학회, 2007.

_____, "양벌규정의 입법유형에 관한 법적 검토", 인권과정의(vol. 375), 2007.11.

김우진, "행정형벌법규와 양벌규정", 형사판례연구 제6권, 박영사, 1998.

김유근, "기업형벌과 형벌이론의 괴리", 비교형사법연구 제9권 제1호 통권 제16호, 한국비교형사법학회, 2007.7.

김재봉, "기업에 대한 보호관찰의 도입가능성 검토", 비교형사법연구 제8권 제2호, 한국비교형사법학회, 2006.12.

_____, "양벌규정과 기업처벌의 근거·구조", 법학논총 제24권 제3호, 한양대학교 법학연구소, 2007.

_____, "양벌규정과 고소의 주관적 불가분의 원칙", 형사재판의 제 문제 제6권, 형사실무연구회, 2009.

김재윤, "기업의 가벌성에 관한 독일의 논의 분석", 형사정책연구 통권 제58호, 한국형사정책연구원, 2004년 여름호.

_____, "현대형법에 있어 거증책임전환의 허용한계에 대한 고찰", 저스티스 통권 제86호, 2005.

_____, "법인의 형사처벌에 관한 유럽국가의 입법동향", 법제연구 제36호, 한국법제연구원, 2009.6.

김종덕, "기업범죄에 있어서 개인의 형사책임", 법학연구 제18호, 한국법학회, 2005.

_____, "배임죄에 있어서 법인 및 대표기관의 형사책임", 법학연구 제22집, 한국법학회, 2006.

김창군, "조직범죄의 재정적 규제체계", 법학연구 제25집, 한국법학회, 2007.2.

김태업, 형법개정 및 양벌규정 개선 공청회 자료집, 2008.6.

김현, "건설산업기본법상 양벌규정의 해석", 법률·특허 제58권 제5호, 2010.5.

김호기, "커먼로 국가의 기업살인죄의 검토 – 기업 고유의 형사책임 인정을 위한 기업문화론적 접근방법 – ", 형사법연구 제22권 제1호, 한국형사법학회, 2010.

남기운, "미국법에서 법인이론의 전개와 그 현 시대적 의의", 인권과정의(vol.335), 2004.7.

도중진, "기업범죄의 피해유형과 피해자 구제방안에 관한 소고", 피해자학연구 제15권 제2호, 한국피해자학회, 2007.10.

류전철, "경제형법의 변화와 동향", 형사법연구 제19권 제3호 上(통권 제32호), 한국형사법학회, 2007 가을호.

박강우, "양벌규정과 업무주 및 행위자 책임", 형사판례연구 제8권, 박영사, 2000.

_____, "독일에서 법인의 형사책임", 한국 형법학의 새로운 지평(심온 김일수교수 화갑기념논문집), 2006.

_____, "최근 미국의 범죄 실태와 규제동향", 법학연구 제17권 제2호, 충북대학교 법학연구소, 2006.

박광섭, "기업범죄에 관한 연구", 법학연구 제14권 제1호, 법학연구 제15권 제1호, 충남대학교 법학연구소, 2003.

_____, "기업범죄에 대한 형사적 제재에 관한 연구", 법학연구 제15권 제1호, 충남대학교 법학연구소, 2004.

박기석, "양벌규정에 의한 판례분석", 형사정책연구소식 제33호, 한국형사정책연구원, 1996, 1·2월호.

_____, "법인범죄에 있어서 법인의 책임과 법인구성원 책임의 상호관계", 형사정책연구소식 제37호, 1996년, 한국형사정책연구원.

_____, "법인범죄에 있어서 법인과 자연인 행위자 책임의 상호관계", 사회과학연구 제9권, 2001년, 대구대학교사회과학연구소.

_____, "양벌규정의 문제점과 법인범죄의 새로운 구성", 형사정책 제10호, 한국형사정책학회, 1998.

_____, "양벌규정에 관한 판례분석", 강의중교수정년기념논문집, 2002.

_____, "한국 행정형벌의 문제점과 개선방안", 비교형사법연구 제6권 제2호, 한국비교형사법학회, 2004.

_____, "우리나라 행정형법의 문제점과 개선방안", 인권과정의(vol.341), 2005.1.

_____, "판례와 사례분석을 통한 기업범죄처벌의 개선방안", 형사정책 제20권 제2호, 한국형사정책학회 2008.

박기석·허순철, "지방자치단체에 대한 양벌규정의 적용가능성: 미국법과의 비교를 중심으로", 형사정책연구 제20권 제1호, 한국형사정책연구원, 2009 봄호.

박미숙, "법인범죄 제재의 정책적 근거 및 제재 다양화방안", 형사정책연구 제20권 제1호 통권 제77호, 한국형사정책연구원, 2009년 봄호.

박재완, "지방자치단체가 양벌규정의 적용대상이 되는 법인에 해당하는 지 여부에 관한 고찰", 법조, 법조협회, 2006.8.

박종렬, "징벌적 손해배상에 관한 연구", 법학연구 제26집, 한국법학회, 2007.5.

배종대, "정치형법의 이론", 고대 법학논집 제26집, 1991.

_____, "법인의 범죄능력", 고시연구 제18권 9호, 고시연구사, 1991.5.

변종필, "형벌조항에 대한 위헌심사와 책임주의", 헌법실무연구회 제106회 월례발표회, 헌법실무연구회, 2010.10.15.

서보건, "양벌규정에 의하여 사업주(타인)를 처벌하는 법규정에 대한 위헌 여부", 고시계, 고시계사, 2008.11.

서보학, "형법상 범죄수익몰수의 필요성과 법치국가적 한계", 안암법학 제5호, 안암법학회, 1996.

서원우, "행정범과 업무주책임", 법제월보, 1966.6.

서희종, "행정형벌에서의 양벌규정과 위반행위의 주체", 사법행정, 한국사법행정학회, 1992.3.

선우영, "환경보전법 제70조의 행위자", 형사판례연구 제1권, 형사판례연구회, 박영사, 1993.

성희활, "상장법인에 대한 내부통제와 준법지원인 제도의 도입타당성 검토", 준법지원인 제도 도입 및 활성화를 위한 정책토론회 발표문, 2009.

손동권, "법인의 범죄능력과 양벌규정", 안암법학 제3집, 안암법학회, 1995.

_____, "양벌규정에 의한 법인처벌의 특수문제 – 최근 '보건범죄단속'에 관한 특별조치법 제6조에 대한 헌법재판소 판시내용과 양벌규정에 대한 전면적 개정 작업을 중심으로 – ", 한국형사법학의 오늘(정온이영란교수화갑기념논문집), 2008.

송기동, "영미 기업범죄 형사책임의 전개", 형사정책 제20권 제2호, 한국형사정책학회, 2008.

송호신, "회사범죄에 대한 법리구성", 한양법학 제4～5집, 한양법학회, 1994.

_____, "기업의 사회적 책임(CSR)에 대한 배경과 회사법적 구현", 한양법학 제21권 제2집, 한양법학회, 2010.2.

신동운, "법인의 형사책임과 양벌규정", 고시연구, 고시연구사, 1998.4.

안대희, "조세포탈의 성립과 처벌", 조세형사법, 2005.

안성조, "미국 판례상 집단인식에 의한 법인책임의 법리 연구", 법학연구 제51권 제1집, 부산대학교 법학연구소, 2010.2.

_____, "법인의 범죄능력에 관한 연구 - 낭만주의모델과 조직모델의 비교검토 - ", 한양법학 제21권 제1집(통권 제29집), 한양법학회, 2010.2.

양천수, "법인의 범죄능력 - 법이론과 형법정책의 측면에서", 형사정책연구 제18권 제27집, 한국형사정책학회, 2007.

오도기, "법인의 형사책임", 고시계, 고시계사, 1986.7.

오경식, "양벌규정에 대한 판례분석", 영남법학 제27호, 영남대학교 법학연구소, 2008.10.

옥필훈, "경제범죄에 있어서 법인에 대한 효율적인 제재방안에 관한 연구", 법학연구 제27집, 한국법학회, 2007.8.

원혜욱, "기업대표이사의 형사책임귀속을 위한 형법이론 연구", 형사법연구 제19권 제3호 上(통권 제32호), 한국형사정책연구원, 2007 가을호.

_____, "기업대표이사 형사책임에 관한 판례분석", 기업소송연구, 자유기업원, 2005.3.

윤동호, "에버랜드 전환사채 헐가발행 사건 - 대법원 판결(2007도4949)의 중대한 오류 - ", 형사법연구, 한국형사법학회, 2010.3.

윤영철, "사업주 등의 형법상 보증인책임에 관한 소고", 형사정책연구 제13권 제1호, 한국형사정책연구원, 2002.

_____, "형법의 최후수단성과 기업에 대한 형사처벌", 형사법학회 춘계 세미나자료, 한국형사법학회, 2002.4.10.

윤장근, "양벌규정의 입법례에 관한 연구", 법제(통권 제438호), 법제처, 1994.6.

윤종행, "기업형법에 있어서 위험증대이론의 적용", 연세법학 제12권 제1호, 연세법학회, 2002.

윤진숙, "기업윤리의 기본이론에 관한 소고", 상사법연구 제26권 제3호,

한국상사법학회, 2007.

이보영, "기업범죄의 형사적 제재", 법학연구 제37집, 한국법학회, 2010.2.

이상철, "양벌규정 연구", 월간법제 제491호, 법제처, 1998.11.

이승현, "기업범죄에 대한 효율적 형사제재방안", 형사정책연구 제20권 제1호(통권 제77호), 한국형사정책연구원, 2009 봄호.

이은정, "양벌규정의 유형별 문제점과 개선방안", 법제현안(제152호) 통권 제446호, 국회사무처 법제실, 2003.12.

이인규, "환경범죄와 기업종사자의 형사책임", 자치연구 제2권 제3호, 한국지방자치연구소, 1992.

_____, "양벌규정에 관한 고찰", 법학연구 제36권 제1호(통권 제44호), 부산대학교 법학연구소, 1994.

_____, "법인의 형사책임", 경성법학 제4집, 경성대학교 법학연구소, 1995.

이재방, "법인의 범죄능력 인정과 법인처벌 방안", 홍익법학 제11권 제1호, 홍익대학교 법학연구소, 2010.

이정민, "기업범죄 억제를 위한 제안으로서 컴플라이언스프로그램", 법학논집 제34권 제1호, 단국대학교 법학연구소, 2010.

이정숙, "효과적인 컴플라이언스프로그램의 구축 – 미국증권회사의 예를 기초로", BFL 제4호, 2004.

이정원, "기업에 의한 환경범죄의 형사정책에 관한 연구", 경남법학 제12집, 경남대학교 법학연구소, 1996.

이주원, "산업안전보건법상 양벌규정에 의한 사업주와 행위자의 처벌", 고려법학 제51권, 고려대학교 법학연구원, 2008.

이주희, "스위스 형법상의 기업책임", 법학논총 제23권 제3호(下), 한양대학교 법학연구소, 2006.

_____, "기업범죄 방지대책 – 독일 질서위반법상의 규정을 중심으로 – ", 법학논집 제29집, 청주대학교 법학연구소, 2007.11.

_____, "업무주처벌의 의미·근거·성립요건", 외법논집 제30집, 한국외국어대학교 법학연구소, 2008.5.

_____, "기업에 대한 제재가능성과 제재수단", 한양법학 제23집, 한양법학회, 2008.6.

_____, "양벌규정의 개선입법에 관한 고찰", 한양법학 제20권 제4집(통권 제28집), 한양법학회, 2009.11.

이지은, "양벌규정, 법률의 착오", 고시계, 고시계사, 2001.12.

이진국, "기업범죄의 예방수단으로서 준법감시제도(Compliance)의 형법적 함의", 형사정책연구 제21권 제1호, 한국형사정책연구원, 2010 봄호.

이천현, "법인의 범죄주체능력과 형사책임", 형사법연구 제22호(특집호), 한국형사법학회, 2004 겨울.

_____, "기업범죄의 억제를 위한 최근의 정책동향과 과제", 형사정책 제20권 제2호, 한국형사정책학회, 2008.

임석원, "법인의 범죄능력인정을 위한 새로운 해석의 필요성", 형사정책연구 제18권 제3호(통권 제71호), 한국형사정책연구원, 2007 가을호.

_____, "법인의 범죄능력 – 행위객체 측면에서의 접근을 중심으로 –", 법학논집 제31권 제1호, 청주대학교 법학연구소, 2009.5.

임영호, "지방자치단체가 도로법 제86조에 따른 양벌규정의 적용대상이 되는 법인에 해당하는지 여부", 대법원판례해설 제59호, 2006.

임웅, "경제범죄에 대한 형법적 대책", 성균관법학 제1권 제1호, 성균관대학교 법학연구소, 1987.

_____, "범죄의 주체와 법인의 범죄능력", 고시연구 제25권 12호, 고시연구사, 1998.12.

장영민·조영관, "경제범죄의 유형과 대처방안", 형사정책연구, 한국형사정책연구원, 1993.

전병석, "기업의 준법관리제도 도입을 위한 시론", 상사법연구 제55호, 한국상사법학회, 2007.

전정훈, "양벌규정에 의한 신분 없는 행위자 처벌의 문제점", 제주판례연구 제1집, 1997.

전형배, "산업안전보건법상의 양벌규정 개정에 관한 연구", 안암법학 제27권, 안암법학회, 2008.

정금천, "양벌규정의 기능과 한계", 법학논집 제18집, 청주대학교 법학연구소, 2001.

_____, "양벌규정과 법인의 형사책임 - 부수형법의 구성요건적 특징을 중심으로", 형사판례의 연구 I(지송이재상교수화갑기념논문집), 2003.

정동기, "환경오염의 형사법적 규정과 입법론", 검사세미나 연수자료집 (XI), 1992.

정성근, "기업범죄와 형사책임", 경희법학 제18권 제2호, 경희대학교 법학연구소, 1983.

_____, "법인의 범죄능력 재론", 유일당오선주교수정년기념논문집, 2001.

정영석, "법인의 형법상 행위능력과 책임", 고시연구, 고시연구사, 1981.7.

정용기, "경제범죄의 피해와 그 효과적 대책", 피해자학연구 제7호, 한국피해자학회, 1999.

_____, "기업범죄와 형사책임론", 한국공안행정학회집 제31권, 한국공안행정학회, 2008.

정진연·김종덕, "기업체처벌에 관한 이론적 고찰 - 기업체의 책임형식을 중심으로 -", 범죄와 형벌 및 교정이론에 관한 제 문제(중복김선수교수정년기념논문집간행위원회), 대왕사, 1993.3.

조국, "기업범죄 통제에 있어서 형법의 역할과 한계", 형사정책 제19권 제3호 上(통권 제32호), 한국형사정책학회, 2007 가을호.

_____, "법인의 행사책임과 양벌규정의 법적 성격", 서울대 법학 제48권 제3호, 서울대학교 법학연구소, 2007.9.

조명화·박광민, "양벌규정과 형사책임 - 개정된 양벌규정의 문제집을 중심으로 -", 법학논총 제23집, 숭실대학교 법학연구소, 2010.2.

조병선, "우리나라의 환경범죄와 환경형법", 형사법연구 제5권, 한국형사법학 회, 1992.

_____, "법인의 형사책임", 법학논집 제19권, 청주대학교 법학연구소, 1992.

_____, "환경형사판례에 관한 비판적 검토 - 특히 양벌규정과 감독책임에 관하여 -", 형사판례연구 제1권, 박영사, 1993.

_____, "형법상 감독책임에 관한 비교 판례적 고찰", 손해목박사화갑기념논문집, 1993.

_____, "양벌규정과 법인의 형사책임", 형사판례연구 제3권, 박영사, 1998.

_____, "기업형사책임에 대한 비교법적 연구", 청대학술논집 제4집, 2002.12.

_____, "형벌과 행정벌의 구별과 정비", 형사법연구 제22호(특집호), 한
　　국형사법학회, 2004.

_____, "양벌규정의 구조와 행위자의 특정", 형법 개정 및 양벌규정 개
　　선 공청회, 법무부, 2008.6.20.

_____, "형법에서의 행위자의 특정: 개인책임과 단체책임", 서울대 법
　　학 제50권 제2호, 서울대학교 법학연구소, 2009.6.

_____, "개정양벌규정에서의 기업의 형사책임: 과실추정설에 대한 반
　　론", 형사정책 제21권 제1호, 한국형사정책학회, 2009.6.

_____, "기업형사책임과 책임원칙 – 양벌규정에 대한 위헌결정의 파장
　　과 책임원칙의 재조명", 형사법연구 제22권 제1호(통권 제42호),
　　한국형사법학회, 2010.

_____, "인적단체의 형벌능력의 문제", 성균관법학 제5호, 성균관대학
　　교 법학연구소, 1994.12.

조흠학, "산업안전보건법처벌의 사업주 책임에 관한 연구", 사회법연구
　　제5호, 한국사회법학회, 2005.

천진호, "보호관찰 관련법률의 문제점과 개선방안", 형사정책연구 제10
　　권 제4호, 한국형사정책연구원, 1998.

_____, "기업범죄와 형사적 규제", 법학논고 제16집, 경북대학교 법학
　　연구소, 2000.

_____, "경제범죄에 대한 정책적 대응방안", 형사정책 제18권 제1호,
　　한국형사정책학회, 2006.

최대호, "법인에 대한 형사책임의 귀속의 요건", 법학논문집 제33집 제1
　　호, 중앙대학교 법학연구소, 2009.

최문기, "법인의 불법행위책임에 관한 소고", 경성법학 제12집, 경성대
　　학교 법학연구소, 2003.12.

최병규, "경영판단원칙과 그의 수용방안 – 최근 독일의 입법내용을 중심
　　으로", 기업법연구 제19권 제2호, 한국기업법학회, 2005.

최정학, "기업범죄와 징벌적 손해배상", 민주법학 제42호, 민주주의법학
　　연구회, 2010.3.

최준선, "기업의 부정과 기업의 사회적 책임", 성균관법학 제20권 제3
　　호, 성균관대학교 법학연구소, 2008.12.

탁희성, "기업범죄에 있어서 양벌규정의 정당성 확보를 위한 소고", 지송이재상교수정년기념논문집, 박영사, 2008.

하태훈, "범죄주체와 법인의 형사책임", 고시계, 고시계사, 1999.11.

_____, "결함제조물로 인한 법익 침해와 그 형사책임", 형사법연구 제17호, 한국형사법학회, 2002.

한석훈, "형사책임에 대한 경영판단원칙의 적용", 성균관법학 제22권 제2집, 성균관대학교 법학연구소, 2010.8.

허갑수, "기업윤리와 경영자의 사회적 책임", 인적자원연구 제13권 제1호, 2006.

허일태, "자유형제도의 문제와 개선방향에 관한 연구", 형사정책 제5호, 한국형사정책학회, 1990.

황병돈, "건축법상 양벌규정에 관한 연구", 홍익법학 제11권 제2호, 홍익대학교 법학연구소, 2010.

Elmar G. M. Weitkamp/이승호 역, "자유대체수단으로서의 배상제도 - 미국의 경우를 중심으로 - ", 법학연구 제5권, 충북대학교 법학연구소, 1993.12.

이다 마코토, "일본형법에서의 조직과실과 감독과실", 청주법학 제32권 제1호, 청주대학교 법학연구소, 2010.5.

연구보고서

공정거래위원회, CP평가모델 개발 및 동 모델 활용방안 연구, 2005.

김광준·원범연, 한국 신종 기업범죄의 유형과 대책, 한국형사정책연구원, 2003.

김용섭, 양벌규정의 현황·문제점 및 개선방안, 법무부, 2006.12.

박강우, 기업범죄 현황과 정책분석, 한국형사정책연구원, 1999.

박미숙·탁희성·임정호, 양벌규정의 개선방안에 관한 연구, 한국형사정책연구원, 2008.

박영도, 입법기술의 이론과 실제, 한국법제연구원, 1997.

송호영, 법인의 기본체계연구, 법무부, 2007.10.

유병규, 기업범죄 수사의 효율성 제고방안, 한국형사정책연구원, 2003.

_____, 기업지배구조와 기업범죄, 한국형사정책연구원, 2004.

이기헌·박기석, 법인의형사책임에 관한 비교법적 연구, 한국형사정책연구원, 1996.

_____, 법인범죄에 대한 효율적 제재방안, 한국형사정책연구원, 1996.

이천현, 경제범죄의 새로운 양상과 대응방안, 한국형사정책연구원, 2002.

조병선, 질서위반법, 한국형사정책연구원, 1991.

최인섭·최연신, 화이트칼라범죄에 관한 연구, 한국형사정책연구원, 1996.

학위논문

김운곤, "기업범죄의 형사책임에 관한 연구", 조선대학교 박사학위논문, 1996.

김종덕, "기업환경범죄에 관한 연구", 계명대학교 박사학위논문, 1995.

김태명, "법인의 형사책임에 관한 연구", 서울대학교 석사학위논문, 1996.

노명선, "회사범죄에 관한 연구", 성균관대학교 박사학위논문, 2001.

문성식, "경제범죄에 관한 연구", 대전대학교 박사학위논문, 2003.

박기석, "환경범죄의 효율적 대처방안에 관한 연구", 한양대학교 박사학위논문, 1996.

옥필훈, "경제범죄의 실태와 대책에 관한 연구", 전북대학교 박사학위논문, 2006.

이인규, "환경범죄에 있어서 형사책임의 주체", 부산대학교 박사학위논문, 1993.

이정숙, "증권회사의 준법감시프로그램에 관한 연구", 건국대학교 석사학위논문, 2004.

이종원, "형법상의 감독책임에 관한 연구", 성균관대학교 박사학위논문, 1997.

조재호, "기업범죄에 대한 효율적 대처방안에 관한 연구", 성균관대학교 박사학위논문, 2011.2.

최대호, "법인처벌의 판단기준으로서의 법준수프로그램에 관한 연구", 중앙대학교 박사학위논문, 2010.8.

《외국문헌》

영·미

U.S. Department of Justice, Antitrust Division Corporate Leniency Policy, 1993.

Brent Fisse, Reconstructing Corporate Criming Law: Deterrence, Retribution, Fault and Sanctions, 56 Southern California Law Review 1141, 1983.

Brickey, Coroporate Criminal Accountability: A Brief History and an Observation, Washington University Law Review, 1982.

Brickey, Coroporate Criminal Liability, 1984.

Celia Wella, Law Commission on Involuntary Manslaughter: (2) The Corporate Manslaughter Proposals: Pragmation, Paradox and Peninsurity, Crim. LR 545, 1996.

Celia Wella, The Decline and Rise of English Murder: Corporate Crime and Individual Responsibility, Crim. LR 788, 1998.

Celia Wells, Corporations and Criminal Responsibioity, 2nd. ed., 2001.

Celia Wells, A Quiet Revolution in Corporate Liability for Crime, 145 NLJ 1326, 1995.

Charles J. Walsh, Alissa Pyrich, Corporate Compliance Program as a Defence to Criminal Liability: Can a Corporation Save Its soul?, 47 Rutgers L. Rev. 605, 1995.

Colvin, E, Corporate Personality and Criminal Liability, Criminal Law Forum vol.6 no.1.1, 1995.

C. M. V. Clarkson, Kicking Corporate Bodies ang Damning their Soul, 59 M. L. R. 557, 1996.

Dan K. Webb & Steven F. Molo, Some Practical Considerations in Developing Effective Compliance Programs: A Framwork for Meeting the Requirements of the Sentencing Guidelines, 71 Wash. U. L. Q. 375, 1993.

Dann K. Webb, Steven F. Molo & James F. Hurst, Understanding and

Avoiding Corporate and Excutive Criminal Liability, 49 Bus. Law. 617, 1994.

Eliezer Lederman, Criminal Law, Perpetrator and Corporation: Rethinking a Complex Triangle, 76 Journal of Criminal Law and Criminology 285, 1985.

G. R. Sullivan, Expressing Corporate Guilt, Oxford Journal of Legal Studies Vol.15, No.2, 1995, Summer.

Harvey L. Pitt & Karl A. Groskaufmanis, Mischief Afoot: The need for Incentives to Control Corporate Criminal Conduct, 71 B. U. L. Rev. 447, 1991.

Harvey L. Pitt & Karl A. Groskaufmanis, Minimizing Corporate Civil and Criminal Liability: A Second Look at Corporate Code of Conduct, 78 Geo. L. J. 1559, 1990.6.

James Gobert, Corporate Criminality: Four Models of Fault, 14 Legal Study 393, 1994.

John C. Coffee, Jr., Corporate Criminal Responsibility, in Encyclopedia of Crime and Justice, Sanford H. Kadish ed, 1983.

Kathleen F. Brickey, Corporate Criminal Accountability: A Brief History and an Observation, 60 Wash. U. L. Q. 393, 1982~1983.

Khanna, Victor S., Corporate criminal liability: What purpose does it serve?, Harvard Law Review, 1996.

L. H. Leigh, The Criminal Liability of Corporation in English Law, London: Weidenfeld, 1969.

L. H. Leigh, The Criminal Liability of Corporation and Other Groups: A Comparative View, 80 Michigan Law Review 1508, 1982.

Mashall B. Clinard & Peter C. Yeager, Corporate Crime, 1980.

Law Commission, Legislating the Criminal Code: Involuntary Manslaughter, Law Com. NO. 237, 1996.

Paul Matthews, Involuntray Mansulaughter: A View from the coroner's Court, 60 Journal of Criminal Law 189, 1996.

Richard S. Grunder, Corporate Crime and Sentencing, 1994.

S. Field & N. Jorg, "Corporate Liability and Manslaughter: Should We Be Going Dutch?", Criminal Law Review 1991.

Thomas J. Bernard, The Historical Development of Corporate Criminal Liability, 22 Criminology 3, 1984.

V. S. Khanna. Is the Notion of Corporate Fault a Faulty Notion?: The Case of Corporate Mens Rea, 79 B. U. L. Rev. 355, 1999.

The Ad Hoc Advisory Group on the Organizational Sentencing Guidelines, Report of the Ad Hoc Advisory Group on the Organizational Sentencing Guidelines, 2003.

Walker B. Comegys, Antitrust Compliance Manual: A guide for counsel and executives of businesses and professions, 2nd edition, Practising Law Institute(New York City), 1992.

Wells, A New Offence of Corporate Killing-the English Law Commission's Proposals.

William S. Laufer, Integrity, Diligence and the Limits of Good Corporate Citizenship, 34 Am. Bus. L. J. 157, 1996.

Zeitler, Ethan G. The Sabanes-Oxley Act: accounting for corporate corruption?, Loyola Comsumer Law Review 15, 2002.

독일

Abschlussbericht, März, Hrsg. Vom Bundesministerium der Jurstiz, 2000.

Alwart, Strafrechtliche Haftung des Untermehmens-vom Unternehmenstäter zum Täterunternehmen, ZStW 105, 1993.

Anne Ehrhardt, Unternehmensdelinquenz und Unternehmensstraf: Sanktionen gegen juristische Personen nach deutschen und US-amerikanishem Recht, 1994.

Bernd Schünemann, Die strafbarkeit der juristischen Personen aus deutscher und europäischer Sicht, in: Bausteine des europäischen Wirtschaftsstrafrecht, hrsg. von Bend Schünemann/Carios Suàrez, Gonzàlez, 1994.

Bernd Schünemann, Ist ene direkte strafrechtliche Haftung von Wirtschaftsunternehmenzulässig und erfolderlich?, in; The Taiwan/ROC chapter, International Association of Penal Law (AIDP), International Corferance on Environmental Criminal Law, 1992.

Bruni Ackemann, Die Strafbarkeit juristischer Personen im dehtschen Recht und in ausländischen Rechtsordnung, Peter Lang, Franckfurt, 1984.

Claus Roxin, Strafrecht, Allgemeiner Teil Ⅱ, 2003.

Claus Roxin, Strafrecht, Allgemeiner Teil, 1997.

Delmas-Marty, Die Strafbarkeit juristischer Personen nach dem neuen französischen Codepe?, in: Bausten des europäischen Wirtschaftsstrafrechts, Madrid-Symposium für Klaus Tiedemann, 1994.

Eidam, Straftäter Unternehmen, 1997.

Ekkehard Müller, Die Stellung der juristischen Personen im Ordnungswidrigkeitenrecht, 1985.

Gerhard Dannecker/Jutta Fischre-Fritsch, Das EG-Karteller in der Bußgeldpraxis, 1989.

Günther Jakobs, Strafbarkeit juristischer Personen?, in: Festschrift für Klaus Lüderssen,, hrsg. von Cornelius Prittwitz u.a., 2002.

Günther Stratenwerth, Strafrechtliche, Unternehmenshaftung?, Festschrift für Rudolf Schmitt zum 70. Guburstag, Tübingen, 1992.

Hans Joachim Hirsch, Die Frage der Straffähigkeit von Personenverbände, 1993.

Hans Joachim Hirsch, strafrecht als Mittel zur Bekämpfung neuer Kriminalitätsformen?, in: Neue Strafrechtsentwicklungen im deutsch--japanischen Vergleich, hrsg. von Hans-Heiner kühne/Koichi Miyazawa, 1995.

Hans-Jürgen Schroth, Der Regelungsgehalt des 2. Gesetzes zur Bekämpfung der Wirschaftskriminalität im Bereich der Ordnungswirdrigkeitenrechts, wirstra, 1986.

Hans-Heinrich Jeschek, Lehrbuch des Strafrechts Allgemeiner Teil, 1988.

Hans-Jüngen Schroth, Unternehmen als Normadressaten und Sanktionssubjekte,

1993.

Hauschka(Hrsg), Corporate Compliance, 2007.

Heine, Die Strafrechtliche Verantwortlichkeit von Unternehmen, 1995.

Heine/Waling, Die Durchertzung des Umweltstrafrechts in den Niederlanden, JR, 1989.

Hirsch, Strafrechtliche Verantwortung in Unternehmen, ZStw 107, 1995.

Jescheck, Die Strafrechtliche Verantwortlichkeit der Personenverbände, ZStW 65, 1953.

Jescheck, Zur Frage der Straftbarkeit von Personenverbänden, DÖV, 1953.

Jescheck/Weigend, Lehrbuch des Strafrechts Allgemeiner Teil, 1996.

Karlsruher, Kommentar zum Gesetz über Ordnungswirdrigkeiten, hrsg von K BOUJONG, 1989.

Kienaptel, Osterreichisches Strafrecht, Allgemeiner Teil, 1985.

Klaus Tiedemann, Der Allgemeine Teil des europäischen surpranationalen, Strafrechts, in: Bd. Ⅱ. 1985.

Klaus Tiedemann, Die Bebußung von Untermehmenn nach dem 2. Gesetz zur Bekämpfung der Wirtschaftskiminalität, NJW, 1988.

Klaus Tiedemann, Die Bebußung von Untermehmenn nach dem 2. Gesetz zur Bekämpfung der Wirtschaftskiminalität, NJW, 1988.

Klaus Tiedemann, Strafbarkeit und Bußgeldaftung von juristischen Personen und ihren Organen, in: Old Ways and New Needs in Criminal Legislation, hrsg. von Albin Eser/Jonatan Thormundsson, 1989.

Klaus Tiedmann, Die Strafrechtliche Vertreter-und Unternehmenshaftung, NJW, 1986.

Matthias Forster, Die Strafrechtliche Verantwortlichkeit des Unternehmens nach Art. 102 StGB, 2006.

Matthias Korte, Juristische Person und Strafrechtliche Verantwortung, 1991.

Petz, in: Hauschka(Hrsg), Corporate Compliance, 2007.

R. Scmitt, Strafrechtliche Maßnahmen gegen Verbänd, 1958.

Rogal, Karlsruher Kommentar zum OWiG, 3 Aufl., 2006.

Sandra Lütolf, Strafbarkeit juristischen Person, 1997.

Schmid, Strafverfahren und Strafrecht in den Vereinigten Staaten, 2. Au
fl., Heidelberg, 1993.

Sechroth, Unternehmen als Normadressaten und Sanktionsobjekte, 1993.

Seelmann, Strafrecht Allgemeiner Teil, 2005.

Stratenwerth, Schweizerisches Strafrecht Allgemeiner Teil, 1982.

Theile, Unternehmensrichtlinie-Ein Beitrag zur Prävention Witschaftsk riminalität?,
ZIS, 2009.9.

Tiedemann, Die Bebussung von Unternehmen nach dem 2. Gesetz zur
Bekampfung der Wirtschaftskriminalität, NJW, 1988.

UlrichWeber, Konzeptionund Grundsätzedes Wirtscaftsstrafrechts(einsclie-
ßlichVerbrauch-erschutz), ZStw 96, 1984.

Vitt, Diskussionsbericht zum Vortrag auf der Strafrechtslehrertagung 1993,
ZStW 105, 1993.

Wenger, Strafrecht für Verbänd? Es wird kommen, ZRP, 1999.

일본

企業犯罪研究會, "獨占禁止法の制裁制度に關する研究-企業犯罪研究
會報告書", 2001.

金澤文雄, 刑法の基本概念の再檢討, 1991.

內藤 謙, "監督過失", 法學教室 第102号, 有斐閣, 1989.

大谷 實, "企業犯罪と法人處罰", 刑法解釋論集Ⅱ, 成文堂, 1991

東條仲 郎, 兩罰規定, 立花書房, 1985.

藤木英雄, "法人に刑事責任がありうるか", 季刊現代經濟 第14号, 1974.

藤永孝治, "法人處罰に關する立法上の問題點", 刑法雜誌 第23卷 第
1・2号, 日本刑事法學會, 1979.

飯田英男, "法人處罰に關する立法上の問題點", ジュリスト 第672号,
1978.

浜辺陽一郎, コンプライアンスの考え方, 中央公論新社, 2005.

三正 誠, "管理・監督過失をめぐる問題の所在-火災刑事事件を素材
に一", 刑法雜誌 第28卷 第1号, 日本刑事法學會, 1987.

西田典之, "団体と刑事罰", 岩波講座・基本法學2-団体, 1983.

石塚章夫, "監督者の刑事過失責任について(3)", 判例時報 第948号, 1980.

松原久利, "法人の刑事責任:自然人を媒介としたアプローチ(<特集> 法人處罰論の今日的視点)", 刑法雜誌 第41卷 第1号, 日本刑事法學會, 2001.

實方謙二, 獨占禁止法(第4版), 有斐閣, 1998.

岩橋義明, "兩罰規定における罰金額の連動切り離しについて", 商事法務 第1270号, 商事法務研究會, 1991.

宇津呂英雄, "法人處罰のあり方", 石原一彦他編, 現代刑法大系1, 1984.

原田國男, "社會奉仕活動と量刑", 量刑判斷の實際, 現代法律出版, 2003.

田口守一, "ドイツにおける企業犯罪と秩序違反法", 企業活動と刑事規制の國際動向, 信山社, 2008.

前田雅英, 刑法總論講義(第4版), 東京大學出版會, 2008.

佐伯仁志, "法人處罰に關する一考察", 松尾浩也先生古稀祝賀論文集 上卷, 1998.

中森喜彦, "法人の刑事責任", Law School 第51号, 1982.

川崎友巳, 企業の刑事責任, 成文堂, 2004.

靑木紀博, "現在の法人處罰の在り方とその實務上の問題点", 京都學園法學 第16号, 1994.

団藤重光, "刑法と主體性理論(下)", 法學教室 第975号, 有斐閣, 1991.

板倉 宏, 現代社會と新しい刑法理論, 1980.

鄕原信郎, 企業法とコンプライアンス(第4版), 東洋經濟新聞社, 2008.

丸田 隆, "企業の不正行爲と內部告發責任", 法學セミナー 第45卷 第9号, 日本評論社, 2000.

経営法友會マニュアル等作成委員會, コンプライアンス・プログラム 作成マニュアル, 商事法務, 2002.

한성훈 ─────────────────────────

한양대학교 박사과정 졸업(법학박사)
2012년 한국연구재단 인문사회분야 학문후속세대(박사후 국내연수) 선정
한국형사법학회, 한국비교형사법학회, 한국형사정책학회, 한국법정책학회, 한양법학회 정회원
전) 한양대·홍익대·대구대·관동대·경주대·극동대학교 강사
　　한양대학교 법학연구소 연구원
현) 연세대학교 법학연구원 연구교수
　　법무부 법교육 위촉강사

기업처벌
법리의 재구성

초 판 인 쇄 | 2013년 2월 9일
초 판 발 행 | 2013년 2월 9일

지 은 이 | 한성훈
펴 낸 이 | 채종준
펴 낸 곳 | 한국학술정보㈜
주   소 | 경기도 파주시 문발동 파주출판문화정보산업단지 513-5
전   화 | 031) 908-3181(대표)
팩   스 | 031) 908-3189
홈 페 이 지 | http://ebook.kstudy.com
E - m a i l | 출판사업부 publish@kstudy.com
등   록 | 제일산-115호(2000. 6. 19)

ISBN   978-89-268-4100-6 93360 (Paper Book)
          978-89-268-4101-3 95360 (e-Book)